现代管理案例精析

主　编　王德清　陈金凤
副主编　柏　群　杨　东

重庆大学出版社

图书在版编目(CIP)数据

现代管理案例精析/王德清,陈金凤主编.—重庆:重庆大学出版社,2004.4(2021.8 重印)

(现代管理丛书)

ISBN 978-7-5624-3048-3

Ⅰ.现… Ⅱ.①王… ②陈… Ⅲ.管理学—案例—分析 Ⅳ.C93

中国版本图书馆 CIP 数据核字(2004)第 022089 号

现代管理案例精析

主　编　王德清　陈金凤

副主编　柏　群　杨　东

责任编辑:马　宁　王启志　　版式设计:马　宁

责任校对:廖应碧　　责任印制:张　策

*

重庆大学出版社出版发行

出版人:饶帮华

社址:重庆市沙坪坝区大学城西路 21 号

邮编:401331

电话:(023) 88617190　88617185(中小学)

传真:(023) 88617186　88617166

网址:http://www.cqup.com.cn

邮箱:fxk@ cqup.com.cn (营销中心)

全国新华书店经销

POD:重庆新生代彩印技术有限公司

*

开本:880mm×1230mm　1/32　印张:13.375　字数:359 千

2004年 4 月第 1 版　2021年 8 月第 7 次印刷

ISBN 978-7-5624-3048-3　定价:39.00 元

内容简介

本书以追求逻辑性与独立性相交融，抽象说理与形象启示相伴生，理论与实践相结合，创新与继承相统一的效果为旨归，使本书形成鲜明的个性和特色。它的个性和特色体现在丰富的内容中。本书的内容主要包括3大章共18个具体方面。这3大章分别为现代管理观念、现代管理实务和现代管理艺术。18个具体方面为：系统观念、创新观念、终身学习观念、以人为本观念、战略管理、企业形象与企业文化、人力资源管理、全面质量管理、时间管理、市场营销、电子商务和电子政务、决策艺术、协调人际冲突的艺术、用权的艺术、用人的艺术、激励的艺术、理财的艺术、会议的艺术等。

本书体例新颖，内容切实，可读性强，适合从事管理理论研究和实际工作的人士阅读，也适用于各类管理专业的研究生、本专科学生使用。

前　言

人类为了自身的发展,在漫长的历史进程中,总结和积累了大量的管理经验,并由此上升为理论。为了保证管理实践工作的科学和有效,人们又把管理理论用来指导管理实践工作。这就是人类得以发展和进步的重要原因之一。在长期的管理理论传承过程中,人们创立了以案例启迪人的方式。这种方法更符合人的认知规律,更有利于人们快捷、具体地感悟管理得以成功的奥妙。正因为此,近些年来,中外都有了管理案例分析一类的著述。通观这些著述,各有所长,亦各有所短。但其中的偏颇和不足更令我们不敢懈怠,希图扬长避短,撰写一部把理论与实例结合得较好的专著。以此为旨趣,本书有了如下的特点:

①以理引例。本书每个标目下,首先阐述相关方面的理论,且要言不烦,力求精典,名之为“理论精要”,以便画龙点睛地引领读者了解和掌握理论要点,随之引出案例。所用案例也力求具有代表性,这就形成了以理引例、例中寓理的格局,把枯燥的管理理论融于生动的管理实例中。这有利于引起读者的兴趣。

②例评结合。案例展示在读者面前以后,随之又对案例加以评析,与读者共同领会案例中成功的妙趣。

③论评照应。在每一章的每个标目下,以某种理论为切入点,在列举了数个与之相匹配的案例之后加以评析。评析的理论立足点又源于理论精要部分,这就产生了论评照应、前后连贯、环环相扣的效果。

总之,本书刻意追求逻辑性与独立性相交融,抽象说明与形象启示相伴生,理论与实践相结合,创新与继承相统一的效果。这使本书具有了突出的新颖性。想必这一追求会给读者带来阅读中的享受。

本书的编写分工为(以章次为序):王德清(西南师大):前言;柏群、何开奇(重庆工商大学):1.1,1.3,2.5;谭静、杨东(西南师大):1.2;张振改(西南师大):1.4,3.1;陈金凤(西南师大):2.1,2.2,2.3,3.3;岳威、杨东(西南师大):2.4;张焕英(西南农业大学):2.6;刘晓雪(西南师大):2.7;邵宇峰、杨东、陈金凤(西南师大):3.2;鲁静亚、杨东(西南师大):3.4;陈友瑜、杨东(西南师大):3.5;蒋德凤、杨东(西南师大):3.6;周丽芳、杨东(西南师大):3.7。

在本书的编写过程中,参阅了国内外大量文献,并引用了其中部分著作中的相关案例和材料。对被引用的案例,均在案例出现的首页做了注释,而本书作者做了综合概括的案例则未做注释。在此谨对被引用案例和材料的原作者表示衷心的感谢。

王德清　于西南师大

2004 年 3 月

目　录

第1章 现代管理观念

1.1 系统观念

1.1.1 理论精要

任何社会组织都是由人、物、信息组成的系统，任何管理都是对系统的管理，没有系统，也就没有管理。

(1)系统论的产生与发展

朴素的系统思想源于人类的社会实践，在古代的哲学思想中即可找到痕迹。古希腊的赫拉克利特(公元前460—前370年)在《论自然界》一书中说过："世界是包括一切的整体"；古希腊的另一位学者亚里士多德(Aristotle，公元前384—前322年)也提出关于整体性、目的性、组织性的观点及关于构成事物的"四因"(目的因、动力因、形式因、质料因)思想。我国春秋时期的老子就曾阐明自然界的统一性。西周时代就出现了用阴阳说来解释自然现象，产生了"五行"观念，认为金、木、水、火、土是构成世界大系统的5种基本物质元素。在东汉时期张衡又提出了"浑天说"。这些古代朴素的哲学思想，虽然强调了自然界整体性、统一性的认识,但对这一整体如何协调缺乏认识能力。直到19世纪上半期,随着能量转化、细胞和进化论的发现,人类对自然过程相互联系的认识有了很大的提高。正如恩格斯所指出的:“我们能够依靠经验自然科学本身所提供的事实,以近乎系统的形式来描绘一幅自然界联系的清晰图画。”特别是1947年奥地利生物学家冯·贝塔朗菲(L. V. Bertalanffy)创立了普通系统论,为人类走向系统时代奠定了理论基础。因而,一般所说的系统理论是有关系统的全部理论和方法,包括冯·贝塔朗菲提出的一般系统论、维纳提出的控制论、申农提出的信息论、普里高津提出的耗散结构理论、哈肯提出的协同学、托姆提出的突变论等。

(2)系统的概念、分类和特征

1)系统的概念。现代系统的概念和定义多种多样,如《韦氏国际字典》(Welter's New International Dictionary)对系统所下的定义为:“一组相互依存或彼此间相互影响的事物,为达到共同目标所构成的整体,谓之系统。”在日本的JIS工业标准中,“系统”被定义为“许多组成要素保持有机的秩序,向同一目标行动的东西”;而冯·贝塔朗菲把“系统”定义为“相互作用的诸要素的综合体”。美国著名学者阿柯夫(Ackoff R. L)认为:“系统是由两个或两个以上相互联系的任何种类的要素所构成的集合。”为此,我们将系统定义为:具有特定功能的、相互间具有有机联系的许多要素所构成的一个整体。

2)系统的分类。在自然界和人类社会中普遍存在着各种不同性质的系统,系统形态的主要分类如下:

①按系统的自然属性分,可分为自然系统和人造系统。自然系统就是由自然物质(矿物、植物、动物)所自然形成的系统。人造系统是由人工造成的各种要素所构成的系统。实际上,大多数系统是自然系统和人造系统的复合系统,或称人—机系统。近年来系统工程愈来愈注意从和自然系统的关系中,探讨、研究人造系统。

②从系统与环境的关系分,可分为开放系统和封闭系统。当系统与环境相关时,即系统与环境有能量、物质和信息交换,则称此系统为开放系统。当某一系统与环境无关时,即为封闭系统。

③依系统的物质属性分,可分为实体系统和概念系统。实体系统的组成要素是具有实体的物质;而概念系统是由概念、原理、原则、方法、制度、程序、步骤等非物质实体所组成的系统。这两种系统往往是相互关联的,概念系统为实体系统提供指导和服务,而实体系统是概念系统的服务对象。

④按系统的运动属性分,可分为动态系统和静态系统。动态系统就是系统的状态变量是时间函数,即它的状态变量是随时间而变化的。静态系统则是系统运行规律的数学模型中不含有时间因素,即模型中的变量不随时间而变化,它只是动态系统的一种极限状态,即处于稳定的系统。

⑤按系统的反馈属性分,可分为开环系统和闭环系统。开环系统内不存在反馈线路和机制,闭环系统则存在反馈线路和机制。

3)系统的特征。一般系统都具有下述特征:

①整体性。系统是由两个或两个以上可以相互区别的要素构成,但系统不是各个要素的简单集合,而是各个要素按照同一目的、依据一定的规则运行的集合体。这个集合体作为整体完成某种功能。整体性是系统概念的精髓。

②相关性。这是系统内各个部分、各个要素之间的相互依存、相互制约的关系,彼此不发生联系的要素构成不了一个系统。

③目的性。目的性又称向性,即系统运动的目标或走向。任何一个系统都是为了一定的目的而建立起来的,没有目的的系统是没有存在价值的。

④层次性。系统的层次性也称阶层性,即系统要素及其相互关系在功能分布和执行中的位置和从属关系。系统是一个复杂的整体,为了便于管理和控制,往往把系统整体分解为一个多层次的结构,每一层由若干子系统依一定的结构组成。

⑤适应性。任何一个系统都是存在于一定的环境即更大的系

统之中的，它要经常与外部环境发生物质、能量、信息的交换，以适应外界环境的变化。系统只有经常与外部环境保持最佳适应状态才具有生命力。

(3)系统论的基本思想

1)整体性思想。整体性思想是系统论中最基本的思想。系统论认为：系统不是若干简单事物的堆砌，而是具有新的性质和功能的整体。首先，从系统目的的整体性来说，它要求在建立系统目标时，必须谋求系统整体目标的最优化。其次，从系统功能的整体性来说，它要求系统要素功能必须服从于整体功能，系统的功能不等于要素功能的简单相加，而是要大于各部分功能的总和，即系统各要素之间的联系能产生质的变化，产生出单个要素所不具有的新功能。冯·贝塔朗菲曾举例说：人体器官的功能是组成器官的细胞或组织所没有的，尽管器官都是由细胞、组织构成的。因此，即使每一个要素并不都很完善，但它们也可以综合、统一成为具有良好功能的系统；反之，即使每个要素都是良好的，但作为整体却不具有某种良好的功能，也不能称之为完善的系统。这也就是人们所说的，整体大于部分之和，部分最优不等于整体最优。

整体性思想对于管理的意义在于：当人们在对任何一个对象进行管理时，都应当把这个对象当成一个整体来看待，从整体上去观察问题、考虑问题；当局部利益与整体利益发生矛盾时，局部利益必须服从整体利益。总而言之，就是从整体着眼，部分着手，统筹考虑，各方协调，达到整体的最优化。

2)相关性思想。相关性思想是整体性思想的延续，它揭示了系统内部各要素之间的相互影响、相互作用、相互制约的关系。一个系统内的各子系统或各要素之间不是互不关联的，它们之间总是存在着某种关系，某一方面发生变化，就会影响到另一方面的变化。整个系统的目标正是通过各部分的功能及它们之间合理的、正确的协调而达到的。

相关性思想的意义在于：在对某一对象进行管理时，要合理安排系统中各部门、各单位的秩序，使它们密切而协调地配合，形成统一的功能，从而减少由于内部矛盾而产生的内耗；同时根据各部门、各单位的具体情况，正确安排它们在系统中的位置，以有利于发挥它们的作用，从而提高系统的功能。

3）动态性思想。这一思想表明，任何系统都是处于不断的运动和变化状态之中，绝对静止的系统是不存在的。一方面，系统内部存在"自组织"的运动，另一方面，由于环境的变化，系统也难以维持其原来的状态。

动态性思想的意义在于：研究系统的动态规律，可以使我们预见系统的发展趋势，树立前瞻观念，减少偏差，掌握主动，注意信息反馈，保持充分弹性，对系统实施有效的动态管理。

4）开放性思想。系统的开放性思想表明，完全封闭的系统是不存在的。封闭系统因受热力学第二定律的作用，其熵将逐渐增大，活力逐步减小。一个有机系统必须对外开放，与外界保持能量、物质、信息的交换，因此，对外开放是系统的生命之源。

开放性思想的意义在于：对系统进行管理时，必须充分估计到外部环境对本系统的影响，努力从开放中扩大本系统从外部吸入的能量、物质、信息。任何试图把本系统封闭起来与外界隔绝的做法，都只会导致管理工作的失败。

（4）系统理论对管理的贡献

系统论不仅作为一般世界观和方法论，充实和发展了当代哲学，而且对管理乃至科学技术的发展都有着巨大贡献。主要表现在以下3个方面：

1）推动了管理观念的创新。人们从系统的整体性和相互制约性得到启发，强化了管理工作中的统筹兼顾、综合优化的意识，克服了传统思维易造成的片面性、局限性；在现代社会里，人们倾向于把事物看成一个大的系统整体的一部分，而不是把整体拆开成许多互不联系的局部。这有助于人们正确认识一个组织的地位、作用、使命、社会责任等，有助于克服本位主义和目光短浅的行为。系统的开放性及组织效应理论、耗散结构理论，有力地支持和推动了组织间的合作与联合。系统论认为，信息同能量、物质一样同等重要，使人们重新认识了资源的含义，视信息为一种战略资源，自觉加强信息管理工作。系统论关于结构、联系决定系统功能的观点以及系统的层次、反馈、控制等概念都为人们改进管理工作，提高管理水平提供了新的思路。

2）提供了解决复杂问题的分析工具。系统论揭示的宇宙中各类系统具有相似性这一真理，开阔了人们的视野，管理人员在自然科学及工程技术领域找到了如控制论、可靠性理论、数理统计、运筹学、心理学等有力的工具。它们构成了管理系统工程的主体内容。对于一些用传统思维难于解决的课题，如很多组织都有多元目标，如何处理目标间的冲突并寻求令人满意的管理方案，系统理论及工程方法提供了有效的思维工具。例如，可以利用系统整体概念及多目标规划办法，较好地处理多元目标系统优化问题。

3）促成了新的管理模式的出现。对管理历史的考察表明，现代管理中广为采用的全面质量管理、目标管理等模式的出现，都与系统论的应用直接有关。

1.1.2 案例及评析

案例1 阿波罗登月飞行

1969年7月16日，在美国佛罗里达州东海岸的卡纳维拉尔角，一枚36层楼高的巨型火箭耸立在肯尼迪宇航中心的发射场上，火箭顶部放置着“阿波罗”飞船。在飞船的指令舱里，搭乘着3位宇航员：阿姆斯特朗、奥尔德林和柯林斯。他们正准备实现人类第一次登月飞行。

一切准备就绪以后，电子计算机发出了点火命令，“土星—V”第一级火箭的5台发动机喷出了巨大的火焰，3 000多吨重的庞然大物腾空而起，火箭上升后约10 s，5 km外的看台上立即感到强烈的震波。起飞后约12 min，第三级火箭把飞船送入地球轨道。飞船在地球轨道上经过检查和调整，第三级火箭重新启动，将飞船加速到第二宇宙速度，于是“阿波罗”飞船逸出地球轨道，奔向月球。1969年7月21日，格林尼治时间3:51，“阿波罗”飞船的指令长阿姆斯特朗爬出舱门，在5 m高的小平台上呆了几分钟，然后他伸出左脚，慢慢走下扶梯。4:07，他用左脚疑虑地、小心翼翼地触及月面，接着他鼓起勇气将右脚也站到月面上。事后，阿姆斯特朗说：“对一个人来说，这是迈出的一小步，而对于整个人类来说，则是伟大的一步。”

这是人类历史上第一次登月飞行记载。

“阿波罗”登月计划是美国前总统肯尼迪在1961年提出的。“阿波罗”飞船由指令舱、服务舱和登月舱组成，总高25 m，直径10 m，重约45 t。指令舱既是宇航员座舱，也是飞船控制中心。它高3.3 m，底部直径约4 m，重约6 t，是一个圆锥体，锥顶有与登月舱的对接装置。锥顶部为前舱，装有降落伞、仪器设备。锥中部是3名宇航员的密封座舱，备有14天生活必需品和救生设备。锥底部是后舱，设有10台姿态控制火箭及导航系统。服务舱位于指令舱之后，是个高6.7 m，直径4 m，重约25 t的圆筒形舱体。舱内用轻金属结构分成6个隔舱，分别容纳主发动机、16台姿态控制火箭、燃料箱、电器系统等。登月舱由宽4.3 m，高7 m，重14.7 t的上下两段组成。下段有着陆用发动机和交会雷达、仪器舱和蓄电池组、水和氧气槽及4条带有触地传感器的着陆支架。上段是登月舱主体，内有宇航员座舱、生命维持系统、上升发动机、姿态控制火箭、燃料箱、电源通信系统及与指令舱对接用的过渡通道。

由此可见，仅制造一个“阿波罗”飞船就已经很复杂了，更何况还要实施这样一项由地面、空间和登月3部分组成的复杂庞大的工程计划。阿波罗登月飞行不仅涉及火箭、电子、冶金和化工等多种技术，而且还需要了解宇宙空间的物理环境以及月球本身的构造与形状，只有这样才能把人安全地送上月球。同时为了确保阿波罗登月计划成功，在登月前还设计了3个登月方案：第一是用大型火箭直接把飞船发射至月球轨道的“直接登月法”；第二是飞船分段送入地球轨道，再逐一对接后飞向月球的“地球轨道交会法”；第三是将飞船送入地球轨道，并推向月球的“月球轨道交会法”。第一种方案所需技术简单方便，容易控制，但需昂贵复杂的特大功率火箭。第二种方案虽不需大型火箭，但总发射费用并不低，而且交会次数过多，不易控制。第三种方案为宇航局工程师约翰·霍博特所提出。霍博特设想为用大型火箭把载有3名宇航员的飞船送入地球轨道，火箭脱离后，飞船依靠惯性飞入月球轨道。3名宇航员进入登月舱，然后脱离飞船指令舱。登月舱用制动火箭减速在月面降落。返回时启动登月舱的上升发动机，与飞船指令舱会合，宇航员返回指令舱后便抛弃登月舱，开动指令舱火箭，脱离月球轨道而进入地球轨道。再入大气层时，将指令舱后的服务舱抛弃，仅剩指令舱溅落在太平洋上。显而易见，阿波罗登月飞行的每一个阶段、每一个过程、每一个环节、每一个方面都渗透着无数管理人员、科学家和技术人员的心血。所以，1961年肯尼迪提出阿波罗登月计划时，就要求科学顾问查一查执行这样一个计划是否可能。经过详细的调查研究之后，科学顾问做出了这样的回答：从设计、制造、发射到回收等阶段看，在工程技术上是没有问题的，已有的科学技术都能解决，但关键问题可能会出在管理上。因为阿波罗登月计划是人类历史上空前庞大的一项计划，它要动员2万多家工厂、120多所大学参加，参与这项计划的人数多达400多万，要生产300多万个零部件，耗资250亿美元。计划的每一个主要步骤都要经过周密的计算，而每个主要步骤又需要次级计划和第三级计划的支持。这些人力、物力、财力都需要周密的组织。为了顺利完成设计、制造、发射、回收，人们要进行精确无误的控制。这一切工作都需要有一个机构进行强有力的领导。因此，如果管理工作搞得不好，那就很难保证计划顺利完成。于是，美国人全力以赴在管理上想办法，最后终于把人送上了月球。

日本一些专家参观了阿波罗登月计划中所采用的硬件设备和

工艺后，均认为日本没有造不出来的东西。因为实现阿波罗登月计划所要求的4个主要系统技术——大型运载火箭、在宇宙空间飞行的飞船弹道线路分析、轨道测定系统以及通讯系统在20世纪60年代已达到成熟，但作为一种系统的思维方式和科学方法以及把它作为一个整体来处理计划、设计和管理的技术——系统工程，日本却不如美国。

评 析

就技术实力来看，日本能制造阿波罗登月计划所需的一切零部件，为什么日本人没有把人送上月球而美国人却成功实现了登月飞行呢？

我们知道，系统管理的一个重要任务，就是综合运用现代科学技术各个领域的学术成果，如充分运用控制论、信息论以及工程技术学、经济学、心理学等各方面的研究成果。系统方法通常只不过是平凡的常识，每个概念、每个步骤在常识上都是合理可行的。系统方法的价值就在于它能够把所有这些常识性的思想汇集起来，协调一致，集中解决复杂环境中的复杂问题。阿波罗登月计划之所以能成功完成，关键在于运用系统方法进行了有效的管理。

首先，建立强有力的管理组织，明确其职责分工；其次，用系统方法加强对阿波罗登月计划整体过程的管理工作，将其管理工作全过程划分为编制计划、分析评价、控制指导及督促检查等阶段；最后，创造性地运用了新的管理方法，特别是推广使用了电子计算机从事生产与科研的管理，从根本上保障了阿波罗登月计划的顺利完成。

阿波罗登月计划的成功，充分显示了系统工程的作用与威力。科学家运用系统科学的原理与方法，解决了工程研究中所遇到的各类复杂问题。例如在飞行设计中，科学家陷入了大量的权衡工作中。这些权衡牵涉到运载火箭和宇宙飞船的不同重量对推力的要求以及每种可供选择的飞行方案所需燃料的数量（以及燃料的重量)，还牵涉到经费、人员的管理与协调、阿波罗飞船的安全可靠性等等一系列问题。阿波罗飞船的登月成功，还证实了系统科学一个重要的命题——“综合即创造”。现在一切重大尖端科学技术，无不具有高度的综合性，世界上没有什么新的东西不是通过综合而得到的。阿波罗飞船登月舱上的每一个零部件都是原来已有的，而把它们综合在一起形成的登月舱却是前所未有的。负责阿波罗登月计划实施的总指挥韦伯先生说过：“阿波罗计划中没有一项新发明的自然科学理论和技术，全部工作都是现有技术的运用。关键在于综合。”

案例2 跨越广告公司的纷争

跨越广告公司是专门从事广告经营的企业，其业务涉及广告代理、广告制作和广告策划等。自2000年成立以来，业绩一直不断上升，在A市的广告界中小有名气。一天，总经理欧阳先生将公司各业务部门的领导都召集在一起，共商发展大计。各部门主管都积极献计献策，希望本部门的工作能够进一步得到领导的重视，为“跨越”的发展尽自己的一份力量。

客户服务部的东方先生是一个典型的实干派。自从东方先生任职以来，客户服务部的业绩呈直线上升，不仅老顾客的回头率大为提高，而且还增加了许多新的客户，客户普遍也对跨越广告的服务表示满意。东方先生谈到：“广告客户部是直接与客户发生接触的专职部门，负责接洽客户，协调广告主与公司的关系。这将关系到整个公司的市场份额。当公司有了新客户时，首先由客户部作初步接触，并迅速整理出客户及需要服务的相关资料，如产品知识、市场情况、广告费用预算及市场计划等。同时会同其他有关部门制定出初步的广告计划方案，订下工作日程，由各部门执行。在广告活动进行过程中，客户部门还负责与广告客户的联络和信息反馈，负责对广告的设计、创作和实施过程进行监督。因此，客户部工作人员都扮演着双重角色，对外代表广告公司，对内则代表客户的利益。在公司内，客户部门往往还承担着公司公共关系的任务。客户的舆论导向作用是非常重要的，中国有句俗话说得好：'好事不出门，坏事传千里。'如果一个客户向另一个客户表达对我们的不满意，一传十，十传百，我们就很难再提高我们的客户数量。所以我们要通过开展公关工作，经常与客户联系，联络感情，才能有更多的回头客。但是做公关工作需要有经费的支持，所以我建议总经理在考虑明年预算的时候能否在公关应酬方面给我们客户部多一些考虑。如果客户服务部的工作能得到公司的进一步支持，这对于更好地树立我公司的形象、稳定客户数量、吸引新的顾客将大有益处，这也是提高公司效益的关键所在。"

这个时候，媒介部的林先生也按捺不住了。他迫不及待地向总经理发表了自己的看法："我们媒介部门负责制定广告的媒介策略、广告媒介的选择并与有关媒介部门接洽联络。这些工作任务要求媒介部门的工作人员有丰富的媒介知识，熟悉各种媒介的特性，了解有关媒介部门的情况，并同有关媒介部门保持着良好的关系。所以我非常希望公司能够考虑给我们媒介部几个人事名额，多引进一些在媒体使用方面具有丰富经验的人才，以提高媒体使用的效益，提高我们的服务质量，为广大客户带来更好的宣传效果。在广告活动中，媒介部不仅要为广告活动制定广告媒介策略，为广告计划和广告预算的制定提供具体意见，而且，在广告实施过程中，还应与有关媒介单位保持经常性的联系，对广告的实施进程进行监督，并在实施完毕后代理收取广告费。可见，我们媒介部参与了整个广告的主要核心步骤，只有确保了核心，才能保全我们全局。"

广告创作部的蒋经理深深地叹了一口气，摘掉戴在鼻梁上的金边眼镜，对着总经理说道："欧阳经理，我也认为前面两个部门的工作很重要，可是广告创作部门的工作也是不可忽视的。广告创作部负责广告的设计、创作和制作。广告创作部门具体地可细分为文稿、画面和制作合成。文稿人员负责广告文稿（标题和正文）的设计创作，是广告创意的关键，它要求文稿人员具有较强的语言能力和创造性的思维以及非凡的写作才能，要能用精炼的语言来表达广告的创意，传达广告信息，展开对消费者的宣传。图画或摄影人员的工作任务是为广告配上相应的画面，要求有艺术性、富有情趣和容易引发人们的联想，增强广告的记忆效果。制作合成人员的任务则是完成广告文稿与广告画面的设计合成。这些工作往往由文稿人员和广告画面创作人员共同承担，或由专职员工负责。在定稿之后，便可送去制作。广告活动要求广告创作人员同样熟悉各种类型的媒介，并根据不同的媒介要求，进行广告的创意研究以及广告设计、创作和制作，同时还要求创作人员熟悉各种媒介广告的制作过程，并对广告的制作（印刷或摄影、录像）过程和制作质量进行监督。从某个侧面来说，我们的广告设计水平的高低，将会依托媒介最直接地展现到广大客户和观众朋友面前。如果广告设计不能有所创新，不能得到社会各界的赞同，我们今后的工作将很难开展。广告创作部的员工为了制作精美的广告经常加班到深夜，牺牲了大量的休息时间，所以我希望总经理能否考虑一下提高广告创作部门的同仁们的相关待遇，这样才能更好地提高他们的工作积极性。

广告调研部门的陈部长最后发表了自己的看法："广告调研部门的工作任务是按照广告活动的要求，开展目标市场调查，为广告主和公司制定广告计划提供有关的市场环境和市场潜力的背景资料，并就有关市场问题提供咨询意见和建议，为广告决策以及广告主的市场决策提供客观依据。广告调研部的工作开展好坏是其他一切工作的基础，不打下良好的基础，一切都是空中楼阁。"

听了各部门负责人的建议，欧阳总经理的表情似乎没有半点轻松，反而眉头紧缩，凝视着窗外，陷入了深深的思考中，到底我应该从哪方面的工作入手呢？

评 析

①企业发展必须要有全局观念。全局观念有利于企业的发

展,站在企业发展的角度看问题才是全局观念。比如说:各部门应该完成的事,你拿到总经理面前来,让总经理过多地帮你解决,这是没有全局观念;该由企业最高领导统一的东西,如有关部门各行其是,也是没有全局观念;该由甲部门管的事,乙部门去拼命争,也是没有全局观念。所以全局观念并不在于你在什么位置,而在于你衡量问题的出发点。案例中提到的跨越广告公司的各部门负责人就缺乏相应的全局观念;从某个角度来讲,欧阳经理也缺乏全局观念,他不善于集中统一观点。否则,欧阳总经理也就不会感到很迷茫了。因为企业在成长过程中,肯定会面临各个部分都需要发展的问题,只有相互协作,合理配置资源,才能很好地发展企业。如果把争权夺利作为一种目的,过多地带有个人色彩,是不能促使企业发展的。

②系统管理告诉我们,在一个系统中,各部分都有着自己的功能。如果各部分能很好地协调运作,其整体功能则大于各部分功能之和;反之,则小于各部分功能之和,甚至自身原有的功能也会被破坏。本案例中,跨越广告公司的客户服务部、媒介部、广告制作部、广告调研部这4个部门的负责人,只认识到自己部门的重要性,而没有意识到其实大家都共同存在于一个系统中,各部门的发展都不是相互孤立的,只有各部门协调发展,集合共同的优势,才能促进整个公司的发展,公司的发展力度才会增强。根据案例里介绍的情景,如这样长期下去,不仅不能促进公司的发展,还容易造成部门"割据"、工作效率降低等情况。

③把握全局,善于从战略高度认识问题。经营企业同打仗是一样的,需要战略。战略思维的基本内涵,首先是战略整体观或全局观,因此,对于战略思维来说,把握全局具有决定性的意义。对于管理者来说,最关键的要素就是增强全局观念,树立大局意识。因为任何一级的管理者都要独当一面,独立负责一定范围的工作。相对于更大范围的工作来说,处在一定管理岗位的管理者的工作是局部,相对于更小范围的工作来说,这种工作又具有全局性的性质。因此,增强全局观念,对于管理者还具有双重意义:一方面使

自己的工作自觉地服从工作全局,为全局形势的改观做出自己应有的贡献;另一方面又要善于驾驭自己工作的全局,调动和协调方方面面的力量,谋求更大的发展。古人说,胸无全局不足谋一域,讲的就是这个道理。由于全局和局部的关系具有相对性,因此,管理者的职位越高,领导的范围越大,承担的责任越大,在全局中的地位就越重要。这就更需要牢固树立全局观念,时时处处从全局的高度谋划自己的工作。管理者如果没有全局观念,就有可能导致工作上的满盘皆输,给事业造成无可挽回的损失。对于欧阳总经理来说,应当把企业当成一个系统来看待,从整体上去观察问题、考虑问题;在注意局部的同时,还要注意各局部之间的有机联系。此外,在一定的人力、物力、财力条件下,应当合理组织、协调,只有这样,才能发挥出更大的效益。

案例3 两大可乐的殊死搏斗

1886年在美国亚特兰大市,一位名叫约翰·潘贝顿的药剂师误把苏打水倒入他自己发明的一种治疗胃疼和神经衰弱的药中,他尝了一口,觉得口感颇佳,这就是最原始的可口可乐。1893年,美国专利局授予其注册商标。

就在美国专利局授予可口可乐注册商标的这一年,在美国北卡罗莱纳州的新伯尔尼,一位名叫凯莱布·勃拉厄姆的人把他出售的饮料取名为百事可乐。

这两种"可乐"之间的竞争已经有100余年的历史了,在这100余年的殊死搏斗中,1977年以前都是可口可乐占绝对优势,而1977年以后,两者之间的竞争就各有胜负了。如1977年,百事可乐畅销于美国超级市场,凌驾于可口可乐之上。下面就简单看一看两大可乐之间竞争的几个实例。

(1)运动会之战

1980年第二十二届奥运会在前苏联的莫斯科举行,美国等西方国家均表示抵制不参加,而两大可乐却都乘虚而入成了赞助单位。但百事可乐准备充分,行动迅速,宣传得力,赢利超过可口可乐1/3以上,百事可乐一时在外国人心目中大振,使老牌的可口可乐望尘莫及。这一次百事可乐得了一分。

1984年第二十三届奥运会在美国洛杉矶举行,主办人美国年轻的商人尤伯罗斯吸取以往举办奥运会严重亏损的教训,以商业运作模式来举办奥运会。他别出心裁,提出赞助单位同行业只取一家,使两大可乐真的成了"你死我活"的争斗。这次,可口可乐吸取了上次败北的教训,分析了形势,认为奥运会专用饮料的影响非同一般,一举提出赞助1 300万美元的资金,成为洛杉矶奥运会支付赞助费最高的一家。当然可口可乐也获利丰厚,可谓名利双收。这一次,可口可乐打败了百事可乐,得了一分,双方打成1:1平。

1990年战火又燃到了中国北京第十一届亚运会上。这次可以说可口可乐占地利之优,因为可口可乐在中国的大本营(与中国的合资厂家)就在北京,而百事可乐在中国的大本营(与中国的合资厂家)却远在广州。但可口可乐仍不敢掉以轻心,除赞助300万美元外,还将445台现调机安装在亚运会的各运动场所,现场制作达到一定冰凉度、口感更佳的可口可乐饮料;另选1 280名职高学生为可口可乐小姐,送进中国大酒店,按照享誉世界的麦克唐纳公司的快餐服务标准,接受台湾专家的专门训练。可口可乐小姐的服务达到如此神效,男子十项全能冠军金子宗弘跳下领奖台,首先冲到可口可乐小姐面前,一边把鲜花塞到她手里一边说:"要不是你们给我送的饮料,我就拿不到这个冠军了。"可见,可口可乐的出色服务给很多人留下了难忘的印象,这次当然是可口可乐大获全胜。

(2)经营之战

可口可乐和百事可乐在20世纪80年代就已经销售到了全世界160多个国家和地区,成为全世界最为流行、最为畅销的饮料。但是可口可乐公司在1985年4月突然宣布要改变沿用了99年的老配方(据说此配方只有10个人知道,放在美国乔治商业银行地下室的一个上着7道锁、封着7个火胶印的保险柜里,必须10人一起出动,加上该银行正副行长及州官方代表才能打开。该配方于1986年公开),而采用刚研制成功的新配方。因为他们花了3年的时间,用了500万美元,做了20万人次的口味调查,55%的人认为新配方比老配方好。这件事立即成为轰动美国乃至全世界的一条大新闻。但当新可口可乐推出后,却引起了市场的轩然大波,公司每天收到无数封抗议信和多达1 500次以上的抗议电话,有的顾客为此还举行了抗议示威。这一情景可乐坏了可口可乐的老对手百事可乐,他们认为这是可口可乐在经营上的一次重大失败。为此,百事可乐特地让员工放假一天以示庆贺,并且马上炮制了一个30 s的电视广告节目,准备在美国三大广播网中播放一个月。节目是这样的:一个眼神急切的妙龄女郎盯着镜头说:“有谁能告诉我可口可乐为什么这样做吗?他们为什么要改变配方呢?”姑娘于是喝了一大口百事可乐,说道:“嗯嗯嗯,现在我知道了。”百事可乐公司还在一周内把电视广告制成录像,第二个星期就通过卫星向世界各地播放。正当百事可乐的老板们乐不可支时,可口可乐的董事长突然宣布:为了尊重老顾客的意见,公司决定恢复老配方可口可乐的生产,并改名为“古典可口可乐”;同时考虑到消费者的新需要,新配方的可口可乐也继续生产。消息传出,美国各地的可乐爱好者为之雀跃,老顾客纷纷狂饮老牌可乐,新顾客竞相购买新可乐,一时新老可乐的销量比往年同期上升8%,可口可乐的股票每股猛涨了2.57美元,而百事可乐公司的股票却下跌了0.75美元。可口可乐这一别出心裁的推销术大获全胜。

到了1986年5月8日这天,可口可乐公司让在全世界160多个国家和地区开展业务的14 000名员工飞抵亚特兰大庆祝百年华诞,30辆以可口可乐为题材的彩车和30个来自全国的行进乐队穿过市中心,约30万人在街道两旁开怀畅饮免费提供的可口可乐。老板郭伊佐和亚特兰大市市长站在游行队伍最前面,紧跟着的是一支由60件管弦乐队伴奏的千人合唱团,高唱着令人心醉的可口可乐的经典颂歌“我愿为世界献上一瓶可口可乐”。与此同时，伦敦的可口可乐雇员计划了一次推倒连接亚特兰大、里约热内卢、内罗毕、悉尼、东京、伦敦的60万块多米诺骨牌，各地由卫星相连接，8块巨大的电视屏幕布置在亚特兰大市中心。一浪接一浪的多米诺骨牌完美地倒下了，伦敦倒下最后一块多米诺骨牌后，一只巨大的百事可乐出现在眼前，多米诺骨牌爬上最后一个坡道，引爆了一枚小炸弹，把百事可乐炸得粉碎。伦敦的可口可乐雇员们欢呼雀跃，但此时的亚特兰大却一片寂静，因为正当多米诺骨牌爬上山坡时，卫星转播突然中断，亚特兰大总部没有看到最后的爆炸。

有人传说是百事可乐蓄意破坏了这次庆典，它提醒了可口可乐的员工，同百事可乐的战斗仍未结束。

评 析

从系统观念的整体性思想来看，两大可乐从一个大的范围来看是处于同一系统中的，所以从整体的角度去考虑，可把两大可乐当成一个整体来对待，从整体上去观察问题、考虑问题，当局部利益与整体利益发生矛盾时，局部利益必须服从整体利益。两大可乐的合作就正好体现了这一点。通过合作，提高整体利益，从而促进局部利益的提升。

从系统观念的相关性思想来看，既然两大可乐是处于同一个系统内的各子系统，它们之间就总是存在着某种关系，所以当一个可乐公司采取必要行动的时候就必然会影响到另一个可乐公司，整个系统也正是通过它们之间合理的、正确的协调而达到的。在现实中，人们往往对竞争与合作的内涵缺乏正确认识，甚至将两者对立起来，这从人们一贯的“竞争与合作谁更重要”这一二元对立式提问中便可以看出，似乎一谈竞争，就会有损合作，一讲合作，就要摒弃竞争。其实从系统观点来看，竞争与合作两者既相区别，更紧密相连。两大可乐正是考虑到了竞争与合作的相关性，充分利用这一相关性，在竞争与合作中促进了各自的发展，造就了两大可乐在今天世界上的地位。

从系统观念的动态性思想来看，任何事物都在不断地发生变化，要从动态的角度来看待一个系统，不能对一个系统的认识停滞不前。两大可乐公司都充分认识到了这一点。因为在知识经济时代，市场竞争的模式发生了根本性的变化，社会分工越来越细，一个企业的实力再强也不可能完成所有的大型项目。对于一个行业来说，也是一样的。如果同一行业的企业能够彼此合作，形成规模优势，这对于其自身发展来说都是非常必要的。所以纵向的自身核心竞争力的挖掘和横向的战略性合作成为当今国际性企业确立竞争优势的一种趋势。在国际市场上，合作在一定程度上已经渗透到企业的发展战略当中，特别是对那些高新技术企业，在竞争中合作，通过合作共同提升企业的核心竞争力，已经成为共识并显示出巨大的作用。所以目前，有生命力和成长希望的企业，都逐渐改变了盲目竞争的思想，它们越来越倾向于“竞合”状态，甚至竞争对手之间都可以互相合作，在竞争中合作，在合作中竞争，最终实现了双赢。可见，竞争与合作是一个事物的两个方面，是矛盾统一的关系，我们应该认识并理解这种关系。当然，在合作与竞争中也应该注意：

①正视竞争现象，明确竞争的意义，不要认为竞争等于攀比。

②要有竞争意识，积极参与到竞争中去，同时也要认识到合作的重要性，要在合作中竞争，在竞争中合作。

③要选取正确的竞争方式，在公平、平等的基础上竞争，竞争的手段与方法应该光明正大，切忌用卑鄙的、损人利己的手段搞不正当的竞争。

④要胜不骄，败不馁，不欺软怕硬，这样才能在现代社会中立足。要知道社会生活中的竞争更直接、更激烈、更严酷。

总之，现代社会不能回避竞争，但较之竞争更呼唤合作，更确切地说，我们提倡基于合作之上的竞争和不以竞争为目的的合作。

案例4　都江堰水利工程

2000年6月,世界文化遗产评审小组的官员云集在风景秀丽的中国四川都江堰,四川省领导和都江堰市领导以及我国一些知名的水利专家亲自迎接,并陪同他们参观了宏伟的都江堰水利工程,绿阴掩映的二王宫,凌空飞架的安澜索桥,挺拔郁萃的玉垒峰,高耸绝崖的玉垒雄关,水中盆景的伏龙观,日落丹霞的金堤夕阳,内江咽喉的离堆锁峡,雕梁画廊式的桥,生机盎然的都江古城给所有评审小组的官员留下了难忘而深刻的印象。

第二天,评审小组的所有专家和四川省、都江堰市所有市级领导及我国知名水利专家都聚集在都江堰市的一个宾馆里,都江堰市的所有领导都捏了一把汗,他们准备为都江堰水利工程申报世界文化遗产做最后的冲刺。首先由都江堰市市长A先生把都江堰水利工程的整体情况给专家做了一个梗概介绍。

市长A先生:"都江堰是我国秦国蜀郡守李冰为治理岷江水患率众修建的大型水利工程,迄今已有2 250多年的历史,是世界上最古老而又充满生机的生态工程,国家级文物保护单位。它位于都江堰市城西,建筑在山川与平原的咽喉要冲,其工程采用'无坝引水'的形式,主要由鱼嘴(分水堤)、飞沙堰(溢洪道)、宝瓶口(引水口)3大主体工程构成。3大工程巧妙地利用了天然地势和弯道水流规律,协调运行,有效地解决了引水灌溉、泄洪排沙的问题,孕育了沃野千里,号为陆海的'天府之国'成都平原。尤其是近40年来的大力扩建与渠系改造,使其灌溉面积由不到20万公顷发展到67万公顷,成为全国最大的灌区,形成了集灌溉、防洪、城市供水、综合利用为一体的灌区格局。都江堰科学的原理、精密的设计、巧妙的技术、宏伟的营构,集中体现了中华文化的博大精深及人与自然和谐共荣的思想精髓。"

市长A先生话音刚落,评审小组专家B先生就首先提问道:"你们认为都江堰水利工程最伟大的成就在哪里?"

都江堰副市长C先生回答道:“大家都知道,在世界上人工修建的水利工程不少,但经过漫长的岁月仍能发挥设计效益的并不多见,而我们的都江堰经历了2 250多年,千古不废,至今仍发挥着巨大的经济效益。可见当年古人在设计修建都江堰水利工程的时候考虑到了其使用的长远性,而不仅仅局限于解决当时暂时的洪涝灾害,所以我认为都江堰应该被授予“世界文化遗产”的称号。

评审小组专家D女士:“世界上的水利工程不少,请问,都江堰水利工程与众不同在什么地方?”

我国著名的水利专家四川大学水利工程学院教授E先生:“都江堰水利工程由渠首枢纽和灌溉渠系两部分组成。而渠首枢纽就是我们通常所说的都江堰了。它的主要工程有鱼嘴分水堤、排洪飞沙的飞沙堰、引水咽喉宝瓶口,3大工程有机结合,协调动作,自动分流,自动溢洪排沙,形成了一个有机的整体,收到了‘引水以灌田,分洪以减灾’的效益,也使成都平原的人民过上了‘水旱从人,不知饥馑,时无荒年,天下谓之天府’的生活。从某种意义上来讲,正是由于有了都江堰水利工程,才铸就了今天富饶的天府之国。由此可见,2 000多年前建造的都江堰工程,‘其设计之精密,营构之宏伟,实创人类科学治水之先例,建华夏文明之奇观;征之四海,无出其右者’。但是这样一个宏大的工程却是一个既无高耸的大坝,也没有复杂的闸门的控制系统,一切都利用自然地貌和水流动力。比如鱼嘴与飞沙堰的建设,使岷江河床分为内江和外江,冬、春枯水季节,岷江水位较低,鱼嘴将约6/10的江水流入内江,4/10的江水流入外江,保证了成都平原灌区的用水量,简称‘四六分水’;而到夏、秋洪水季节,岷江水位相对升高,河流主流线相对变直,大部分江水流向凸岸,故鱼嘴又将6/10的江水排入外江,4/10的江水注入内江,保证成都平原免受洪水的灾难。都江堰水利工程,是中国自古以来人与自然和谐共存哲学的具体体现,是一个亲自然的水利工程。”

评审小组专家F先生:“我很赞同教授先生的观点,但都江堰水利工程只是一个工程结构,为什么要说它是文化遗产呢?"

四川省副省长G女士最后发表了自己的意见:"创业难,守业也难。历代都把维修都江堰作为当时的一件大事。在漫长的历史长河中,有许多人为都江堰修固完善做出了巨大的努力而载入史册,有如三国时蜀国丞相诸葛亮等。因而,我们可以说,都江堰水利工程不是某个人智慧的结晶而是融入了中华民族的文化特色,从一个侧面反映和体现了中华民族文化的发展进程。"

听完各位的回答,评审组长说道:"根据各位的回答,我们将带回贵市提供的详细材料仔细研究后,再予答复。"

3个月之后的一天,都江堰市全民欢庆,庆祝都江堰水利工程申报世界文化遗产成功。据报纸报道,当天,都江堰的土地增值300元/m^2。

评 析

都江堰水利工程布置合理,兼有排水、防洪、灌溉、漂木、航运等多种功能,且"修"、"管"、"用"间有机联系,使得其"历久不衰",至今经济、社会、生态效益显著。都江堰水利工程的成功不仅仅在于它的工程结构的合理性,更在于在修建管理都江堰水利工程中系统思想的运用。

(1)"乘势利导,因时制宜"——整体性系统思想的成功运用

自然界的属性,可以从多个方面来考察:首先是整体性。自然界在其自身发展过程中,表现出局部与整体、空间与时间的有机结合,当变动其局部时一定要考虑其整体性。其次是变动性。自然界在运动之中,水在奔流,地貌在变迁,这就要求人们从变动中去认识自然。再次是有限性。世界上物质是无限的,但无限只能通过有限而存在。物质世界在时间与空间上是无限的,但它同时又是发展着的有限事物、过程的总和。如就一水利工程而言表现为区域性,水资源在时段上的有限性等。都江堰水利工程正是建立在对这些自然界属性的正确认识上,合理运用了岷江的地势、河

势，不断调节各种关系，运用适合这种态势的工程去进行分洪、排沙、引水。充分考虑洪枯水季节的不同特点，做不同安排，充分考虑到就地取材以及技术条件与经济条件，采用了简单的、临时性的工程技术灌溉。达到了工程上有完整的、系统的立体布置，效益上有防洪、灌溉、航运等多种功能，使水资源在时段上的有限性变为时间上的无限性，长期为人类造福。

(2)“分水排沙”——动态性系统思想的奥妙

古老的都江堰工程，虽无现代化的闸门控制却能按照人的意志分水、排沙，这引起了古往今来多少学者的惊奇与研究。这一工程是建立在动力平衡的原理基础上的。都江堰不采取静态的拦蓄以及消极的防御，而是在动态中积极主动进取，有效地利用了时间与空间的辩证关系，以简单的工程结构调动水流。

最为关键的系统状态变量就是进水量与含沙量，能成功地控制这两个状态变量，就标志着水利工程的成功。但是这两个变量又经常处于相互依存、相互矛盾的状态中。都江堰工程解决这两个状态变量突破常规，不在加大流速上打圆圈，而是巧妙地利用水势、河势这两个相关因素，利用水流夹沙的特殊现象，辩证地处理了水沙关系，使引水和排沙在时间上统一，在空间上分开，不能不承认这是都江堰工程一个带有规律性的创造。

(3)“深淘滩、低作堰”——相关性系统思想的奇效

都江堰渠首工程中，鱼嘴、宝瓶口、飞沙堰和人字堤各工程的位置、高程、尺寸，都存在于一个统一的矛盾体中，它们相互制约，彼消此长，稍有变化，就会牵动整体机能的发挥。

不难看出随着下游灌溉面积的扩大，需水量就要增大，但仍然要保证防洪。历代都江堰工程的水利工作者，从这对立的要求指标中，探讨出关键的控制因素，那就是确定飞沙堰顶高程与宝瓶口水位，从而总结出“深淘滩、低作堰”这一套管理与维修都江堰工程的原则，人称“六字诀”。

深淘滩、低作堰，是相辅相成、缺一不可的两个方面。它不仅从实践上科学地解决了许多水利科学家修建大型水利工程时难以

解决的问题,而且运用朴素的哲学思想,以一深一浅、一引一分正确处理了引水与排沙的矛盾。所以历代都把这“六字诀”奉为至宝,代代相传,成为维修护理都江堰的必遵之法。

由此可见,都江堰水利工程体现了非常完善的整体概念、优化方法和开放的、发展的系统思想,它不愧是世界上一项宏伟的系统工程建设。

1.2　创新观念

1.2.1　理论精要

(1)创新的含义

“创新”包含了许多方面的内容,且运用于不同的领域,其内涵也有所不同。综合各种定义,从心理学的角度认为创新的实质即具有新颖性和适用性。创新包含两大类基本情况:一类是在旧事物的基础上进行改良革新;另一类表现在不依赖现有的旧事物,而通过创造“灵感”产生独特的新事物。“创新”理论的最初创立者是美籍奥地利人,当代西方著名经济学家约瑟夫·阿洛伊斯·熊彼特。他基于经济发展中的创新提出了创新理论,认为创新过程就是建立一种新的生产函数,即要把一种从来没有的关于生产要素和生产条件的“新组合”引入到生产体系中去。他在创新理论中认为,创新包含了5方面的内容:其一,引进新产品;其二,采用新技术,即新的生产方法;其三,开辟新市场;其四,控制原材料新的供应来源;其五,实现企业的新组织。

(2)创新理论的产生及企业创新的内容

熊彼特的创新理论是在资本主义完全竞争的市场条件下提出来的,包括的范围较大,内涵较粗略。具体到本章重点讨论的有关企业的创新上,有诸多方面的内容。企业创新是指企业在生产经营过程中,将各种经济要素进行优化组合的行为。企业创新既要求对企业各种经济要素进行新的、科学的组合,又要有利于提高经济效益,追求资源配置的最优化和收益最大化,也就是创新的基本性质新颖性和适用性的体现。大体看来,企业的创新包括以下几大部分:

1)制度创新。制度创新是为了适应生产力的不断发展变化的需要,适应社会历史发展水平、国家制度等多方面的因素而进行的对企业组织形式进行的相应变革。而制度创新中的核心问题就是产权制度的创新,主要是解决企业的产权制度和企业内部组织问题。

企业的制度由企业产权制度、企业组织制度、企业领导制度 3 部分组成,因此,企业的制度创新也应该从这 3 方面入手。制度创新是否能出现,主要是看对创新者是否有预期的潜在利益。创新理论认为,对个人、团体和政府 3 种不同层次的制度创新,视层次的预期纯收益最大决定创新的层次。每一种制度创新都不是一蹴而就的,需要一个相当长的过程。因为一方面原有制度是基于一定基础建立的,新旧制度的交替是一个艰难复杂的过程;另一方面每一种制度都需要与其之上和之下的制度相协调,这也是非常复杂的。产权制度的创新是指产权的各项权能在不同的产权主体之间进行重新组合,以期得到最优化的组合,发挥更大的效益。而组织制度创新就是按公司制改造要求进行的一系列改革。本节案例 5 中广东万和企业集团的创新控股方式就是对传统控股方式的一种挑战性的创新,这种原子核型的企业管理制度克服了以往股份制管理与家族式经营管理的缺点。

2)技术创新。技术创新是创新过程中最为普遍的一个内容,是指企业把新技术创造性地应用于生产经营活动，以求获得预期的经济效益和社会效益的过程。技术创新在一个企业的发展中具有举足轻重的作用，包括企业引进新技术、改进旧技术等多种技术创新策略。

技术创新是企业为获取更多利润，重新组合生产要素的过程。企业技术创新的结果，不仅影响企业发展，还影响着整个经济、科技乃至社会领域。随着科学技术的不断发展和市场越显激烈的竞争，企业需要不断更新，而技术更新是构成企业核心竞争力的首要因素。竞争促使企业努力地进行技术更新，努力改善产品性能，提高产品质量，扩大花色品种，增强企业的竞争力。企业的技术创新包括诸多内容：其一，工艺的创新，即将一种新的生产技术引入生产过程；其二，新产品开发，包括以原有设备为基础的产品更新换代以及以原有设备为基础的新产品、新发明的引入等；其三，原有技术的重新组合；其四，新设备的引进；其五，先进技术的引进等。而技术创新的形式包含两种：首次创新和模仿创新。模仿创新通常发生在企业引进国内外市场现有的先进技术和设备，以高的起点在此基础上根据其创新思维进行创新。本节案例 2 中巨化集团的技术创新就是通过此种方法进行的，在引进技术拥有高起点的基础上，进行属于自己的创新过程。

3）市场创新。一个企业如同人的身体系统的运转过程，不仅包括生产产品的流程，还包括将产品推入市场的环节。市场环节的创新，即通常所说的市场营销的创新，指在市场经济条件下，企业从微观的角度，通过引入各种新市场要素，并使之商品化和市场化，以开拓、占领新的市场，从而更好地满足市场需求的市场研究、开发、组织与管理活动。

4）管理创新。管理创新是指将更有效的而尚未被采用的新的管理要素或管理要素新的组合引入企业生产经营过程，从而使企业管理系统具有更高的管理效能。也就是把各种生产要素“整合”起来，创造一种更新、更有效的资源整合模式，以此来对企业中的各组织活动进行合理、协调的指挥。

5)文化创新。文化创新是指对构成企业文化的各种要素,即对企业的价值观、企业行为规范、企业精神、企业道德、企业民主、企业风尚及企业风俗习惯等进行必要的创新,使之成为推动企业发展的重要力量。一个企业就类似于一个人、一个生物的活体,它的生存与发展不仅仅是生理、物质上的发展,还有精神上的更新发展。这种精神上的更新发展一方面是对现有不合理、不适应进行趋于优化的调整,另一方面也是对物质、生理发展的适应协调。企业文化往往是无形的,但充满生机与活力的企业文化是企业十分宝贵的无形资产,在企业的方方面面都有着无所不及的影响。一个企业也是一个群体,从心理学的角度看来,群体无论规模大小、形成原因及方式等都有自己的行为规范、文化氛围等,对一个企业的管理也涉及对一个群体的管理,如群体凝聚力、群体文化、群体思维等因素,都需要企业的文化给予调整。而群体也是多变的,受多方面因素的影响,因此文化的创新对于适应企业这一群体的变化发展极其重要而不能忽视。

在一个企业的创新过程中,创新不一定都是孤立存在的。在很多成功的企业创新案例中,创新理念存在于多个环节,对各个单独的环节起作用,同时给予共同的协调。著名的企业创新理论①(business process reengineering,简称 BPR)就是对企业创新的每个部分进行关注。其理论基于竞争环境、现代管理理论、先进制造系统、信息技术等理论建立,考虑到企业中各个环节的创新。其基本理念有多个方面:

①面向顾客。即从市场需求、顾客的满意度来分析,从而进行的创新。

---

① 企业创新理论,也称再工程,是以经营过程为中心和对象,以关心和满足顾客的需求为目的,对现有经营过程进行根本性的再思考和彻底的再设计。它利用先进的信息技术和制造技术以及现代化的管理手段,最大限度地实现技术上的功能集成和管理上的职能集成,打破传统的职能结构,以实现企业在质量、速度、效率和柔性等方面的经营性能的巨大提高。所谓再工程,不是对传统管理过程修修补补,而是完全抛弃原有的管理模式,以现代管理理论和信息技术为基础,建立全新的工作流程。

②面向流程。以流程为核心，变职能管理方式为过程管理方式，从基本流程分析元素，进行创新，这其中就包括技术的创新。

③面向员工。认为人是管理的中心，也是企业动力的来源，提高员工素质、调动员工的积极性等是该理论的重要支持，这其中涉及了企业管理创新与企业文化创新。

④面向增值。主要基于生产力发展、价值链等提出。

⑤协作愿望。BPR强调打破传统的分工，变职能管理为过程管理。

1.2.2　案例与评析

案例1　TCL集团的活力之源——不断创新[①]

创新观念的推出，首先就不得不提到近两年内迅速崛起的TCL集团。TCL集团下属的TCL移动通信有限公司成立于1999年3月，是一家致力于手机等移动信息终端产品的研发、设计、制造、销售和服务的现代化高科技企业，在中国著名企业TCL集团股份有限公司中被列为第二大支柱产业。公司以“创建国际化的移动通信企业”为发展目标，以“大人一体”的系统论思想为指引，用国际化思路打造国际化企业。

2002年12月11日，TCL移动通信有限公司以在过去3个财政年度的营业额增幅高达26.330%，名列2002年首届亚太地区高科技高成长500强企业排行榜首，成为亚太地区成长最快的高科技企业。同日，本年度生产的第600万台手机顺利下线。

TCL手机凭借技术创新和文化创新获取飞速发展的核心竞争力，将现代科技与传世文化完美结合，把手机当做艺术品来制造，这一灵性化的产品设计思路为公司插上了腾飞的翅膀。在产品研

① http://www.tclmobile.com.cn/corp/index.jsp? catid =36

发方面进行技术创新，立足于“定位追赶，重点突破，局部创新，发展独立自主的研发力量”。为此，公司成立TCL移动信息研究院，组建了一支由数十名海内外著名院校通信专业博士、硕士组成的高素质研发团队，先后与高通、英特尔、微软、爱立信等世界级著名通信企业开展多种形式的技术合作。在产品设计方面寻求文化创新，TCL首开先河，率先向市场推出钻石手机、宝石手机，引起业内强烈震撼，受到广大消费者的热烈欢迎。公司的产品创新速度与世界通信巨头同步，TCL手机产品畅销国内及海外多个国家和地区。

公司“定位追赶，重点突破，局部创新”的研发战略取得丰硕成果，平均两个月推出一款新机型的研发能力已与世界通信巨头同步，在国内同行遥遥领先。TCL移动通信有限公司作为中国首届移动商务论坛的发起者和倡导者，在未来中国移动商务的发展方面将发挥极其重要的作用。中国第一款高档国产手机TCL999D的威风入市及整合移动电话、掌上电脑、电子辞典、网际网络4大功能于一体的第一款移动信息商务终端TCL商机3 000的闪亮登台，已初步树立了TCL移动通信在国内同行业的王者地位。

而成立于1998年的TCL电脑科技有限责任公司，以研究、开发、生产和销售电脑及其他相关消费类数码产品为主要业务，拥有年产100万台的生产制造基地，并建立了遍布全国的营销网络。从公司成立之初提出“做老百姓买得起，用得好的电脑”为核心的“非常新主张”，到2002年“适合才更好”的理念，TCL电脑基于对用户的深刻理解，通过技术创新与资源整合，不断推出家用和商用新品。2000年11月22日，TCL电脑与INTEL全球同步推出首台奔腾4电脑，成为奔腾4的领跑者。2001年6月，在英特尔等战略合作伙伴的全力支持下，TCL电脑率先在国内批量推出万元P4液晶电脑——TCL锐翔。2001年11月9日，与微软同步推出全新产品系列TCL锐丽。锐翔和锐丽系列产品以优异的功能和高性价比，迅速成为市场主流。2002年12月5日，TCL家用电脑销量超过100万,同时推出集电脑、电视功能为一身的锐翔新品——TCL"王牌电脑"。TCL商用电脑也在教育、税务等行业市场取得突破,相继推出"精鼎"、"精致"系列产品以及无线网络解决方案、中小企业解决方案、校园多媒体网络解决方案等一系列极具特色的解决方案。

评 析

从TCL集团中两大公司的成功经验可看出,创新是TCL集团在近两年内迅速成为国内同类品牌领头羊的法宝。而它们的创新观念不是散乱无序的,而是由小到大、逐步深化的。从技术创新到文化创新再到理念的创新,三者结合并深入到产品研发、设计、生产、销售、管理等一系列环节之中,形成一套独特的经营管理方式。从产品研发这一环节开始,以技术的创新作为基础,结合文化的创新开发并推出适合消费者口味的产品。如TCL移动通信公司在近几年的手机市场上占尽了多种创新思想相结合渗透的优势。它在手机的设计中加入艺术的成分,将手机这一现代社会科技发展的产物与艺术欣赏的美学相结合,率先推出宝石手机,实现如广告词中所说的"科技美学化"。并且在推出这一款产品的同时也推出了适应这一产品和这一时期的创新理念"中国手机新形象"。这一设计思想在国内外同类产品中都尚属首例,也正是这种并不单一的创新思想的结合,渗入到产品、文化以及大众的消费及时代观念中,才使得这一产品收到了如此强烈的反响,并成为中国手机和国际产品较量中反败为胜的转折点。这一成功事例也说明,创新的推进不是单一的,而是在多方面相互渗透的。基于技术的革新、社会文化的发展,设计出适合消费者当前需求以及符合时代文化的产品。生产销售以及产品管理中又要注重与这一产品相适应的文化理念的创新,从而加大产品的宣传力度,这些则是自上而下的对创新的管理。自下而上与自上而下的结合才能使创新的每一个分子进入到市场中,为商家实现名利双收。

案例2　巨化集团的创新之路[1]

素有“江南明珠”、“十里化工城”美称的巨化集团公司创建于1958年。经过40多年的发展,已成为国家特大型企业和国家120家试点企业集团之一、浙江省最大的化工联合企业、全国最大的氟化工基地。巨化集团公司占地7.3 km^2,建有100多套重要装置,以生产基本化工原料和氟化学制品为主,兼有化肥、农药、化学矿产品、高分子材料、建筑材料、有色金属、化工机械、电力能源、塑料加工等19大类200多种产品,形成了以氟化工为龙头,氯碱化工和煤化工为基础,精细化工、合成材料、生物化工为高新技术突破口的化工生产链。

巨化集团能够在激烈的市场竞争中脱颖而出,得益于它们始终坚持科技强企,坚持技术创新。它们在强化管理的基础上,将体制改革和技术创新紧密结合,在技术进步的基础上实现了企业发展由单一的规模扩张向高新技术发展的质的飞跃。

20世纪90年代初,巨化传统产业还占有较大比重,产品加工度浅,产品结构中科技含量也不高。巨化集团高瞻远瞩主动顺应国际国内市场的发展潮流,确定了以氟化工为核心,以盐化工、煤化工为依托,以精细化工、合成材料、生物化工为支柱的发展方向,全面推进企业的发展,从而适应了市场发展,也为集团获得了新的动力和新的经济增长点。

最初,巨化集团通过引进消化国际一流技术提高了产业档次,调整了产品结构。氟化工在我国属于新兴的技术密集化工产业,含氟产品的科技含量高,用途广泛,产品链长,拥有广阔的市场前景。巨化集团瞄准了这一产业,随后花巨资从日本、瑞士、美国等地引进了世界一流的技术,建成国内规模最大、技术最先进的氟化工生产基地。在1995年正式投产后,当年实现利润1 060万元,

① http://www.juhua.com.cn/xinxi/xinxi.asp

至1999年利润增长了4倍,成为巨化集团最强劲的经济增长点。产品的竞争力首先源于技术的先进性,因而在取得了一系列的成功之后,巨化集团紧紧跟进技术,不断提升技术水平和产品档次。在加强生产、市场的同时,巨化集团立足自身培养人才,先后与多所高等院校及科研院所建立紧密的合作关系,把他们作为技术后盾和人才库;并加强自身的科研开发管理,设立了科研开发基金,建立了专家实验室和企业博士后工作站,把生产、借鉴与自主开发三者相结合,使集团具有源源不断的生命力。

在技术创新的同时,巨化集团没有忽视集团制度的创新。因为技术创新的动力来源于制度的创新,并以机制的保障作为依托。从1998年开始,公司就着力于技术创新体系的营建,成立了经济发展管理决策咨询机构和以技术中心为主的科研开发机构,实行总经理负责制;并建立内部管理制度,实行技术组长竞争上岗,从基层单位吸收优秀的人才充实科研管理队伍。此外,还采用政策激励的方法,如项目承包、奖效挂钩、技术作价、参与分配、效益分成等激发科技人员的创新积极性。制度和政策的创新激活了企业,并进一步推动着企业的技术创新。

评 析

从本案例可知,一个企业要从适应市场高起点到人才、制度的创新——创新不仅要满足现在,还要着眼于将来。

从巨化集团的成功经历中可看到,创新在一个企业的发展中有何等重要的位置。彼得·德鲁克几十年前曾讲过管理者与企业家“仅仅是同一问题的两个不同方面”,一个不学习如何进行管理的企业家维持不了多长时间,一个不学习创新的管理者同样维持不了多长时间。巨化集团的创新理念分为科技上的创新和制度上的创新。科技的创新是一个企业发展最基本的部分,而这种创新不仅仅就是求新,还要具体到每个环节上,并懂得如何将各个环节连成一个完整的流程。巨化集团的做法很值得借鉴。它不是一开始就投入大量资金、人力物力进入科技研究，而是从引进国际一流技术开始，实现了高起点。在引进技术的同时，透彻地掌握了国内外这一技术及其相关领域的情况并在国内实现了头一家，为自己赢得了技术和资金上的优势。在这之后，引进智力，实施“借脑工程”，在这一高起点上起跑，做出自己的东西。并积极与各高校和科研院所建立联系，做出人才投资，为以后的科研输送源源不断的人才。这些也就是在重视引进国际先进技术的同时，注重提高自我开发的能力，走“产、学、研”三位一体的自主开发之路，实现技术和产品的创新。

巨化集团深知，科技的创新不是维持企业持续发展的惟一源泉，更重要的是人才、制度的创新。因为随着企业不断的发展，产品技术的改革、体制的改革也势必成为企业发展的必要因素。着眼于目前的技术、市场等的创新只能为现在得到一个好的成绩。一个有活力的企业、一个真正成功的企业，是需要各方面协调发展的，这不仅仅是企业内部的各环节的协调，还包括现在与将来的协调。一个企业乃至一个国家的发展水平都必须与其实行的制度相适应，否则就会停滞，类似于木桶原理。于是，巨化从制度改革入手，形成有利于提高企业技术创新能力的内在动力机制。首先是完善其体制，激发企业技术创新的能动性；然后是政策的激励，以其调动科技人员的技术创新积极性。

技术的创新推动一个企业体制的改革，体制的完善和协调又为持续的技术创新提供了保障，使得企业能够持续发展。

案例3 七喜——另类的营销成就另类的产品

一提起饮料市场，美国的可口可乐和百事可乐公司无疑是这一领域的巨头与先锋。世界上第一瓶可口可乐于1886年诞生于美国，距今已有113年的历史。这种神奇的饮料以它不可抗拒的魅力征服了全世界数以亿计的消费者，成为“世界饮料之王”，甚至享有“饮料日不落帝国”的赞誉。而百事可乐虽比可口可乐问世晚了十几年，却以其后生不可畏之势与可口可乐展开激烈竞争，并愈演愈烈。两巨头几乎占领了整个非酒精饮料市场。

七喜品牌刚刚诞生并投放市场后，效果一直不理想，因为当时美国的饮料市场被可口可乐和百事可乐两大可乐一统天下。而七喜只不过是一种普通的汽水而已，和众多的汽水饮料一起被淹没在品牌的海洋中。如果七喜汽水依照传统的营销策略运作的话，虽然也可能成为一个销势不错的品牌，但是要想成为与"两乐"齐名的知名品牌简直就是不可想象的事情。因为"两乐"在美国软饮料市场占据了不可动摇的霸主地位，在当时的美国消费者的脑海中，可口可乐和百事可乐已经成为理所当然的软饮料的代名词。为了成就强势品牌梦想，七喜的高层联合世界著名咨询公司的强劲外脑，对品牌的推广和提升策略进行了无数次的研讨。在经过了对大面积的消费者的调查和研究之后，七喜发现，凭借可口可乐和百事可乐许多年的经营，它们的品牌形象和利益点已经在消费者的脑海中构筑了坚固的抗拒壁垒，如果七喜继续采用传统的品牌建立和提升策略的话，可能就算是耗资巨大也于事无补，依旧难以与它们抗衡。于是七喜想到了借"两乐"搭建好的梯子往上爬的方法，用强调并区别于"两乐"的观念引起消费者的注意。消费者的视觉、听觉、触觉和感知都同时收到一个简单清晰的信息：七喜是非可乐的饮料。一下子把寂寂无名的七喜饮料同闻名遐迩的可口可乐和百事可乐的地位等同起来，同时通过"非可乐"的定位又与"两乐"区隔开来，凸显出七喜另类的品牌个性。

事实证明，七喜的这一创新的品牌定位策略取得了空前的成功，在人们的脑海中七喜成为了仅仅名列在可口可乐和百事可乐之后的第三大软饮料品牌。而由七喜的"非可乐"定位透射出的另类的个性化情感色彩又超然于"两乐"之外，独具一格，成为与广大消费者脑海中历久常新的"永远的可口可乐"和"百事新一代"品牌理念齐名的品牌理念。

而今，七喜以非可乐的软饮料的定位为之获得了巨大的销售量，并一跃成为紧随可口可乐和百事可乐之后的第三大饮料强势力量。

评 析

创新的核心思想就是为了创造新的价值，也就是在一定的限定条件下解决所面临的问题，这些限制包括形式的限制、制度的限制、资源的限制等。而优秀的创新人才就在于能对所给定的信息进行分析，提炼出有用的精华来促成创新。这一点在本案例中也就在成功的市场营销中是必不可少的。营销创新是企业前进的另一个轮子，企业不能单纯强调“技术创新”，而要一手抓技术创新，一手抓营销创新，两手抓两手都要硬。一种优秀的产品真正推入市场的这一步，对于产品采用何种方法吸引住消费者的眼球、凸现出不同于同类产品的优势以及是否获得成功是举足轻重的。在这之前，必须将自己的精力集中在必须解决的问题上，做到对需要依赖的信息有完全透彻的理解。而在创新营销中通用的方法有：应用新的广告媒体，采用新的交易方式，设计新的产品防伪方法，开辟新的售后服务途径，开发新的客户需求分析工具等。七喜饮料公司在推出自己品牌之前就做到了对市场所给自己的发展空间的完全洞悉，它很清楚“两乐”在美国人心目中所拥有的坚不可摧的地位，也认识到走传统的推广此品牌的道路不可能是明智之举。所以必须另辟蹊径，走创新的营销道路才有获得成功的可能。而在这些之前就应培养个人的判断力、观察力、好奇心，以便形成对本行业的直觉和本能、职业眼光，收集多方面信息才能找到创新的价值。也就是创新都来自直觉，而直觉则需要长期的培养。在本案例中，七喜通过“非可乐”的定位，而非采用传统的品牌建立和提升策略，一下子把寂寂无名的七喜饮料同闻名遐迩的可口可乐和百事可乐的地位等同起来，同时又与“两乐”区隔开来，凸显出七喜另类的品牌个性，结果非常成功。

案例4　科龙成长的秘诀——万龙耕心[1]

早在1997年10月15日,数十个国家总理、部长参加的世界经济论坛组织,授予东亚国家7家企业"最佳全球增长公司奖"。广东科龙电器股份有限公司就成为第一个获奖的中国企业,也是惟一一家受奖的中国企业。科龙集团位于广东顺德,是一家创办仅14年的企业,从人工敲打的3台冰箱起步,以年均近41%的幅度快速增长,到1996年底,已成长为亚洲最大的冰箱生产厂。早在1995午,科龙就跻身世界冰箱十强。1996年,由第九跃为第五。1999年,科龙销售"容声牌"冰箱248.88万台,在世界几大冰箱生产企业中的排名又向前跃进两位。2000年其年产值达89亿元,利润额6亿元。企业经营项目围绕制冷技术,涉及冰箱、空调、冷柜,是亚洲最大的制冷企业,拥有员工12 800人,在广东、四川、辽宁等地建立生产基地,在日本、美国设立研究中心,在香港建立了信息总部。

1983年,用仅有的9万元试制费凭手工敲打出第一台"容声"冰箱。随后的短短一年时间内,成立了珠江冰箱厂,设计、试制、生产出了深受市场青睐的双门双温电冰箱。作为一家乡镇企业,没有什么依靠与保证,要在竞争中取胜,必须有高招才能奏效。科龙集团确立了"质量取胜"的战略方针。在用人方面,抓培训,提高员工素质,从而提高企业的整体素质。20世纪80年代中期以后,冰箱行业面临着"比质量、比规模、比效益"的大决战,科龙集团又进行技术改造,提高技术装备水平,扩大生产规模,以求得规模效益。从1987—1992年完成了2~4期技改,并完成了企业股份制改造工作,组建了科龙电器股份有限公司,初步形成了"一业为主,多种经营"的格局。20世纪90年代开始,全员劳动生产率的平均递增率为44.7%。在生产力水平大幅度提高的同时,大力推

① http://case.chinahrd.net/zhi _ sk/jt _ page.asp? articleid = 16122

行计算机辅助企业管理，努力提高技术和管理水平，企业的计划、核算、控制等机构日益健全，并建立了管理标准与工作标准等。在用人机制上，强调没有“铁交椅”，打破“铁饭碗”和论资排辈观念，做到能者上、庸者下，充分发挥干部的积极性和主动性，逐渐形成了具有自身风格的管理理念。1992 年科龙集团认识到面对全球经济一体化的国际大环境，科龙集团要扩展的惟一途径就是：不断以科技进步、产品创新、市场开拓为动力，彻底融入到国际大市场潮流中去。实施全球战略的核心是：充分运用国际的富余资金，引进世界的先进技术、管理、设备，招聘和造就国内外的精英人力资源，参与国内外两个市场竞争，在竞争中创出国际名牌，最终实现世界最大的制冷企业的战略目标。在“全球战略”实施的几年中，1992 年科龙集团计划将集团总部迁往香港，组建了香港科龙发展有限公司。1996 年 7 月投资 11 亿日元，在家电王国日本成立了日本科龙株式会社(电器产品开发研究所)。1996 年，与日本三洋合作，建立广东科龙冷柜有限公司。为了构筑国内生产基地“铁三角”，先后成立了成都科龙冰箱有限公司和营口科龙冰箱有限公司。1998 年相继成功投产，使科龙集团冰箱年生产能力达到 300 万台，将成为国内冰箱业的大哥大。1998 年购并广东顺德华宝空调器厂，年生产能力达到 150 万台，成为全国最大的制冷企业。1996 年 7 月，科龙 B 股在香港成功上市，并于一年后相继配股成功，共为科龙募集海外资金近 25 亿元人民币。上市几年来的良好表现，使科龙集团在 1997 年、1998 年连续两年获《亚洲货币》杂志“中国最佳管理公司”和“中国最佳投资者关系”殊荣。为配合集团全球战略，在购并华宝空调后，集团重新调整了组织机构，突出了企业发展战略、人力资源管理、技术开发与市场营销在企业中的核心地位，将原隶属于行政部的人力资源科改组为人力资源开发中心。集团已经形成了 4 大中心(人力资源开发中心、战略发展中心、科技发展中心、营销策划中心)、7 大职能部门(企管、行政、审计、财务、物资、海外业务、资本运营)和 5 大专业公司(冰箱公司、空调公司、配件公司、冷柜公司、拓展公司)，发展成为集开发、生产、经营、科研、商贸于一体的大型企业集团。

就在企业迅速发展的同时，特别是对华宝公司的兼并以及对成都、营口等地的整合，公司面临如何整合文化的瓶颈，如何保持科龙人的精神，如何适应公司的快速发展，对公司的组织文化提出了要求。为了适应企业的发展，科龙高层建立“万龙耕心”的企业文化建设工程。“万龙”是指1.2万多人的员工队伍，显示科龙雄大的实力和丰富的人力资源；“耕心”要求把企业文化的种子，撒播在每一位员工的心田，让它开花结果，发展壮大。“耕”字还有精耕细作之意，寓意这次活动不会流于形式，而是准许每一位员工参与其中，将大家的心凝聚在一起，塑造出一种良好的、富有个性的企业文化氛围。基于这一创新的理念构思，方案遵从企业文化递次深化的、由浅入深的原则，规定科龙塑造企业文化将达成6个目标：明确科龙集团的总体经营目标、凝聚员工的向心力、形成特色的企业文化、寻找科龙新的优势点、品牌形象延伸、提高全员素质，并且经过4个阶段得以实现：

第一阶段是实现经营文化的明确，赋予全部职工使命感，加强企业文化深度认知；实现文化战略的沟通，即通过集团营运调查和研讨活动达成高度的企业文化的共识，特别是企业的领导者；最后通过制定企业标语、内部精神口号等文字建立共识达到渲染宣传的作用。

第二阶段是将企业文化深植化。就是将企业文化具体灌输给每一位企业员工，成为全员共同遵守和奉行的价值观念、基本信条和行为准则。企业文化的指标包括企业价值观、企业行为信条、企业组织管理等。

第三阶段是精神文化共识化。通过建立行为规范、建立教育训练、培养组织管理气氛等达到精神文化的升华。

第四阶段是实现企业文化的推广。以企业文化为主题，对内外充分展示企业成果，并配合强势宣传等活动以及广告宣传策略、公关策略等的实现，将企业文化充分展示给大众。同时这些举措对企业内部的信心也有很大的促进作用。其具体活动有：举办文化研讨营，举行企业文化新纲领发布暨誓师大会，举办“总裁开放日”，举办弘扬“铁锤精神”等系列活动。

1998 年秋季，“万龙耕心”工程举办了一次三天两夜的文化研讨营。科龙集团的老总、各部主管部长、专业公司主管老总、分厂厂长等 80 人参加了会议。文化研讨营以沟通为宗旨，充分沟通各种想法，分析企业优劣势，借鉴“百年老店”式企业的成功之道，也吸收“异军突起”式企业的创新经验，了解强手，了解对手，了解企业之外的世界以及了解自己的消费者。然后开动脑筋，头脑激荡，研讨企业的基本信念、战略、市场营销战略、企业文化、企业革新战略。科龙人在企业文化研讨中发现：企业文化涉及企业经营的方方面面，包括产品文化、质量文化、安全文化、福利文化、激励文化等等。它既是企业的一种推动力，又是企业的凝聚力所在。它虽然不是企业的一种支配力量，但它确是协调、支撑企业的精神支柱。

1999 年 3 月 7 日上午，在容奇镇体育中心举行了声势浩大的科龙集团企业文化新纲领发布暨誓师大会，与会人员除科龙集团万余名干部员工外，还有省市镇领导以及科龙企业文化专家顾问。令人瞩目的是，科龙集团还请来了来自全国 30 个省市的近 100 名消费者、经销商代表以及科龙的退休员工和员工家属，使这次盛会更显得意义非常。此次推出的《科龙企业文化纲领》包含科龙企业文化的基本观点、基本信念和总体信念 3 部分，《科龙企业文化纲领》中确定了科龙的企业价值观为“诚信久远，追求无限”，经营理念为“科龙完美宣言”，并独具匠心地利用英文“perfect”（完美）的 7 个字母为字首，阐发出 7 种含义——尊重个性发展、提供平等机会、满足顾客需求、崇尚公平竞争、建立高效组织、创造和谐环境、真诚回报社会，使科龙的理念系统不仅独特新鲜，而且更具国际化特征。

为了纪念老一代科龙创业者“一锤敲出新天地”的业绩，发扬他们艰苦创业、敢为人先、求实拼搏、节约办厂的精神风范，企业设立最高荣誉“金锤奖”和“金锤终身荣誉奖”，5 年一届，奖励那些为企业做过巨大贡献、深受好评的干部员工。同时，文化工程推委会经过大量访谈和文献查阅，推出《足迹》一书。书中抒写了大量鲜明感人的事例，搜罗了一些鲜为人知的史实，并从理论上反映每一个时期的历史事件。对新一代科龙创业者来说，不单是接受企业创业史知识的传播，更能接受科龙传统优秀文化的洗礼。企业借"铁锤精神"的宣传，希望激发新的创业激情，共同实现"万龙同耕霸主箱"的宏大理想。

评　析

本案例告诉我们，企业的创新要一步紧接一步地走，适当适时引入文化创新。

根据科龙集团的发展历程可看出，企业成功的关键不仅仅是运用了创新，而是将创新当做一条贯穿企业发展的线索。企业发展的每一个阶段、每一历程都进行过创新。而创新是根据现阶段具体情况而进行，在不同阶段基于现阶段发展目标制定创新战略。企业发展的初级阶段，注重于技术与员工素质培养方面；随后又大胆引入了计算机辅助的技术以及企业机制的创新改革。当企业发展到另一高度，企业的目光又放在了企业文化的创新之上。

企业文化是企业长期生产经营活动中所自觉形成的，并为广大员工恪守的经营宗旨、价值观念和道德行为准则的综合反映。清华大学张德教授把企业管理分为3个阶段：第一阶段是经验管理阶段，最大的特点是人治，靠"一把手"的强势领导来管理企业；第二阶段是科学管理阶段，最大的特点是法治，靠制度来管理企业；第三阶段是文化管理阶段，最大的特点就是文治，把企业文化作为企业管理的最重要的方面。企业发展的关键在人，而决定人一切行为的是思维模式和观念。首先，更新观念，把企业文化建设作为企业发展的首要战略。其次，企业文化创新，必须在原来的管理文化基础上，汲取管理精华，构建富有独特个性的现代企业文化和企业形象识别系统。同时要形成自己的管理风格，铸造个性鲜明的管理文化。

科龙的文化创新策略极具创造性，通过一个"万龙耕心"塑造文化理念，并且内容丰富、条理清晰。在多个目标及其阶段的引导中，具体实现企业文化建设的活动，将文化推入高峰。

案例5 广东万和企业集团的创新控股模式[①]

广东万和企业集团公司位于经济发达的珠江三角洲中部——顺德市桂洲镇，毗邻港澳，地理环境优越，通讯发达，水陆交通便利。公司成立于1993年8月，目前，占地面积6.3万平方米，固定资产1亿多元人民币。公司现有员工1 300余名，其中高、中级技术人员130多人。1996年销售产值超3.5亿元，是一家集工贸商于一体的多元化经营、跨行业、跨地区的综合性的大型民营企业，为顺德市首批工业规模企业。"万和"系列产品畅销全国，并且销往全球十几个国家和地区，公司成立了国内国外两大营销中心，共有近30家分公司，在香港和新加坡等地设立了分支机构，形成了颇具规模的海内外营销网络。

最初卢楚其和两个弟弟卢楚隆、卢楚鹏和徒弟叶远璋4人一起创办了万和。到了1997年，万和的瓶颈出现了。企业要进一步发展，万和必须改变家族式经营方式，实现家族所有、社会化经营，这就意味着实行股份制改造，将万和的部分股份量化到企业骨干个人，甚至实现上市。在具体执行上，卢楚其有一个大胆的设想：在万和推行事业部制，并试点实行股份化，这一设想就是"核心控股+外部参股"模式。

"核心控股"中的"核心"就是4个原始股东：卢楚其、卢楚隆、卢楚鹏、叶远璋，他们是整个模式里股份化的基础。4个原始股东在行使股权的时候必须是一个整体：每一个原始股东都没有单独行使自身股权的权利。原始股东在每个事业部中的整体控股必须

---

① http://www.chinavanward.com/intro/intro.jsp

达到50%以上。在4个原始股东之间的股权界定方面,卢楚隆、卢楚鹏、叶远璋3人的股权基本在7%～20%之间,并且基本相当,卢楚其个人持有40%以上的股权,但不过半数。这样一来,对外他们是一个整体,但对内明确了责权利的关系。这也是万和的特色,同样也是他们股份界定方式的基础。

在完成了家族成员核心控股层之间的股权界定之后,"外部参股"也顺利推行,到目前为止,万和核心控股层已经与职业经理人或合作方合股组建了多个事业部。在新组建的厨具事业部中,由万和担保5个职业经理人向银行贷款300万元,占有厨具事业部30%的股权,其余70%的股权由核心控股方占有。而新成立的生活电器事业部和万和控股的中山利澳,原始股东和外来股东的股权比例已经到了51∶49。资产经营部职业经理人胡有生个人占有30%的股权,核心控股方占有70%的股权。而海外事业部和消毒碗柜事业部仍然还由原始股东卢楚鹏、叶远璋分别兼任这两个事业部的总经理。

评　析

民营企业的发展,回避不开家族制经营和职业经理人的问题。对于这一问题,有的企业拒不吸收外来力量,致使企业永远都长不大;有的企业由于盲目引进职业经理人,缺乏控制和良好的外部环境,家族企业完全被外部人所控制。而万和集团在这一点上,以其"核心控股+外部参股"的创新控股模式解决了保持家族制和引进职业经理人的矛盾。

家族制是万和在发展初期采用的公司治理结构,它推动了万和的创业,但当企业发展到一定阶段后,这一制度也需要根据实际情况进行调整和超越。在目前的体制下,很多家族企业都是实行一个人说了算的独权策略。这样虽然有利于权力集中,但很容易导致企业因为一个人的决策失误而陷入困境。著名经济学家认为,家族制形成了3种模式:一种是家族只拥有产权,不参与管理,像国外许多大型家族企业都是将管理权完全交给职业经理人；另一种就是产权是非家族的，但管理却是家族式的，一些国有企业的家族式领导团体就是如此；还有就是既拥有产权又拥有管理的家族式私营企业。而万和集团就在这一体制的基础上实行了创新，融合了3种管理模式，形成了具有自己特色的“核心控股＋外部参股”这一类似于原子核的稳定结构。这种管理模式是一个半开放的体系，在保持家族企业的特点的同时又融入了非家族企业的特点，因为其兼顾了家族持股的安全性与引入外来股东和精英的发展性。既很好地解决了家族成员的控制问题，又为外来职业经理人的加入和企业未来的发展合作预留了空间。

案例6 海信集团的独特思路

海信集团是靠生产电视起家的，其前身是“青岛无线电二厂”，成立于1969年9月，职工仅34人，生产半导体收音机。1970年8月，研制出第一台14英寸(1英寸＝2.54 cm)电视机，年产量80台。1976年9月，9英寸全塑晶体管黑白电视机问世，填补了国内空白。1979年2月，青岛电视机厂成立，并成为国家定点生产厂。据最新的中国电子百强排名显示，海信集团已跃居第七位。在当前激烈的市场竞争中，海信集团由一个产品单一的电视机生产小厂，能在短短的6年内发展成为一个拥有电视、空调、计算机、音像产品、通信产品的大型国有企业集团，与其一系列的理性决策是分不开的。

“建立一个百年企业，树立一个百年品牌”是海信坚定不移的信念和追求。本着这种信念和追求，近几年，海信加大了创新的步伐，先后成为“中国大屏幕彩电最大生产基地”、“中国高科技彩电领头羊”，并跃升为中国电子行业“三强”之一。企业的规模也在不断扩大，净资产由原来的8 700万元增加到1996年的15亿元。海信的主导产品彩电的生产技术和规模都上去了，使海信的产业扩张有了坚实的技术基础和物质基础。他们适时提出了“发展电视,不唯电视,发展电子,不唯电子”的新型经营策略。果断地向新领域进军:1994年,海信与美国AT&T合作,生产经营大型局用程控交换机,成为我国第一个涉足通信领域的电视机厂商;1995年海信光学通信公司成立,生产电视机等家用通讯产品;1996年,海信成立计算机公司,生产经营自有品牌电脑,成为我国家电业一个成功立足信息的产业者。

1996年,海信决策者的目光又转向了空调市场,此时,国内的空调市场已经是“战火纷飞”。国家信息中心公布的一项调查材料证实,1996年,我国空调产品实现市场销售680多万台,而当时全国空调器的生产能力已超过了2 000万台,还有10个空调项目约270万台的生产规模已上马。中国空调市场目前已非常“拥挤”,海信此时加入空调竞争行列,能行吗?有些人将它和“跟风攀比”、“盲目上马”、“重复建设”这些“企业通病”连在一起,但理性这一力量已经潜移默化到海信的肌体中了,变成企业生生不息的根本能力,它始终贯穿着海信上马空调这一决策实施的前后。海信集团总裁周厚键在对市场的理解上,有其独特之处。他认为竞争激烈并非就意味着市场饱和,恰恰相反,这表明市场还有较大的增容空间。海信集团决策层对国内空调市场进行了周密研究:从表面看,国内空调已供大于求,但国内市场拥有的是清一色的定速空调。日本是空调生产的大国,代表着家用空调技术发展的最高水平。于是海信派人到日本考察,发现日本市场定速空调仅占空调市场整个市场份额的15%,而大多数的市场全被技术含量高的变频空调占领。我国是一个资源开发比较落后的国家,电力问题一直没有得到很好的解决,电压不足、电压不稳是家庭正常使用家电的障碍,而变频技术正好可以有效解决这个问题,它可以在150~260 V之间正常运作。从产品性能上看,变频空调比较适合我国的市场。再看国内市场,尽管“空调大战”硝烟弥漫,但代表世界技术领先水平的变频空调却远未覆盖中国市场,国内空调市场仍处在成长发育阶段。统计表明,我国城镇居民空调器拥有率才达到16.29%。空调器目前仍是社会拥有率较低的家电产品之一。空调与彩电一样,可以一户多机,随着城市建设的发展,加上中小城镇、农村消费市场的启动,将扩大对空调的需求,我国空调器市场仍有较大发展空间。况且目前中国空调市场的过剩只是普通技术的空调产品过剩。

为了改变中国空调低水平延伸,由此造成过剩,使同行间大打"降价战"的格局,海信决定上变频空调项目。它并不是去和各空调生产厂家争夺顾客,而是去发现顾客,帮助顾客发现还没有被挖掘出来的潜在机会——即变频空调。海信集团总裁周厚键说:技术优势可以转化为市场优势,他们要达到的最终目标是在中国空调市场上打出真正代表世界领先水平的中国民族名牌空调产品,与其他国产名牌空调同行们一起,在与"洋名牌"竞争中获得中国民族品牌的市场份额。海信的资金实力和技术实力,也具备了引进这项先进技术的条件。海信决策者崇尚稳健务实,在实行多元化经营过程中,始终坚持与产业无关联的不涉足,没有人才和技术的储备不扩展,资金缺口大的不涉足,避免了盲目投资和无效投资,并坚持"非国际先进水平不引进,非国内领先产品不生产"的基本思路。他们开发生产的34英寸彩电、VCD彩电一体机、网络电视机、多媒体家用计算机,其高新技术含量在全国同类产品中名列前茅,同时这些领先产品里蕴含的技术,又为涉足空调业奠定了基础。

正是发现了我国与国际先进水平之间的差距,也正是看到了这块市场空白,因此促使海信敢于花大本钱,抓住机遇将变频空调的技术引进来。1997年,海信集团建立了海信空调公司,4月15日,海信集团投资3亿元的大项目——海信空调正式投产。

在具体实施的过程中,首先是技术的引进。对此,海信的决策者保持着理性的头脑,多一分清醒,少一分盲目。当时,日本有名的几家空调企业都纷纷向海信伸出橄榄枝,海信人却没有轻易去决定引进哪家公司的技术,而是在日本做充分调查后,把合作的目光投向了日本三洋电机株式会社。海信的市场调查人员统计了日本5年的空调市场,发现三洋空调从技术性能、生产水平到市场占有率都居第一。海信之所以能够迅速吸收与消化引进的先进技术,关键的一点就在于海信集团将人才和技术放在同等重要的位置,认为人才是根本性的东西,是企业保持竞争能力的关键,因而特别注重人力资源和科技开发的投资。海信技术中心有40多名博士、150多名硕士,是国家科研博士后工作站。科技进步投入,1998年大约是4.5亿元,人力资源的开发投入是1 000多万元。在设备引进上,海信更显示了自己的才智,早在大屏幕彩电生产线引进时,仅有选择地引进关键设备,而不是全套照搬,这样既保证了技术的先进性,又节约资金1.2亿美元。重点引进变频生产技术和关键设备,尤其是引进国际最先进的全自动氟检漏设备,使海信空调的质检手段处于全国同等行业领先地位。

先进的技术是优质产品的前提。海信已拥有了先进的技术,能否生产出优质的产品,关键就在于其对质量的管理与要求。于是,海信提出了“零缺陷”的管理目标:在产品开发方面,海信的目标是一切满足用户的需求,开发出适应市场的产品。变频技术引进后,海信空调公司并没有简单照搬,而是根据中国消费者的需求,大胆进行了技术创新。同时他们建立了三级科研开发体系:一是与清华大学、西安交大等高等院校建立联合开发机构;二是发挥集团技术中心的优势;三是空调公司技术开发处对引进技术消化吸收,自主开发。同时借助国外合作公司的技术优势,不断引进新技术。他们让变频空调发挥出强大的应用功能,将模糊控制技术运用到空调器上,开发研制成功了独特的人机对话功能:利用微电脑进行温度信息接收调节,使空调器吹出一个适宜的温度,提供给用户一个舒适的环境,同时也节约大量的电力。海信空调还通过完善的控制系统,实现了众多新功能,如高效节能、快速制温、温度恒定、舒适预约、自动诊断等功能。

1997年,海信空调初战告捷,大大超出年初确定的目标,市场给了海信一个令人欢欣鼓舞的回报。他们确定了“适应市场、稳定发展、略有紧缺”的策略，以其技术先进、质量优秀、服务周到、经营稳健的优势，赢得了市场，赢得了消费者。

评 析

海信之所以能在当今如此激烈的空调市场竞争中获得如此高的声誉和评价，与其独特的市场分析及追求技术创新的理性决策是分不开的。这可以具体表述为两个方面：一方面是独特的市场分析，表面看似竞争激烈、产品“饱和”的市场，并不一定真正是生产的产品超过了消费者的需求，反倒有可能是卖方产品卖不出去，而买方却买不到称心的产品，即生产的产品不适合市场，适销对路的产品还没有开发出来。海信正是深刻认识到了这点，适时将变频空调引进来，适应了市场，满足了消费者，同时，也赢得了市场。另一方面追求创新，在引进技术中较好地把握引进与创新的关系。技术的创新是在观念创新的前提下进行，有了观念的创新，才能发现机会，创造机会，用先进的技术实现机会。海信的成功就在于其用创新的观念分析了市场，发现了市场空间。有了发现，就要进行技术上的创新，特别在引进技术时，不要全套照搬，而要根据市场需求、消费特点，对引进的技术进行改进创新，以便能生产出更适合市场、更能满足消费需求的产品。技术创新是企业竞争力的保障，只有不断提高产品的质量，提高产品的技术含量，生产出更适应消费者的产品，才能增加市场上的竞争力，在激烈的市场竞争中立于不败之地。

纵观创新事例，成功的创新举措只占一部分。因为要把创新做成功，需要的不仅仅是灵光闪现的那一瞬间，而是要抓住需要做出创新的精华。游走于现实和未来之间，众多需要创新来改变命运的企业所面临的不是是否要进行转变、进行创新，而是在何时、怎样进行创新。

所以，抓住创新的关节点是画龙点睛的一笔。正如海信集团的成功事例，就在于在适当的时候、需要做出改变的时候，做出了正确的决策。而这些决策所体现出来的创新思想不仅限于为了创新而创新,而是为了适应而创新、为了发展而创新。创新是一个过程,包含了观念、理念。绝大多数创新失败都是因为创新过程不合理。企业只有建立正确的创新过程,才能形成良好的创新机制。在确定了过程的基础上,实现决策。

1.3 终身学习观念

1.3.1 理论精要

(1)学习,尤其是终身学习是生命的源泉

学习,是人类认识自然和社会、不断完善和发展自我的必由过程,学习也是提高人的能力的基本途径。无论一个人、一个企业,还是一个民族、一个社会,只有不断学习,才能获得新知,增强竞争力,与时俱进。孔子就讲过:"学而时习之,不亦乐乎。"我们党和政府也十分重视学习问题,提出了要"形成全民学习、终身学习的学习型社会,促进人的全面发展"的要求。概括地说,学习包括个人的学习和组织的学习。学习的观念,也就包括个人和组织的学习观念。

要搞好个人的学习,要注重学习态度、学习时间、学习内容、学习方法、学习形式等等,而最重要的一点就是要有终身学习(life-long learning)的观念。进入知识经济时代,人们对学习的态度,对学习的认识有了较大的提高,人们逐步认识到学习是为了生存,为了发展,是为了实现人生的价值,实现人的全面发展。学习贯穿了人的一生,必须要有终身学习的观念,古人云:"吾生而有涯,而知也无涯。"进入知识经济时代,世界在飞速变化,新情况、新问题层

出不穷,知识更新的速度大大加快,人们要适应不断发展变化的客观世界,就必须活到老、学到老。除了学习科学技术知识外,要重视人文科学的学习,要重视知识的运用以及能力的提高,以达到人的心智模式、心理素质、思维方式的改变和人的素质的全面提高。学习方法要更注重理论联系实际,运用各种先进的学习手段,提高学习效果。学习形式要突破传统的学历教育、学校教育的框框,形成学历教育、学校教育、继续教育与爱好学习、兴趣学习、终身学习相结合。

(2)构建以终身学习观念为核心的学习型组织是企业保持竞争优势的惟一凭据

1)学习型组织的出现。人类进入21世纪,在经济全球化不断发展、科技进步日新月异、社会经济文化交流日趋频繁的今天,学习早已超出了个人的范围,形成了组织的学习。

从一个企业来看,随着知识经济时代的到来,企业之间的竞争越来越表现为员工素质的竞争,只有具备高素质的人,才能有高素质的企业。而员工的高素质,在很大程度上取决于企业对员工的培训学习。从这一意义上说,在新的时代背景下,企业竞争的实质是学习能力的竞争,企业竞争惟一持久的优势是来自比竞争对手学习得更快的能力。因此,企业搞好组织的学习,鼓励员工不断学习,更新知识结构,最大限度地发挥自己的聪明才智,是企业参与知识经济时代竞争的必然选择,也是在市场竞争中站稳脚跟并赢得竞争的重要保证。

一个企业如此,一个社区、一个城市,乃至一个国家、一个民族也是如此。现代经济社会的发展越来越取决于科技进步和劳动者素质的提高,世界范围的竞争越来越表现为人才和人力资源的竞争。我国提出了全面建设小康社会的目标,在有着十几亿人口的中国,就必须要树立全民学习、人人学习的观念,继而推动我们各种组织的学习,我们这个民族、这个国家才能永葆生机和活力,才能走在时代前列,立于世界民族之林。

从组织学习出发,人们又提出了学习型社会的概念。学习型社会是20世纪60年代由美国学者哈钦斯首先提出的。20世纪70年代,联合国教科文组织提出:人类要向着学习化社会前进。此后,许多国家相继开展了学习型社会创建活动。所谓学习型社会,就是有相应的机制和手段促进和保障全民学习和终身学习的社会,其基本特征是善于不断学习,形成全民学习、终身学习、积极向上的社会风气。学习型社会不是自然而然地形成的,需要人们根据实践发展的要求,努力建设学习型家庭、学习型企业、学习型社区和学习型城市等等,一句话,就是要建立学习型组织。

谈到学习型组织(study-form organization),就不能不提及美国麻省理工学院的教授彼得·圣吉(Peter. M. Senge),正是他在1990年出版的旷世之作——《第五项修炼:学习型组织的艺术与实务》,针对组织存在的深层次结构问题,将组织化学习和系统思考糅合在一起,建立起了学习型组织理论的基本框架。而他提出的五项修炼:自我超越、改善心智模式、建立共同愿景、团队学习和系统思考,既是建立学习型组织的基本方法,也是判断一个组织是不是真正学习型组织的依据。

2)“五项修炼”的主要内容。

第一项修炼:自我超越(personal mastery)。一个有志向的人,必然有着高于现状的远大理想,即个人愿景。对理想的追求就成为激励其不断学习和进取的动力,这就是人的“自我超越”。个人只有具备了自我超越的精神,组织才有了不断学习进步的基础。在圣吉看来,学习型组织最基本的意义就是一群不断提高他们对未来的创造能力的个人集合,而这种创造能力来自个人保持开放和进取的精神,从创造性角度而不只是反应性角度来不断学习如何将当前事实看得更清楚。学习就是人们为了得到想要的结果或做成重要的事情而改变自身的过程。

第二项修炼:改善心智模式(improving mental models)。心智模式是一种根植于人们内心深处的思维方式,它影响着人对社会和事物的认识以及对此采取的行动。不同的人对相同的问题有不同的看法,就是因为他们心智模式的不同。心智模式的不同在于人们在思维和推理时隐藏在内心世界里的先入为主的假设的不同,当这种假设与现实相距甚远时,则会严重影响人们的判断和认识。因此,必须通过团队学习,从组织制度上来帮助人们"改善心智模式"。通过提倡开放的精神和注重实质贡献,在组织中营造真诚帮助、互相学习的环境,让个人真实的想法得以相互交流。个人则需要通过反思和探询来了解自己和他人的心智模式。最终,通过改善心智模式的修炼,帮助组织达成客观公正的一致意见。

第三项修炼:建立共同愿景(building shared vision)。作为一个以个人为单元的组织,需要建立一个组织成员的共同愿景,以此来感召全体组织成员,使他们为之而奋斗,这就是"建立共同愿景"。共同愿景的力量在于它创造出了组织一体的感觉,使个人萌生出归属感和使命感,从而将个人的活动融合成一个整体。共同愿景的建立必须从个人愿景开始,只有与大部分的个人愿景相一致,共同愿景才能根植于众人心中并为他们所分享,个人也才能在为共同愿景奉献的过程中实现自我价值。

第四项修炼:团队学习(team learning)。个人的力量如何通过有效的整合而融会成强大的组织力量,个人的卓越如何才能成为组织的卓越,如何使组织集体的智商高于个人的智力,这就是"团队学习"所要达成的目标。一个伟大的乐团仅有非凡的音乐家是不够的,最重要的是他们应当知道如何一起演奏。团队学习可以通过深度会谈和讨论来进行。深度会谈是自由和创造性地研究重要而复杂的问题,彼此用心聆听他人对此问题的看法,无拘无束地交流,其目的是揭露人们思维的不一致性,让所有个人真实的想法汇集成集体的智慧。讨论则强调说服别人,让某种观点被组织所接受。组织需要用深度会谈来研究问题,即对问题的本质进行广泛的探索;用讨论来决定问题,即逐步缩小范围,直至最佳选择。

第五项修炼:系统思考(systems thinking)。系统思考就是用系统和动态的观点,来观察相互关联而非单一的事件,从整体上把握复杂背后深层次的结构问题,消除“见木不见林”的思维模式。系统思考的关键是理解事件发展过程中的正反馈、负反馈和时滞。细微的变化引发巨大的影响,并可能不断增强这种影响,这就是正反馈;而能反复调节,寻求系统稳定的就是负反馈;行动和结果之间的时间差就成为了时滞。系统思考的精髓就在于利用正反馈、负反馈和时滞原理来观察环状因果的互动关系,而非线性的因果关系;观察持续的变化过程,而非片段的个别事件。系统思考是“学习型组织”最为重要的部分,这也是圣吉将其巨著命名为《第五项修炼》的原因之所在。

由此我们可以看出,“学习型组织”的概念是有着特定涵义的,并非进行员工培训、讲学等鼓励并促进员工不断学习的组织就是“学习型组织”,只有进行五项修炼的组织方能称之为“学习型组织”。学习在这里并不单单指吸纳知识,增进技艺,关键在于改变个人的思维和行为方式,促进个人理解、交流、判断等全面素质的提升,最终自由地积累和释放个人创造性的才能,并实现组织的目标。“学习型组织”的核心在于改变人们的行为,它一改过去那种以“管理、组织和控制”为信条的管理思想,取而代之的是以“愿景、价值观和心智模式”为理念的新思想,目的在于增强组织主动适应外部变化和自我发展的能力。

1.3.2 案例及评析

案例1 联想的学习型组织模式

2000年底,联想集团按照惯例召开了由全体员工参加的全年总结大会,与以往不同的是这次会议首先是让所有的员工观看联想发展的纪录片。豪华的演播大厅里,座无虚席,鸦雀无声,所有的人都聚精会神地看着大屏幕……

1984年,柳传志投资20万元人民币,与其他10名中科院计算所的员工共同创办了中科院计算所新技术发展公司,1989 年成立联想集团,其间(1988 年)以 30 万港币合资创办香港联想电脑有限公司。1997 年,两家公司经过整合统一为联想集团有限公司。目前联想已发展成为国内最大的计算机产业集团,市值达到约 900 亿港币左右,位居香港十大上市公司之列;拥有员工 10 000 余人;1999 年实现销售收入 203 亿元人民币,连续两年位居全国电子百强第一名;销售联想电脑 125.8 万台,连续 4 年位居中国市场第一,在亚太地区的市场占有率也跃升到第一。联想集团是国家 120 家大型试点企业集团之一,是国家技术创新试点企业集团之一,已成为国内最具影响力的高科技公司。2000 年 6 月,联想集团被《商业周刊》评为"全球最佳科技企业"第 8 名。

看着联想集团的成长,柳传志不禁想起了十几年来他所经历的风风雨雨,他对所有参会的员工说道:"一流的管理队伍,完善的营销体系,高新的技术产品等为联想的发展提供了强有力的保障,但是促使联想持续、健康、高速发展的根本原因是什么呢? 我一直在思考着这个问题,时至今日我终于找到了答案,那是因为联想是一个学习型的组织。"

(1)极富特色的组织学习实践造就了联想的卓越

1)以我为主,积极消化,向合作伙伴学习。联想把向合作伙伴学习作为实现自己战略目标的重要一环。早期联想从与惠普的合作中学到了市场运作、渠道建设与管理方法,学到了企业管理经验,这对于联想成功地跨越成长中的管理障碍大有裨益。现在,联想积极开展国际、国内技术合作,与计算机界众多知名公司,如英特尔、微软、惠普、东芝等,保持着良好的合作关系,并从中受益匪浅。正如柳传志所言:"不长本事的事不做。"

2)别人摔跟头,我们长见识,向竞争对手学习。置身于商战的浪头,联想人领略了太多的酸甜苦辣,学会了"跳出画面看画",学会了"照镜子",懂得了"前车之辙,后车之鉴"的道理。因为别人今天摔的跟头,明天可能也会轮到我们头上,所以,从别人的失败中学习,就像为联想打了预防针,提高了公司的免疫力。正如柳传志所说:“联想今天能与国外厂商竞争到这种程度,确实反复研究过人家的管理方法。”

3)海纳百川,向不同行业的企业学习。联想电脑公司在向著名家电企业海尔集团学习的基础上,提出了“五心服务”的口号,极大地拓宽了服务范围,改善了服务质量,提高了服务水准,在计算机界掀起了一股服务热。

(2)行之有效的现代学习机制造就了浓厚的学习氛围

任何事情,只要系统化、制度化,就能收到奇效。学习也是一样。在不断向别人、向自己的经验学习的同时,联想在组织内部也形成了几种朴素但行之有效的学习机制,包括开会、教育与培训、议事制度、委员会与工作小组等。

1)开会。联想从来就以开会而出名,但开会绝不是走形式,敷衍了事。会议的形式有很多,比如:誓师会、总结会、研讨会、协调会等。通过开会不仅能统一思想,贯彻精神,而且还能交流经验,集思广益,提高决策的科学性。例如:联想科技公司是一个特殊的企业群体,整合后还保持着事业部的架构,班子的磨合多源于会议。

2)教育与培训。联想每年的教育培训很多,有新员工的入模子培训、员工的专业技能培训、管理人员培训、高级干部研讨及理论务虚研讨等。通过这些培训,提高了员工的岗位适应能力,为员工个人成长提供了强有力的支持。同时也有意识地从单向培训引导员工走向自觉学习,提高了组织的应变能力。

3)领导班子议事制度。良好的议事制度、议事规则是一种开放式的学习。通过各种例会、沙龙,联想领导班子有一套约定俗成的议事规则,如:“把问题放在桌面上谈”,“算大账不算小账”等,大大加强了企业内部信息交流,提高了决策的科学性,有效地维护了公司的协调和高效运转。

(3)超前的组织学习保证与促进机制使得良好的学习风气能够得到延续

联想为了始终保持强有力的学习氛围,不仅建立了行之有效的现代学习机制,同时还实施了一系列的措施,促进联想员工的学习积极性,保证了组织的学习风气得以延续。

1)加强员工对本企业历史的学习。每一位联想员工在新来到联想工作时都要接受入模子培训。联想高层管理者都一致认为企业文化认同对于维护整体,保持战斗力具有重要作用。因此,公司要求员工深入了解联想的历史、现状,接受企业文化的熏陶,将自身的发展融入到联想的发展中去。不断学习,提高自身素质,为联想的发展尽自己的最大的努力。

2)在全体员工中建立共同愿景。柳传志曾在一次开会中讲到:"确定了更高的目标,大家则会意识到要实现这一目标,就需要从上到下不断的学习,学习市场规律,学习管理知识。"柳传志在头脑里总有一个超前的愿景,他时刻不忘把这种愿景不断建立在其他联想员工的头脑里,让周围的一批人与他有同样的想法和抱负。所以联想员工上至子公司总经理,下至车队司机,都熟知联想的愿景目标:"要把联想办成一个长久的、有规模的高技术企业。"这极大地鼓舞了员工的工作积极性,激发了他们的学习热情。

3)建立有效的信息传播利用机制。

①为了适应日新月异的社会发展,联想及时调整组织结构,在短短十几年的时间里,联想的组织结构从大船结构到舰队模式,从众多的事业部到整合为6大子公司,从北京联想、香港联想分而治之到统一平台……,联想几乎每年都在变。伴随着组织结构调整而来的是公司人员的合理流动及知识在组织内部的流动,这极大地提高了组织的学习效果。

②派专门人员广泛收集外部信息。

③通过开会、内部刊物如《联想报》、《LAS动态》等从不同角度传递和反馈公司内外的各种信息。

④加大对电脑及网络基础建设的投入,大力推进办公自动化和管理信息系统建设,促进知识传播与利用。

4)联想领导主动学习,以身作则。在倡导集团内部良好学习风气的过程中,联想领导为联想员工树立了榜样。联想集团在企业领导内部大力推广议事制度和决策机制,既保证了决策的科学性,防止个别人独断专行,又利于发扬民主,增进团结,促进管理者之间的信息交流,从而保证领导班子的战斗力。同时这也是学习的重要机制。

会议结束之后,柳传志静静地坐在演播厅里,看着窗外,也许他又在构建着联想未来的蓝图……

评 析

从联想的案例中可以看出构建学习型组织是一项系统工程,联想学习型组织由4部分构成:观念、组织学习机制、组织学习促进与保障机制以及行动。它们构成一个有机体系,形状恰似一条鱼,因此称之为"组织学习鱼"。另外,组织学习的导入与推进也离不开环境的参与和配合,就像鱼儿离不开水一样,联想这一学习型组织模式不仅指明了学习型组织的基本构成"部件",而且形象地描绘了各"部件"之间的有机联系,对于构建学习型组织有着重要的指导作用。

1)"鱼头"——观念。这是联想成为学习型组织的第一步,也是最重要的一步,就是全体成员达成学习的共识,并树立矢志成为学习型组织的坚定信念。从心理学可知,观念对于个人的行动具有重要的制约或支配作用。只有树立正确的观念,才能有正确的行动。在建立学习型组织的过程中,没有正确的观念就不可能在组织中建立恰当的组织学习机制和组织学习促进与保障机制,就不可能采取正确的行动,不仅要走弯路,而且可能永远也达不到学习型组织的境地。因此,观念是联想建立学习型组织的"灵魂",是"组织学习鱼"的"头"。它对应于彼得·圣吉构架中的"指导观念"。

2)"鱼身"——组织学习机制。组织学习机制也是联想学习型组织的核心组成部件,是"组织学习鱼"的"躯干"。它不仅包括个体学习、团队学习与整个组织学习3个层次,而且包括适用于组织学习各个层次的理论、方法与技术。这一部分内容包括了彼得·圣吉构架中的"理论、方法与工具",又比它丰富。

3)"鱼鳍鱼鳞"——组织学习促进与保障机制。组织结构、战略、制度、知识管理、人员和技术是组织学习的辅助系统,它们的恰当配置可以极大地促进与保障组织学习的顺利运行。因此,联想的学习促进与保障机制是建立学习型组织的驱动机制,是"组织学习鱼"的"鳍"。它类似于彼得·圣吉构架中的"基础设施创新"。

4)"鱼尾"——行动起来。建立学习型组织是一个漫长的过程,必须有坚定的意志、得力的措施、恰当的切入点和强有力的组织实施。因此,建立学习型组织的重要一环就是"行动起来"。这是"组织学习鱼"的"尾"。

5)"水"——组织外部环境。正像鱼儿离不开水一样,组织学习也离不开组织面临的大环境。在其中,组织要从供应商和业务伙伴那里取得原材料、零部件,从政府、社会和相关单位处获得政策、资金、人才、技术等重要资源,要把自己的产品或服务卖给顾客。从某种程度上说,组织一时一刻也离不开环境。同样,联想学习的导入与推进也离不开环境的大力配合。

在这个模式中,观念是"见",组织学习机制与学习促进与保障机制是"修",而行动就是"行",非常好地切合了"见、修、行"三位一体的修炼模式,并且构成一个有机整体系统。同时,这个模型也是对彼得·圣吉学习型组织构架的继承和发展。只要能让各部分协调配置,就可以顺利克服各种学习障碍,使组织成功迈向学习型组织。

同时,从该案例中也可以看出联想作为一个典型的学习型组织的特点:

1)有一个普遍赞同的共同愿景。这里,愿景就是指对组织理想未来的构想或设想。在联想学习型组织中,愿景并不是由高层领导独自制定的,而是在自下而上、自上而下和左右协调的过程中形成的，并得到广大员工的一致认同。

2)在解决问题和从事工作中，摒弃旧的思维方式和常规程序。发现错误或问题时，不是按照现有的观念，简单地沿用既有的程序和规范来进行决策和行动，而是要对根深蒂固的观念和规范提出挑战，使人人在大胆质疑的“前提”下提高各方面工作水平。

3)作为相互关联系统的一个有机组成部分，成员对组织的所有过程、活动、功能和与环境的相互作用进行积极的思考。学习型组织可以比喻为一张“网”，组织的不同部分在独立地调整和变革的同时也在为组织整体学习能力的提高做出贡献。

4)成员们跨越纵向和横向边界进行着坦率真诚的沟通，共享相关的信息和知识，在开放的环境中，在功能正常的冲突中，使异质的、自主的个体团结成为一个整体。

5)成员们放弃个人利益和局部利益，为实现组织的共同愿景协同工作、密切配合。概而言之，就像人具有学习能力一样，如果能对组织进行学习型组织的建设，那这样的组织就有可能最终成为一个能不断提高和发展自身以动态地适应环境变化的这样一种具有强大组织学习的充满生命力的有机体。

案例2 微软的机密——创建学习型组织的“3+4”模型

1975年，美国微软公司(Microsoft)创办之初，产品只有一种，人员仅有3名，收入仅有16 000美元。可20年后的1995年微软公司一跃成为风靡全世界的巨型高科技公司，已拥有产品200多种，雇员17 800名中3 000名是百万富翁，总裁比尔·盖茨(Bill Gates)1995年成为世界首富，个人拥有资产达130亿美元。至今微软公司的股票市值比美国底特律3大汽车公司的总和还多。

微软为什么能以如此惊人的速度成长？为什么又能获得如此成功？

美国麻省理工学院的管理学教授M·科索马罗和南加州大学

计算机学的研究者R·塞尔比两人合作调查研究写了一本《微软的机密》,披露了微软公司成功的"七大秘诀",其中一条秘诀就是"创建学习型组织"。微软在创建学习型组织的过程中提出了"3+4"模型。"3"代表组织学习的"三理念"。

学习型组织强调在个人学习基础上的"组织学习"。那么什么是"组织学习"呢?微软提出了"组织学习三理念",即通过自我批评学习、通过信息反馈学习、通过交流共享学习。同时在搭建企业内的"组织学习"架构时,微软公司设计了"四大系统":

(1)系统地从过去和当前的研究项目与产品中学习

为此,微软公司开展了5大活动:

1)事后分析活动。微软要求各个部门在每个项目完成后要写出事后分析报告,着重揭露存在的问题,通过自我批评进行学习。其特点是:揭露存在的问题;击败自我;这已成为微软文化的一部分;一般由各部门负责人执笔,公司最高层领导传阅,比尔·盖茨也曾饶有兴趣地阅读;经电子邮件在组内传阅,组员可各自添加意见;有时整个部门人员开会讨论。

2)过程审计。审计,大多数企业都有,但是大都仅把审计作为一项工作而已。而在微软,审计人员在审计过程中,会一再告诉被审计对象:审计过程是一个技术交换的过程,是发现先进典型的过程,是学习的过程。

3)假日会活动。微软公司从20世纪80年代初起,对公司主要成员每年至少组织一次比较宽松而又很有实效的"休假会学习活动",主要目的是交流信息、对付难题、提高技巧、学习文件。

4)小组间资源共享活动。微软鼓励不同部门的人员在不太正式场合经常交流,如部门内部和部门之间定期或不定期的午餐会,或者通过电子邮件进行互访交流。

5)"自食其果"学习活动。微软公司规定开发的新产品必须先在本组内使用,在本公司内各组间相互使用,并要求写出"意见备忘录",各组间互相反馈意见。这项"自食其果"活动被称为"微软学习机制"。微软公司规定在使用自己开发的软件时,不准用高性能计算机，而必须使用普通用户常用的计算机，以便发现给用户带来的问题。

(2)通过数量化的信息反馈学习

微软把产品的质量问题分为4个不同程度的要求：1级严重度：错误导致了产品失败（“崩溃”）或没法操作；2级严重度：错误导致了一个特性不能运行并且不可能有替代方案；3级严重度：错误导致了一个特性不能运行，但可有一个替代方案；4级严重度：错误是表面化的或微小的。

(3)以“客户支持”为依据进行学习

这是外部的信息反馈。学习有两种：一是通过内部获得的信息；二是从外部获得信息，即把客户信息作为重要的学习资源。微软公司特别重视“外源学习”，特别是以“客户支持”为依据的学习。主要开展以下“外源学习活动”：

1)微软想尽办法鼓励用户给公司打电话，微软每天获得6 000个用户咨询电话的信息资源。为了鼓励用户提意见和咨询，产品售出90天内，电话费由微软付款。因此，它每天承受的长途电话费相当可观。之所以这样做，就是为了发挥用户信息这个重要的学习资源。

2)最终用户满意度调查。微软每年花50万美元进行用户满意度调查，分别根据用户对微软产品的3个满意度进行调查：微软产品的满意度，微软公司的满意度，售后服务的满意度。

3)微软还开展评选“忠诚客户”活动，条件是：对三满意度都满意，保证以后都买微软的产品，向别人推荐微软的产品。微软为什么会成功？就是因为它想尽办法获得外部资源，这是微软的秘密武器。

4)微软公司在新产品推向市场以后，每周要举行两次“情景屋电话会议”，作为开发新产品人员的重要学习活动。其特点是：把用户的咨询电话，直接接入“情景屋电话会议”室，让开发人员亲自聆听用户的意见；会议记录印发给其他各产品开发组，作为重要的学习资料。微软的理念是：从最终用户着眼，记住他是我们的真正的老板。

(4)促进各产品组之间的联系,通过交流共享学习成果

微软的重要理念是通过交流学习实现资源共享。微软公司为了交流共享,采取了以下3个措施:

1)成立共同操作、沟通系统。微软是个庞大的系统,需要进行深度的沟通。

2)开展相互交流活动。

3)开展"东走西瞧"活动。要求员工在工作时间到各产品开发组多走一走,看一看,起到沟通、交流、相互学习的作用。

评 析

美国微软公司是IT界的帝国,不管是不是有人认为它蛮横无理或"嗜血成性",但任何人都不能不承认:微软是有史以来最成功的公司之一;比尔·盖茨创造了一个伟大的神话。作为一个如此优秀的企业,它具有其他企业无可比拟的优越性。为什么它还要学习呢?从本质上看,微软学习的过程其实就是自我超越的过程。通过自我超越,创造出更先进的产品来不断巩固自身在高科技产业中的地位,维护创业时的宗旨。自我超越是学习型组织的精神底蕴。在永远变革的现实中,任何的自满和故步自封带来的只能是失败,直至丧失竞争主体资格。微软的"永远淘汰自己的产品"就是自我超越精神的最佳写照。敢于接受挑战,不断超越自我是学习型组织不断进取的精神动力。

怎样才能超越对手?很多人总是希求外力。但事实上要想超越对手,使组织永远保持前进动力首先必须超越自我,因为内因是根据,是第一位的,而外因是条件,是第二位的。要做到自我超越,一方面要开展境界教育,让组织及个人有志向、有目标;要从"工具性"工作观转变为"创造性"工作观;要向自我极限挑战。另一方面,要超越对手,必须实现组织的自我超越。"自我超越"的修炼是学习不断理清并加深个人的真正愿望,集中精力,培养耐心,

并客观地观察现实的过程。精通"自我超越"的人,能够不断实现他们内心深处最想实现的愿望,他们对生命的态度就如同科学家对待科学研究一样,全心投入,锲而不舍。有了这种精神动力,个人的学习就不是一个一蹴而就的项目,而是一个永无尽头的持续不断的过程。个人自我超越,即培养个人终身"学习"意识,是实现组织整体自我超越的基础。而组织学习根植于个人对于学习的意愿与能力,个人梦想通过组织得以实现,组织的发展又以个人发展为基础。在学习型组织中,个人的自我超越是必不可少的条件,而只有在学习型组织中才有自我超越的环境。在成熟的学习型组织中,个人是学习型组织的细胞,而且是高素质、自我超越的个体,每个人都能充分发挥各自的创造力,个体价值得到体现,组织绩效得以大幅度提高。微软"3+4"组织学习模型,就是组织通过各种形式为微软员工实现个人自我超越提供强大支持,微软员工在自我超越中又带动组织的自我超越,才造就出今天的微软。

"3+4"组织学习模型也是微软在学习过程中及时总结学习经验,不断改进学习方法而形成的创新性成果。微软在建立学习型组织过程中,不照搬照抄其他组织的学习模式,而能够形成符合自身特色的学习机制,仅从这一点来说,微软也无愧于一个真正的学习型组织。

案例3 中英SK——在危机中学习

中英SK是一家大型合资制药企业,其生产的KTK(复方盐酸苯丙醇胺释胶囊)自1989年进入中国以来,一直占据感冒药市场的主导地位,消费者对"早一粒,晚一粒,远离感冒困扰"的药效承诺非常熟悉。

2000年11月16日,国家药品监督管理局发布一则《关于暂停使用和销售含苯丙醇胺的药品制剂的通知》(简称《通知》),宣布暂停销售含有PPA(苯丙醇胺)的15种药品。含有PPA的药物之所以会遭到封杀,源于20世纪90年代美国"消费者保健协会"

请美国耶鲁医学院做的一个关于PPA是否会引起脑中风的病学调查。调查通过病例对照得出结论:服用含有PPA药物的病人容易发生脑中风,但是报告同时也指出,无法排除其他因素干扰。2000年3月关于PPA危害的研究报告就正式问世。中英SK公司的主打产品KTK正含有PPA。由于名声太响,KTK首当其冲,被人口诛笔伐,几乎成了PPA的代名词。

国家药品监督管理局发出"停止销售含PPA药品"的《通知》后,新闻媒体也掀起一股"禁止PPA"——百姓关心的话题的热潮。一场关系到中英SK形象及它的其他产品市场命运的危机来临了。中英SK的产品KTK占据了公司6个亿左右的销售额,仅库存就尚有1亿粒之多。《通知》一出来,6个亿转眼就丢掉了,而中英SK当时最高销售额为14亿人民币,1亿多粒的库存怎么办?中英SK的决策层都冒了一身冷汗。但仅10个月之后,中英SK就生产出了新的KTK,重新出现在中国市场。而且上市一个月以来,就卖了6 000多万元,令世人震惊。在商业活动中,每天都有各式各样的危机。今天危机在中英SK发生,明天、后天可能发生在其他的企业。中英SK成功处理PPA危机主要得益于学习型组织的建立。

在《第五项修炼》里,彼得·圣吉告诉中英SK:当组织面临危机时要充分应用深度沟通原则。中英SK在接到《通知》后,立即组织专门负责应对危机事件的危机管理小组,并按职责划分为:危机管理领导小组、沟通小组、市场小组和生产小组。危机管理领导小组的职责是制定应对危机市场基调,统一口径,以免引起信息混乱,并协调各小组工作;沟通小组负责信息发布和内外部的信息沟通,是所有信息的发布者;市场小组负责加快新产品开发;生产小组生产并处理正在生产线上的中间产品。《通知》发布当日全国各地50多位销售经理被迅速召回天津总部,危机管理领导小组深入其中做思想工作。2000年11月18日,销售经理们带着中英SK《给医院的信》、《给客户的信》回归本部,应急行动纲领在全国各地按部就班地开展。

为更好地服务客户和消费者，中英SK专门培训了数十名专职接线员，负责接听客户、消费者的问询电话，打消疑虑。为了以正视听，中英SK公司在北京召开新闻媒介恳谈会，表示支持国家药监局的决定。同时，面对一些媒体的不公正宣传，中英SK没有做过多的追究，其间其总经理频频接受国内知名媒体的专访，争取为公司说话的机会，极力寻求政府对于KTK的宽大处理。接到《通知》5天后，危机管理领导小组发布了危机公关纲领：向政府部门表态，坚决执行政府法令；暂停KTK的生产和销售；通知经销商和客户立即停止KTK的销售，取消相关合同，停止广告宣传和市场推广活动，并且在最短的时间里把新产品推向市场。中英SK在丢掉6个亿的情况下，还获得了总部14 500万元的新设备投资，这说明总部认为中英SK有非常科学完善的计划，这笔投资是经得起挑战，可以得到回报的。就这样，中英SK把内外部资源全部调动起来了。

在《第五项修炼》里，彼得·圣吉告诉中英SK：在解决问题时要看到问题的核心在什么地方，然后在问题核心里找到它的公干点。就好像找到船里的舵，船就很容易拐弯。在这个PPA事件里，中英SK找到的公干点就是人。中英SK对媒体说"在PPA事件里，中英SK没有让一个工人下岗"，这句话是有代价的。在丢掉6个亿销售的基础上，中英SK还要承担这些没有生产力的工人。当时让他们下岗好像是一个最简单的做法，但是中英SK没有这么做，因为中英SK看到它是一个非常重要的公干点：这些KTK的工人过去是对企业贡献最大的一部分人群，他们在没有PPA事件以前都是加班加点地工作。在生产线停下来的情况下，让他们下岗，对那些没有下岗忧虑的同事会有怎样的影响？他们会觉得公司太现实，不讲道理，因此对这个企业失去信心和信任感。而现在，所有员工都会感觉到这个企业很有人情味，这个企业非常关注人，所以他们宁愿为了企业提出降工资，与企业共患难。这些信任，这种激情让他们把现有的工作做得更好。

在企业丢掉6个亿的情况下，如果人的问题没有解决好，造成员工的士气一直下滑,其他产品的销售可能也跟着下滑,多米诺骨牌的效应就会出现。只为了省一些钱,这当然不值得。中英 SK 对那些员工说,你们过去在企业里做出了贡献,你们会很快变为中英 SK 未来熟练的干部,你们将在新 KTK 出来后继续为企业奉献。做出这个决定,企业并没有损失更多的钱。在没有 KTK 的那段时间里,其他产品的销售还继续按一个比较好的势头增长,也就是说,中英 SK 其他的生意不但没有丢掉,反而有所增加。另外,中英 SK 的员工在中英 SK 建厂十几年以来,从来没有这么好的激情,也从来没有这么高的团结。员工们每一个人都愿意加班加点,在工作里挑战自我,原来计划新 KTK 是在 2001 年 11 月份上市,后来所有的工作都走在了计划的前面,2001 年 9 月 1 日,中英 SK 比原计划提早了两个多月把新的 KTK 推上市场。

评 析

中英 SK 在 PPA 风波中的表现应该说是上乘的,是踏踏实实地修炼内功的结果。能够战胜这场危机,重塑昔日的中英 SK 不得不归功于中英 SK 在危机中不断学习。

中英 SK 在这场危机中可以说把学习型组织的深度沟通原则运用得十分恰当。通过深度沟通,形成向上发展的共识,提升团队的决策智商,将分散在每个人头脑中的知识、经验和信息整合成巨大的知识推动力量,从而以学习力提高团队智商;通过深度沟通,及时学习反馈的信息。中英 SK 运用深度沟通,从不同方面开展危机公关工作,反应迅速、果断,及时组织危机管理领导小组,做好内部沟通,是决定战胜中英 SK 危机的一个重要砝码。中英 SK 明确了危机管理领导小组的工作职责,并配备了有总经理参与的强大工作班子,保证了权威性、全局性。其次,在内部深度沟通方面赢得员工的信任与支持是非常有成效的,能够更好地把中英 SK 的员工凝聚为一个整体,员工表示甘愿与企业共患难,这是内部深度沟通的胜利。如果离开了员工的支持,企业又怎么能战胜危机呢？第三，做好同消费者的深度沟通，开通消费者热线，配备训练有素的专职接线员，是架起中英SK公司与客户、消费者的一道桥梁，一个极为有效的沟通渠道。训练有素的消费者热线工作人员往往是危机深度沟通的第一道门户，经过他们的努力，会使消费者的顾虑、抱怨和投诉等负面因素消减到最小。其四，召回销售经理专门进行个别深度沟通，保障了整体危机公关措施的不折不扣的执行。

学习型组织的一个重要特征就是建立了共同愿景。如果没有共同愿景，就不会有学习型组织。共同愿景是一个方向舵，能够激发新的思考与行动方式，并能在遇到阻力的时候，鼓舞团队成员克服困难共同前进。中英SK以员工为解决问题的核心，强调以人为本的管理，注重在员工中建立共同愿景，增强员工的凝聚力，所以当危机到来的时候，员工宁愿降工资也要让企业渡过难关。可以说，如果中英SK没有如此强大的员工支持力，它要度过PPA风波是非常困难的。

中英SK在这次危机中的决策方案是比较全面的，但仍非完美无瑕，比如缺乏足够的信息管理。既然2000年3月关于PPA危害的研究报告就已问世，可以说禁止PPA的苗头早已展现，但在这种情况下，中英SK不采取更新配方等预防措施，还一味正常生产，到政府禁令发布时尚有巨大库存，不能不说中英SK缺乏正确的预测和应对未来变化的能力。此外，其总经理极力寻求政府对于KTK的宽大处理，闪烁其词地证明没有发生过过敏等副作用，以至不少媒体对尚未撤除的KTK广告喊出了“KTK，你为什么还赖着不走”的呼声，不同程度上使公众对KTK的印象更趋于对立。

从中英SK的案例可以看出，任何一个组织都应该不断学习，在面临危机的时候更要通过学习来迎接挑战。

案例4　学习型城市——大连

今天，《谈话》节目同往常有些不一样，大屏幕上正放映着大连的城市风光片:"大连自然景色绮丽,气候宜人,市区建筑风格各异,街心花园和广场点缀街道,是著名的海滨旅游和避暑胜地。市区南部海滨旅游区,一条玉带般的公路依山傍海,蜿蜒穿行于棒槌岛、老虎滩、付家庄、白云山公园、星海公园等景区之间。市区西南部是闻名中外的旅顺口、太阳沟、白玉山的城市风光和蛇岛、海猫岛等生物景观,具有神奇的魅力。大连的风景如此迷人,经济建设更是发达,大连虽很年轻,但她心中充满自豪——中国最优良的港口、最大的船、最甜的苹果、最鲜的鲍鱼、品质最佳的钻石、'足球城'、'时装城'和'田径之乡'……"下面的观众无不为现代化的大连而感到惊叹与自豪。

片子结束后,身着蓝色套装的主持人,满脸微笑道:"看了这段城市风光片后大家应该猜到我们今天要谈的内容了吧。好,首先请我们用热烈的掌声欢迎我们今天的嘉宾上台,(掌声)这位是大连市副市长A先生,这位是北方大学管理学院院长B先生。在观众雷动的掌声中,市长与学者彼此微笑握手,然后相继入座。

主持人(微笑,并面向A先生):"A先生,你好! 非常高兴您能来参加我们今天的谈话节目。相信您不用看刚才的纪录片,在脑海里也能浮现出大连美丽海滨城市的情形。"A先生不禁露出了自信而自豪的微笑。

主持人走到前台:"到底是什么原因促使大连有今天如此飞速的发展呢? 下面我们就来听听A市长和B先生的高见。"

A市长:大连能有今天的成就,我们市委市府都一致认为是由于大连创建学习型城市的结果。在经过两年多的实践和探索之后,"人人是学习之人,处处是学习之所",学习工作化、工作学习化等理念在大连日益深入人心,继续教育、终身学习的终身教育体系已见雏形,各具特色的学习型组织遍及城乡,有效的载体、科学的机制初步形成,学习、创新、发展的氛围日渐浓厚。创建学习型城市工作成为推动大连创新发展的强大动力。如市委精心举办的"大连讲坛"成为市领导们利用"双休日"给头脑充电的一个阵地,中央各部委领导、国内外著名专家和企业家的报告,使各级领导干部开阔了视野,把握了国际国内发展的大势。上海、深圳、苏州、顺德、张家港等市领导也应邀登上了大连讲坛,带来了外地清新的风。“大连讲坛”目前已举办了30期。他山之石,可以攻玉。大连的市领导们还向实践学习,市委书记亲自带队赴上海、天津、温州、宁波等地,学习各地在体制创新、发展民营经济、发展高新技术产业等方面的新观念、新思路,目的就是开眼界、换脑筋。

主持人:“那么我想在座的各位观众朋友也都跟我一样,很想了解如此庞大的工程,大连市委市府是如何来运行此事的呢?”

A市长:首先大连在市委九届一次全会正式通过了《中共大连市委关于建设学习型城市的决定》后,大连市委市府各级领导干部都以身作则、率先垂范,制定和完善了学习制度,以制度和组织的保障促进学习。同时广泛建立学习型组织,为创建学习型城市提供有力保证。作为一项系统社会工程,建设学习型城市,关键是让城市的每个基层组织都活跃起来,学起来。大连市坚持从基层抓起,创建各类学习型组织,奠定了学习型城市的基础。两年来,各级党政组织始终把工作着力点放在基层,创建了学习型基层党组织、机关、企业、社会、村组和家庭6类学习型组织,紧密结合各类学习型组织的不同特点,通过培育示范点,进行典型引路和舆论引导,形成由点到面、整体推进的工作格局,全市很快兴起创建活动热潮,取得明显成效,涌现出大连机车车辆厂、甘井子区红旗镇、中山区明泽街道等一大批先进单位。

为了打牢创建学习型城市的基础,市委市府还优先发展教育,构筑终身教育体系,实现终身教育与终身学习的双向强化。为此,大连市采取一系列措施和办法,加快发展教育事业和产业,构筑多元学习平台,为市民学习创造良好条件。

一是推进教育社会化,实现教育资源社会共享。在深化基础教育改革的同时,大力发展继续教育、职业教育,加强社区教育。二是进一步拓展培训网络,加强各类人才的培养、职业培训和再就业培训。各单位不断拓展人才培养渠道,建立多形式、多层次的教育培训体系。三是充分发挥图书馆、博物馆、文化馆等社会文化教育主阵地的作用。四是加大投入,加强各类学习型组织的设施建设,提供必要物质保障。特别值得一提的是在终身学习、终身教育体系的构筑中,“社区课堂”以其便利性、贴近性、实用性发挥了重要作用。在这里,人们可根据自己的时间自主方便地学习。计算机、外语、卫生保健、美容、烹饪、琴棋书画……老年人在这里找到了“老有所学”、“老有所为”的充实愉悦,下岗工人在这里学到了“二次创业”的转岗技能。由于学习内容完全是“超市自选”,人们学以致用,兴趣大增。学习不仅使各类组织有了发展的活力,也使个人自我完善、自我超越和发展。大连重工起重集团公司的青工王亮,立足岗位自学,由一名职高毕业生成长为高级技师,为企业创造直接经济效益1 000多万元。下岗女工赵君刻苦学习新技能,边学习、边创业,如今已成为拥有6 000万元固定资产的大连东方农庄总经理。像他们这样通过“知识改变命运,学习促进发展”的人如今在大连越来越多。

主持人:“听了A市长的讲话,我们感到大连市委市政府在创建学习型城市的过程中确实是煞费苦心且独具匠心。但我国目前还处于社会主义初级阶段,所有的工作都必须围绕发展经济这个中心来完成。有的同志肯定担心:创建学习型城市是否会冲淡经济建设这个主题呢?下面我们有请B院长给大家谈谈建设学习型城市与城市经济发展的关系。”

(掌声)

B院长:“大连在建设学习型城市的过程中,把创建学习型城市与改革发展有机融合。创建学习型城市,不是一般的读书活动,而是通过引导全民学习、终身学习,推动知识创新、科技创新和体制创新,为城市经济发展积蓄动力。大连市开展的‘与时俱进求发展,全面建设大连’的解放思想学习实践活动以及围绕大连建设开展的‘建言献策’活动,都取得了良好效果,为大连的经济建设及发展提出了不少好的建议。同时,大连在创建学习型城市的过程中明确创建目标,将学习力转化为创新力、竞争力。随着建设学习型城市活动的不断深入,学习力在大连正转化为全面建设小康社会的强大动力;转化为城市经济社会可持续发展的源源不断的动力;转化为现代城市管理的新的理念,形成城市文明特有的品牌。自2001年以来,大连市委市政府先后提出并实施做强做大国有经济,加快发展民营经济;城乡协调发展,加快农业现代化建设;以港兴市,推动现代物流业等第三产业发展;举全市之力支持先导区发展等一系列新思路,实现跨越式发展,打造核心竞争力。这些工作思路的形成,无不凝结着学习思考、创新发展的成果。一句话,大连'强、大、富、美'的可持续发展,植根于不断提高的城市素质和城市创造力。"

主持人:"今天,大连创建学习型城市的实践给了我们许多有益的启迪。我们相信,在不久的将来,中国会涌现出更多的像大连一样的学习型城市,同时让我们共同祝愿美丽的海滨城市大连能够有一个更加灿烂辉煌的明天。"

(掌声)……

评 析

大连建设学习型城市是学习型组织理论在城市建设中的具体运用,通过本案例可以知道学习型城市主要有以下功能:

①认识功能。先进的城市文化可以为人们提供科学的思维方式。如,大连提出"建设一个面向国际的城市",使大连市民意识到,要用国际的视野认识当今的世界。

②教化功能。在对与错、善与恶、真与假等一系列问题上,先进的城市文化能提供人们判断的标准,引导市民树立正确的价值观念。这个教化作用对提高市民的素质是至关重要的。

③规范功能。先进的城市文化明确了特定的社会成员享有的权利和应尽的义务。如:乘公共汽车,"老、弱、病、残、孕"都有特定的位子,这些特定的社会成员应该享有一定的权利。一个文明的社会,一个先进的城市,人们一定要自觉地遵守这一条。若是一个人民警察,就要按一个人民警察的规范要求自己;若是一个人民

教师,就要按一个人民教师的标准约束自己。

④凝聚功能。先进的城市文化通过其在社会中占主导地位的思想道德观念和规范体系,促进先进城市市民的意识与城市精神相印证。当人们来到大连时就会听到大连市民告诉他们,大连这几年的变化如何大,他们是如何热爱大连。这便是城市文化的凝聚作用。

⑤导向功能。先进的城市文化赋予一个城市发展的特色和方向。特别是在当今这个变革时期,可以帮助市民明确变革方向。大连市要建成一个"国际化大都市"这样一个发展方向,使大连市民意识到他们需要尽快提高他们的国际意识、国际沟通能力,要努力地学外语。同时要尽快地掌握信息技术,否则将被淘汰。

⑥信息功能。一个先进的城市文化,可以提高市民从事信息活动的能力。现在许多城市提出,要把自己的城市建成信息港。这样的城市文化,可以使市民们提高他们信息的记录、储存、加工等方面的能力。同时,也能使城市取得的文明成果更快、更广泛地被传播。

与此同时,通过本案例知道,学习型城市还具有以下显著特征:

①全员学习。即决策层、管理层、操作层都要全身心投入学习。从案例中可以看出大连的所有领导、市民都投入到了学习型城市的建设中,全身心地投入学习。

②全程学习。任何组织的运行都包括准备、计划、推行3个阶段,不能把学习与工作分割开来,必须做到边学习边准备,边学习边计划。大连的建设始终把学习作为依托,建设学习型城市也是为了更好地建设大连,一边学习一边建设,同时在建设的过程中也在不断总结学习。

③团队学习。不仅重视个人学习和个人智力的开发,更重视团队学习和群体智力的开发,使全体成员最大限度地发挥主观能动性,创造新知识,增强快速应变的能力,形成创造未来的能量。大连建设学习型城市充分证明了这一点。通过全民学习,充分发

挥集体智慧，才建设成今天最著名的港口、工业、商贸和旅游城市大连。

1.4 以人为本观念

1.4.1 理论精要

自19世纪末20世纪初由美国的管理学家泰勒(Taylor)提出“科学管理”思想以来，现代管理理论就随着管理实践的发展和社会的需要而不断深入和发展着，每一个阶段都有自己的特点和产生的特殊背景，有些阶段对于新问题的关注则成为里程碑式的阶段。其中，在行为科学产生时期，美国的心理学家梅奥提出的“人际关系”理论对于管理理论的发展来说，就具有这样的意义和价值。因为在这一理论中，管理中一个最重要的因素——“人”，得到了重新的认识与重视，企业管理在实践中的重点也因此发生了重大转向，这就是今天人们所说的“以人为本”的管理观念和思想。当人类世界在一些地方达到现代化的目标后，却发现世界的现代化过多地偏向了物质领域，偏离了人的精神世界。对于这种偏离了人的发展的现代化批判，重提人的重要性，重提人之为人的条件。此时，“以人为本”的观念成为整个人类发展的又一价值取向。这一本来在管理中就有的传统也在当今的管理理论和实践中再次受到重视。只不过，在今天，人们不仅有更多的理由来考虑这个问题，有更多的条件把这一观念与实践结合起来；并且人们赋予这一观念更多的内涵和价值。那么，什么是“以人为本”的管理观念，它的内容和意义是什么？下面就这些方面做概略的介绍。

(1)以人为本的含义

管理学界对此的具体看法有多种,但是大致上来说,以人为本的管理观念是一种新的管理观念,也是现代管理理论发展的最高阶段,或是第四个阶段(前3个是古典管理理论、行为科学管理理论、管理科学理论)。这一阶段的主要特征就是把人这一因素作为管理各因素中首位的、最重要的因素;管理的各个方面都是围绕人和为了人而进行的;管理的质量衡量和效益评估中必须包括人的发展在内;企业不是物和钱的堆积,而是其中的人使它们运转起来,成为不断发展的有生命的实体。所以,以人为本这一概念的主要含义就是:管理者把人作为企业管理的首要和核心因素,企业管理围绕如何认识人、调动人的积极性、培养人和为了人这一主线所进行的管理观念和实践。有时,这样的管理观念和实践也被称为“人本管理”。

(2)以人为本的内容

以人为本是一种新的管理观念,也是一种新的管理实践,现代的人们认为任何一种管理的实践都应贯彻以人为本的观念和具体做法。所以,以人为本并不只是一种人们头脑中的想法,而是在实践中已被人们运用和探索出丰富内容的存在,这也正是一种观念和理论具有生命力的重要表现。具体而言,它包括以下几个方面的内容:

1)重视人的地位与作用——人是企业首位的和最重要的因素。企业是人、财、物等因素聚合起来所形成的一个有机体,企业管理所要管理的对象也就包括这几个方面。那么,什么是企业中最重要的因素,企业管理的核心是什么,企业管理如何管人、理财和置物呢?这是任何一个企业管理者必须问自己和必须回答的重要问题。由于历史所提供的条件及其所带来的局限性,人们对这些问题的回答在不同时期是不同的。在企业管理最初发展的时候,也就是以泰勒为代表的古典管理理论兴盛时期,人们普遍认为物是企业中最重要的因素，理财和置物是管理者的主要工作，而人的因素没有在管理者的眼中占据什么地位，即使意识到的人也是片面的，即追求物质财富的“经济人”。可以说，此时，人最大限度上是等于物。正是这种片面的认识、这种对人的忽视导致了企业中人的积极性不高，管理者所追求的物质财富的创造也受到了限制。在这种情况下，梅奥在“霍桑实验”中发现了人，发现了人的重要作用，他提出的“人际关系”学说由此奠定了行为科学的基础。随后，“人性假设”理论也明确地提出了管理者如何看待人是非常重要的。但是，这些对人的发现只是一个开端，充其量也只是发现了企业中的人这一因素而已，而对人的地位和作用的认识是到了20世纪七八十年代才全面化、合理化，那就是把人作为企业的第一位因素，认识到了人的重要价值。当然这也是历史发展的必然，是历史发展提出的要求。在20世纪末期，人类的生产方式发生了重大的改变，“知识经济”的出现，使摆脱了武力的权力从金钱的支配到知识的含有量，企业发展的思路和观念不能不受到影响。在肯定知识价值的时候，就不能不提到创造、拥有和利用知识的人，重视知识就必须重视人，以人为本的观念在企业管理中也就应运而生了。与以前对人的认识相比，以人为本的观念就是把人放在第一位，认为人的因素是企业发展的核心性因素，财和物都是因为人的存在才具有价值，人是企业管理对象中惟一具有主观能动性的因素，正是人这一因素把财和物结合起来、利用起来。离开了人，这些财和物是没有任何价值的。这种对人的地位和作用的认识也是以人为本思想的重要特征。

2）对人的管理就是调动人的积极性和主动性。发现了人是企业管理中的一个重大进步。然而，既然人这一因素是管理中如此重要而又特殊的因素，那么，如何对人这个因素进行管理才符合人的发展性需要呢？行为科学理论认为人是一个积极能动的存在，在合适的环境下，人是愿意承担责任的，是追求自我实现的。这种观点也就是麦格雷戈的“Y”理论的“自我实现人”假设。因此，在管理中，无论是规章制度的制定与实施，还是工作任务的分配与工资的发放都应该从有利于调动人的积极性和能动性为出发点。在这种观念支配下的管理,不再是简单地用控制、惩罚和压抑的方法进行,而是从保护、促进人的发展这一角度进行。为了调动人的积极性和能动性,管理者就应把职工看做是企业人,帮助他们形成主人翁的意识;在工作上创造合适的条件,发挥每一个人最大的才能;在生活上关心职工及其家庭;在管理上注重职工参与企业的管理,尤其是关于他们自己的一些事情上,让职工有发言和决定的机会;在利益的分配上,让职工享受到企业发展所带来的好处。这样的一些措施从根本上说,就是不再把职工只当做工具,而是与企业共发展、同命运的主人。以人为本说到底就是为了人,那首先要顾及企业内部的人,他们的积极性、主动性如何,这是一个企业发展是否健康的一个指标,也是企业长远发展的源泉。

3)从企业文化的高度塑造人。企业文化在企业发展中的重要作用在20世纪80年代受到人们的普遍认可,这是一种虽然不明显却是企业发展的持久支持力。企业文化的建设包括各个方面,有制度的硬件建设,也有精神层面的软件建设,其中,文化人的培养是一种企业文化建设成功的标志,也是这种企业文化存在、发展和创新的纽带。所以,从企业文化的角度来塑造企业人,让人与企业共同发展是现代管理的重要任务,也是以人为本管理观念和实践的应有之义。与大自然相比,人之为人的地方,就在于他们所创造的文化世界;那么,与其他企业相比,一个企业的特色与价值也在于承载了企业制度、精神与人的文化,企业人也就是带有不同文化特征的人。

(3)以人为本的管理观念在现代管理中的价值

1)以人为本的管理观念是管理理论发展的重大突破。管理理论的发展已有100多年的历史,在这一历史进程中,不同的社会条件和矛盾需要孕育和催生了不同的管理理论,从科学管理理论到人际关系理论,从"X"理论到"Y"理论再到"Z"理论,从美国式理论到日本式理论。可以说,每一种理论的提出都是对前一阶段理论的超越和补充。而以人为本的管理观念的提出却是对管理理论的一种突破,它不再是把某一因素单独对待,也不是孤立地强调某一措施的有效性,而是通过人这一中心性因素把各个方面联系起来,并且这种对人本身的认识也是深刻而全面的,已经不再是以前的"经济人"或"社会人"的认识。所以,建立在对人的全面性、发展性认识的基础上的以人为本的管理理论被称为"第四代管理理论"或"最高阶段的管理理论"的意义就在于此。

2)以人为本的管理观念深刻地影响和改变着管理实践。实践的发展有赖于观念的更新和发展,在20世纪末期,管理实践在各个层面都发生了比较大的变化,如:组织结构从高耸状态变成扁平状态,制度化与柔性化兼顾,现代信息技术在管理中的大量运用对管理人员的素质要求越来越高。这些变化都要求有管理观念和理论的指导,而此前的管理观念和理论的力量已略显不足,因为它们对管理的认识是片面的,没有注意到人的价值,管理的价值也被片面化了,管理的实践并没有充分发挥人的作用。以人为本的管理观念被及时提出对于管理的实践来说,是一种深层次的触动和改变。各种各样的参与式管理、分享利益的管理、授权式的管理、企业文化的建设等方面,都在以人为本的管理观念影响下,共同改变着原来的管理方式、手段,甚至是目的。管理的价值与人的发展紧密地联系起来,这是以人为本管理观念在实践中的深刻体现。

1.4.2 案例及评析

案例1 惠普的人本管理[①]

惠普公司(Hewlett-Packard Company,HP)于1939年在美国成立,现在是名列世界500大工业公司的第42位,成为世界上最大

① 陈莞,倪德玲主编. 最成功的管理模式. 北京:经济科学出版社,2003.1~17页;[美]迈克尔·D·波顿著. 大话管理100年. 北京:中国纺织出版社,2003.81~89页

的电子检测和测量仪器供应商，其微型计算机产量位居美国第二；同时，它独特的管理理念和方式，也成为美国，乃至世界企业管理的典范。作为电子行业代言人，惠普的发展可谓强劲而持续，是什么使惠普能够创造骄人的成绩呢？它靠的就是人们比较熟悉的“惠普之道”，其中对人的重视是一个重要的方面。而这一理念体现在惠普管理的各个方面。

(1)走动式管理

惠普所提倡的走动式管理是指管理者通过随意的交流或非正式的交谈来了解公司的员工所关心的问题或遇到的困难。这种不定时、不定地点的走动式管理使管理者和员工之间建立了一种较为信任和密切的关系，并且这种走动也使管理者随时发现问题、随时解决，从而及时地对每一个员工的工作方式和进度等进行讨论、交流和指导。同时，管理者也从员工那里得知他们对公司的看法和希望，倾听他们的心声，双方保持一种非正式的联系。

(2)开放式管理

在惠普成立后的18年间，公司不曾设立人事部门，这是因为比尔·休利特认为这样可以使员工更容易接近管理者，同时，管理者能够对员工的事保持高度的敏感和直接联系。所以在1957年，惠普成立人事管理处时，比尔仔细地为它制定角色与职责——它是用来支援管理工作，而不是代替之。每一个惠普人，包括首席执行官在内，都工作在没有门扉的办公室；公司内彼此之间不用正式头衔，而直接以名字称呼对方。虽然惠普也像其他公司一样有自己的组织结构图，但是组织结构图并不是告诉员工反映问题和沟通的渠道在哪里，公司允许和鼓励员工用最简单和直接的方式进行沟通和交流。也因为此，开放的原则鼓励员工遇到任何问题都可以找到合适的管理者进行讨论和交流。在绝大多数的情况下，员工们讨论和交流的对象就是他们的直接上司。这里不能不提到“请勿再锁此门”的故事，比尔一次周末到一家分厂去观察，看到实验室备品库的门上了锁，他马上到维修组拿了一柄螺栓切割剪，把备品库门上的锁去掉了。星期一早上，人们见到他留下的一张条子，上面写着："请勿再锁此门。谢谢，比尔。"这一做法就是鼓励工程师不仅可以在工作中随意使用这些备品，并且他们还可以拿到自己的家里去供个人使用，这是对公司员工的充分信任。另外，公司还举行各种各样的户外活动，如爬山、野餐等，既增加员工之间、员工与管理者之间的沟通与交流，也让公司成为大家共同的家。

(3)弹性工时制

1967年，惠普开始在波布林根工厂实行弹性工时制，它也是美国第一家采用弹性工时制的公司，现在这种做法已在惠普的大部分工作岗位上广泛使用。在这一制度下，惠普的员工可以早点来上班，也可以晚来(这一点尤其是为了照顾女性员工，因为她们早晨要处理家务)，完成自己的工作后，就可以下班。公司也没有时间表，不进行考勤。

(4)利益分享制

利益分享是实行以人为本管理的纽带。它主要是指员工和管理者一起分担制定和到达目标的责任，通过股票购买计划分享公司所有权，分享利润，分享个人与专业发展的机会，甚至分担因营业额下降所引起的麻烦。利益分享是惠普人事政策的主要原则和做法。惠普从未大规模地解雇员工，比尔早已经为公司这样规定：惠普不能成为"有用时就雇，不用时就辞"的公司。即使在1970年经济衰退时，他们一个人也没有裁，而是全体人员，包括比尔在内，一律都减薪20%，每人的工作时间也减少了20%，最终渡过了难关。早在20世纪40年代起，公司就为员工提供了基本生活福利、医疗保险、残废保险和退休金等福利。同时根据时代的发展，惠普也实行了特殊的福利。一是现金分红制度——凡在公司工作达半年以上的员工，每年夏初及圣诞节，可得到一份额外收入。公司从税前利润中提出12%给员工，每年6月12日发放，这使得员工的待遇提高了7%左右。同时，医药费及牙齿保健费用完全由公司负担。另外，员工还可以将薪金的10%用于购买公司股票，收益率通常在30%左右。二是股票购买制度——员工工作满10

年后，公司另赠股票。

评 析

(1)惠普的管理体现的是对人的充分信任

正如，惠普的创始人比尔所说的："我觉得总的来说惠普之道的这些政策和措施都是来自于一种信念，就是相信男男女女全都想把工作干好，有所创造。只要给他们提供了适当环境，他们就能办得到这一点。惠普之道就是那种关怀和尊重每一位个人和承认他们个人成就的传统。这听起来像是老生常谈，但帕卡德和我都真诚地信奉这条宗旨……尊严和价值是惠普之道的一个极重要的因素。正因为我们记住了这一条，所以多年以前我们就废除了考勤制，近年来我们又搞了弹性工作时间制。这不但是为了让职工能按自己个人生活需要来调整时间，也是为了对他们表示信任。"①在惠普，无论是开放式管理，还是不上锁的实验室备品库，以及利益分享制度都是以对人的充分信任为前提和基础的。按照管理学中的人性假设理论，任何一种管理实践(包括管理行为、制度和措施等方面)都是以一定的人性假设为前提的，也就是以管理者对被管理者是一个什么样的人这样一个认识为前提。可以说，有什么样的人性假设，就会有什么样的管理实践。同时，从各种各样的管理实践中也可以总结和概括出它们是基于什么样的人性假设。这是一种双向的关系。所以，从惠普所采取的这些管理措施中可以推断，他们对人充满了信任，他们是以对人的尊重和关心为基础的。否则，管理的措施一定不是现在的做法。

(2)与众不同的美国式管理

尽管我们说惠普公司的管理堪称美国企业管理的典范，但是这里"典范"的意思却有些特殊。因为按照美国的传统文化和管理哲学来讲，惠普公司的管理显得与众不同，比如惠普一般情况下

① [美]迈克尔·D·波顿著. 大话管理100年. 北京:中国纺织出版社,2003. 82页

不解雇员工,甚至把这一点从公司的管理中舍弃,这与美国企业员工高度流动和变化工作的做法是不一样的;它的没有门扉的办公室也与美国人大都希望有自己独立的办公空间是不一样的。这些都可以表明惠普的管理所呈现的美国味并不是很浓,倒是有一些日本管理传统的味道。这就是惠普特殊的管理之道,也正是它成功的一个重要原因。当然,它也带有美国人注重效率、讲究时间、尊重个人、强调利益的方面。其实,自从20世纪80年代以来,不仅是因为全球化的影响,各国的企业管理都呈现出了一些相近的地方,并且由于以日本为代表的东方式管理带给世界的冲击——与美国所创立和倡导的管理文化不同的管理文化却取得了同样的成功,由此,美国式的管理不再是惟一的,许多美国企业开始学习日本的做法。所以,惠普的管理是把美国式管理与日本式管理结合得较为成功的范例,从这个意义上说,惠普的确值得美国的其他企业学习,是美国企业管理的典范。

(3)以人为本观念与实践的统一

比尔说:"我还能举出好多其他概括惠普之道的全部实质。用数字和统计资料是说不清的。归根到底,那是一种精神,一种观点。人们感到自己是一个集体中的一部分,而这个集体就是惠普。像我一开头说的那样,这是一种建立在个人基础上的观点。它得以存在,是因为人们亲眼看到它确实有效果,而他们相信,正是这种感觉,才使得惠普成为它现在这种样子。"①的确,惠普管理者所倡导的不仅仅是一种观点和观念,而是一种精神,不仅是这些,而是落在实处的做法,它让每一个人都感受到了。对于这一点,我国的读者可能有更深刻的体会,因为我国的许多企业在进行企业规划、宣传的时候,在企业管理者对外交流的时候,总也会或多或少地提到自己的管理是如何重视人、如何关心员工的利益,但是这些只是口头上的承诺和对外的策略,落到实处的往往是空的、假的。从这一点来说,惠普的做法——公司内部彼此之间直呼其名、不带

---

① [美]迈克尔·D·波顿.大话管理100年.北京:中国纺织出版社,2003.82页

头衔和姓氏，不拘礼节，员工生日、结婚和生孩子时送礼物表示祝贺，每年的野餐会等等，都是以人为本的管理观念在各个方面的体现与贯彻。

案例2 索尼公司就是大家庭[①]

索尼公司从“二战”后一家仅有20人的小作坊，发展成为今天拥有10万员工、年销售额达300亿美元的大型跨国公司，走的是一条依靠科技、不断创新、优化管理的道路。1992年，索尼公司在世界工业公司中的排名升至32位，至今仍处于高利润高速增长、资产不断扩大的良好运营中，在日本经济中占有重要地位。目前，索尼公司在电子工业的技术革新和设计小型化方面具有先导地位。其商标已在175个以上的国家登记注册，产品在全世界销售。这种成功的管理中最具特色、最关键的一环是对人的管理，而建立一种家庭式的和谐感情是索尼最重要的使命。对此，索尼公司的创始人盛田昭夫常说，对于日本那些最卓越的企业来说，成功并非来自什么“不传之秘”，没有哪种理论、方案或某项政策可以直接促使企业成功，惟一真正的关键只有一个，那就是“人”，就是牢牢抓住了人的管理。

(1)亲如一家人

索尼公司有一个政策，那就是不论身在何处，位临哪级，只要是索尼公司的员工，就是大家庭中不可分割的一分子，也就是每个人的好同事。索尼公司始终都贯彻“每个职工都是索尼大家庭的一员”的方针。在索尼公司，企业就好比一个大家庭，而员工们被看做一家人，公司领导人和员工们和睦相处，整个气氛轻松融洽，充满友善。索尼公司的高级主管没有私人办公室，甚至连分厂的厂长也没有办公室，这种情况在许多公司是很少见的，这也是索尼

① 陈莞，倪德玲主编．最成功的管理模式．北京：经济科学出版社，2003. 184～196页；孟昭宇主编．中外企业人力资源管理案例精选．北京：经济管理出版社，2003. 131～139页

公司期望大家消除隔阂、融为一体、互相接受和尊重原因之一。不论是管理人员还是普通工人，或是技术人员，大家都穿同样的工作服，在同一个食堂吃饭，有同样的权利对企业的工作提出批评、建议。索尼公司的创建者盛田昭夫努力做到与员工保持良好关系，在公司规模不大的时候，他坚持与每一位员工进行接触。他几乎每天晚上都与年轻的职员们一起吃饭、聊天，直到深夜。公司规模扩大后，他也常常“窥豹一斑”，通过少数员工来推测众多的员工。在一次聊天中，盛田昭夫注意到一个小伙子心神不宁，闷闷不乐，就耐心地询问。这个小伙子诉说了自己的苦闷：他因为热爱索尼公司而进入公司，但由于职位低下，上司不重视他的工作和建议，这使他觉得他不是在为索尼公司工作，而只为某个上司卖命，他对在索尼的前途感到失望。这番话深深触动了盛田昭夫，引起他的深思和重视。针对这个问题，公司开始发行一份内部周刊，及时通报各部门的工作情况，并且定时公布每个单位或部门的空缺职位，从此建立了内部职位流动的制度。有一次，他来到美国加州看望索尼公司的一家下属研究机构，美方的一个管理人员提出想和他合影，他欣然答应，结果短短的一个小时，他就和三四十位员工一一合影。最后，他还对这位美籍经理说：“你这样做很对，你真正了解索尼公司，索尼公司本来就是一个大家庭。”

(2)不追究员工错误

索尼公司尊重每一位员工，使他们人尽其才，安心工作。同时也能包容员工的不同意见，包括一些难免的错误。对此，索尼公司的观点是，只要能知错即改，引以为戒，那就还有可取余地。盛田昭夫就曾对属下说过：“放手去做好认为对的事，即使你犯了错误，也可以从中得到经验教训，不再犯同样的错误。”这体现了索尼公司的宽容之心。索尼属下的一家公司的总经理，曾对盛田昭夫抱怨说，公司里有时会出点差错，但又找不出该负责任的员工。盛田昭夫赶紧说，找不出是好事，如果真找出哪位员工，可能就会影响其他员工。他还说，谁也免不了会犯错误，何况从长远来看，这些错误也不至于动摇这个公司。而如果一个员工因犯错误而被剥夺升迁机会，也许就一蹶不振，还能为公司做更大贡献？所以，假使犯错误的原因找出来了，并公之于众，无论是犯错误的还是没犯错误的人，都会牢记在心。

(3)提倡为事业不计较金钱的奋斗精神

索尼公司首脑常常讲，人不能只为钱而工作，这才是较高的境界。正是靠这种精神，索尼公司创业之初就聚集起一批志同道合的人才，成为索尼公司当时所拥有的最宝贵的财富。像专务董事木原信敏，是创业时期的重要技术骨干之一。他就是追求索尼创造性的工作和团体的魅力，而投入公司并结下了不解之缘。还有吉田进和森园正彦原在西川电波公司任职，但他们仅到过公司一次，就被这种为事业刻苦拼搏的精神所吸引，毅然决定留下来。还有许多人都是心甘情愿加入到公司中来，他们为能在索尼创造、开拓工作中做出自己独特的贡献感到自豪。索尼公司在几十年发展过程中，始终发扬光大了这种为事业献身的精神。

评 析

(1)索尼管理的“家庭观”是日本文化的延伸和体现

日本是一个特殊的国家，有人是这样形容的：日本是东方的西方国家，封建的现代国家。这就说，在追求现代化的过程中，日本虽然实现了经济、技术等物质领域的快速发展，但是在文化方面却保持了自己原有的那些东西，这样现代化的最终表现令人感到不可思议：能够把东、西结合，把物质与精神结合起来。所以在日本企业管理方面的特色就是这种文化传统的延伸和体现，这正是在20世纪80年代以来被世界所承认的与美国的管理大为不同的原因所在。这一点充分地体现在索尼的管理中——把企业当做家、提倡奉献精神。这是一种比较注重文化的柔性管理，而不是注重制度的刚性管理，而文化的中心就是人。一个公司把柔性管理作为主要的管理方面，足可以说明这个企业是把人的因素放在管理的首位。

(2)索尼重视人的高级需要

按照行为科学的理解,人的行为并不是无缘无故地产生的,在大多数的情况下,人们的行为是受内在动机支配,是为了满足自己的各种各样的需要而进行的。著名的美国心理学家马斯洛(Maslow)经过研究指出,这种与人的行为有密切联系的需要一般情况下分为5个等级——生理、安全、人际、尊重和自我实现方面,人们的行为先是为了满足低层次的需要,然后才会想去满足高层次的需要。管理者在进行对人的管理时,可依据被管理者此时此刻所处的需要层次不同而采取不同的措施,如物质方面的奖励可以满足员工的低层次需要,精神方面的奖励可以满足员工的高层次需要。从索尼对员工的管理中所采取的措施可以发现,它是比较注重员工的高层次需要——注重人与人之间的关系协调、公司内部情感氛围的营造以及鼓励员工不仅是为钱,更是为事业而工作等,都可以说明这一点。对人的高层次需要的满足,能够在更大程度上调动员工的积极性和主动性,符合以人为本的实质。

(3)全方位地把握企业人

在索尼对员工进行管理的观念和措施中,你会很容易地想起中国的一句古话"人非圣贤,孰能无过"。由于人们都是为了一定的目的加入一个组织,进入一个公司,人们大多是为实现前面所说的5个方面的基本需要。但是从一开始,企业就按照市场逻辑和经济原则运转的,进入这一领域后的人也往往被认为是"经济人",每个人都是为了追求成功而不断努力的。在这种情况下,管理者所能想到和愿意得到的都是一个"完人"——不能犯错误、永远积极肯干等。而事实上,这只是一种理想。工作中的人也会犯各种各样的错误,怎样看待员工所犯的错误,如何看待犯错误的员工,不同企业的做法是不一样的。在索尼是特殊的:允许犯错误,并且不刻意追究已经发生的错误。这种宽容的态度体现的是对人的全面认识,而不仅仅是从工作的逻辑、市场的逻辑和经济的原则来把握人,这是以人为本管理所要求的。

案例3 摩托罗拉——肯定个人尊严[①]

摩托罗拉公司在世界无线电通讯市场有着举足轻重的地位。“摩托罗拉”的名字集合了汽车与音响，蕴涵着1930年公司生产出第一台汽车收音机的起步历史。从20世纪30年代的车载通讯到“二战”美国步兵的无线对讲，直到今天的宇航通讯，这家为美国人带来“美国荣耀”的电子高科技公司是采取什么样的秘密和策略，在竞争日益残酷的国际市场上取胜的呢？摩托罗拉人自己认为是由于他们独特的用人文化。

摩托罗拉的用人文化建立在两个基本信念之上：对人保持不变的尊重，坚持高尚的操守。为了成为世界上最佳的企业，在过去漫长的70年历程中，摩托罗拉始终坚守这两个基本信念。一系列具有摩托罗拉特色的管理政策和方法都源于这两个基本信念，它们对摩托罗拉企业文化的发展产生了深远的影响。

(1)肯定个人尊严

谈摩托罗拉的人力资源管理就不能回避“肯定个人尊严”(individual digtitlement)，因为“肯定个人尊严”像一张大网将摩托罗拉的员工管理网罗其中。“肯定个人尊严”成为摩托罗拉——一个13万员工的公司每个季度必须过的节日，企业从这个过程中得到的是整体员工的思想现状、能力现状、问题所在，个人从里面获得的是扪心自问的机会，是表达意见的机会，是发展自我的机会。

克里斯托夫·高尔文曾说：“摩托罗拉是一个家族企业，什么都能变，但我们的信念不能改，就是对人保持不变的尊重。”在摩托罗拉，连续工作10年的员工，未经公司董事长和总裁的事先批准，不得被列为临时裁员和永久解雇对象。员工享有充分隐私权，员工的机密档案，包括病例、心理咨询记录等都与员工的一般档案分开保存。公司内部能接触到员工所有档案的仅限于“有必要知

① 孟昭宇主编．中外企业人力资源管理案例精选．北京：经济管理出版社，2003．24～29页

道”的有关人员。

“肯定个人尊严”是员工和企业共同达成的契约，摩托罗拉推行企业和员工共同承担义务和责任。摩托罗拉认为企业对员工必须承担的义务是：创造真正而有意义的工作，教会员工争取成功所应具备的知识与技能，提供必要的培训，制定事业发展规划，提供有关行为表现及事业发展前景的反馈，消除各种偏见，坚持高度诚实的标准和原则，在维护人的尊严方面达成共识。同时，一名员工要发展自己，关键在于员工的努力。一名员工要履行的义务是：理解工作的意义，为取得工作上的成功尽心尽力；接受已经确定的工作任务；追求高标准的行为表现；不断学习、进取，更新知识与技能；策划个人职业发展的目标和前景；揭示对企业发展不利的问题。

具体而言，“肯定”是指每位员工的贡献和公司的投入都理应得到全面回报；“个人”是指“对人保持不变尊重”的价值观；“尊严”是指摩托罗拉员工的就业尊严，具体包括：实质性的工作，成功的条件，有充分的培训并能胜任工作，在公司有明确的个人前途，及时、中肯的反馈，无偏见的工作环境。

“肯定个人尊严”是怎样进行的呢？摩托罗拉在世界各地的员工每3个月都要接受一次“肯定个人尊严”的问卷调查，可能是通过电子问卷，也可能是书面问卷。摩托罗拉对回答问题的要求是：对6个问题真实地回答“是”或“否”。如果对问题不能肯定地回答“是”，那么就请一定回答“否”，每一个“否”标志着在就业尊严上还存在某种缺陷。问卷调查的目的就是要真实地揭示就业尊严上现存的一切缺陷，实现就业尊严的完美是员工与公司的共同责任。这6个问题是：

①您是否拥有一份有意义，并对摩托罗拉公司的成功有贡献的工作？

②您是否了解能胜任本职工作的行为，并具备使工作成功的知识？

③您的培训是否已确定，并得到适当的安排以不断提高您的工作技能？

④您是否了解您的职业前途,并且它令您鼓舞,确实可行而且正在付诸行动?

⑤过去每30天来,您是否都获得有助于改善您的工作绩效,达成您的职业前途的中肯的反馈?

⑥您的个人情况、性别、文化传统是否得到正确对待而不影响您的成功?

(2)设置职工委员会

摩托罗拉职工委员会(empioyee services committee,ESC)是一个组织非常完善的员工服务机构,其宗旨是以人为本,为员工提供各方面的服务。职工委员会的委员是来自不同层面的员工,分别占有一定比例,3年进行一次换届选举。人力资源部总监和员工关系经理是该委员会的顾问,为该委员会提出建议,并批准职工委员会的活动计划和活动费用。职工委员会例行的活动有:年终晚会、卡拉OK、郊游、家庭日活动、球类比赛、游泳、俱乐部活动、运动会、对内对外援助、生日礼品、三八礼品、年终礼品等。

(3)有情裁员

有很多公司对待被裁员工显得非常苛刻,今天通知裁员,今天你就得走人,好像有什么深仇大恨似的。摩托罗拉是怎么做的呢?简明扼要地说是一个协商的过程,摩托罗拉尽可能对员工做尽心的照顾,这种照顾延伸到帮助他们找到下一份工作。另外,从时间上也让员工充分做好准备,使员工过渡得好一些。摩托罗拉的裁员步骤一般为:首先把员工召集起来,告诉他们需要裁员多少,最后落实到每个部门需要几个人离职,整个过程让大家知道。离开的员工相当无奈,但也很感激摩托罗拉对他们的照顾。其次,人力资源部再单独进行沟通,沟通的过程中会提到工作的交接、职位被削减的原因等情况。一个部门削减人员,这个部门可能会推荐他们到另外的部门去,先内部消化。公司会把内部所有的空缺拿出来,如果有适合的员工,就让他们去面试。公司还会举办一些培训课程,教被裁员工如何去面试,怎么写简历,面试过程中面试者会问你什么问题,什么样的答案会使面试官员对你的评估高一些。

还会告诉他们现在薪酬市场的水平怎么样,应该如何进行工资谈判等。

(4)设立道德专线

摩托罗拉专门为员工设立了道德专线。它不仅仅用于处理紧急情况,而是提供信息、忠告和建议,确保一切问题或疑虑得到公正、谨慎、彻底的处理。员工可以利用它探讨任何疑虑或问题。该电话线路未设置电话识别功能。联系道德专线的电话或信件可以匿名,所有报告有关事务的人将会在最大限度内予以保密。

评 析

(1)以人为本的管理要求正确处理企业与个人的关系

个人是为了一定的目的才加入一定的企业,企业作为组织是为了实现自己的目标才允许和需要各种各样的人加入其中。而在作为组织存在和发展的企业中,如何处理好企业与个人的关系是管理的根本性问题。从发展的角度来看,这种关系经历了从不平等或不平衡到平等或平衡的过程。也就是说,最初由于企业把自己的目标看做是惟一重要的,其中的个人只是企业实现自己目标的工具或手段,此时,企业中的个人也仅仅只能为经济性生活目的而工作;后来随着生产力水平的提高,企业目标进行了拓展,企业中个人的目标也得到了重视。尤其是在以人为本的管理观念中,人们越来越认识到:人是企业管理的核心和首要因素,这里的人当然包括企业所有者和管理者在内,那么企业发展所依靠的就是人这一因素。企业所生产的产品和创造的财富是为了人,而不是反过来让人成为产品和财富的奴隶。建立在这一认识基础上的企业管理,在处理企业与个人的关系时,就表现出一种平等的人与人之间的关系,而不是不平等的物与人之间的关系。摩托罗拉公司对于个人尊严的肯定,所依赖的基础就是企业作为一个组织与员工作为一个个人之间的平等关系——彼此负有相应的责任与义务,从而享有相应的权利。这种平等的关系体现的是对人的尊重,是对人的高级需要的满足。

(2)用工作来激励

马克思主义承认人是通过实践才进化和发展的,西方心理学家的研究也表明工作并不是像人们通常所认为的那样是束缚人、压抑人、使人不开心的事情。恰恰相反,人是需要通过工作来证明自己的能力,满足自己的需要。只有不合适的工作、不能胜任的工作才会给人带来痛苦和麻烦。如果是一件你愿意并且能够圆满完成的事情,工作其实可以成为快乐的源泉。从摩托罗拉公司对个人肯定的主要方面来看,就是通过工作来激励个人(从公司关于"个人尊严"问卷所涉及的6个问题可以看出这一点)——个人不仅停留于对物质生活的满足,更重要的是从个体每天所从事的工作满意度、工作对个人能力和人生目标的实现程度等方面来定位工作的价值,从而引导员工在工作中提高和发展自己。如果这样的效果达到了,显然,公司的主要目标也就自然达到了。

(3)情感的纽带作用

人是感情性动物,人的高级需要也往往体现于此。前面说过,有些企业管理者过于片面地看待被管理者,其实也就把被管理者看低了,即简单地认为他们是只追求物质满足的人,企业管理只要注重物质激励就行了。而以人为本的管理观念却把人看成是一个活生生的、有着高层需要的人,把人看成是感情性的,即使是在工作的环境中,这种情感也不能被忽视。摩托罗拉对待被裁员工的做法,就是从情感方面改善以前的常规管理的做法。没有让员工一走了之,而是说明原因;没有歧视,而是帮助他们寻找新的工作。这些出于情感的做法不仅是这个企业在对待员工方面("肯定个人尊严")善始善终的宗旨,而且,也为它的人力资源储备奠定了长远的基础。有谁不想到这样的公司工作呢?又有谁在这样的公司里不努力工作呢?不得不承认,在对人的激励中,情感性因素往往胜过其他的物质方面的因素。中国有一句古话是说"士为知己者死",用在这里虽然不是特别恰当,但可以说明摩托罗拉在有情裁员方面所起到的巨大作用。

案例4 海尔——"海纳百川,有容则大"①

新世纪伊始,海尔集团迎来了又一个辉煌的年度。2001年3月,在欧洲科隆国际家电博览会上,海尔(Haier)被组委会树立为璀璨的新星,与世界高品位的代表Miele并驾齐驱;4月,在美国,海尔工业园附近的"协作大道"被无偿命名为"海尔路",创造了中国企业界前所未有的先例;同月,海尔在巴基斯坦建立了第二个海外工业园,成为产品品种最多、技术质量水平最高、规模最大并辐射南亚的家电生产基地;6月,在意大利欧洲著名家电制造企业云集的腹地,海尔成功地收购了意大利的一家冰箱厂,海尔产品逐渐征服着全球不同肤色的用户……海尔以它辉煌的业绩在国际经济舞台上迅速崛起;8月,中国数十家报纸、刊物以头版、专版争相报道海尔集团发展壮大的历程和经验。海尔集团成为振兴民族工业的一道亮丽的风景线。

海尔集团的前身是青岛电冰箱总厂,一个生产电冰箱的集体小厂。1984年亏损147万元,企业濒于倒闭的边缘。在张瑞敏的带领下,海尔在改革大潮中崛起,从无到有、从小到大、从弱到强,经过17年的艰苦奋斗,发展壮大成为国家特大型企业。不仅职工发展到了3万人,而且直接拉动就业人数20多万人,成为国内外享有较高声誉的跨国集团。2001年海尔实现全球营业额602亿元,是1984年的17 000多倍,创造了17年平均78%的高速稳定增长的奇迹。2001年,海尔实现利税突破42亿元,实现出口创汇4.2亿美元,在连续两年翻番的基础上增长50%,是中国家电业出口创汇最多的企业。

海尔从生产单一产品,发展到目前已拥有包括白色家电、黑色家电、米色家电在内的86大门类13 000多个规格品种的产品群。海尔在全球拥有贸易中心56个,设计中心18个,工业园9个(其

---

① 孟昭宇主编. 中外企业人力资源管理案例精选. 北京:经济管理出版社,2003. 3~18页

中国外2个,国内7个),海外工厂13个,营销网点58 800个,服务网点11 976个,产品出口到世界160多个国家和地区。

17年来,海尔的无形资产从无到有。2001年海尔品牌价值评估为436亿元,是中国家电行业第一名牌。美国《家电》杂志统计显示,海尔是全球增长最快的家电企业;美国科尔尼管理顾问公司也将海尔评为"全球最佳运营企业"。据2001年8月美国《福布斯》杂志刊登资料,海尔已经在全世界白色家电制造商中排名第六。据2001年欧洲Euromonitor统计公布,全球冰箱品牌排名,海尔雄踞第二;全球洗衣机品牌排名,海尔雄踞第三。2001年,海尔以产业拉动金融资本,进入6大金融领域,而且都是以控股和第一大股东形式入主,已初步构筑产融结合的跨国企业集团框架。这表明海尔的综合竞争力已达世界一流水平。

海尔每天都要接待络绎不绝的参观者,人们都在探询海尔成功的奥秘。海尔成功经验有方方面面,其中最重要的经验之一就是海尔的人力资源管理。海尔集团总裁张瑞敏说:"人的素质是海尔成功的根本。企业是什么?谈到底就是人。管理是什么?谈到底就是借力。你能把许多人的力量集中起来,这个企业就成功了。如果全体员工愿意把力量借给我,一起完成同一个目标,这就是成功的管理。"

(1)人人是人才

海尔崇尚人人是人才的哲学,认为企业的发展离不开各种人才的支持。每个人都有其长处,正所谓寸有所长,尺有所短。只要员工在自己的岗位上,不断做出贡献,不断有所前进和提高,那么他们就是企业需要的有用之才。因此,海尔为每一位员工提供成才的机会,搭建发挥才干的平台,这成为海尔人力资源管理的出发点和落脚点。用张瑞敏的话说,"你能翻多大的跟头,就给你搭多大的舞台"。每个员工都有实现自己价值和被社会承认的需要,作为企业管理者就有责任为员工营造一个施展自己才华、实现自己价值的环境和氛围,使职工开发出自己的潜能,贡献出自己的才智,从而使企业具有源源不断的生机和活力。张瑞敏更形象地说:"海尔应该像海,不仅要揽五湖四海的有用之才,而且应该具备海那样的自净能力,使这种氛围里的每一个人的素质都得到提高和升华。因为,海尔的发展需要各种人才来支持和保证。”正是有这样的人才理念,海尔在用工制度改革中率先打破合同工、正式工的界限,创造了“三工转换”的用工制度,使每个员工都有了进步的目标和内在动力,成为企业的有用之才。

李和兴原是一名农民合同工,1986年进厂,经过几年的实践,他工作出色,并有多项发明创造,受到海尔的嘉奖,成为第一个由农民合同工提升为农民技师的员工。海尔的人才观不仅改变了李和兴的观念,而且改变了他的命运,同时改变了海尔员工的观念和命运。这也是海尔的人才观,“兵随将转,无不可用之人”。在海尔,每个员工只要努力都能有所作为。农民合同工任晓全从技工学校毕业,到海尔冰箱车间工作,任晓全为解决冰箱溢料问题,开动脑筋,将工艺稍加改进,在冰箱门体的边缘加上海绵和胶带,成功地解决了问题。这项发明立即在公司得到推广,任晓全受到全厂表扬,评为优秀员工,后来又不断努力,被提拔为车间主任。他激动地说,在海尔,你就是有小小的一点成绩,都会被及时地发现,获得领导的及时扩大……它增强了我的自信心。

(2)鼓励员工创造发明

海尔规定,凡是员工发明、改革的工具明显地提高了劳动生产率,可由所在部门逐级上报厂职代会讨论通过,并以发明或改革者的名字命名该项创新与发明,公开表彰宣传,并给予现金奖励。例如,海尔洗衣机本部员工王学勤,改进了放料盒,提高了工效,该项小发明被命名为“学勤料盒”。这样的例子在海尔比比皆是,像“秀波缠线法”、“晓玲扳手”、“峰远过渡轮”等等,数不胜数。这种容纳百川不拘细流的及时激励与精神经历,激发了员工的创造热情,使员工的革新和创造层出不穷。

(3)鼓励员工参与管理

员工参与管理的程度,即反映了员工融于企业的程度,又反映了企业文化被认同的程度。海尔以人为本,尊重员工的意见、建议,规定职工提出的合理化建议要逐一落实,并给予适当的物质奖励。

海尔设置了海尔希望奖、合理化建议奖等,并为管理干部设置了金、银、铜奖。建议被多次采纳者,可进行三工转换。职工可以自由竞争参加由职能部门拟定的公关课题,根据成果给予50~1 000元的奖励,优秀者可进行三工转换。从1997—2000年,海尔集团共收到合理化建议13.6万条,采用7.8万条,创造效益4.1亿元。

(4)创立"三心"工程

在海尔执行制度一丝不苟,是无情的,但为职工排忧解难是有情的。海尔开展"三心"工程——"解决疾苦要热心、批评错误要诚心、做思想工作要知心",为员工做了许多实实在在的工作,如办理各种国家保险和企业内部的各种补充保险,解决职工上下班班车,提供优质的工作餐,解决职工住房,以多种形式丰富职工生活,举办集体婚礼等等。让职工"上班满负荷,下班减负荷"。"三心"工程温暖着职工的心,增强了职工的归属感和向心力。贵州海尔电器有限公司的职工杨丽萍母子煤气中毒后,公司总经理及时将他们送进贵州最好的医院千方百计实施救治。杨丽萍感激地说:是公司救了他们母子的命。事情发生后,海尔给每个员工家中都安装了一个煤气警报器。

评 析

(1)中国式的人本管理

海尔总裁张瑞敏说,海尔曾经学过美国,也曾经学习日本,但是最终都没有成功,海尔的企业文化只能是特殊的海尔模式,而不是美国模式或日本模式。的确,在中国这样的国家,与发达国家不一样的方面太多,作为20世纪80年代才开始发展的企业,海尔正是抓住了机遇,同时也遇到了各种各样的制约性因素。海尔的管理必须从这个现实出发,一方面要建立完善的能够参与市场竞争的现代企业制度,另一方面又要紧跟世界管理理论与实践发展的新潮流。这就是说,海尔既要靠严格的规章制度给公司一个良性的运转框架,同时,柔性的以人为本的管理风靡全世界。处于经济一体化、全球化时代的一个想谋求长远发展的企业都必须面临这样的问题，而这对中国的想把企业做大的海尔来说，更是个难题。经过一系列探索之后，海尔选择了自己的模式——美国模式+日本模式+中国传统文化。博取众家之长的做法就为以人为本奠定了基础，同时也保证了企业高效运转所需要的制度基础。在海尔有大家都知道的“OEC”制度，也有前面所介绍的“三心”工程，所以管理的观念与实践中所依赖的“人”这一因素是中国特有的：集体婚礼、解决住房、提供上下班班车、三工转换等都是例证。

(2)对人的高度定位

前面已经说过，如何认识人影响着企业管理者所采取的措施和制度，当然包括它的企业文化建设。海尔是在中国发展壮大的一个企业，从目前的情况看，中国虽然是个人口大国，但是人口的素质受制于教育水平等方面的限制并不是很高。正是从这个实际出发，海尔把自己的员工看成是“人人是人才”，从这种高度来定位人，实际上是与从人的高级需要来定位人是一致的。把每个人都当做人才，鼓励他们发明创造，相信他们对公司的发展所起到的作用不只是一个简单的生产作用，员工也不仅仅是听从者和执行者，员工能够对公司各个方面起到一定的作用。这些观念和做法归根到底就是把企业的员工——人的因素作为企业发展的主要力量。

(3)依靠激励来调动人的积极性

以人为本的管理观念和实践注重人的积极性和主动性，而人的积极性和主动性受多方面因素的影响，如果管理者所采取的措施不当，这种积极性和主动性很有可能就被抹杀了。同样的员工和同样的企业条件下，如果依靠激励来调动员工最大限度的努力的话，这种努力在员工看来就是应该的、心甘情愿的，而不是被迫的。在海尔，它所能够得到和依靠的员工也是普通的，但是由于海尔采取激励性的措施，普通人所焕发出的是“人才”的能量。有了各种各样的人才，还有什么事完成不了呢！

第2章　现代管理实务

2.1　战略管理

2.1.1　理论精要

战略管理是根据企业所处的环境条件(包括外部环境和内部能力)确定企业发展方向和目标,并给予实施的整个管理过程。战略管理过程涵盖了企业管理的整个过程,战略管理的实质是以战略目标为核心,以企业环境为依据,以资源运用和价值创造为手段,以企业发展为目的的一个完整的管理系统。[①] 制定一个能够取得成功的企业战略必须成为现代企业最优先的一项管理任务,现代企业的管理层必须义不容辞地承担起这个责任。美国管理学者安索夫在20世纪70年代著书立说,全面阐述了战略管理思想,"战略管理"一词由此而来。特别是他于1979年出版的《战略管理论》,以环境、组织、战略为3大支柱,系统地提出战略管理模式。只有认识到生产管理、经营管理和战略管理的区别,企业内不同组织层次的战略管理者在遵循共同的战略管理原则条件下,战

---

① 王玉著. 企业战略管理教程. 上海:上海财经大学出版社,2000. 9~10页

略管理才能成功。同时,按战略管理的基本过程来进行战略态势分析、战略模式选择、战略实施、战略控制与战略变革,可以在很大程度上提高战略管理的效率。①

(1)战略管理的产生

第二次世界大战后到20世纪50年代初,由于科学技术的高速发展,社会产品供给量剧增,各生产企业之间的竞争空前激烈。整个市场也迅速由原来的卖方市场转变为买方市场,企业面临许多更为严峻的挑战。随着形势的发展,企业进行战略管理的要求日益突出。

1)市场需求结构的变化,要求企业进行战略管理。通过工业时代生产的发展,消费者需求结构发生了明显变化:一是多样化。能够实现同一种功能的商品越来越多,消费者挑选的余地也越来越宽。二是个性化。消费者从满足于生活"数量"转向生活"质量",消费个性化倾向将越来越突出。

2)全球性竞争加剧,要求企业进行战略管理。第二次世界大战以后,技术改造加快,科学技术转化为生产力的周期不断缩短。有资料显示,第一次世界大战之前,一般科技成果转化为生产力的周期是30年,而第二次世界大战以后缩短为7年,20世纪90年代后期一般为3~5年,快的只要2~3年。并且,信息化的发展使全球成为"地球村",竞争的时空概念发生了重大变化。企业要想在残酷的市场竞争中赢得优势,必须进行必要的竞争战略管理。

3)企业将承担越来越多的社会责任,要求企业进行战略管理。虽然我们不能说企业承担社会责任越多,企业的经营效益就越好,但由于企业与社会的关系都遵循这样一个原则:如果企业拒绝为社会承担相应的社会责任,那么社会就会通过法律或行政手段来迫使企业这么做,即企业具有社会责任的不可推卸性。因此,企业考虑未来发展时,必须充分注意它的活动对社会产生怎样的

① 陈忠卫等编著. 企业战略管理. 北京:中国统计出版社,2001. 24~32页

影响,否则,企业将为自己的行为承担责任。如:企业采取夸耀性的和欺骗性的广告,销售假冒伪劣商品,实施坑蒙拐骗手法欺诈消费者,都会受到社会唾弃、行政性制裁或法律的惩罚。

4)企业内部结构日趋复杂,要求企业进行战略管理。20 世纪 90 年代以来,企业结构朝着两个不同的方向变化:一是由小变大的"聚变"。集团化、公司化、规模化发展迅速,企业兼并成为一种时尚。二是由大变小的"裂变"。一些大型企业不断地被拆分为若干个独立化的市场主体,大型企业的组织机构不断地被精简。组织结构的"聚变"和"裂变",都要求企业进行战略管理。比如,进行业务流程重组、实施团队管理、改革企业文化、引入知识管理、推进管理创新活动等。

(2)战略管理的原则

根据加拿大不列颠哥伦比亚大学学者斯蒂格利茨(Stiglitz)的实证研究,成功的战略管理必须遵循以下几条原则:

1)适应环境原则。企业战略管理要求企业重视与其所处的外部环境的互动关系,其目的是使企业能够适应、利用甚至影响环境的变化。企业是与社会不可分割的一个开放的组成部分,它的存在和发展在很大程度上受其内外部环境因素的影响。这些因素或影响力,有些是间接起作用的,如政治、经济、法律、技术和社会文化因素;有些直接影响企业活动,如政府、顾客、供应者、借贷人、股东、职工、竞争者以及其他与企业利益相关的群体。企业战略管理要求企业必须密切监视企业内外部环境的变化。企业战略管理就是要使企业高层管理者在制定和实施企业战略的过程中清楚地了解有哪些内外部因素会影响企业以及这些环境因素的影响方式、性质和程度,以便制定新的战略,或及时对企业现行战略进行调整。

2)全过程原则。为了成功地进行企业战略管理,必须将企业战略制定、战略评价与选择、战略实施、战略控制和反馈等看成是一个完整的过程来加以管理,进而充分提高这一过程的管理效果和效率。忽视其中任何一个阶段都不能获得有效的战略管理。

3)整体优化原则。成功的企业战略管理要求高层管理者将企业视为一个不可分割的整体进行管理,其目的是提高企业的整体优化程度,达成总体目标。为此,企业战略管理必须强调整体优化。

4)全员参与原则。企业战略管理需要企业高层管理者的决策,同时也离不开中下层管理者和全体员工的参与和支持。更确切地说,企业战略制定过程的分析、战略评价与选择主要是高层管理者的工作和责任,虽然这种分析、评价和选择离不开企业中下层管理者的信息输入和基层职工的合理建议。但是,一旦企业战略选择确定以后,企业战略的实施就在相当大程度上又取决于企业中下层以及全体职工的理解、支持和努力。

5)反馈控制原则。企业战略管理关心的是企业长期、稳定和高速的发展。企业战略管理的时间跨度一般在5~10年以内。企业战略的实施通常包括一系列中短期行动计划,它们使企业战略在行动上具体化和可操作化。然而,企业战略实施过程不可能是风平浪静的,环境的变动会打乱企业的战略部署,只有不断地跟踪反馈才能确保提高企业战略的适应能力。从某种意义上说,对现行战略管理的评价和控制又是新一轮企业战略管理的起点。

(3)战略管理在现代管理中的价值

1)战略管理是现代企业在激烈的市场竞争中立于不败之地的重要保障。

2)战略管理是保证现代企业目标管理获得成功的重要措施。

3)战略管理是现代企业在社会信息化、经济全球化背景下保持长期、稳定和高速发展的必然选择。

4)战略管理是现代企业高层管理领导者引领企业走向成功的重要管理方略。

2.1.2 案例及评析

案例1 李嘉诚父子的胜利[①]

亚洲的一些经济评论家认为，香港以李嘉诚为代表的那些靠地产、航运、港口致富的传统型富豪，将很快被知识经济时代所淘汰。但是，李氏家族却以他们的不凡业绩打破了这样的预言。

(1)世纪之交的三大神话

第一大神话——一只"橙子"值千亿。1996年，李嘉诚控股的和记黄埔在英投资，组建了电讯公司Orange(橙子)并上市，总投资84亿港元。在此之前，Orange经营一直亏损，1998年财政年度的亏损为98万镑。但电讯业务渐入轨道，客户基础不断扩大，成为英国排名第三的移动电话经营商。在此基础上，和记黄埔决定分拆上市，赚回41亿港元特殊收益，将以前投资收回过半。1999年，又以1 130亿港元为代价，出售Orange四成多股份给德国电讯财团，并与该财团进行换股，成功入主德国电讯财团，成为单一持股的最大股东。在这笔交易中，李嘉诚的成本几乎是零，而回报是1 000多亿港元的现金和大笔的股权。

第二大神话——盈动演出"蛇吞象"。1999年5月3日，李嘉诚的小儿子李泽楷旗下的盈科拓展集团收购了原来市值不足1亿港元的壳股"得信佳"，将其改名为盈科数码动力(简称"盈动")，复牌后，股价由6.8港元一路飙升，直至28.5港元，在短短10个月内，市值升至2 200亿港元，市值居全港第6位。其后，盈动在资本市场上动作频频，颇有呼风唤雨之势，不久前盈动终于亮出大手笔，斥巨资收购香港电讯。香港电讯是一家上市公司，目前市值为3 140亿港元，而盈动仅为2 063亿港元，购并后的新公司市值

---

① 代凯军编著. 管理案例博士点评：中外企业管理案例比较分析. 北京：中华工商联合出版社，2000. 45～49页

将近5 400亿港元,成为香港第三大互联网公司。

第三大神话——"汤姆"出世万人空港。眼看父亲和弟弟成为新的"网络英雄",李家传统产业的接班人李泽钜也坐不住了,李泽钜早就想通过长江实业、和记黄埔投资10亿美元搞一个综合性门户网络。1999年12月7日,他花了2 000万港元终于从美国Vortex那里买到了他想要的域名:www.tom.com。12月16日正式推出,其注册用户短短两个月里就超过了4万人,新生的"汤姆"备受关爱,香港创业板为它预留了8001的号码,联交所先后豁免了对该公司经营超过两年、上市申请满25个交易日等例行要求,将其公众股以最快的速度推向市场。2月23日汤姆出售4.28亿新股,香港上演了万人空港认购汤姆的场面,认购人数超过40万人,超额认购约为1 500倍,超过了两年前疯狂抢购"北京控股"的水平。1.78港元的招股价,被"一级半"市场狂炒到10港元,上市首日终盘价飙升了335.4%,创下了创业板上市首日涨幅的纪录。

(2)为什么要购并香港电讯

李泽楷曾表示,香港电讯的现有人才是吸引他购并香港电讯的原因,这个说法应该不会是言不由衷,但是,它恐怕不是最主要的原因。

在了解了盈动的发家过程之后,我们才能分析它为什么要花大价钱和别人抢购香港电讯。

最乐观的估计是,盈动目前每股净资产不超过0.7港元。"数码港"本身是个地产项目,一次性开发完了以后,就基本上没有多少油水了,而且,该项目的效益得等到数年后才能看到。所以,盈动很可能在2000年还是亏损的,如果是赢利了,其市盈率要高达数千倍。

对一个传统企业来说,这样的经营状况根本不足以支持那么高的股价。要维持高股价,对盈动来说,只有两条路:其一,继续高高地扛着互联网新经济的大旗,维持一个"高科技"的形象;其二,迅速地产生一定的利润,维持"高成长"的形象。

在第一条路上,盈动可以说几乎发展到极致了。香港人炒股喜欢炒美国企业，美国的互联网企业既有亏损的，也有高达数千倍市盈率的，这给盈动帮了不少忙。

入主得信佳之后，盈动不断地和世界著名高科技企业换股，不断地购并和发起成立互联网公司，一次又一次地强化了自己"高科技"的形象。

未来的盈动也许会类似于一个大型风险投资基金，不断地投资和购并高科技企业，在条件成熟的时候，再把某些公司推到资本市场上去，就像SOFTBANK投资雅虎一样。

除了"高科技"的形象外，盈动现有的另外一笔宝贵财富是它聚集了一大批优秀人才，其中包括前香港联交所行政总裁、现在盈动任副主席的袁天凡，原香港电讯管理局总监、现任盈动总经理的艾维朗，此外还有从数码通挖过来的伍清华等。

但是，这一切说得再好也都是"概念"的成分多一些，对偏好实在的人来说，显得不是那么有吸引力，这也是大东电报局为什么不大愿意接受盈动股票的原因。

所以，对盈动来说，迅速提高业绩就显得非常重要。要提高业绩，最现成的办法就是购并赢利能力比较强的企业。

香港电讯显然是一个比较合适的购并对象，首先因为电讯和互联网的联系本来就比较紧密，购并这样一个企业并不会对盈动"高科技"的形象有很大的负面影响；另一方面，香港电讯的赢利能力很强，如果能把其一部分业绩注入盈动，至少在账面上看来，盈动的业绩得到了迅速的改善。

一个20多倍市盈率的企业(香港电讯股价20多港元，每股赢利1港元左右)和一个数千倍市盈率企业的结合(如果盈动不再亏损，并因此而有了所谓的市盈率的话)，势必会大大改善后者的财务报表。这恐怕是盈动购并香港电讯的根本动因。

(3)走向多元开放的家族资本

李氏家族的成功，主要并不是由于其家族制的管理，恰恰相反，正是跳出家族管理的公司制，才是不断提高产业层次、扩大产业规模、实现跳跃式发展的重要因素。李氏家族的长江实业从开

始募股,进而上市,成为社会公众性公司,已有数十年之久。现在李氏控股8家上市公司,在经营管理方面,发生了3个变化:

1)由传统的资产所有权和经营权同一的家族管理,向两权分离的公司制管理转变。董事会集体决策,总经理负责日常管理,已形成制度。作为董事长,李嘉诚本人除从长江实业公司领取不到5 000港元的薪金之外,从不到其他上市公司领薪。当然作为股东,碰上好年景,他一年从这些公司分到的红利,就达1.6亿美元。

2)高薪聘请高级管理人才,包括上市公司总经理、非出资人担任的独立董事,以提高公司的经营决策水平和管理效益。李氏资产庞大,经营项目林林总总,如果不是旗下不乏业务专才和管理专家,单凭其父子3人,纵有三头六臂,也是管不过来的。一个人纵使浑身是铁又能打多少钉?更何况从传统的产业层次转向以高科技为主的新型产业,更加离不开学有专才的科技精英。舍得出高薪借用外脑,是李嘉诚家族资本得以蓬勃发展的要诀。

3)积极谋求向社会资本开放,这是李嘉诚家族资本迅速扩张的重要途径,也是近期连续成功创造网络神话的关键因素。过去,一些华人家族企业不愿意与人合资,更不愿意上市融资,主要是怕别人会来分享企业利润,肥水流向外人田。李嘉诚家族不是这样。拿李泽楷来说,他的盈动借壳上市和购并香港电讯,无异于空中着陆,靠的是资本市场的支持。盈动的前身市值不足1亿港元,并没有任何实质性业务,自盈动推出发展数码港计划,并成功借壳上市之后,短短数月间,盈动概念成为香港股市一颗耀眼的明星,市值上升到2 000多亿港元。尤其是此次盈动以小搏大,成为香港电讯最大的单一股东,取得了企业的控股权,更是商业领域中成功的蛇吞象个案。所以,与其说上帝使李嘉诚家族靠网络火了起来,还不如说资本市场的魔棒使他们得以成功演绎收购兼并的神话。

评 析

李嘉诚家族在网络产业的崛起,除了重大的战略意义以外,其社会意义是多方面的。

首先,就家族企业而言,李氏家族资本不仅在同社会资本的广泛融合方面,而且在不放弃有利于自己实行有效管理的控股管理的基础上,灵活运用现代资本运作方式上,有许多内容是值得国内那些开始在资本经营管理上产生矛盾或暴露不足的家族企业审视借鉴和深刻反思的。如,在企业的收购与兼并方面,要着眼于对象企业的发展潜力与赢利能力等因素。从案例中我们知道,盈动为了迅速提高业绩,在做通盘考虑之后,就选择了赢利能力较强的香港电讯作为购并对象,并且证明是十分成功的。

其次,从网络产业来说,李嘉诚父子作为富有经验的实业家,毕竟与初出茅庐之辈不可同日而语,无论是"橙子"还是盈动、汤姆,他们更注重的是虚拟概念向实质经济的转变和升华。此次拿下香港电讯,将立即拥有一个完整的事业基础,行家讲,这叫上岸了,相信这也是科技概念和网络概念今后的发展方向。反观我国内地的情况,有些概念经济离开了实体经济的支撑,就只能是昙花一现,不可能长久。

再次,更为重要的是,李嘉诚家族作为昔日传统产业的代表,以自己的成功实践提供了由旧经济向新经济转型的典范。这具体体现在以下两个方面:第一方面,审时度势,抓住机遇,与时俱进,果断转移战略方向与重心。李氏家族在企业发展到相当规模的时候,正是基于对企业未来发展的科学分析与预见,认识到旧经济、传统产业的非持久性,于是摆脱传统型经济(如,房地产、航运、港口等)发展空间日渐缩小的束缚,主动出击网络信息产业,大胆而果敢地向新兴产业进军,促成企业战略方向与重心的转移。其一是获得了可观的现时利益,为企业注入新鲜血液,增强了企业的竞争力,成功实现了产业层次的提高,扩大了产业规模,实现了跳跃式的发展;其二,为企业未来的长远发展奠定了基础,这符合知识经济时代经济社会发展的潮流。第二方面,注重管理制度的革新。制度是一个企业整体的规定性,它规范、约束着企业的行为,适应市场经济发展的现代管理制度,给了企业施展行为的自由空间,李氏家族企业的3个管理制度上的重大变化与他们战略经营的胜利是密不可分的。一是由家族式管理向公司制管理转变,实现资产所有权与经营权的分离;二是重用高级管理人才,舍得出高薪借用外脑,网罗学有专长的科技精英,适应了从传统产业层次向以高科技为主的新型产业转移的需要;三是向社会资本开放,借助资本市场的力量迅速壮大自己的资本实力,这是李氏家族成功创造网络神话的关键因素。

案例2　海尔的扩张战略[①]

(1)扩张的基础

1)"资本"是船。海尔集团总裁张瑞敏说:"资本是船。"没有船,只能涉水过河,有了船,则可以载着"父老乡亲"一起过河。船小一点,载"街坊四邻",船大一些,载"千家万户",大、再大,就可以载"五湖四海"了。

"海尔号"有多大?

海尔起初并无"船"。1984年时它只不过是一个亏损147万元的集体小厂,可谓"泥菩萨过河——自身难保"。

海尔今天已有"船"。岂止是"船",而是一支阵容壮观的"联合舰队"。它今天已是一个拥有67家企业(其中销售收入过亿元的企业14个),直属员工1.8万人,总资产达56.8亿元的多主体、多成分、多元化的开放式大企业集团,在我国家电行业中门类最齐、水平最高、规模最大。它在前南斯拉夫、印度尼西亚、马来西亚、菲律宾开设了分厂,在北美、欧盟、中东等重点市场发展了31

① 代凯军编著. 管理案例博士点评:中外企业管理案例比较分析. 北京:中华工商联合出版社,2000. 50~60页

家海尔专营商、800余个经销点。

资本是逐步积累起来的，从小到大、从少到多，中间有一个过程。数量在增加到一定程度时，就具备了扩张的条件，亦即发生了质的变化。质变以量变为基础，量变以质变为界限。而这界限又是以扩张规模的大小来确定的。小规模扩张适当，有些资本即可承受，扩张规模大一些，则需要更多的“金刚钻”，才能揽起“瓷器活”。

2）名牌是帆。资本运营的高级阶段是品牌运营。“名牌是帆”，这是张瑞敏的又一思考。

可口可乐、百事可乐，已超越了资本竞争的阶段，进入了品牌的较量。波音、麦道，最终是以品牌的力量决出了雌雄，强者被更强者所吸纳。

张瑞敏把“海尔”这两个普通的中国汉字，做成了“四个九”的纯金制品。他一上任，觉察到了市场信号，发出的号令是：“起跑创名牌，冲刺到名牌！”

重任肩上挑，使命不能辱。

76台冰箱不合格，他不是降价处理，而是扬起铁锤，一台一台砸烂。

要的就是这样一个震撼人心的效应：海尔产品件件皆一流！海尔人绝不能心存“二等品”意识！

13年来，“海尔”两字迅速膨胀，海尔优势逐年上升。今天，可以理直气壮地宣告，海尔已是中国家电第一名牌，是世界家电一强。

海尔品牌的价值，经权威部门评估，1995年为42.6亿元，1996年为77.36亿元。

国人喜欢海尔，洋人认识并接受了海尔。

英文本是世界通用的文字，可美国、德国的经销商却偏偏在自己的包装和名牌上，赫然印上“海尔”两个大大的中国汉字。

3）文化的灵魂作用。海尔拥有一座采之不竭、取之不尽的“富矿”，那就是企业文化。

海尔员工人手一本巴掌大的小册子《海尔企业文化手册》，总共30页，精致得特别，精致得可爱。这就是海尔文化的“经典著作”。全书共3部分11章，内容有海尔理念、海尔战略、海尔经营目标体系、管理制度、道德规范等。全书不足5 000字，但它是海尔的企业文化“全书”。“全书”并非全部，看企业文化的真谛，主要看他们波澜壮阔的实践活动。

他们巧妙地把“斜坡球体论”运用于企业管理：企业如同一只球，在往坡上爬，必须不断克服阻力才能上升到新的高度。为此，必须实行“OEC(overall every control and clear的缩写)管理”，即全面地对每个人、每一天、每件事进行控制和清理，每位员工按“日日毕、日清日高”的标准检查自己，使每项工作每天都有新提高，整个企业有条不紊地向上“爬坡”。“企业每天都没有惊天动地的事情发生，这才是正常的、成功的。”有人讲，海尔达到了国外企业管理专家要求的境界。

理论，是实践的总结和结晶，当它回到实践中去时，就变成了推动实践运动的伟大力量。

4)人才的根基作用。企业活动是人操作的，扩张也必定靠人去完成。张瑞敏是海尔“联合舰队”的“指挥长”，以杨绵绵为代表的3位副总裁，最善于领会、发挥、执行张瑞敏的意图，是优秀的“舰队舵手”。

冰箱、空调、洗衣机等各个事业本部的本部长、总经理们，他们都是谙熟市场，战法练达的骁将，是他们把张瑞敏、把决策层的创造性延伸到“顶”到“边”，让海尔好戏连台，爆发出此起彼伏的辉煌。

“人人是人才”，“赛马不相马”。在海尔崭新的用人理念和机制下面，一批批优秀的管理人才脱颖而出。

张瑞敏说：“你能翻多大的跟斗，我就给你多大的舞台。”海尔每个月都举行一次“大选”，人事部把空岗情况公布于众，每个人都可以上台打擂。这种“大选”，为海尔培养了一批人才，造就了一批人才，激励了一批人才。

资本、品牌、文化、人才,这是企业扩张的4大必要条件。从海尔看扩张,4项缺一不可,某一项不强亦不可。4项皆强,方可谈扩论张。假如基础不实,底子不厚,即使一时成功,也是勉强搭起的空中楼阁,很快就会倾塌,甚至会把自己拖垮。

(2)扩张的战略

在风起云涌的企业兼并扩张大潮中,海尔是一道独特的风景。

海尔的兼并扩张有一套自己首创的理论,有一套行之有效的做法。正是这套独特的理论和方法,保证了海尔15项兼并扩张案例个个成功,其中有的案例堪称经典之作。

羡慕海尔兼并扩张的结果,就应该研究海尔兼并扩张的过程,学一点海尔扩张的战略。

1)"吃休克鱼"理论。人们习惯上将企业间的兼并比做"鱼吃鱼",或者是大鱼吃小鱼,或者是小鱼吃大鱼。

从国际上看,企业间的兼并重组可以分成3个阶段:

先是"大鱼吃小鱼",这时技术含量尚未成为竞争的决定因素,企业的资本存量、经营规模决定着竞争的成败。兼并重组的主要形式是大企业兼并小企业。

再是"快鱼吃慢鱼",此时技术含量的作用已经超过资本的作用而成决定性的因素,谁占领了技术制高点,谁就能在竞争中赢得主动。兼并重组趋势是资本向技术靠拢,新技术企业兼并传统产业。

最后是"鲨鱼吃鲨鱼",这时的"吃",已经没有一方击败另一方的意义,而是人们常说的所谓"强强联合"。这是资本高度集中、技术飞速发展、世界经济日趋一体化的今天,企业兼并重组的最高形式。波音和麦道的合作就是"鲨鱼吃鲨鱼"的典型案例。

海尔吃的是什么鱼呢?海尔人认为,他们吃的不是小鱼,也不是"慢鱼",更不是鲨鱼,而是"休克鱼"。

什么叫"休克鱼"?张瑞敏的解释是:鱼的肌体没有腐烂,比喻企业的硬件很好,而处于休克状态,比喻企业的思想、观念有问题,导致企业停滞不前。这种企业一旦注入新的管理思想,有一套行之有效的管理办法,很快就能够被激活起来。

"吃休克鱼"的理论为海尔选择兼并对象提供了现实依据。海尔看重的不是兼并对象现有的资产,而是潜在的市场、潜在的活力、潜在的效益。如同在资本市场上买期权而不是买股票。海尔15件兼并案中有14件是按照"吃休克鱼"的模式进行的。14家被兼并企业的亏损总额达到5.5亿元,而最终盘活的资产为14.2亿元,成功地实现了"1+14>15"的低成本扩张的目标。

2)鱼的4种吃法。鱼性不同,吃法有异。海尔兼并重组的十几家对象企业分属不同的所有制、不同的地区、不同的行业。根据各自不同的情况,海尔探索了不同的兼并重组形式,该红烧的红烧,该清炖的清炖。归纳海尔的做法,主要有4种形式:

一是整体兼并。也就是依托政府的行政划拨实现企业的合并,比如对红星电器公司的兼并。红星电器曾是我国3大洗衣机生产企业之一,年产洗衣机70多万台,拥有3 500多名员工,但由于经营不善,企业亏损1亿多元。1995年7月,青岛市政府决定将红星电器公司及其所属5个厂家整体划归海尔。兼并3个月后扭亏,半年后赢利151万元。

二是投资控股。整体兼并更多地出现在同地区、同一行业企业间的兼并中,而跨地区、跨行业的兼并则主要依靠投资控股的形式。1995年12月海尔收购武汉冷柜厂60%股权,迈出了跨地区经营的第一步。1997年3月,海尔再度挥师南下,出资60%与广东爱德集团公司合资组建顺德海尔电器有限公司,并创下了"第一个月投产,第二个月形成批量,第三个月挂牌"的"海尔速度"。

三是品牌运作。品牌是一种标识,代表的是以企业文化为内涵的无形资产。在通过运作资本实现兼并扩张的同时,海尔开始以无形资产调控、盘活有形资产的尝试。山东莱阳家电总厂生产的"双晶"牌电熨斗曾名列行业3大名牌之一。1997年1月,海尔与莱阳家电总厂以"定牌生产"的方式合作推出了海尔"小松鼠"系列电熨斗。同年8月,又进一步组建了莱阳海尔电器股份有限公司,海尔首次以无形资产折股投入合资企业,开辟了低成本扩张的新途径。

四是虚拟经营。所谓“虚拟经营”,既是品牌运作的一种高级形式,又是海尔“先开市场、后建工厂”经营理念的具体体现,这种重组方式已经超越了“吃休克鱼”的模式,而是通过强强联合,优势互补,新造一条活鱼。与杭州西湖电子集团的合作就是海尔虚拟经营的成功尝试。从这个意义上说,海尔不仅是市场的探路者,也是扩张重组新形式的探路者。

3)克隆海尔鱼。“总体一定要大于局部之和”,这是海尔兼并扩张的一条基本原则。它体现了海尔扩张的宗旨:求强,而不仅仅是为了做大。

当海尔成为中国家电当之无愧的“第一品牌”之后,海尔要想“做大”是很容易的。1997 年上半年,海尔平均每两天就接到一个企业要求加盟的信息,涉及重工、轻工、电子、生物、服务等各个行业。仅就彩电而言,用集团常务副总裁杨绵绵的话说:“一个通知下去,马上就可以拉进来年产 300 万台的能力。”

因为是求强,所以海尔必须兼并一个成功一个,必须最大限度地优化资源配置,挖掘企业重组后的潜能。

海尔兼并重组的过程,实质上是海尔自我复制的过程。用时髦的话说,就是“克隆海尔鱼”。

许多人都问张瑞敏同样一个问题:为什么海尔搞兼并个个成功?张瑞敏总爱以麦当劳作比:麦当劳在世界到处设店,不管你的饮食习惯怎样,生活习俗如何,都能够征服你。为什么?因为它有一个非常重要的原则,就是利用不可改变的模块——经营模式,或者叫经营理念。兼并能不能成功,就看你自己有没有一个过得硬的经营模式。如果你自己的经营模式不成功或者不成熟,那么兼并别的企业只会是一种灾难。

一般接收兼并企业,第一个派去的总是财务部门,海尔第一个派去的却是企业文化中心,由企业文化中心的人去讲海尔精神、海尔理念。当年海尔兼并红星电器公司时就是如此,没有一分钱的投入,靠海尔精神、海尔理念激活了一个企业。今天这家被兼并的企业用同样的办法成功实现了爱德洗衣机的合作、重组,在被称为“中国家电之乡”的顺德复制了一个新的海尔。

海尔要想在不久的将来昂首步入“世界500强”,成为在国际市场上扬帆出海的“联合舰队”,需要克隆更多的“海尔鱼”。中国经济要培育一大批具有国际竞争力的跨国集团,需要克隆更多的海尔。

(3)扩张风险的防范

兼并扩张是企业快速发展壮大的必由之路。但是,扩张也有风险,盲目扩张很可能给企业埋下致命的隐患。因盲目扩张遭致灭顶之灾的案例,国外有,国内也有。

所谓扩张风险,即企业在扩张时必然遇到的问题。这可能来自多方面,其中最主要的是多元化风险、组织风险和人事风险。

在海尔十几年的发展历程中,先后合并、兼并了十数家企业,产品从冰箱扩展到冰柜、空调、洗衣机,又从“白色家电”扩展到“黑色家电”领域。如果说一次扩张成功不足为训,15次兼并扩张的成功,就说明一个问题:海尔集团对扩张风险的防范,也有可圈可点的妙笔。

1)多元化风险的防范:“东方亮了再亮西方”。“东方不亮西方亮”,企业采取多元化发展时,一般都在打这个“如意算盘”。实践的结果显示,往往并不是都灵验,失算者并不比胜算者少。

面对企业多元化扩张实践中出现的种种风险,有些人开始对自己产生了疑问,甚至提出:“谁家的多元化成功了?”

“东方亮了再亮西方”,海尔的这个多元化发展战略,属于第三种立场。

“问题不在于企业需不需要搞多元化,而在于企业自身有没有能力搞多元化。”海尔的决策者张瑞敏如是说。显然,对于企业的多元化扩张,海尔人持的态度是:有前提、有条件、讲方针的谨慎的肯定。这是一种有风险意识、有风险防范措施的立场。

海尔已经“亮了”的东西是什么?它自身的优势是什么?一是以“日清日高”管理法为核心的独具特色的企业文化;二是靠质

量享誉的名牌效应;三是覆盖面广泛的市场网络和星级服务体系。

这3张“王牌”,主要是无形资产。“以无形资产盘活有形资产”,是海尔兼并扩张、资产重组的特色,也是其实现低成本扩张的秘诀。

2)组织风险的防范:5阶段对策。企业扩张的主要目标是实现规模化。企业经营的规模化,必然要求企业组织上的集团化。对于大企业集团来说,组织风险可是一种致命的风险。

如果规模化的结果是“1+1<2”,就是规模不经济。这种情况,一般源于企业组织结构、运行机制的不科学。

如何把握好分权和控制力的度,历来是大集团最头疼的难题。分权不到位,所属的企业容易缺乏主动性、积极性和活力。分权过度,缺乏必要的控制力,总体上又形不成“1+1>2”的效果。海尔集团总裁张瑞敏提出的“联合舰队”模式,既有效地防范了企业组织风险,又为实现“1+1>2”的效果奠定了组织保障。

分权与控制力这对矛盾,在企业组织成长的不同阶段,其所处的地位是不同的。

①初创阶段(1984—1988年)。规律性的问题:企业组织不正规。海尔采取的对策:确立名牌战略,使企业从无序走向有序。

②定向发展阶段(1989—1992年)。规律性的问题:低层管理者要求自主权。海尔采取的对策:及时提出并实施“权力分散化”。

③分权发展阶段(1992—1996年)。规律性的问题:因分权形成多个利润中心,协调、控制问题日益突出。海尔采取的对策:提出“允许各自为战,不允许各自为政”。

④协调发展阶段(1996年至今)。规律性的问题:管理部门出现官僚作风。海尔采取的对策:提出协调发展。

⑤合作发展阶段(目前正向此过渡)。规律性的问题:职工因创造性工作而感到紧张,压力大。海尔采取的对策:提出“实现个人价值”,以期达到好的效果:“感情和体力上都精疲力竭,但心理上十分满足”。

3)人事风险的防范:“赛马”、“用亦疑”。企业管理一般主要管4样东西:人、财、物、信息,后三者都要由人去管理和操作。可以说,人的管理是企业管理的核心。

人的管理,涉及选人、用人的观念以及标准、制度和机制等内容。其中某个环节搞得不好,就会出现人事风险。

企业经营规模的扩张,必然伴随着员工和管理人员的膨胀,人事风险也会随之加大。

海尔在人的管理方面,形成了一套很有特色的做法,有效地防范了可能的人事风险。这主要表现在如下几个层面:

①“人人是人才”。“优秀的产品是优秀的人干出来的”,这种尊重人的理念,有助于调动员工干好本职工作、在本职岗位上成才的积极性,防范离心力风险。

②“事事有人管,人人都管事”。这可以有效防范“无事找事”的组织风险。在风险管理理论中,“无事找事”是组织人事风险的一个定律。

③“赛马不相马”。“管事凭效果,管人凭考核”,这就把竞争机制引入了人才选拔中,从概念上消除、防范住了任人唯亲、用人凭领导好感的组织人事风险。

④激励机制:工人实行“三工并存,动态转换”。所谓“三工”,即在全员合同制基础上,把员工的身份分为优秀员工、合格员工、试用员工(临时工)3种。根据工作态度和效果,3种身份之间可以进行动态转变。管理人员实行“届满轮流,升迁靠竞争”。这种机制,可以有效防范铁工资、铁饭碗、铁交椅所带来的怠惰风险。

⑤“用亦疑”的用人理论。张瑞敏有一个高论:所谓“用人不疑,疑人不用”,是对市场经济的反动。通过“赛马”方式“赛”出来的人就用,但用了的人不等于不需要监督。封建社会以道德力量约束人,如忠义之士为知己者死,市场经济则靠法制力量。目前法规还不健全,需要强化监督。市场是变的,人也会变。有些人权力大了就把握不住自己,监督就是爱护,无情就是有情。及时地审计,可防止铸成大错。海尔的这个高论,我们暂且称之为“用亦

疑”的用人理论。在实践中实际上是一种约束机制。正因为有了这个机制，企业组织人事方面的授权失当的风险，在海尔的发展中得到了有效的防范。

在兼并扩张成为全国性热潮的今天，我们也给有扩张冲动的企业提个醒：千万别漠视扩张风险！一定要研究扩张风险，防范扩张风险。

评 析

海尔原是一家亏损的小型集体企业，争取到原轻工业部最后一个生产冰箱的定点资格，经过10多年的创业与探索，发展到现在已是一家具有国际知名度的大型企业集团。其成功之处大致可以归纳为4个方面：

1）海尔的发展战略。海尔自1990年开始，按照“先难后易”的出口战略，相继进入欧美等发达国家和地区，开始了创世界名牌的奋斗之路。其提出的市场国际化的“3个1/3战略”，即国内生产国内销售1/3，国内生产国际销售1/3，国外生产国外销售1/3，都体现了海尔的经营意识颇具战略性。

2）海尔的扩张之路。海尔发展之路实际是一条扩张之路，从资本运营、品牌运营、管理体制、企业文化、人力资源等各个方面都体现了现代企业制度的精髓。海尔既重视硬件资源的利用，强调资本的基础作用和人才的根基作用；又重视软件资源的开发与利用，强调企业文化的灵魂作用，巧妙地把“斜坡球体论”运用于企业管理，创造了“OEC管理模式”。海尔员工人手一本《海尔企业文化手册》，是海尔企业文化“全书”、“经典著作”，其内容有海尔理念、海尔战略、海尔经营目标体系、管理制度、道德规范等。

3）海尔的扩张策略。海尔在扩张过程中所运用的“吃休克鱼”理论以及吃鱼的4种方法，都是结合自身情况和周边环境得出的。海尔视不同情况，分别采取整体兼并、投资控股、品牌运作与虚拟经营4种方式，将自己的扩张灵活进行，而不是一味盲动。

4)海尔扩张的风险防范。兼并扩张并不是什么十全十美的事,其风险也随时存在。但海尔采取多元化风险防范策略,使之在各个发展阶段都能正常发展,可见其策略的稳健性。

①在多元化风险防范上,海尔靠的是"东方亮了再亮西方",步步为营,依靠自己已经亮起来的三大法宝:一是以"日清日高"管理法为核心的独具特色的企业文化;二是靠质量享誉的名牌效应;三是覆盖面广泛的市场网络和星级服务体系。尤其是依靠无形资产实现低成本扩张战略,有效地防范了多元化经营的风险。

②对于大企业集团来说,组织风险可是一种致命的风险。在组织风险防范上,海尔针对不同时期的不同情况,创造了5阶段对策,也非常成功。

③在人事风险的防范上,海尔亦有自己独具特色的做法,创造了"赛马"、"用亦疑"等人事管理机制与措施,有效地防范了可能的人事风险。

案例3 日产汽车——民族特色的国际化战略①

日产汽车有一半用于出口,而出口的主要对象是美国和西欧各国。日美、日欧汽车摩擦问题,应该说,对日本汽车产业是一个重大事件。如何摆脱这种汽车摩擦困境,不仅对汽车产业,而且对日本经济来说,都是20世纪80年代的重要课题。因为,汽车产业是支撑日本经济的骨干产业。

20世纪80年代,日产所面临的课题,仍然是世界战略问题,这是毫无疑问的。特别是为了开辟生产基地,在世界范围内施展战略。

(1)在墨西哥施展世界战略的部署

为了适应日益加剧的国际范围内的小型汽车之战,美国通用汽车公司、五十铃及铃木汽车工业3家公司于1981年8月实现了

---

① 代凯军编著.管理案例博士点评:中外企业管理案例比较分析.北京:中华工商联合出版社,2000.100~104页

联合。面对小汽车战争升级的严重情况,日产汽车公司迅速制定了向海外扩展的计划。20世纪80年代,世界小汽车之战的胜负取决于技术力量和国际化的程度。在国际战略方面,丰田汽车公司善于采取“静的”(即保守的)对策,而日产汽车公司则采用“活的”(即激进的)对策,这两种对策形成了明显的对照。这可以从在墨西哥执行的对工厂的经营情况中清楚地反映出来。

在墨西哥的日产汽车公司,是1961年作为一家批发公司起家的。1966年,作为日本厂家首次在国外建立的联合工厂,从月产几百台开始,随后扩大了生产规模。由于政治、经济方面的不稳定,收益比较低是毫无疑问的。在这个过程中,丰田汽车公司很快撤退了。1974年末,日产墨西哥公司累计亏损1 600万比索(约1.4亿日元)。1975—1978年,有小幅度的盈余和赤字交替。1979年12月,抵消了过去累计赤字的现象。1980年12月,减税利益的累计额达4.9亿比索(约44亿日元)。生产的仅有“紫罗兰”和“日产卡车”,两种车合计,每年产量为54 000辆,其中一部分向中南美、欧洲市场出口。发动机每年生产11万台(生产能力12万台),其中一半在当地销售,一半返销日本。

由于墨西哥日产汽车收益的好转,经营稳定,墨西哥政府采取奖励出口政策,提出“出口发动机200万台的设想”。可以认为,这是日产汽车公司海外战略的重要据点。墨西哥国内汽车的需要量,在1980年只有46万辆,但据预测,1985年将发展到约80万辆。墨西哥日产汽车厂,可以作为向正在建设中的美国小型卡车工厂供应发动机的基地,以此作为前提,可以增加生产设备。新工厂的生产是从1983年开始,预定生产能力为年产30 000辆,根据计划,不仅供应墨西哥国内,而且能供应美国,并能向日本及其他国家出口,成为重要的海外供应基地。

1985年,包括设备资金、运转资金在内,日产在墨西哥总投资额约达900亿日元,为了调整资金,到1983年又大幅度增资40亿比索(约360亿日元)。1981年3月,增资7.5亿比索,以此为开端,1981年8月增资7.5亿比索,1982年增资20亿比索,1983年增资5亿比索。墨西哥日产汽车的股东是日产汽车公司和丸红公司，各出资比率为92.2%和7.8%。当初，为了适应墨西哥政府的国产化政策，墨西哥日产汽车公司提出了在当地生产的设想。这与20世纪80年代不断激化的小型车之战一起，产生了极大的影响。

(2)为明日架桥：瞬息万变的多边战

日产汽车公司从1980—1981年间连续不断地提出了国际化的路线。公司对那种只顾眼前利益而奔忙，并抓住什么工作就干的做法进行批判。1980年1月，日产汽车公司取得了西班牙最大农村卡车厂家——摩托卢·伊比利卡公司股份的36%，1980年11月，技术援助合同得到认可。“巴特鲁”、“巴拿特”这两种商业汽车获得认可，决定生产“巴特鲁”牌汽车，计划从1983年开始，每月生产10 000～15 000辆。西班牙预定要在1983年加入欧洲共同体组织，对日产汽车公司来说，为将来占领欧洲共同体市场做好准备，并把生产这两种商业汽车作为基础。从1977年4月开始，原计划与意大利阿鲁法·罗米欧有限公司合作生产小轿车，因受到菲亚特(意大利最大的汽车制造厂)的反对，推迟了政府的批准时间，到1980年10月才正式签字。1980年12月，建立了阿鲁法·罗米欧有限公司，其资金为250万亿里拉(约66亿日元)，职工1 500人。从1983年开始，计划生产1 100—1 500CC级的1Y式小型轿车，年产量为60 000辆，出资比率各占一半。另外，在意大利南部拿波里市西北50 km的阿布里河市，得到18万平方米的地皮，在那里将建设工厂。日产汽车公司负责基本设计，提供车身和车身悬架装置的零部件，阿鲁法·罗米欧有限公司负责供应发动机和变速器等。年产量60 000台，其中30 000台向欧洲其他国家出口。日产汽车公司对于阿鲁法·罗米欧来说，是重建十年计划的核心力量，对于日产汽车公司来说，虽然有点波折，但在欧洲共同体区域内建立了生产的桥头堡，可以很快获得有关欧洲汽车行业的情报，这都是有利的地方。

1980年12月，日产汽车公司与德国的大众公司(VW)达成协议,进入全面合作的阶段。第一步的合作关系是,制定计划,将“VW”汽车在日本进行生产(包括将来两公司采取“统一生产方式”),1981 年 4 月设想作为中间阶段的合作事项。从 1983 年春开始,月产量达到 4 000 ~ 5 000 辆汽车,种类是注重客货两用的“桑塔纳”牌汽车。这是 1987 年 9 月在法兰克福的汽车展览会上预定展出的产品。

日产汽车公司对欧洲进行攻坚战的关键,是对英国有单独的发展计划。1980 年 6 月,日产汽车公司得到英国政府工业部关于发展企业为宗旨的正式邀请,于是 1981 年 1 月,日产汽车公司发表了为建设小型轿车工厂而事前进行调查的意见,计划将建立 100% 出资的当地法人企业,在英国政府指定的开发地区,或在特别开发地区建设工厂。该工厂的年产量为 20 万辆,规格是 1 600CC级的 FF 家庭用车。1984 年开始投产,到 1986 年将雇用 4 000 ~ 5 000人,进入全部开工和生产阶段。能否实现就根据调查的结果而定,同时保留了这样一个条件,如果不理想,也可以撤销合同。

施展世界战略的最重要的课题是进入美国市场的问题。1980 年 4 月,公司决定建设小型卡车工厂;7 月,建立了日产摩托制造公司;10 月,在田纳西州的州府纳西比卢迈郊区的斯马拉市购买了 340 万平方米的工厂地基,决定在 1983 年底完成建厂任务。该厂的总额为 3 亿美元,职工有 2 200 人,年产“日产卡车”12 万辆。从锻压、电焊、组装、涂料直到最后装配,进行流水作业。

(3)向具有民族特色的国际化战略发展

日产汽车公司在社长的亲自指挥下,同时进行了 5 项国际化战略计划。但是,担心实力不相称,难以搞得十全十美,迫切需要解决的问题很多,如资金、人才、系统的零部件厂家、整顿和完善销售公司等等。虽然有障碍,但为了达到与美国通用汽车并驾齐驱的标准,这是不能回避的国际化战略。可以说,日产汽车公司已经为此而投下了资金,还决定从 1981—1983 年度的 3 年期间内,计划总投资 1 万亿日元,海外生产有关的投资估计达到 2 000 亿日元,随着计划的具体落实,投资额将不断增加。为了适应巨额的设备资金需要,把自己的资本保持在一定的水平上,就必须推进财务战略方面的国际化和多样化。这是具有日本特色的。

日产汽车公司的世界战略,是不失时机地生产大量成品,同时也是为了在20世纪80年代维持生存而推行的决策。

评 析

日产汽车是世界汽车行业的品牌之一,在其向世界进军、跨国经营、扩张势力的过程中,也面临不少问题与困难,特别是为了开辟生产基地,在世界范围内施展战略。通过本案例的学习,至少应该了解到以下几个方面的信息:

1)日产公司在20世纪80年代紧紧抓住国际化发展战略,因而能牢牢占据世界汽车工业的一席之地。这说明日产公司的战略是符合当时汽车工业发展潮流的,同时也是为了在20世纪80年代维持生存而推行的决策。

2)到了20世纪80年代,日产公司采用“活的”(即激进的)对策,其国际化战略出现了3个突出特点:

①公司与世界多个国家合作生产小型轿车,以达到扩大市场占有率的目的。

②公司向欧洲许多拥有著名汽车厂家的国家投资设厂,以达到向这些国家出口小汽车和搜集汽车业最新发展的技术与动态。

③公司对某些较为特殊的国家,如英、美等国都制定了单独的发展策略,以达到既不影响统一战略,又区别对待的目的。

3)日产汽车公司在英国的投资环境更有利一些。一是日产汽车公司得到英国政府工业部关于发展企业为宗旨的正式邀请;二是保留了一个条件,如果不理想,不能实现预定目标,也可以撤销合同;三是可以在英国政府指定的开发地区,或在特别开发地区建设工厂,建立100%出资的当地法人企业。这几个条件对日产汽车公司来说是至关重要的,为其提供了优越的投资环境,公司的扩张经营具有足够的弹性与主动权，为其国际扩张助了一臂之力。

4）资本是实现国际化战略的重要资源，尤其是为了达到欧美等发达国家的标准与要求。这一点不仅在本案例中有所涉及，就是在案例“李嘉诚父子的胜利”、“海尔的扩张战略”中也有较为清楚的呈现。

5）针对不同国家的国情与民族文化特点，在国际化战略的具体运作上要区别对待。如日产汽车在墨西哥、英国、美国等不同国家的战略措施就各有其特点，而不是千篇一律。日产汽车公司对欧洲进行攻坚战的关键，就是对英国有单独的发展计划。

6）在实施国际化战略的过程中，保持民族特色是十分重要的。有人讲，越是民族的，才越是国际的，确实有一定的道理。这一点，对于我国颇具民族特色的行业实施国际化战略是很有启发意义的，如中医药、丝绸、陶瓷等。

7）日产公司的民族特色的国际化战略也是相当成功的，对加入世贸组织以后的中国企业来说是十分有借鉴意义的，尤其是国产汽车工业的生存、出路与发展问题。

案例4　健力宝公司的形象战略营销[①]

健力宝集团目前是我国在碳酸饮料上可以与国外企业相抗衡的惟一生产厂家。其“健力宝”饮料从问世到成名，乃至走向国际市场挑战世界饮料霸主，只用了10年左右的时光，被外国人士称之为“中国魔水”。

健力宝为什么能够获得如此大的成功？概括来说，健力宝的发展是该企业实施形象识别战略（CI）的必然结果。

健力宝集团有限公司的前身是一家县级小厂，在20世纪80年代初期，厂房简陋，设备陈旧，工艺落后，只能生产数量有限的米酒供内销。从1983年开始研制健力宝饮料，1984年正式投产，自

① 许晓明主编．企业战略管理教学案例精选·上海：复旦大学出版社，2001．120～123页

此走上迅速发展的轨迹。

健力宝饮料是在设备、场地、资金和人才不足的情况下，苦战10个月，经过120多次反复试验，才研制出来的一种具有我国特色的新型饮料。它清香可口，风味独特，并有解除运动后疲劳，补充体内能量，调节酸碱平衡的功能。该厂的决策者反复研究，最终将它取名为“健力宝”。

健力宝饮料研制出来了，如何使其走向市场，迅速打开销路，是企业遇到的最有挑战性的问题。健力宝集团有限公司实施了现代营销管理中的CI战略，并十几年如一日一步步地实施这一战略，终于使健力宝在竞争浪潮迭起的环境中，成为社会公认的名牌。

所谓CI，其全称为“corporation identity”，即企业形象识别。CI传入中国大陆才几年时间，但已广为企业采用。CI是以观念系统为基础、行为系统为主导、识别系统为表现的综合工程，实质上是企业个性定位与外在包装的有机统一。它绝对不仅仅是外表视觉上的美观与优雅，也不仅仅是代表色别和特有字形之类的肤浅象征。实际上所有的视觉表现都必须以内在理念为依托，是企业经营管理理念的自然外化。西方国家的企业导入CI较早，其外观造型、构成、色别都绝对地服从于企业的内在理念，从而使其视觉形象深入人心，大众及消费者在感受其外在包装的同时，也领悟着、强化着对内在理念的接纳。

CI策略的核心是商业化，它不是纯粹的艺术创作，更不是一种经营式的商业体系。要使CI的商业特质得到发挥，根本的是让市场引导自我，即企业CI要顺应市场需要的规律，在市场中寻找自身的坐标。这就要求企业在导入CI时，必须从市场调查做起。

CI是一个系统工程，需要多方面专业高手介入与合作。市场调查需要经济学、社会学专家与计算机、统计运筹方面的专家合作；定性与定量、显状与潜在、微观与宏观等全面结合，方能搜集到完整准确的数据；策划创意需要市场学、管理学、公共关系学、广告学、心理学方面的专家共同参与，从内在架构到市场计划全面构思、协调运作;视觉表现需要美学界、美术界、大众心理学界、传播界的行家根据既有的策划理念和表现原则进行创作,并得到调查与策划人员的广泛认同,CI系统才算完成。这全过程都需要企业决策人及企业CI专业人员共同参加定案。

通过对CI理念的简单概述,现在可以简单回顾和评价一下健力宝是否导入了CI。

CI导入我国只有几年时间,健力宝在CI未导入我国之前,已奉行CI的有关战略。但是,它是属于朦胧意念中的CI,即没有CI理论,也没有CI手册,更没有正式宣布在何年何月导入CI。换句话说,健力宝没有刻意追求CI,没有被动地纳入设计师们的"CI轨道"运行。然而,健力宝从问世那天起,就深得CI要义,自觉地、大手笔地运用企业形象战略决胜市场,运用得超凡卓越,十分成功。

健力宝CI意念虽朦胧,但经营理念却十分明晰。它的经营目标是问鼎中原,称雄华夏,要创立中国名饮,并走向世界,要同有上百年历史的国际名饮"可口可乐"、"百事可乐"争天下。

CI行销战略,讲究产品的市场定位。健力宝作为运动饮料,首先瞄准的就是体育市场。1984年4月,当它刚问世才1个月时,它没有选择传统的广告宣传形式,而是运用形象公关策略,将产品送到广州白云宾馆,让正在这里举行的亚洲足联理事会全体代表"免费品尝",结果获得了参加会议的国际人士赞誉,继而被指定为中国奥运会体育代表团首选饮料,神话般闯进了洛杉矶第二十三届奥运会。真可谓一举成功,蜚声中外,迅速树起"中国魔水"的国际饮料形象,销售量迅猛增长。

接着,健力宝集团有限公司乘胜挺进,借助1987年广州举办第六届全国运动会,1990年北京举办第十一届亚运会之机,先后实现第一次和第二次的形象公关策略,以数百万元赞助运动会及捐赠健力宝饮料之公益行动,在国内树立起企业形象,使其在国内销量又迅猛增多。据统计,到1987年,在国内饮料市场上健力宝销量已超过了"可口可乐"饮料在中国市场销量的总和。到1992年,健力宝在我国碳酸饮料市场中占有23.78%的份额。

健力宝的现代营销战略中最有成效的，是它策划实施了一系列大规模的公关宣传活动。它把国内、国际的大型体育运动、社会公益活动融为一体，其中包括体育、文化、艺术、科技、教育，并给予巨额赞助。如1990年举办的亚运会，健力宝就赞助了数百万元。

它这种义举在社会公众中成功地塑造了“善尽社会责任，热心公益活动”的良好企业形象，赢得了广大消费者对健力宝的亲切感，由此产生了巨大的社会效益和企业经济效益。这正是商品竞争日趋白热化的今天，运用企业形象力决胜市场的CI行销战略的经典案例。

健力宝决策者坚信“信誉投资千倍利，企业形象宝中宝”的经营策略，并始终如一地贯彻。在CI战略设计中，它除了突出企业形象公关战术外，也十分注重其他广告媒体的战略作用。它不断地在电视上进行产品广告宣传，在各种报纸、杂志上也常登广告，还开展规模极广、声势浩大的抽奖促销活动等，使健力宝饮料企业形象深入人心，成为全国知名度最高的十大企业之一。

健力宝在实施CI战略过程中，始终坚持重质量、抓创新。他们明白以质竞争，也胜一筹，有质有量，无质无量，先质后量，以质求量。该公司从产品进入市场开始，就确定以优质、新颖作为经营基石。公司专门投资兴建了一座占地5万平方米的宽敞的新厂房，引进了13条国际最高水平的生产线和高科技检测系统。

现在，健力宝系列饮料行销于全国30个省市、自治区，远销世界20多个国家市场。特别值得一提的是，它已打进世界饮料业制高点的美国市场。要知道，美国是世界上饮料消费最多的市场，同时又是饮料霸主可口可乐和百事可乐的所在之地，要打入该市场是难上加难的。健力宝攻克了美国苛刻的FDA(美国食品及药物管理局)标准的检测，将产品摆进了纽约、洛杉矶、旧金山等市场。健力宝集团有限公司还以550万美元买下了纽约帝国大厦的第二十六层楼，作为其开拓美国市场的总部。

健力宝成功利用了CI，因此获得了十足的发展，随着战略认识的加深，健力宝还会更上一层楼。

评 析

健力宝作为我国起步较晚的一家碳酸饮料企业，在设备、场地和资金、人才不足的情况下，通过苦干与巧干，获得迅猛发展。从问世到成名，乃至走向国际市场挑战世界饮料霸主，只用了10年左右的时光，被外国人士称之为“中国魔水”。而今，已由当初的一个县级小厂发展成为了一个与国际名饮可口可乐、百事可乐“争城掠地”、进军世界市场的跨国企业集团。健力宝之所以能够有如此骄人的业绩，与其实施企业形象战略、努力打造国内国际知名品牌是密不可分的。归结起来，有如下几个方面：

①无师自通，于朦胧意念中实施CI，获得巨大成就。在CI未导入我国之前，健力宝就在实质上实施了CI战略。虽然没有CI理论和CI手册，健力宝从问世那天起，就深得CI要义，自觉地、大手笔地运用企业形象战略决胜市场，运用得超凡卓越，十分成功，终于使健力宝在竞争浪潮迭起的环境中，成为社会公认的名牌。

②推行CI行销战略，讲究产品的市场定位。健力宝作为运动饮料，首先瞄准的就是体育市场，其市场定位是十分准确的。

③健力宝的现代营销战略中最有成效的，是它策划实施了一系列大规模的公关宣传活动。健力宝饮料问世后不久，公司并没有选择传统的广告宣传形式，而是运用形象公关策略，把国内、国际的大型体育运动、社会公益活动融为一体，其中包括体育、文化、艺术、科技、教育，并给予巨额赞助。这些形象公关活动与义举，成功地塑造了“善尽社会责任，热心公益活动”的良好企业形象，获得社会公众的广泛认同与支持，销量大增，企业获得长足发展。

④十分注重多元媒体的战略作用。除了突出企业形象公关战术外，也十分注重其他广告媒体的战略作用。如，它不断地在电视上进行产品广告宣传，在各种报纸、杂志上也常登广告，还开展规模极广、声势浩大的抽奖促销活动等，使健力宝饮料企业形象深入人心。“酒好不怕巷子深”的时代早已走远，本案例正是商品竞争

日趋白热化的今天,运用企业形象力决胜市场的CI行销战略的经典案例。

⑤健力宝在实施CI战略过程中,始终坚持重质量、抓创新。形象公关是企业的外显行为,质量与创新是企业产品与服务的内在品质。要使外显行为给公众留下的印象持久,唯有依靠质量与创新这个内在品质。换句话讲,质量与创新是企业形象战略的核心与灵魂。健力宝能够攻克美国苛刻的FDA标准的检测,将产品摆进了纽约、洛杉矶、旧金山等市场,这就是一个极好的例证。

⑥积极进军国际市场。在经济国际化趋势增强的背景下,一个现代企业要想做大做强,获得可持续发展,走国际化市场道路是必由之路。这一点,已经为世界上为数众多的跨国集团公司的成功经营所证明。

2.2 企业形象与企业文化

2.2.1 理论精要

(1)企业形象

1)企业形象的含义。所谓企业形象,是指企业在其全部活动中所展现出来的各种个性化特征与品质,是企业文明的总体状态,也是社会大众对企业实态的整体性认识和评价。它由硬件和软件两种因素构成,软件因素是企业形象的内核。

2)企业形象的基本特征:

①主观性。企业形象是企业实态的主观心理反映,是一种主观的心理现象,而不是企业的存在状态。与一般的反映不同,企业形象不是公众对企业的简单的性质判断,而是价值判断和性质判

断的统一。当然,企业形象的主观性并不是指企业形象是由公众随心所欲、主观臆造的,而是强调企业形象从内容、存在形式到评价标准都有一定的客观性。

②概括性与整体性。以抽象代替具体,以简洁表达繁杂的特点就是企业形象的概括性。企业形象的概括性突出了企业形象塑造和研究中的主要矛盾和矛盾的主要方面,也指明了研究的努力方向,大大减少了盲目性。企业形象的实质是通过诸多要素的构成表现出来的,但并不能由此把它归结为各要素的简单相加。企业形象和其构成要素之间存在着双向互补的辩证关系,良好的整体形象有利于公众对企业要素形象的接受和认同,而良好的要素形象又有利于企业整体形象的建树。

③可传播性。企业形象的可传播性是指企业形象信息通过一定的途径和方式广泛地传达给外界,使公众对企业产生一定的认识和评价。企业形象传播是企业形象战略的重要组成部分。企业形象的可传播性客观上要求企业除了重视实态建设之外,还要善于运用各种现代传播媒介把自己的个性、特色传达给公众,并及时掌握公众的需求动态和评价。

④个别性与共同性。企业形象是伴随着企业的产生、发展而形成的,由于各个企业的经营产品、所在行业、历史传统、文化特质以及公众对它的期望、要求、评价标准各不相同,所以就形成了各具特色的企业形象,这就是企业形象的个别性。企业形象的个性特征越鲜明,其内部凝聚力就越大,外部竞争力就越强。企业形象的共同性是指企业在民族文化、社区文化、行业特色以及社会公众在特定历史时期的共同利益要求等因素的制约下,在不同企业中表现出来的一定的共性特征。企业形象的个别性与共同性是辩证统一的,个别性融于共同性之中,共同性通过个别性表现出来。

⑤稳定性与可变性。作为公众的认识和评价,企业形象一旦形成之后,就不会轻易或很快地改变,它会在相当长的一段时间内稳定而持续地发挥作用,这就是企业形象的稳定性。企业形象的可变性是指随着企业实态的不断变化、企业传播重点的转移、公众

利益观的变迁及其对企业的期望与评价标准等因素的变化而相应改变的特征。企业形象的可变性是自觉塑造企业整体形象的前提条件。企业形象的稳定性是相对的、暂时的,可变性是绝对的、永恒的。

3)企业形象在现代管理中的价值:

①良好的形象,对企业商品销售是一种支持。它使消费者对企业经营的商品和服务产生偏爱和信任,在商家林立的市场竞争中,更愿意选择本企业的商品和服务。

②良好的形象,是企业信誉的保证。良好的形象会得到消费者的肯定和支持,消费者对企业的肯定和支持,促使企业形象趋于完善,从而形成螺旋上升的态势。

③良好的形象,可增强企业内部凝聚力。一流的装饰,一应俱全的设备,特别是有明确的宗旨、良好的信誉、独特文化的企业,它的形象有很大的魅力,会对企业员工起着激励、凝聚作用,增强员工的向心力和归属感。

④良好的形象,可增强企业竞争力。企业形象最终在于体现出与其竞争者的差距,无论是经营的商品、服务、购物环境,还是人员素质、经营风格方面都胜人一筹,才能吸引消费者。树立良好形象的目的在于最大限度地满足消费者的需求,获得尽可能高的市场占有率,取得最大的经济效益。

(2)企业文化理论

1)企业文化理论的产生。20世纪80年代到90年代中期,企业管理有了很大发展,管理理论的深入主要体现在管理哲学的进一步发展,一度出现了“企业文化热”。这种企业文化管理战略产生于美国,但思想根源却在日本,深刻的文化基础确切说来应当是在中国,是受到了中国儒家文化的深刻影响。日本在科技方面比美国差,资源贫乏,但“二战”以后,日本经济以惊人的速度增长,不免引起了美国企业界和管理学者们的广泛关注。经过研究发现:日本与美国在管理方面存在着很大的差异。美国管理过分强调技术、设备、财务分析等“硬”的东西；而日本企业认为管理工作的关键是企业通过对全体员工的教育包括领导的身体力行、以身作则，树立起共同的信念、目标和价值观，产生一种“大家同心协力共赴目标”的氛围，即注重“软”的因素。

企业文化所涉及的不是具体的管理方法问题，而是属于对管理要素的认识问题，是属于高层次的管理理论问题，即“管理哲学”问题，其在实质上是对人本主义管理理论的进一步深化与发展。

2）企业文化的内涵与特点。所谓企业文化，就是企业的经营理念、价值体系、历史传统和工作作风，表现为企业成员的整体精神、共同的价值标准、同一行为的准则、习惯的沉淀、职业的习惯、一定的道德规范与文化素质。其中，价值观是企业文化的核心。企业文化的主要特点有：

①人本性。企业文化最本质的内容就是强调人的价值观、道德、行为规范等“本位素质”在企业管理中的核心作用。所以有人把企业文化的实质概括为：以人为中心，以文化引导为根本手段，以激发企业职工自觉行为为目的的独特的文化现象和管理思想。

②独特性。每个企业都有自己的历史、类型、性质、规模、人员素质等等，因此，在企业经营管理的发展过程中，必然会形成具有本企业特色的价值观、经营准则、经营作风、道德规范等等。为此，在建立企业文化的过程中，一定要结合企业自身的特点，形成独具特色的个性特征。

③客观性。企业文化是一种文化的积淀。它是在其所处社会物质环境——包括文化传统、社会组织方式、社会交往方式、社会心理素质等的合力作用下，在具有一定生产工艺、运行机制及其传统、习俗、信念、意识等的企业生产经营实践中形成的。尽管不排除人的主观努力，但从总体上说，它主要是客观、独立形成的。

④和谐性。优秀的企业文化都追求社会环境的和谐，其经营目标、经营作风、经营特色都以满足社会的需求，促进社会的进步和发展为己任。

⑤民族性。每个民族都有自己独特的进化途径与文化个性，在不同的经济环境和社会环境中形成了特定的民族心理、风俗、习惯、宗教信仰、道德风尚、伦理意识、价值观念、行为准则和生活方式等。它们的总和就表现为企业文化的民族特性。

⑥时代性。任何企业都要置身于一定的时空环境之中，受时代精神感染，而又服务于社会环境。企业的时空环境是影响企业生存和发展的重要因素，企业文化是时代的产物。因此，它的形成与发展、内容与形式，都必然要受到一定时代的经济体制、政治体制、社会结构、文化、风尚等的制约。

⑦地域性。企业文化不仅在不同国家中表现出较大的差异，而且，在同一国家内部，不同地区的企业也会显示出文化的区别。

⑧可塑性。企业文化的形成，显然受企业传统文化因素的影响，但也受现实的管理环境和管理过程的制约。由于市场在变化，社会在发展，必然要求企业的经营思想、管理行为以及生活观念等要适应这种变化。面对新的环境，企业必须积极倡导新的准则、精神、道德和风尚，对旧的传统进行扬弃，从而塑造和形成新的企业文化，才能紧跟时代潮流，立于不败之地。

3）企业文化在现代管理中的价值：

①导向功能。即是指企业文化能对企业整体和企业每个成员的价值取向及行为表现起着导航的作用，使之符合本企业所确定的目标。企业文化的导向功能具体表现在两个方面：一是对企业整体的价值取向和行为起导向作用；二是对企业成员个体的思想行为起导向作用。

②约束功能。即是指企业文化对企业中每一个员工的思想和行为都有约束和规范的作用。但是这种约束不是制度式的硬约束，而是一种软约束。这种约束产生于在企业中弥漫着企业文化的氛围、群体行为的准则和道德规范。

③凝聚功能。文化是一种极强的凝聚力量。企业文化是企业全体员工创造的群体意识，它所包含的价值观、企业精神、道德规范、行为准则和企业目标等内容，均寄托着企业全体员工的理想、

希望和要求，关系到他们的命运和前途。企业的全体员工由此而产生了“认同感”，乐于参与企业的事务，发挥自己的主动性、积极性和创造性，为企业整体目标的实现做出贡献。企业文化的凝聚功能还反映在企业文化的排外性上，对外排斥可使个体产生对群体的依赖，对外竞争又可使个体凝聚在群体之中形成命运共同体。

④激励功能。即是指企业文化具有使企业员工从内心产生一种高昂情绪和奋发进取的精神效应。企业文化以“人本原则”作为管理的中心，它对人的激励不是一种外在的推动而是一种内在的诱导。它不是被动消极地满足人们对实现自身价值的心理需求，而是通过企业文化的塑造，使每个员工从内心深处自觉产生为企业拼搏的献身精神。

⑤辐射功能。即是指企业文化不仅会在本企业内部发挥作用，对本企业的员工产生影响，而且也会通过各种各样的渠道对社会产生影响。

2.2.2 案例及评析

案例1 可口可乐在灭顶之灾中的危机公关①

1999年6月初，比利时和法国的一些中小学生饮用美国饮料可口可乐，发生了中毒。一周后，比利时政府颁布禁令，禁止本国销售可口可乐公司生产的各种品牌的饮料。

已经拥有113年历史的可口可乐公司，遭受了历史上罕见的重大危机。

在现代传媒十分发达的今天，企业发生的危机可以在很短的时间内迅速而广泛地传播，其负面作用是可想而知的。短时间内在全国甚至全球范围的影响，必将引起社会和公众的极大关注。

---

① 代凯军编著．管理案例博士点评：中外企业管理案例比较分析．北京：中华工商联合出版社，2000. 152～157页

稍有不慎，即对企业形象和品牌信誉造成毁灭性的打击，其无形资产在顷刻之间贬值。这对企业的生存和发展，都是致命的伤害。

(1)代价与信任

1999 年 6 月 17 日，可口可乐公司首席执行官依维斯特专程从美国赶到比利时首都布鲁塞尔，在这里举行记者招待会。当日，会场上的每个座位上都摆放着一瓶可口可乐。在回答记者的提问时，依维斯特这位两年前上任的首席执行官反复强调，可口可乐公司尽管出现了眼下的事件，但仍然是世界上一流的公司，它还要继续为消费者生产一流的饮料。有趣的是，绝大多数记者没有饮用那瓶赠送与会人员的可乐。

后来，可口可乐公司的宣传攻势说明，记者招待会只是他们危机公关工作的一个序幕。

记者招待会的第二天，也就是 6 月 18 日，依维斯特便在比利时的各家报纸上出现——由他签名的致消费者的公开信中，仔细解释了事故的原因，信中还做出种种保证，并提出要向比利时每户家庭赠送一瓶可乐，以表示可口可乐公司的歉意。

与此同时，可口可乐公司宣布，将比利时国内同期上市的可乐全部收回，尽快宣布调查化验结果，说明事故的影响范围，并向消费者退赔。可口可乐公司还表示要为所有中毒的顾客报销医疗费用。可口可乐其他地区的主管，如中国公司也宣布其产品与比利时事件无关，市场销售正常，从而稳定了事故地区外的人心，控制了危机的蔓延。

此外，可口可乐公司还设立了专线电话，并在因特网上为比利时的消费者开设了专门网页，回答消费者提出的各种问题。比如，事故影响的范围有多大，如何鉴别新出厂的可乐和受污染的可乐，如何获得退赔等。整个事件的过程中，可口可乐公司都牢牢地把握住信息的发布源，防止危机信息的错误扩散，将企业品牌的损失降低到最小的限度。

随着这一公关宣传的深入和扩展，可口可乐的形象开始逐步地恢复。不久，比利时的一些居民陆续收到了可口可乐公司的赠券,上面写着:“我们非常高兴地通知您,可口可乐又回到了市场。”孩子们拿着可口可乐公司发给每个家庭的赠券,高兴地从商场里领回免费的可乐:“我又可以喝可乐了。”商场里,也可以见到人们在一箱箱地购买可乐。

中毒事件平息下来,可口可乐重新出现在比利时和法国商店的货架上。

从第一例事故发生到禁令的发布,仅10天时间,可口可乐公司的股票价格下跌了6%。据初步估计,可口可乐公司共收回了1.4亿瓶可乐,中毒事件造成的直接经济损失高达6 000多万美元。

比利时的一家报纸评价说,可口可乐虽然为此付出了代价,却赢得了消费者的信任。

(2)评析与社会影响

可口可乐公司渡过了艰难的危急时刻,但是这次事件却远未从可口可乐这样的欧美大公司中消除影响。

前不久,可口可乐的主要竞争对手百事可乐欧洲总公司的总裁迈洛克斯,给所有的职工发出一封电子信函。信中说:“我想强调的是,我们不应将此次可口可乐事件视为一个可以利用的机会,我们必须引以为戒,珍视企业与消费者之间的纽带。”

企业管理专家汤姆金认为,一般企业处理此类危机正确的做法大体有三步:一是收回有问题的产品;二是向消费者及时讲明事态发展情况;三是尽快地进行道歉。以此对照,可以看出可口可乐公司都做了,但却迟了一个星期,而且是在比利时政府做出停售可口可乐的决定之后。连比利时的卫生部长也抱怨说,可口可乐这样全球享有盛誉的大公司,面对危机的反应如此之慢,实在令人难以理解。

一些专家还引用了其他著名企业面对危机时的反应,说明及时处理危机的重要性。17年前,有人想讹诈杨森制药公司,故意将杨森止痛片的标签贴在氰化物上,致使7人死亡。得此消息后,杨森公司当即决定,不惜损失1亿美元的代价,全部收回市场上所有的此种止痛片,使市场平息下来。另一个例子是烟草公司菲利浦·莫里斯。数年前,因为少量香烟的过滤嘴在加工过程中受到污染,引起了吸烟者轻微的咳嗽,该公司立即决定全部收回美国市场上的同样牌号的香烟。这两家公司虽然损失不少,但因为处理及时,很快就获得了消费者的理解,利用危机处理,重新树立了公司的企业形象。专家认为,相比这两个例子,可口可乐公司虽然此次处理危机的力度并不弱,但决策节奏显然慢了半拍。

评 析

经营管理不善、市场信息不足、同行竞争、甚至遭遇恶意破坏等,加之其他自然灾害、事故,都使得现在大大小小的企业危机四伏。所有这些危机、事故和灾难作为一种公共事件,任何组织在危机中采取的行动,都会受到公众的审视。一个组织如果在危机处理方面采取的措施失当,将使企业的品牌形象和企业信誉受到致命打击,甚至危及生存。

危机公关是目前讨论较多的问题。可口可乐公司对这次事件的处理,仁者见仁,智者见智,但有一点可以肯定,那就是反应速度应更快一些。商誉卓著的名牌企业,面对这种问题一定要慎重,有时候,做出有利于消费者的决定,会使公司自身的损失很大,但这是非常必要的。因为如果处理失当,很有可能危及生存,这绝非危言耸听。须知"千里之堤,溃于蚁穴"。

如果按照管理专家们的划分,危机管理大体可分为危机预防和危机处理两类,前者是在危机发生前的未雨绸缪,一般企业都比较重视。而对于后者,即危机发生后如何处理应付,企业往往心理准备和措施准备都远远不足。可以说,危机处理是现代企业的一个薄弱环节。

尽管可口可乐公司的危机公关处理得到了专家们的并非完全肯定的评价,但作为一个危机公关的案例,对于相当多的中国企业来说,仍不乏警示和借鉴意义。

可口可乐公司在中毒事件中表现出来的处理危机的方法,仍有不少可以借鉴的成功之处。比如它并没有因为自己是全球最大的饮料公司就凌驾于消费者之上,置之不理,而是一直以一种富有人情味的态度来对待消费者,以积极主动的道歉、退赔、宣传面对消费者,而不是推脱责任的辩解和说明,体现了企业勇于承担责任,对消费者负责的企业文化精神,获得了消费者的同情。

联想到国内一些企业在危急时刻,往往是一张铁门把关,或者是用两个保安人手封堵记者镜头,或者万般无奈之中虽然出面一两个说明情况的,却都是一律的“无可奉告”之类的不合作言辞。相当的企业都存在公关意识薄弱、处理危机的能力欠缺的问题。

显然,企业首先必须要树立有关危机管理和危机公关的意识,并将其作为现代管理的重要组成部分来对待。其次,为了应对各种突发的危机事件,西方现代企业一般都将其纳入管理的内容,形成了独特的危机管理机制。譬如,伦敦证券交易所为避免企业危机对股市的冲击,就提出了新规定,要求上市公司必须建立危机管理体制,并要对此定期提交报告。近年来,西方的一些企业开始将危机公关纳入企业公关系统,把危机管理列入了管理体制之中。

一般而言,企业的危机处理机制由公司外部和内部两大部分组成:公司内部,在高层设立新闻发言人或危机管理经理,专门研究和处理危机事件发生的策略和措施。公司的中级管理层尤其是各地区的分部经理,要有危机管理的素质,在遇到突发性事件时,一方面及时向企业高层报告,同时也要能够充分驾驭所在地的局面,譬如积极地与媒体打交道,有效地引导舆论等。在企业的外部,企业一般要委托一些类似咨询公司公关部门的中介机构,与传媒维持一个良好的合作关系。一旦企业发生危机,可以迅速及时地组织和调动媒体,开展企业的宣传攻势,将可能蔓延开的损失减至最小。

案例2 松下——经营之神的精髓[①]

松下电器公司是全世界有名的电器公司,松下幸之助是该公司的创办人和领导人。松下是日本第一家用文字明确表达企业精神或精神价值观的企业。松下精神,是松下及其公司获得成功的重要因素。

(1)松下精神的形成和内容

松下精神并不是公司创办之日一下子产生的,它的形成有一个过程。松下有两个纪念日:一个是1918年3月7日,这天松下幸之助和他的夫人及内弟一起,开始制造电器双插座;另一个是1932年5月,他开始理解到自己的创业使命,所以把这一年称为"创业使命第一年",并定为正式的"创业纪念日"。两个纪念日表明,松下公司的经营观、思想方法是在创办企业后的一段时间才形成。直到1932年5月,在第一次创业纪念仪式上,松下电器公司确认了自己的使命与目标,并以此激发职工奋斗的热情与干劲。

松下幸之助认为,人在思想意志方面,有容易动摇的弱点。为了使松下人为公司的使命和目标而奋斗的热情与干劲能持续下去,应制定一些戒条,以时时提醒和警戒自己。于是,松下电器公司首先于1933年7月,制定并颁布了"五条精神",其后在1937年又议定附加了两条,形成了松下7条精神:产业报国的精神、光明正大的精神、团结一致的精神、奋斗向上的精神、礼仪谦让的精神、适应形势的精神、感恩报德的精神。

(2)松下精神的教育训练

松下电器公司非常重视对员工进行精神价值观即松下精神的教育训练,教育训练的方式可以做如下的概括:

一是反复诵读和领会。松下幸之助相信,把公司的目标、使命、精神和文化,让职工反复诵读和领会,是把它铭记在心的有效

① 代凯军编著. 管理案例博士点评:中外企业管理案例比较分析. 北京:中华工商联合出版社,2000. 293~297页

方法，所以每天上午 8:00，松下遍布日本的 87 000 名员工同时诵读松下 7 条精神，一起唱公司歌。其用意在于让全体职工时刻牢记公司的目标和使命，时时鞭策自己，使松下精神持久地发扬下去。

二是所有工作团体成员，每一个人每隔 1 个月至少要在他所属的团体中，进行 10 min 的演讲，说明公司的精神和公司与社会的关系。松下认为，说服别人是说服自己最有效的办法。在解释松下精神时，松下有一句名言：如果你犯了一个诚实的错误，公司非常宽大，把错误当做训练费用，从中学习，但是你如果违反公司的基本原则，就会受到严重的处罚——解雇。

三是隆重举行新产品的出厂仪式。松下认为，当某个集团完成一项重大任务的时候，每个集团成员都会感到兴奋不已，因为从中他们可以看到自身存在的价值，而这时便是对他们进行团结一致教育的良好时机。所以每年正月，松下电器公司都要隆重举行新产品的出厂庆祝仪式。这一天，职工身着印有公司名称字样的衣服，大清早来到集合地点，作为公司领导人的松下幸之助，常常即兴挥毫书写清晰而明快的文告，如："新年伊始举行隆重而意义深远的庆祝活动，是本年度我们事业蒸蒸日上兴旺发达的象征。"在松下向全体职工发表热情的演讲后，职工分乘公司分派的卡车，满载着新出厂的产品，分赴各地有交易关系的商店，商店热情地欢迎和接收公司新产品，公司职工拱手祝愿该店繁荣。最后，职工返回公司，举杯庆祝新产品出厂活动的结束。松下相信，这样的活动有利于发扬松下精神，统一职工的意志和步伐。

四是"入社"教育。进入松下公司的人都要经过严格的筛选，然后由人事部门掌握开始进行公司的"入社"教育，首先要郑重其事地诵读、背诵松下宗旨、松下精神，学习公司创办人松下幸之助的"语录"，学唱松下公司之歌，参加公司创业史"展览"。为了增强员工的适应性，也为了使他们在实际工作中体验松下精神，新员工往往被轮换分派到许多不同性质的岗位上工作，所有专业人员，都要从基层做起，每个人至少用 3 ~6 个月时间在装配线或零售店工作。

五是管理人员的教育指导。松下幸之助常说:“领导者应当给自己的部下以指导和教诲,这是每个领导者不可推卸的职责和义务,也是在培养人才方面的重要工作之一。”与众不同的是,松下有自己的“哲学”,并且十分重视这种“哲学”的作用。松下哲学既为松下精神奠定思想基础,又不断丰富松下精神的内容。按照松下的哲学,企业经营的问题归根到底是人的问题,人是最为宝贵的,人如同宝石的原矿石一样,经过磨制,一定会成为发光的宝石,每个人都具有优秀的素质,要从平凡人身上发掘不平凡的品质。松下公司实行终身雇佣制度,认为这样可以为公司提供一批经过二三十年锻炼的管理人员,这是发扬公司传统的可靠力量。为了用松下精神培养这支骨干力量,公司每月举行一次干部学习会,互相交流,互相激励,勤勉律己。松下公司以总裁与部门经理通话或面谈而闻名,总裁随时会接触到部门的重大难题,但并不代替部门作决定,也不会压抑部门管理的积极性。

六是自我教育。松下公司强调,为了充分调动人的积极性,经营者要具备对他人的信赖之心。公司应该做的事情很多,然而首要一条,则是经营者要给职工以信赖,人在被充分信任的情况下,才能勤奋地工作。从这样的认识出发,公司把在职工中培育松下精神的基点放在自我教育上,认为教育只有通过受教育者的主动努力才能取得成效。上司要求下属要根据松下精神自我剖析,确定目标。每个松下人必须提出并回答这样的问题:“我有什么缺点”,“我在学习什么”,“我真正想做什么”等等,从而设置自己的目标,拟定自我发展计划。有了自我教育的强烈愿望和具体计划,职工就能在工作中自我激励,思考如何创新,在空余时间自我反省,自觉学习。为了便于互相启发,互相学习,公司成立了研究俱乐部、学习俱乐部、读书会、领导会等业余学习组织。在这些组织中,人们可以无拘无束地交流学习体会和工作经验,互相启发、互相激励奋发向上的松下精神。

(3)松下精神——公司的内在力量

日本1984年经济白皮书写道:“在当前政府为建立日本产业所做的努力中,应该把哪些条件列为首要的呢?可能既不是资本,也不是法律和规章,因为这二者本身都是死的东西,是完全无效的。使资本和法规运转起来的是精神……因此,如果就有效性来确定这三个因素的分量,则精神应占十分之五,法规占十分之四,而资本只占十分之一。”

松下精神,作为使设备、技术、结构和制度运转起来的科学研究的因素,在松下公司的成长中形成,并不断得到培育强化。它是一种内在的力量,是松下公司的精神支柱,它具有强大的凝聚力、导向力、感染力和影响力,它是松下公司成功的重要因素。这种内在的精神力量可以激发与强化公司成员为社会服务的意识、企业整体精神和热爱企业的情感,可以强化和再生公司成员各种有利于企业发展的行为。如:积极提合理化建议,主动组织和参加各种形式的改善企业经营管理的小组活动;工作中互相帮助,互谅互让;礼貌待人,对顾客热情服务;干部早上班或晚下班,为下属做好工作前的准备工作或处理好善后事项等。

评 析

企业没有共同的价值观就是一盘散沙,企业没有正确的价值观,就不可能创造出巨大的经济效益和社会效益。松下很清楚自己主张什么,并认真地建立和形成了公司的价值标准,即松下精神:产业报国的精神、光明正大的精神、团结一致的精神、奋斗向上的精神、礼仪谦让的精神、适应形势的精神、感恩报德的精神。每一条精神都蕴含了深刻而丰富的企业文化。

企业文化是随着企业的产生、发展而逐渐积淀形成的,因此,企业文化亦有一个产生、发展、完善的过程。松下精神也不例外,如,松下精神从无到有,由5条精神演变为7条精神,等等。

松下公司十分重视对员工进行企业价值观——松下精神的教

育训练。这算是日本企业文化的一个突出特点。无论是日产、丰田,还是索尼、佳能,皆是如此。在本案例中,松下多渠道、多形式的教育训练给人留下了深刻的印象。如,反复诵读和领会松下精神,员工发表演讲,举行新产品的出厂仪式,对新员工进行"入社"教育,对管理人员进行教育指导以及进行自我教育等等。每一种教育训练形式对传播和强化松下精神都发挥了特定的作用,每一种形式都值得我们学习和借鉴。

尤其值得一提的是松下重视管理人员对下属的教育指导,把人力资源的开发融入日常的管理之中。基于松下哲学的指导,松下的创始人、松下精神的奠基者松下幸之助认为:"领导者应当给自己的部下以指导和教诲,这是每个领导者不可推卸的职责和义务,也是在培养人才方面的重要工作之一。"这一点,我国的企事业管理领导者往往就比较忽视。领导管理者对下属往往只发挥了"领"的职能,而忽视对下属"导"的职能的发挥,即对下属的教育、引导、指导。这种只管"领"不顾"导"的领导管理者,是不称职的领导管理者。对照松下的做法,这种现象是值得我们深刻反思的。

事实上,如果一个公司缺乏明确的价值准则或价值观念不准确,人们就很怀疑它是否有可能获得经营上的成功。追求卓越就是一种精神、一种动力,它掌握着一个企业的生命和灵魂,使之走向成功。在本案例中提到的日本1984年经济白皮书所述的观点是很有震撼力的。实践也证明了松下精神作为比法律和资本更为重要的资源,作为使设备、技术、结构和制度运转起来的关键因素,是松下公司的精神支柱,它具有强大的凝聚力、导向力、感染力和影响力,它是松下公司成功的重要因素。

案例3 Microsoft——别具一格的文化个性[1]

1975年,保罗·艾伦和比尔·盖茨合伙创建微软公司。产品

① 代凯军编著. 管理案例博士点评:中外企业管理案例比较分析. 北京:中华工商联合出版社,2000. 289~292页

是微软 BASIC，雇员为 3 人，当年收入 16 000 美元。1977 年在日本推出 BASIC。1982 年，在英国建立欧洲分部。

1986 年微软上市后，经营利润率持续保持在 30% 以上，到 1995 年，年收入已达 59 亿美元，拥有大约 200 多种产品，约 17 800 名雇员。微软控制了 PC 软件市场中最重要的部分——操作系统的 80% ~85%。这些软件在操作系统上运行，使用户能在计算机上执行特定的任务。没有哪一个与计算机或信息技术有关的行业和用户不受到微软及其产品的影响。

微软从最早卖程序设计语言，到出售操作系统，再到向零售店出售各种应用软件产品，从国内到国外，不断获得发展。但微软始终保持着公司早期结构松散、反官僚主义微型小组文化等特性的基本部分，从而与顾客更接近，更了解市场的需要。

面对市场和技术方面的挑战，微软总是奉行最基本的战略，向未来进军。它拥有出色的总裁和高级管理队伍以及才华过人的雇员，拥有高度有效和一致的竞争策略和组织目标，组织机构灵活，产品开发能力强、效率高。微软人有一种敢于否定自我，不断学习提高的精神。当然，在其优点和成绩的背后也潜藏着很多弱点。但是，微软正是在克服弱点和发挥优势的过程中不断向前发展的。

(1)比尔·盖茨缔造了微软文化个性

比尔·盖茨独特的个性和高超技能造就了微软公司的文化品位。这位精明的、精力充沛且富有幻想的公司创始人，极力寻求并任用与自己类似的既懂得技术又善于经营的经理人员。他向来强调以产品为中心来组织管理公司，超越经营职能，大胆实行组织创新，极力在公司内部和应聘者中挖掘同自己一样富有创新和合作精神的人才并委以重任。比尔·盖茨被其员工形容为一个幻想家，是一个不断积蓄力量和疯狂追求成功的人。他的这种个人品行，深深地影响着公司。他雄厚的技术知识存量和高度敏锐的战略眼光以及在他周围汇集的一大批精明的软件开发和经营人才，使自己及其公司矗立于这个迅速发展的行业的最前沿。盖茨善于洞察机会，紧紧抓住这些机会，并能使自己个人的精神风范在公司内贯彻到底，从而使整个公司的经营管理和产品开发等活动都带有盖茨色彩。

(2)管理创造性人才和技术的团队文化

知识型企业的一个重要特征就是拥有一大批具有创造性的人才。微软文化能把那些不喜欢大量规则、组织、计划，强烈反对官僚主义的PC程序员团结在一起，遵循"组建职能交叉专家小组"的策略准则；授权专业部门自己定义他们的工作，招聘并培训新雇员，使工作种类灵活机动，让人们保持独立的思想性；专家小组的成员可在工作中学习，从有经验的人那里学习，没有太多的官僚主义规则和干预，没有过时的正式培训项目，没有"职业化"的管理人员，没有耍"政治手腕"、搞官僚主义的风气。经理人员非常精干且平易近人，从而使大多数雇员认为微软是该行业的最佳工作场所。这种团队文化为员工提供了有趣的不断变化的工作及大量学习和决策机会。

(3)始终如一的创新精神

知识经济时代的核心工作内容就是创新，创新精神应是知识型企业文化的精髓。微软人始终作为开拓者——创造或进入一个潜在的大规模市场，然后不断改进一种成为市场标准的好产品。微软公司不断进行渐进的产品革新，并不时有重大突破，在公司内部形成了一种不断进行新陈代谢的机制，使竞争对手很少有机会能对微软构成威胁。其不断改进新产品，定期淘汰旧产品的机制，始终使公司产品成为或不断成为行业标准。创新是贯穿微软经营全过程的核心精神。

(4)创建学习型组织

世界已经进入学习型组织的时代，真正创建学习型组织的企业，才是最有活力的企业。微软人为此制定了自己的战略，通过自我批评、信息反馈和交流而力求进步，向未来进军。微软在充分衡量产品开发过程的各要素之后，极力在进行更有效的管理和避免过度官僚化之间寻求一种新平衡；以更彻底地分析与客户的联系，视客户的支持为自己进步的依据；系统地从过去和当前的研究项目与产品中学习,不断地进行自我批评、自我否定;通过电子邮件建立广泛的联系和信任,盖茨及其他经理人员极力主张人们保持密切联系,加强互动式学习,实现资源共享;通过建立共享制影响公司文化的发展战略,促进公司组织发生着变化,保持充分的活力。

评 析

我们知道,微软公司的创始人之一比尔·盖茨,是一个连大学都没有读毕业的人。他带领一班人,在不长的时间内,公司由小到大,由弱变强,创造了信息时代、知识经济时代的神话,成为世界首富。凡是使用过计算机的人,没有不知道微软和比尔·盖茨的。

微软公司令人吃惊的成长速度,引起世人的广泛关注。透过辉煌业绩,我们不难发现其成功不仅在于科技创新和优异的经营管理,更重要的是创设了知识型企业独特的文化个性,即以创新精神为核心的企业文化。换句话说,在微软公司的成功之道中,很重要的就是企业的文化创新。"创新是贯穿微软经营全过程的核心精神",主要表现在这样几个方面:

一是注重组织创新。比尔·盖茨作为公司创始人,他极力寻求并任用与自己类似的既懂得技术又善于经营的经理人员。他向来强调以产品为中心来组织管理公司,突破传统的行政管理模式与教条,超越经营职能,大胆实行组织创新。

二是重用创新人才。知识型企业的一个重要特征就是拥有一大批具有创造性的人才。比尔·盖茨极力在公司内部和应聘者中挖掘同自己一样富有创新和合作精神的人才并委以重任。

三是注重产品创新,始终成为行业标准的领头人。知识经济时代的核心工作内容就是创新,创新精神应是知识型企业文化的精髓。微软总是奉行最基本的战略,向未来进军。微软人始终作为开拓者——创造或进入一个潜在的大规模市场,然后不断改进一种成为市场标准的好产品。从 Windows 3.1 到 Windows XP 等的发展轨迹来看，就很能说明问题。

四是注重构建适应管理创造性人才和技术的团队文化。微软极为尊重人才个性，为创新性人才施展才华创设了如鱼得水的环境氛围，从而使大多数雇员认为微软是该行业的最佳工作场所。正如案例中所提到的，微软文化能把那些不喜欢大量规则、组织、计划，强烈反对官僚主义的PC程序员团结在一起，遵循“组建职能交叉专家小组”的策略准则；授权专业部门自己定义他们的工作，招聘并培训新雇员，使工作种类灵活机动，让人们保持独立的思想性等等。

五是创建学习型组织。学习是生命的源泉，是创新的基石，是一个组织未来保持竞争优势惟一持久、可靠的依托。世界已经进入学习型组织的时代，真正创建学习型组织的企业，才是最有活力的企业。微软人为此制定了自己的战略，注重进行系统思考，鼓励员工实现自我超越，构建共同愿景，改善心智模式，注重共同提高的团队学习。比如，通过自我批评、信息反馈和交流而力求进步，盖茨及其他经理人员极力主张人们保持密切联系，加强互动式学习，实现资源共享等。

随着时代的发展，时代对文化的要求在发生变化，企业文化也应按照时代的需求赋予新的内容，或更新或变革或重塑，否则，只有死路一条。正所谓“穷则思变，变则通，通则达，达则久矣”。

案例4　本田启动绿色革命[①]

1999年岁末，京城同时举办的“’99北京国际摩托车展”和“’99北京国际汽车环保技术与产品研讨、交流暨展览会”，给人们一个突出的印象就是绿色环保技术的创新与发展，正在成为企业赢得市场的新法宝。仿佛推倒了一块多米诺骨牌，汽车、摩托车的绿色概念，以牵一发而动全身之势，引发了一场新的环境保护技术

① 刘光明编著．中外企业文化案例．北京：经济管理出版社，2000．509～513页

革命。在精品荟萃的摩托车展会上,各种特色的摩托车、脚踏车、电动自行车争研斗奇,令人耳目一新。而节能、降噪音、低排放的环保摩托车,成为展会上的明星。本田公司推出的产品,一个突出特点就是清一色的环保型机动车。本田公司的前身是1946年设立于滨松的本田研究所,1947年开始生产本田A型马达,1952年迁至东京,1971年推出CVCC引擎,其低公害环保型技术受到世界各国的高度评价。1991年开始进行绿色电动机车的实用化推广。

本田公司在10多年的产品开发中意识到,使用天然气作燃料,可以大大降低机动车的废气排放。本田在"'99北京国际摩托车展"上向观众展示介绍的绿色环保摩托车:四冲程风冷发动机,低油耗、低噪音,不仅配有尾气净化装置,而且还配置了燃气装置。过去,只听说过既可用汽油又可用液化气的双燃料汽车,而展现在眼前的这辆双燃料摩托车,从外形上看与市场上普通的摩托车没什么两样,但各种性能却高于一般的摩托车。

日本本田公司与国内3家合资企业——五羊本田、嘉陵本田、天津本田,共同推出了已通过中国商检标准、准备投放市场的豪华女装踏板车、都市型踏板车、轻便及多用途摩托车、双动力摩托车、电动助力自行车。这些车不仅造型新颖,功能多样,而且都具有绿色概念,因而引来了众多的参观者。

以保护地球自然环境为目标,本田公司最新开发出的混合动力调制系统M·H·S摩托车,是一种燃油驱动和电池电力驱动的双动力摩托车,由微电脑控制的高能轻巧型发动机与安静环保型电动机交替驱动;在发动机工作时,通过电子控制无级变速CVT装置,不仅高效提供动力,而且还可为电池充电,供电动驱动使用。本田公司带给本次展会的又一项新技术,也引起了业内人士的关注。以清洁、经济、安静和耐力著称的CIORNO CREA摩托车,配置了50CC水冷四冲程发动机,与传统二冲程发动机相比,降低30%的油耗。这种摩托车配置的"自控停止系统",在停车等待信号时会自动关闭发动机，完全消除尾气排放和噪音，而只要再轻踩油门，发动机便会点火运转。据介绍，这项技术还准备推广到汽车上。这项技术将有效地降低机动车聚集在交叉路口等信号时，在相对时间段排放出相当集中的尾气和形成的机动车群体噪音。其他的具有“王者风范”的跨世纪系列新产品尽管排量不一，色彩各异，造型有别，但都是紧紧围绕环保这个中心，具有污染小、噪声低、油耗低的特点，符合国际潮流，在国内外市场有较强的竞争力。国际汽车环保技术与产品研讨、交流展览会给观众留下的一个突出的印象就是高科技含量和环保型发动机及其他零部件展品，远远多于整车展品。这种现象说明，环境保护意识在企业界开始生根。通过开发汽车内部构造和技术改造提高产品的环境保护适应性成为厂家的首选。许多厂家推出了双燃料新型环保汽车，汽车出厂时就已装配了燃气系统。无论是燃油系统或燃气系统，其尾气排放达到了国际现行排放标准，有的已达到欧洲1号排放标准，有的则达到欧洲2号排放标准。各厂家的发动机已广泛使用电喷电子控制技术、二元催化尾气净化装置，有效地杜绝了先天不足的产品走向市场后，再采取办法补救的不良现象。目前，对于在汽车上装配燃气装置的技术已经成熟，对大气污染的治理和保护环境，生产企业责无旁贷。

适应新世纪保护环境的需求，一个环保话题引出了汽车行业一系列的技术革命和技术更新，带动着与汽车相关的企业也在发生着变化。例如，废机油的回收再利用技术、废旧轮胎的回收利用技术、轻型材料的使用、电子控制技术的应用等等，有趣的多米诺现象正在引发一连串的绿色革命连锁反应。

“二战”后，本田发现刚刚脱离战争的日本，衣料十分缺乏，于是它又开始活跃了。1946年设立的本田技术研究所，最初以制造纺织机械为目标，但因资金不足，大型纺织机械的开发进展并不顺利，如此下去，公司将难以生存，只得作罢。本田另起炉灶，又看上了遭滨松连队闲置、除了通信机械别无他用的小型引擎。本田贱价收购这些小引擎,将他们装到自行车上,没想到推出后,极受欢迎。由于销路很好,滨松一带的旧引擎很快就用完了。本田只能到名古屋、大阪等处收购,但也是杯水车薪,根本解决不了供不应求的问题。这样一来,只有自己生产引擎,别无他途。本田公司打定主意,便到处去收购那些因空袭而遭毁坏、丢弃的工作母机,自己修理后,安装在厂里,至此,本田开始着手生产引擎。本田最初独立开发的小型引擎是50CC的A型马达,为了生产使用这种马达的机动自行车,1948年9月,本田投资100万日元,设立本田技研工业(股份公司)。这与享有盛名的"世界的本田"相比,实在是个微不足道的开端。以这种A型马达为基础,经过不断改良,1949年8月,本田成功开发出具有划时代意义的口型马达,它虽属二行程98CC的小型马达,却相当于三匹马力。装上这种新型马达,本田技研首批真正的摩托车"梦想号"便诞生了。从那时起,本田就一直致力于节能型和环保型机动车的开发。

评 析

21世纪,是崭新的世纪。注重人文关怀、绿色环保等观念,无疑是这个世纪应倡导的主流文化。本田公司适应国际形势的发展,以前瞻性的眼光,着力打造机动车界的"绿色环保天使"形象,大力开发和推广其低公害环保型技术,在全世界范围掀起机动车绿色革命的浪潮。在实施绿色工程的全过程中,坚持企业文化与企业形象的有机结合,以其对社会、人类的高度责任感,必然会赢得消费者的好感,必然会取得良好的社会效益,并最终取得良好的经济回报。

本田公司审时度势,顺应时代潮流,与时俱进,不断在企业文化中注入新的元素的做法,是值得我国许多国有大中型企业学习借鉴的。尤其是对于加入WTO以后的中国汽车行业来说,要想在未来激烈的国际国内汽车产业竞争中站稳脚跟,赢得理想的市场份额,在弘扬和发展国产汽车上有所作为,而不是仅仅呐喊"狼来了”,极具启发意义。

本田公司的绿色战略给我们的启示是,必须加速发展环保产业,尽快控制中国城市大气污染,应采取以下措施:积极引进国外先进技术,尽快生产出既符合国家法规标准,又满足用户需求的产品。针对目前市场上没有符合要求的产品的现状,为配合各大城市已经开展的治理大气污染,控制汽车尾气排放法规的实施,应该积极引进国外先进技术和产品,特别是与中国法规基本一致的欧洲国家的产品。通过建立合资企业,尽快生产出合格的产品,投放市场,满足各方面的需求。显然,在这个过程中,汽车生产企业责无旁贷,应强化其社会使命,强化绿色环保意识,加快企业文化新的革命,注重对企业员工的教育和引导,加快新产品的研究与开发。面对大好的市场发展前景,生产企业应抓住机遇,加大技术开发的力度,通过消化吸收国外先进技术,加快国产化进度。同时要根据中国汽车尾气排放分析行业发展的趋势,加强技术创新,自主开发今后市场需求量更大的高档汽车尾气排放分析仪,形成具有自主知识产权的产品。

与此同时,国家应继续加大对环保产业的支持,逐步增加政府采购环保产品的经费,鼓励环保产品的使用,促进这一产业的发展。政府环保、交管部门应按照国家法规要求和工作量增长的需要,尽快配齐各类汽车尾气排放分析设备,加强对用车尾气排放的检测,完成治理大气污染的任务。国家机械行业、交通行业等主管部门要严格要求汽车生产企业、汽车维修企业按规定进行汽车尾气排放分析,从源头上控制不合格产品进入市场,达到从根本上治理汽车尾气排放污染的目的。通过这些措施的实施,严格控制中国汽车尾气排放,将对中国的环境保护工作和可持续发展战略的实施做出贡献。

2.3 人力资源管理

2.3.1 理论精要

任何组织的生存和发展,都离不开人力资源和物质资源。管理领域一个划时代的进步,就是从强调对物质的管理上升到对人的管理。相对来讲,人是管理中的首要因素或更为根本的因素;人既是管理的主体,又是管理的客体。美国著名的经验管理学派代表人物彼德·德鲁克(Peter Drucker)说:"企业或事业真正的资源是人。管理就是充分开发人力资源以做好工作。"当今世界的经济竞争和技术竞争,本质上是人才竞争。有识之士认为,人力资源是"第一资源"。随着知识经济时代的悄然到来,情况更是有过之而无不及。

(1)人力资源管理的产生与发展

"人力资源"一词是由当代著名的管理学家德鲁克于 1954 年在其《管理的实践》一书中提出的。在这部学术著作里,德鲁克提出了管理的 3 个更广泛的职能:管理企业、管理经理人员和管理员工及他们的工作。在讨论管理员工及其工作时,德鲁克引入了"人力资源"这一概念。他指出:"和其他所有资源相比较而言,惟一的区别就是它是人",并且是经理们必须考虑的具有"特殊资产"的资源。德鲁克认为人力资源拥有当前其他资源所没有的素质,即"协调能力、融合能力、判断力和想像力"。在德鲁克提出"人力资源"的概念以后,怀特·巴克(E. Wight Bakke),一位研究培训和跨学科工业关系的社会学家,在 1958 年发表了《人力资源功能》一书,详细阐述了有关管理人力资源的问题,他是把管理人力资源作为管理的普通职能来加以讨论的。在 1964 年,皮格尔斯(Pigors)、迈尔斯(Myers)和马姆(Malm)等人编辑了《人力资源管理:人事行政管理读本》一书,主要强调管理人是管理的中心,是第一位的。他们把“人力资源的管理”看成是比人事管理更广泛和更全面的一个概念。

(2)企业人力资源管理的主要内容

人力资源管理可以划分为宏观人力资源管理与微观人力资源管理两个方面。宏观人力资源管理就是对社会人力资源的管理,是政府的一项重要管理职能。微观人力资源管理就是对企事业单位内部人力资源的管理。这里所研究的人力资源管理,主要是指企事业人力资源管理。微观的人力资源管理是指对企事业单位内部的人力资源实行有效的开发和利用,改善企事业单位的氛围,提高经济效益。换句话讲,企事业单位的人力资源管理,包括人力资源的开发与利用两个方面。所谓开发,就是通过人力的投资、培训、招聘和选择以及保护等环节,提高人力资源的生产力,挖掘人力资源的潜力,保护人力资源的再生能力。所谓利用,则是通过人力资源的计划、激励、绩效评估、沟通与核算等环节,使人力资源得到最充分有效的使用,避免其浪费与摩擦,并且从中形成健康向上的竞争氛围与企业文化。① 具体讲,人力资源管理的主要内容包括:

1)组织设计与工作分析。

2)人力资源规划。

3)员工的招聘与配置。

4)员工的培训与开发。

5)员工的职业管理。

---

① 赵曙明著. 人力资源管理研究. 北京:中国人民大学出版社,2001. 44 页

6）绩效考评。

7）薪酬管理。

8）企业员工的激励与团队精神。

9）劳动关系管理等。[①]

有学者将人力资源管理的内容概括为“选、管、育、用、出”[②]，即人才的选择、管理、培育与培训、科学合理的任用、合理流动等。

（3）人力资源管理的基本原则[③]

1）任人唯贤原则。对人员的选拔和任用要以其德才为依据，而不能凭个人好恶和特殊关系。

2）注重实绩原则。评价工作人员工作的好坏、能力高低，只能以其工作的实际成绩为根据。工作人员工作的实绩，是选拔、奖惩以及职务升降的主要依据。

3）激励原则。激励是指激发人的行为动机的心理过程，即通过各种客观因素的刺激来引发和增强人的行为的内在驱动力，也即是运用各种有效的方法去调动人们的积极性和创造性。

4）竞争原则。我国改革开放以来逐步将竞争机制引入人力资源管理。市场经济的一个最大特点就是“开展竞争”，经济生活中的竞争规律向人力资源管理部门提出了新的要求，即只有那些有能力保证企业在激烈的竞争中不断发展的人，才有资格担任企业的领导者和各个层次的管理者。

5）精干原则。一个企业单位的组织机构的设置，要本着精简、效能、节约的原则，要根据机构的职能任务来组织职工队伍，既要有合理的层次和系统，又要有相互间合理的比例和有机的结合，以形成一个最佳效能的群体。建立起一支能掌握现代科学技术，

---

① 焦小谋主编．企业人力资源管理：理论与案例．北京：北京科学技术出版社，1997. 10 ~ 11 页

②③ 戴良铁，伍爱．人力资源管理学．广州：暨南大学出版社，1999

事业心强，管理有方，组织严密的精干队伍，这样才能够使这个组织创造出显著的绩效。那种机构臃肿、层次重叠、人浮于事的状况，是与精干原则相悖的。

6)民主监督原则。任何一种现代化管理都离不开监督。人力资源管理的直接对象是人，人是最复杂的，这就决定了人力资源管理的复杂性和艰巨性：一是人本身的复杂性，人力资源管理者很难做到完全彻底地"知人"、了解人，而对人知之不深，就很难做到完全合理的使用；二是人是有思维有感情的，而且人的心理变化也是很复杂的，人与外部世界的任何一种事物接触，都会引起人的一系列心理活动，而心理活动又会影响到他的工作动机，从而影响到他的工作积极性。这也说明人力资源管理的特殊性、艰巨性和重要性。任何一项人事决策，不管正确或是错误，它的影响之深远，与其他决策相比较，是不可同日而语的。因此，要求人力资源管理要引入监督机制。所谓监督也即是对人力资源管理的民主过程，要提倡公平、公开、公正的原则，提高透明度，克服神秘化。

(4)人力资源管理在现代管理中的价值

劳伦斯·S·克雷曼(1999)提出的人力资源管理对企业竞争优势作用方式的思想[①]，也可以用于分析人力资源管理对于企业效益的作用。人力资源管理活动本身所产生的效益和费用支出，对企业效益产生了直接的贡献或者损害，这是人力资源管理对企业效益的直接作用结果；有效的人力资源管理政策和活动，促使员工工作效率的提高、生产或服务的质量提高和改善以及旷工率、跳槽率的降低等所导致的企业收益提高或成本降低，是人力资源管理对企业效益的间接作用过程。[②] 具体而言，人力资源管理在现代管理中的主要作用如下：

---

① (美)克雷曼(Kleiman)著，孙非等译．人力资源管理：获取竞争优势的工具．北京：机械工业出版社，1999

② 赵曙明著．人力资源管理研究．北京：中国人民大学出版社，2001. 82页

1)人力资源管理是提高个人与组织绩效的保证。

2)成功的人力资源管理是企业获得持久性竞争优势的工具。

3)人力资源管理是个人与组织发展的基石,是最终保证组织目标得以实现的坚强后盾。

4)人力资源管理是保证企业效益,促进企业走向成功的助推器。

5)人力资源管理是企业组织管理的第一要务。

2.3.2 案例及评析

案例1 通用电气公司的"情感管理"①

现代企业管理已进入到一个以人为本的管理新时代,其重要内容不再是板着面孔式的条条框框的限制,而是一门融进了管理者对职工、对事业献身精神的独特的艺术。

面对面管理,是以走动管理为主的直接亲近职工的一种开放式的有效管理,它洋溢着浓厚的人情味。其内容外延广阔,内涵丰富,富于应变性、创造性,以因人因地因时制宜取胜。实践证明,高技术企业竞争激烈,风险大,更需要这种"高感情"管理。它是医治企业官僚主义顽症的"良药",也是减少内耗、理顺人际关系的"润滑剂"。通用电气公司(以下简称"通用公司")前总裁斯通就努力培养全体职工的"大家庭感情"的企业文化,公司领导和职工都要对该企业特有的文化身体力行,爱厂如家。从公司的最高领导到各级领导都实行"门户开放"政策,欢迎本厂职工随时进入他们的办公室反映情况,对于职工的来信来访能负责地妥善处理。

通用公司的最高首脑与全体职工每年至少举办一次生动活泼

① 代凯军编著. 管理案例博士点评:中外企业管理案例比较分析. 北京:中华工商联合出版社,2000. 359 ~ 362 页

的“自由讨论”。通用公司像一个和睦、奋进的“大家庭”，从上到下直呼其名，无尊卑之分，互相尊重，彼此信赖，人与人之间关系融洽、亲切。

1990年2月，通用公司的机械工程师伯涅特在领工资时，发现少了30美元，这是他一次加班应得的加班费。为此，他找到顶头上司，而上司却无能为力，于是他便给斯通写信，“我们总是碰到令人头痛的报酬问题，这已使一大批优秀人才感到失望了。”斯通立即责成最高管理部门妥善处理此事。3天之后，他们补发了伯涅特的工资，事情似乎可以结束了，但他们利用这件为职工补发工资的小事大做文章。第一是向伯涅特道歉；第二是在这件事情的推动下，了解那些“优秀人才”待遇较低的问题，调整了工资政策，提高了机械工程师的加班费；第三，向著名的《华尔街日报》披露这一事件的全过程，在美国企业界引起了不小轰动。

事情虽小，却能反映出通用公司的“大家庭观念”，反映了员工与公司之间的充分信任。

人际关系上常常也有“马太效应”的影子。常人总是密者密上加亲，疏者疏而愈远，斯通却主张“人际关系应保持适度的距离”。现实生活中，国与国、人与人之间的关系演变例子一再证明“适度距离”理论不无道理。

斯通对“适度距离”身体力行，率先示范，密者疏之，疏者密之。斯通自知与公司高层管理人员工作上接触较多，在工余时间就有意拉大距离，从不邀公司同僚到家作客，也从不接受客邀。相反，对普通工人、出纳员和推销员，他有意亲近，微笑问候，甚至偶尔“家访”。

1980年1月，在美国旧金山一家医院里的一间隔离病房外面，一位身体硬朗、步履生风、声若洪钟的老人，正在与护士死磨硬缠地要探望一名因痢疾住院治疗的女士。但是，护士却严守规章制度毫不退让。

这位护士真是“有眼不识泰山”，她怎么也不会想到，这位衣着朴素的老者，竟是曾被公认为世界电气业权威杂志——美国《电信》月刊选为“世界最佳经营家”的世界企业巨子斯通先生，护士也根本无从知晓。斯通探望的女士，并非他的家人，而是加利福尼亚州（简称“加州”）销售员哈桑的妻子。哈桑后来知道了这件事，感激不已，每天工作达16 h，为的是以此报答斯通的关怀，加州的销售业绩一度在全美各地区评比中名列前茅。正是这种适度距离的管理，使得通用公司事业蒸蒸日上。

通用公司像美国其他一些公司一样，从经理到基层领导人员，已有不少采用“静默沉思”法使紧张心理宁静下来，消除神经紧张所造成的不安。经常“静默沉思”的人说，自从坚持定时沉思默想后，工作效率提高了，不容易激动，能较好地对付外界压力了。

而以前通用公司也普遍采用节食和体育锻炼计划来消除工作人员的情绪病，虽长期执行，但见效甚微。许多人因紧张心理造成的血压升高、压抑感很重和易怒等现象并未减轻。哈佛大学心理和体育治疗研究所推广沉思默想之后，通用公司便向雇员推荐此法，公司聘请了默思辅导员指导雇员苦练这种默思法，包括瑜珈、冥想、端坐不动等。雇员们反映，他们已初步收到效果。公司在推行此法后，使公司精神病治疗费用减少27%；各分公司经理用此法后工作效率大为提高。为此，通用公司已安排12名一天工作12～14 h的经理人员参加静默活动，结果大家工作热情普遍高涨，精神也格外饱满。

企业中的人事管理要比政府、学校等其他职能管理棘手得多，因为企业人事管理的对象、性别、年龄、学历、工种、品性等方面存有更大差异。

通用公司在人事管理上近几年采取重大改革，改变了以往的人事调配的做法（由企业单方面评价职工的表现、水平和能力，然后指定其工种岗位）。现在，反其道而行之，开创了由职工自行判断自己的品格和能力，提出选择自己希望工作的场所，尽其可能由他们自己决定工作前途的“民主化”人事管理，称为“建言报告”，引起管理界的瞩目。

专家们认为，“让棋子自己走”的这种“建言报告”式人事管理，比传统的人事管理更能收集到职工的容易被埋没的意见和建议，更能发掘人才和对口用人，从而对公司发展和个人前途更加有利。

此外，通用公司还别出心裁地要求每位雇员写一份“施政报告”，从1983年起每周星期三由基层员工轮流当一天“厂长”。“一日厂长”9:00上班，先听取各部门主管汇报，对全厂营运有了全盘了解之后，即陪同厂长巡视各个部门和车间。“一日厂长”的意见，都详细记载在《工作日记》上。各部门、车间的主管得依据其意见，随时改进自己的工作并在干部会上提出改进后的成果报告，获得认可后方能结案。各部门、车间或员工送来的报告，需经“一日厂长”签批后再呈报厂长。厂长在裁决公文时，“一日厂长”可提出自己的意见供其参考。这项管理制度实行以来，成效显著。第一年施行后，节约生产成本就达200万美元，并将节约额的提成部分作为员工们的奖金，全厂上下皆大欢喜。

通用公司的日本子公司——左光兴产公司还实行一种特殊的“无章管理”。它也是一种感情化管理，能最大限度地减少公司内部人际间的紧张关系，增强员工之间的信任、上下级之间的信任及员工对企业的信任。该子公司近几年实行“无章管理”以来，年销售额在通用公司的所有海外子公司中独占鳌头。

评 析

从实质上讲，管理者的权力是由被管理者所赋予的。一个有威信的管理者才是一个真正有力量的管理者。所谓“威信先行，权力随后”，应当成为现代管理者谨记的管理名言。在现代管理中，惟有充满人情味，以人为本的管理者，才真正具有威信。从某种意义上说，威信是管理者人格魅力的磁场效应。作为一个企业管理者，应在搞好与员工的关系的基础上来实施其管理。

通用公司的高层就认真地贯彻了这一原则。他们创造出一种温馨的环境,使员工受到正确的对待,从而使员工尽最大的努力去工作;努力培养全体职工的"大家庭感情"的企业文化,推行"高感情"管理,倡导"大家庭观念",推广"静默沉思"法以及"让棋子自己走"的"建言报告"式人事管理,创造性地开展"无章管理"等等。所有这些措施和管理者的行为,有机地构成了通用公司的"情感管理"系统,营造出一种家庭般和谐的公司氛围,有效地发挥了公司集体对员工的凝聚作用,使员工对公司具有归属感,认同公司的文化与价值观,从而,员工把个人的前途命运与公司的发展有机地统一起来,形成了个人心情舒畅、公司繁荣昌盛的局面。

通用公司的"情感管理"是一种非常成功的人力资源管理模式,值得我国企业借鉴和推广。众所周知,人是理性的动物,更是有情感的动物,有情感的需要。难以想像,一个人在冷冰冰、毫无生气的工作环境中会有积极的工作乐趣。目前,国内不少企事业单位提出"事业留人,待遇留人,感情留人"的人力资源管理原则,其中"感情留人"就是对"情感管理"的实践。

当然,用人技巧并不是用来操纵和控制员工的诡计和阴谋,而是控制领导管理者如何去影响员工。作为一位领导管理者,当控制好自己对员工的影响力,充分发挥非权力性影响力的作用时,他就会更有成果,更有效率,同周围的人更加融洽。

在本案例中,特别值得一提的是"一日厂长"的做法。该做法很好地利用了心理学上移情的原理。普通员工通过当"一日厂长"的经历和体会,能更好地理解做领导管理工作的艰辛和为了组织发展的良苦用心,进而能较好地配合其管理,认真自觉地完成各项工作任务,为组织的发展做出更大的贡献。时下,亦有厂长、经理通过做"一日员工"理解做员工的难处和需求,从而在人力资源管理中更好地践行以人为本的理念。

案例2 通过教育把每个人的干劲调动起来——丰田式的教育体系①

作为一个世界性大企业,丰田公司能够在竞争异常激烈的国际汽车市场上占据举足轻重的地位,除了在生产管理、经营和销售等方面有自己的优势和特点之外,还有一个不容忽视的重要因素,即丰田公司长期以来一直十分重视的企业文化建设。丰田企业文化的最大特点就是注重对人的培养和教育。它提出了"以人为本"、"调动干劲"为目的的企业文化建设目标,着重在培养人才、搞好劳资关系、调动员工积极性和社团生活等4个方面真抓实干,取得了令世人瞩目的成绩。

石田退三在谈到关于培养丰田式人才时曾说过这样一段著名的话:"事业在于人,人要陆续地培养教育,一代一代地接续下去。任何工作,任何事业,要想大为发展,给它打下坚实的基础,最要紧的一条是'造就人才'。"神谷正太郎在这一问题上与石田退三的看法一致,他说:"职工不单纯是提供劳动的人。我们的资产是人才。推动和发展企业的是人,也就是职工。"

可以说,丰田汽车工业公司和丰田汽车销售公司尽管在业务性质、企业作风和人事教育等方面各不相同,但在培养人才、尊重人性这一点上,认识和思路却是一致的,这已成为丰田人事政策的纲领。有人曾问:"丰田人事管理的要害和目标是什么?"丰田公司的一位领导者这样回答道:"人事管理的实质是,通过教育把每个人的干劲调动起来。"丰田公司这种"以人为本"的思想,首先体现在招收新职工的把关选择上。丰田汽车工业公司和丰田汽车销售公司在招收新职工时,重点都放在"人品"上。丰田汽车工业公司注重"有远见和思考灵活的人。既要有朝气,还要能求同存异,顾全大局。"丰田汽车销售公司则以"努力、诚实、谦虚"为其招收

① 程杰元,谷振红,张海燕主编. MBA教程案例系列:人力资源管理案例. 奎屯:伊犁人民出版社,2000. 166~171页

重点。

为了网罗合格的人才,他们自创业以来就立下这样的招工方针:不从特定的学校招收大量的人,而是在全国范围内选择踏实能干的人。丰田汽车销售公司人事部长美浓和曾说:"不搞学阀,目的在于搞好整个公司平衡。只选脑子聪明的人反而不好,只要做事踏踏实实的人就可以。不要头脑好的评论家。"为此,两家公司在招收新员工时,都非常重视"面视",通过和本人的接触、交谈,来了解他们的性格、人品及学识。

丰田汽车工业公司的企业内部教育在类型上大致分为3类:即通过工作来提高业务能力的教育(OJT)、业余教育(OFFJT)、发挥员工个人上进心(自我启发)的教育。丰田汽车工业公司通过丰富多彩的形式从以上3个角度加强对员工的培养,其中"个性对口鉴定制度"和"自己申报制度"极富特色,可以使员工最大限度地发挥个人的才能。

个性对口鉴定制度,原来是上级对下属工作适应性所做的鉴定。但在丰田汽车工业公司,不仅由顶头上司给做鉴定,同时还要参考其他部门的领导和职员的意见进行鉴定。例如,股长要提升为课长时,除了顶头上司给鉴定外,还要从其他部门选派出5人,对其进行领导能力和观察问题能力等20多项内容的测试和鉴定。在丰田汽车工业公司内部,这叫做"人缘投票"。

自己申报制度的内容是,在每年年初让每位职工定出一年的工作指标,到年度末检查已完成了多少,并就自己是否适应现在工作岗位等问题向上级汇报。

此外,特别值得一提的还有"PT活动"。所谓PT,是personal touch(个人接触)的简称,即"个人和个人相互接触"的意思。这是1970年以后建立的制度,具体做法是,选出一位前辈,把他确定为新参加工作的职工的"专职前辈",这位前辈就工作、生活、同朋友及上级的关系等问题对新职工进行指导教育,使其尽快熟悉和适应工作环境。由于这一做法成效非常显著,所以公司把它加以制度化。"前辈"需具备任职资格,从到公司工作五六年的骨干中选拔,并需经过"技能训练课程"(WSTC)教育之后,才能任命为"前辈"。受训方式由讲课和讨论组成,其内容涉及人生观、工作责任、礼仪等。

另外,还有一种"领导个人接触"制度。这是对工长、组长、班长施行"协助者"的教育,是一种进行"商谈"的训练。比如一个班长一到车间,就管理指导实际业务。他既是车间的前辈,也是协助者;既是质量管理小组的领导,又是降低成本运动的推进者;同时还是"动脑筋创新"建议的汇总者。这一制度,使企业管理人员得到了多方面的锻炼,既掌握了系统的技术知识,又有车间人事管理的经验,从而培养了一支高素质的企业管理人员队伍。人们曾这样评价道:丰田的骨干管理阶层很能干。

总之,丰田汽车工业公司的人才培养在形式上大致可分为工作岗位上教育、正规教育(实习、进修)、非正规教育(俱乐部活动等),其中最活跃的是非正规教育。

丰田汽车销售公司的人才培养和丰田汽车工业公司大致相同,可分为正规教育和非正规教育两种。其中最具特色的是公司内进行交流业务的教育,这是培养人才的主要方面。所谓"交流业务",是一种通过日常的业务活动,做好上下级之间工作交流的一种活动,即每个人的职位都不是固定不变的,对有才能的人要不断地赋予其权限,委以重任,而把无能的人从岗位上撤换下来。丰田汽车销售公司这种人员流动制度使得公司上下级之间的级别意识很淡薄,彼此间以礼相待,可以开诚布公地谈自己的意见和想法。据说,丰田汽车销售公司在扩大授权范围时,课长一旦对外承诺,便具有与处长同样的批准效力。

丰田汽车销售公司还有一种能力鉴定制度,其由观察表、人事考核和自己申报制度3项内容组成,作为每个人工作调动的参考依据。观察表和人事考核由管理人员登记。1967年以后,管理人员按照"管理人员笔记"对职工的日常工作进行细致入微的观察。自己申报制度是普通职工鉴定自己的能力,对有关业务的适应状况及希望调整工作等内容进行申报的一种制度。此外,丰田汽车销售公司对新职工的教育也别具一格。每年4月1日招收的大学毕业生要进行为期半年的教育培训,10月1日安排工作。在此期间,为使新职工成为一个真正的"丰田人",对他们进行以"了解第一线推销人员处境"为中心内容的全方位的彻底培训。首先是进行销售业务内容之类的一般教育,然后把新职工送到丰田汽车工业公司所属工厂进行约两周的工厂实习教育。接着,以现场实物为教材,随维修人员再接受约一周时间的维修实习教育。这一过程结束后,马上进入销售实习阶段,在丰田所属的销售店进行为期3个月的推销员教育和实际推销工作。

通过上述教育,新职工对汽车的生产、维修有了实际体验,亲身了解到第一线推销员的辛苦,尤其是对推销有了现场体验,这对于他们日后的成长关系极大。

评 析

在"'以人为本'、'调动干劲'为目的的企业文化"的统摄下,丰田的人事政策纲领是"培养人才,尊重人性",其人力资源管理策略主要是构建全方位立体式教育体系。丰田的内部教育在类型上大致分为3类:即通过工作来提高业务能力的教育、业余教育、发挥员工个人上进心(自我启发)的教育。丰田的人才培养在形式上大致可分为工作岗位上教育、正规教育(实习、进修)、非正规教育(俱乐部活动等),其中最活跃的是非正规教育。正如丰田一位领导者所讲的,"通过教育把每个人的干劲调动起来"。为此,丰田汽车工业公司和丰田汽车销售公司在人力资源的"选、管、育、用、出"上下功夫,每一个环节都比较充分地体现出具有丰田特色的育人性。

1)在选人上,侧重人品而不是侧重出处(是什么学校毕业),"不从特定的学校招收大量的人,而是在全国范围内选择踏实能干的人",丰田汽车工业公司注重"有远见和思考灵活的人。既要有朝气,还要能求同存异,顾全大局"。丰田汽车销售公司则以

"努力、诚实、谦虚"作为其招收新职员时把关的重点。

2)在管人上,通过"个性对口鉴定制度"和"自己申报制度",达到外部监督与自我教育、自我管理相结合及自律与他律相结合的目的,最大限度地发挥每位员工的聪明才智。

3)在育人上,注重对新职员的教育培训,每年4月1日招收的大学毕业生要进行为期半年的教育培训。为使新职工成为一个真正的"丰田人",对他们进行以"了解第一线推销人员处境"为中心内容的全方位的彻底培训。通过"PT活动",实现经验丰富的资深职员对初出茅庐的新职员的传、帮、带,使新职员能尽快转变角色,尽快适应工作环境,尽快提高为人处世的技巧和业务能力。通过"领导个人接触"制度,对工长、组长、班长施行"协助者"的教育,从而培养了一支高素质的企业管理人员队伍。

4)在人员的任用和合理流动上,通过最具特色的交流业务教育,实现任人唯贤,唯才是举,打破铁饭碗,构建"能进能出,能上能下"的合理流动机制。丰田汽车销售公司这种人员流动制度使得公司上下级之间的级别意识很淡薄,彼此间以礼相待,开诚布公地谈自己的意见和想法。通过实施由观察表、人事考核和自己申报制度3项内容组成的能力鉴定制度,作为每个人工作调动的参考依据,实现适才适用,人尽其才。这些做法较好地教育和激励了丰田的每一位员工,营造出公平竞争、富有活力的人才任用与合理流动局面。

综上所述,丰田打破了传统的人力资源管理模式,注重基于育人基础之上的可持续用人,在人力资源管理的全过程贯彻"通过教育把每个人的干劲调动起来"的原则,使员工的潜能不断得到开发,进而为企业的发展做出持续的、更大的贡献。

案例3 摩托罗拉人力资源管理的核心理念[①]

作为世界最大的通信、电子业跨国公司，摩托罗拉在中国改革开放之初就通过销售产品(无线对讲系统、蜂窝电话系统等)方式进入中国市场。1992年3月25日，摩托罗拉(中国)电子有限公司在天津经济技术开发区成立，首期投资1.2亿美元。1994年10月，1995年6月，摩托罗拉(中国)电子有限公司上海分公司和广州分公司分别成立。

如今，摩托罗拉在中国进行广泛的商业活动。具体内容包括：继续在中国投资及技术转让；加速从技术人员到高层管理人员的本土化进程；提高产品国产化成分，协助中国建立电子基础工业；以独资为基础，发展与中国电子行业的合资合作。

截止到1997年4月，摩托罗拉在中国的投资项目包括：在天津建立8英寸亚米半导体芯片厂，在北京成立中华总部，建立6家合资企业和进行5项合作项目的开发，建立摩托罗拉大学培训中心，建立多个项目研究中心，转让一系列世界领先技术等。举世闻名的摩托罗拉公司这样阐述自己对人力资源的看法："人才是摩托罗拉最宝贵的财富和胜利源泉。摩托罗拉公司将对人才的投资摆在比追求单纯的经济利益更重要的位置。尊重个人是摩托罗拉在全球所提倡的处世信念。为此，摩托罗拉将深厚的全球公司文化融合在中国的每一项业务中，致力于培养每一个员工。"尊重个人，肯定个人尊严，构成了摩托罗拉企业文化的核心内容。

具体来说，摩托罗拉将"尊重个人"理解为：以礼待人，忠贞不渝，提倡人人有权参与，重视集体协作，鼓励创新。摩托罗拉公司通过为员工提供教育培训和专业发展机会、后勤保障、公司内部沟通等方式，来实现对个人尊严的肯定。

(1)教育培训和专业发展机会

---

① 代凯军编著．管理案例博士点评：中外企业管理案例比较分析．北京：中华工商联合出版社，2000. 321～324页

公司制定了培训计划,向公司中层和高层输送管理人才,以实现由中国人负责公司的管理和决策,从而加速人才本土化的进程。目前,在摩托罗拉(中国)电子有限公司中,经理主管一级已有100多名中国人,占该层管理者的51%。在几年的时间里,摩托罗拉每年都选派600多名中国员工到其美国工厂去参加技术会议、工程师设计会议以及技术培训。

除内部教育和培训外,摩托罗拉还支持、组织员工参加全国经济统计专业职称技术资格考试、职称外语考试、质量认证培训等。

(2)众多沟通方式

1998年4月,摩托罗拉(中国)电子有限公司推出了"沟通宣传周"活动,内容之一就是向员工介绍公司的12种沟通方式。比如:

1)"我建议"。书面形式提出员工对公司各方面的改善建议,全面参与公司管理。

2)"畅所欲言"。保密的双向沟通渠道,使员工可以对真实的问题进行评论、建议或投诉。

3)总经理座谈会。定期召开的座谈会,使员工的问题会在当场得到答复,并在7日内对有关问题的处理结果予以反馈。

4)报纸及杂志。《大家》、《移动之声》等杂志可以使员工及时了解公司的大事动态和员工生活的丰富内容。

5)沟通对话会。公司每年都召开高级管理人员与员工沟通对话会,向广大员工代表介绍公司经营状况、重大政策等,并由总裁、人力资源总监等回答员工代表的各种提问。

(3)一块铜匾

如果参观者来到摩托罗拉摆满奖杯奖状的"荣誉厅",就会看到一块"先进党组织"的铜匾,这令很多人感到诧异。有人问:不是外资企业吗?怎么还允许党组织存在?党员活动受不受限制?外国老板怎样看待中共党员?事实上,在摩托罗拉,"党员公开,组织公开,活动公开",这里的老板对党员活动给予方便,给予支持,给予经费,真正做到肯定个人的尊严。他们自己这样解释:"有这么多的党员,如果不发挥他们的作用,就是资源的浪费!"

评 析

随着世界经济发展水平的提高，企业管理也在发生着越来越多的变化。泰勒时代的“科学管理”等理论，把人视为“经济人”，由于对被管理者个人的社会需求尊重不足，引起了广泛的批评。人类社会发展的终极目的是为了人自身的福祉，发展经济的目的亦是为了人。企业在创造财富的过程中，也应该尽量满足人的生存、安全、尊重等多层次的需要。摩托罗拉“肯定个人尊严”的企业文化，就是对此最好的注脚。

在现代人力资源管理理论中，一个基本观点就是，人力资源在企业中的作用，是最具有潜力，也是最具有弹性的。员工个人的工作热情、工作态度、对组织的认同是极为重要的因素。摩托罗拉通过方方面面的措施，赢得了员工对公司的热爱，提高了员工对公司的忠诚度，极大地激发了员工的潜能，并获得巨大的回报。

摩托罗拉作为世界著名的跨国公司，这样阐述自己对人力资源的看法：“人才是摩托罗拉最宝贵的财富和胜利源泉。摩托罗拉公司将对人才的投资摆在比追求单纯的经济利益更重要的位置。尊重个人是摩托罗拉在全球所提倡的处世信念。为此，摩托罗拉将深厚的全球公司文化融合在中国的每一项业务中，致力于培养每一个员工。”在此观念的指导下，摩托罗拉（中国）电子有限公司在人力资源管理上有许多可圈可点之笔。从本案例所描述的情况来看，有一点是可以肯定的，即“尊重个人，肯定个人尊严”构成了摩托罗拉企业文化的核心内容，同时也是摩托罗拉人力资源管理的核心理念。而且，摩托罗拉并不是仅仅停留于响亮的口号上，而是通过为员工提供教育培训和专业发展机会、后勤保障、公司内部沟通等方式，来实现对个人尊严的肯定。

在为员工提供教育培训与专业发展机会方面，摩托罗拉在中国设立了摩托罗拉大学培训中心，既有公司内部的培训计划，同时支持、组织员工参加全国经济统计专业职称技术资格考试、职称外语考试、质量认证培训等。通过这些措施,既为公司中层和高层输送管理人才,以实现由中国人负责公司的管理和决策,从而加速人才本土化的进程;又从整体上全面提升了公司职员的素质,为每位员工的专业发展提供了更为广阔的空间。此举可谓一石二鸟,为最终实现企业繁荣与个人发展的双赢局面奠定了坚实的基础。

通过"我建议"、总经理座谈会、报纸及杂志、"畅所欲言"、沟通对话会等多种沟通方式,加强公司员工之间、高级管理人员与普通员工之间信息的传递和情感的交流,减少矛盾,增进理解。同时,倡导民主化的参与式管理,较好地激发了员工的积极性、主动性与创造性,使企业员工个人的发展与企业愿景有机地协调起来。

另外,还有"一块铜匾"值得一提。按照常人的理解,在外资企业,是不允许党组织存在的,但在摩托罗拉摆满奖杯奖状的"荣誉厅"里竟然有一块"先进党组织"的铜匾。原来,在摩托罗拉(中国)电子有限公司,"党员公开,组织公开,活动公开",公司老板对党员活动给予方便,给予支持,给予经费,真正做到肯定个人的尊严。拿他们自己的话来说:"有这么多的党员,如果不发挥他们的作用,就是资源的浪费!"这一做法因地制宜,巧妙地将人力资源管理与中国特色的企业管理结合起来,在令人惊疑之余,无不为之叫绝。

联系实际,反观我们自身,目前仍有不少大中型国有企业的人力资源管理还停留在板着面孔的行政管理模式上。在经济全球一体化的大背景下,加入WTO以后的中国经济要获得快速、持续、稳定发展,要"与狼共舞",摩托罗拉在人力资源管理上的某些做法是值得我们认真学习和借鉴的。

案例4 美国玛丽·凯化妆品公司——让员工加入企业家庭[1]

玛丽·凯于第一次世界大战期间出生于美国得克萨斯州的温

① 程杰元,谷振红,张海燕主编. MBA教程案例系列:人力资源管理案例. 奎屯:伊犁人民出版社,2000. 119~123页

泉市,1962 年退休后用积蓄下来的 5 000 美元起家,创办了玛丽·凯化妆品公司。由于她曾干过 25 年挨家挨户的推销工作,接触过各种各样的在业人员,目睹了不少企业的兴衰,从中悟出一条要诀:企业成败的关键在于——是否把员工视为最重要的财产,是否尊重每一个员工。如果做到这一点,就能依靠员工们创造出不同凡响的业绩。玛丽·凯引为自豪的是,她把这一原则运用到自己公司的经营管理上,并创造出卓有成效的"个人式沟通"制度,因而公司经营业务飞快发展。20 世纪 80 年代初,公司由初创时的 9 名员工,发展到 5 000 多人的国际性公司,并拥有一支 20 万人的兼职推销队伍;年销售额超过 3 亿美元,成为世界化妆品界的"皇后"。

(1)"上帝第一,家庭第二,事业第三"

玛丽·凯的"个人式沟通"是这样形成的:在筹划公司时,她曾开列了两个单子,第一个单子列举了男子占统治地位的公司的弊端,第二个单子列举了通过照顾妇女的需要,来改革这些弊端的办法。她进一步充实这两张单子,形成了一个"理想公司"的轮廓。根据这个轮廓,在公司里,每个人都将受到平等的待遇,升迁以本人条件为基础;产品不仅要在市场上优于竞争对手,而且要得到本公司推销人员的强烈信赖。同时,她一开始就认为招收女推销人员对公司是至关重要的。为了发挥她们的作用,公司不应确定销售指标或制定任何限制性条例,她们可以自行规定上班时间,以便有充分的时间去处理家务。她认为"就妇女而言,如果家里有问题,她们不可能为工作发挥作用"。因为她的推销员中绝大部分是有家庭负担的已婚妇女或离婚母亲。某些推销人员将来会成为全日工作的妇女事业家,但开始时这些人只有少数。玛丽·凯为公司制定的管理原则是"上帝第一,家庭第二,事业第三"——这为"个人式沟通"制度奠定了思想基础。

(2)关心员工,善于听取员工们的意见和建议

为了贯彻"个人式沟通"制度,凡公司员工生日,都会收到一份生日卡和两份免费午餐的招待券。"秘书周"的时候,所有秘书

都会获得一束鲜花和一个咖啡杯。而新的员工进入公司,第一个月内会获得玛丽·凯的亲自接见,并被询问是否适应所担当的工作。公司的员工有什么委屈、困难,都可以直接找玛丽·凯申诉、反映,玛丽·凯一定抽空接见他们,并认真倾听他们的谈话,帮助他们解决问题。1983年初,玛丽·凯得知公司一机械操作员的兄弟患了致命的癌症,虽然他只是公司员工的亲属,但玛丽·凯仍给他写了一封信,并附了一首诗。作为总经理的玛丽·凯,这样关心员工,善于听取员工意见和建议的作风,使公司与所有员工保持着密切的关系。这种亲切的气氛,使员工的积极性和聪明才智得以发挥,使原来平平常常的员工脱颖而出、崭露头角,变成玛丽·凯的得力手下。

(3)运用种种"赞美"来推动员工努力工作

为了贯彻"个人式沟通"制度,玛丽·凯制定了一系列运用"赞美"的办法。每位推销化妆品的美容师,在第一次卖出100美元的化妆品后,就会获得一条缎带作为纪念。公司每年都要在总部的"达拉斯会议中心"召开一次盛况空前的"玛丽年度讨论会",参加讨论会的是从阵容庞大的推销员队伍中推选出来的2万多名代表。会上,让有卓越成绩的推销员穿着代表最高荣誉的"红夹克"上台发表演说,给推销成绩最好的美容师颁发代表公司最高荣誉的奖品——镶钻石的大黄蜂别针和貂皮大衣。在公司发行的通讯刊物《喝彩》月刊上,每年都要把公司各个领域中名列前茅的100人的名字登载出来。

有个美容师,第一、二次展销会上都没卖出什么东西,第三次展销会上也只卖出不引人注目的35美元的东西。但她的上司海伦不仅没有指责她,反而表扬她:"你卖出了35美元的东西,那实在太棒了!"海伦的赞美和鼓励,使那位美容师的心热乎乎的,后来取得了可喜的成绩。海伦也因为善于运用赞美激励部属,得到玛丽·凯的重用。

玛丽·凯在回顾公司成功的经验时说:"我认为,'赞美'是激励部属的最佳方式,也是上下沟通手段中效果最好的,因为每个人都需要赞美。只要你认真寻找,就会发现许多运用赞美的机会就在你的面前。”

(4)身体力行,在打成一片中贯彻“个人式沟通”制度

为了贯彻“个人式沟通”制度,玛丽·凯对管理人员十分强调身教重于言教,而且她自己也身体力行,模范带头,与员工打成一片。有一段时间,公司的销售额上不去。经过分析研究,在公司举行的大会上玛丽·凯宣布,每个美容师每周要在10个不同地点举办化妆品展销。话音刚落,下面就议论纷纷,终于有一个人发言说:“如果你本人能1周在10个不同地点举办化妆品展销,那么,下面的销售主任和美容师就会相信,他(她)们也能做到。”这可把玛丽·凯难住了,近10年里,她很少亲自办展销,有很多新问题需要她从头学习。但是她还是勇敢地接受了这一挑战。她拜能者为师,并花了很多时间进行演练,终于取得了成功,一周之内她果然举办了10次化妆品展销,她竟名列全公司第三。消息传开,员工们大吃一惊。玛丽·凯的身教,极大地提高了全公司销售人员的士气,营业额大幅度上升。

评 析

人力资源是企业生存发展的第一资源,这一点在知识经济时代更为凸显。企业成败的关键在于——是否把员工视为最重要的财产,是否尊重每一名员工。如果做到这一点,就能依靠员工们创造出不同凡响的业绩。玛丽·凯成功地把这一理念运用到自己公司的经营管理上,并创造出卓有成效的“个人式沟通”制度,因而使公司经营业务获得飞快发展。在经营管理的实践中,玛丽·凯将这一理念化为具体实在、具可操作性的措施与做法:

首先,玛丽·凯为公司制定的管理原则是“上帝第一,家庭第二,事业第三”。这为“个人式沟通”制度奠定了思想基础。

其次,玛丽·凯关心员工,善于听取员工意见和建议的工作作风,使公司与所有员工保持着密切的关系。这种亲切的气氛,使员

工的积极性和聪明才智得以发挥。尤其是为了发挥女推销员的作用,公司不确定销售指标或制定任何限制性条例,她们可以自行规定上班时间,以便有充分的时间去处理家务。她认为"就妇女而言,如果家里有问题,她们不可能为工作发挥作用"。

第三,"其身正,不令而行"——身先士卒,率先垂范。玛丽·凯对管理人员十分强调身教重于言教,而且她自己也身体力行,模范带头。

第四,让员工加入企业家庭,与员工打成一片。

第五,夸赞的魅力——鼓励他人走向成功的秘诀。玛丽·凯运用种种"赞美"来推动员工努力工作,她在回顾公司成功的经验时说:"我认为,'赞美'是激励部属的最佳方式,也是上下沟通手段中效果最好的,因为每个人都需要赞美。只要你认真寻找就会发现许多运用赞美的机会就在你的面前。"说到这里,笔者想讲一个小故事。19世纪初,英国有位年轻人一心想当作家,但他好像什么事都不顺利。他的父亲因为无法偿还债务而锒铛入狱,他几乎有4年的时间没有上学,他还时常受饥饿之苦。最后,他找到一份工作,在一个老鼠横行的货仓里贴鞋底的标签,晚上在一间阴森潮湿的房子里和另外两个从伦敦贫民窟来的男孩一起睡。这位年轻人坚持写作,为了不遭人笑话,他总是一个人在夜间溜出去,把他的作品寄出去。一个接一个的故事都被退稿,但最后他终于被人接受了。有一位编辑夸奖了他,承认了他的价值,将他创作的一个故事付梓出版。他的心情太激动了,一个人漫无目的在街上乱逛,流下了激动的热泪。假如不是这次夸奖,他可能一辈子都在老鼠横行的货仓里做工。大家应该对这个人的名字不会陌生,他就是《双城记》的作者——查尔斯·狄更斯。

现在,某些企事业单位在推行一种流行的现代管理理念——"军事作风,家庭氛围,团队精神"。玛丽·凯作为一位女性管理者,创造出一种温馨诱人的人力资源管理模式,即在企业管理中营造家庭氛围,让每一位员工加入企业家庭。玛丽·凯的探索与成功实践,无疑是对该现代管理理念的明证。

2.4 全面质量管理

2.4.1 理论精要

全面质量管理最先是在20世纪60年代初由美国著名质量管理专家菲根堡姆提出的,1978年开始传入我国。它是在质量管理基础上随着科学技术的发展和经营管理上的需要而发展起来的一种现代化管理方法,是现代管理科学中的一个重要组成部分。它综合应用现代科学管理方法和研究成果,控制影响质量全过程的各种因素,把专业技术、系统管理和数理统计三者结合起来而形成一套完整的质量保证体系。它是现代质量管理的有效方法,是企业发展的基本保障。

(1)全面质量管理的概念

全面质量管理(total quality management,简称TQM),是由全面质量控制(TQC)发展而来的。对于这个概念,各国的学者有着不同的看法。美国著名质量管理大师戴明博士认为"全面质量管理就是以最经济的方式生产出顾客最满意的产品"。国内有关学者认为:TQM是企业为保障和提高产品的质量,综合运用从产品的研究、设计、制造到售后服务等一套管理体系、手段和方法所进行的管理活动。它要求企业组织全体员工和部门参加,把专业技术与经营管理结合起来,综合运用现代科学和管理技术成果,控制影响质量全过程的各种因素,从而有效地利用人力、物力、财力、信息等资源,提供用户满意的产品和服务。国际标准ISO 8402—1994《质量管理和质量保证术语》将全面质量管理定义为"一个组织以质量为中心,以全员参与为基础,目的在于通过让顾客满意和本组织所有成员及社会受益而达到长期成功的管理途径”。

虽然各个学者对全面质量管理的定义有所不同,但有几点是共同的:

1)强调以顾客为中心,所生产出的产品要让顾客满意。

2)强调最经济的手段以节省产品成本。

3)强调全员的参与。

4)强调生产全过程的质量管理。

因此,我们可以将 TQM 定义为:企业用最经济的手段生产出让顾客满意的商品,向顾客提供更好的服务,同时让全体员工都参与生产全过程(包括市场调查、产品设计、试制、生产、检验、仓储、销售到售后服务)管理的一种科学管理方法。

(2)实行全面质量管理的意义

现在 TQM 在全球获得广泛的应用与发展。自 1978 年我国从日本引进 TQM 以来,我国大大小小的企业都在实行全面企业管理,并且是有增无减。为什么全面质量管理会得到如此广泛的推广? 这与其自身所实现的功能是密不可分的。总的说来,企业推行 TQM 可以为企业带来如下益处:提高产品质量,改善产品设计;加速生产流程,缩短总运转周期,降低企业经营成本,减少经营亏损;降低现场维修成本,减少责任事故;提高生产率,鼓舞员工士气和增强质量意识;改进产品售后服务,使顾客完全满意,最大限度地获取利润。

(3)全面质量管理的内容

全面质量管理过程的全面性,决定了全面质量管理内容的全面性。这里主要介绍现场全面质量管理的内容,包括产品的设计过程、制造过程、辅助过程和使用过程等 4 个过程的质量管理。

1)设计过程质量管理。设计过程质量管理是 TQM 的首要环节,该过程包括市场调查、产品开发、产品设计、工艺准备、试制和鉴定等过程,即产品正式投产前的全部技术准备过程。

2)制造过程质量管理。这里的制造过程指对产品的直接加工过程,它是产品质量形成的基础,是企业质量管理的基本环节。该过程的任务是保证产品的制造质量,建立一个能够稳定生产合格产品和优质产品的管理系统。

3)辅助过程质量管理。辅助过程是指为了保证制造过程正常进行,而提供各种物资技术条件的过程,即材料的控制过程。具体包括物资采购供应、动力生产、设备维修、工具制造、仓库保管、运输服务等。

4)使用过程质量管理。这一过程的基本任务是提高服务质量(包括售前和售后服务),保证产品的实际应用,不断促使企业研究和改善产品。主要工作内容有:开展技术服务工作,处理出厂产品的质量问题,调查产品的使用效果和用户要求。

(4)提高 TQM 效率的方法

要做好全面质量管理的工作,就需要遵循如下的一些步骤:

1)争取最高主管下决心与做出承诺(即重视)。最高主管的决心与重视是实施 TQM 的关键。要明确企业的竞争优势依靠的是产品营销和形象。

2)对所有员工进行宣传教育,提高意识。对全体员工进行 TQM 思想的教育:质量管理的成败在于质量意识及危机意识。质量管理人员应经常有计划地接受品质训练,让每一个人都深刻理解到“顾客满意”的思想;让全体员工认识到,如果产品存在任何问题都会影响到公司的形象。开始阶段的问题不解决,只能在最后阶段以更高的代价解决。让员工意识到需要全员的参与、团体的协作。

3)充分了解市场。即要使员工充分了解市场,知道顾客需要什么样的产品。

4)重视制度和实施标准化。在公司组织内明确制定一个公开、明确的标准来衡量产品的好坏,对于不适合标准的应矫正并追踪,然后制定新标准。

5)建立一套使产品质量不断提高的方法(后面详细介绍)。

6)推行产品质量管理宣传月。借着这项活动使TQM的思想深入到每一个员工的心中,同时自供应商到客户连成一个大的生命共同体,并一波一波地推动质量管理活动,使之成为企业的一种改造运动,变成一种风气。

7)培养质量管理的企业文化。把质量管理与企业文化建设结合起来,在全体员工中培养主人翁意识和敬业精神。允许员工提出问题,解决问题,并将解决方案付诸实施。

(5)实施全面质量管理的具体方法

实行TQM的核心就是建立质量管理体系。国际标准2000版ISO 9000标准中对质量体系做了严格的定义和具体说明,即是指建立质量方针和质量目标并实现这些目标的体系。由此可见,质量管理体系应当是组织、机构、职责、程序之类的管理能力和资源(包括人力、智力、信息和技术装备)能力的综合体。

实行全面质量管理的方法很多,用得较多的有以下一些方法:

1)控制好影响产品质量的因素。影响产品的因素较多,既有主观因素也有客观因素。总的说来,有以下6个方面:人的因素(man)、机器或设备(machine)、原材料(material)、制造产品的方法(method)、环境条件(environment)、测试手段(measurement)。其中,人的因素是最重要的。企业组织要利用和控制好这些影响产品质量的因素。

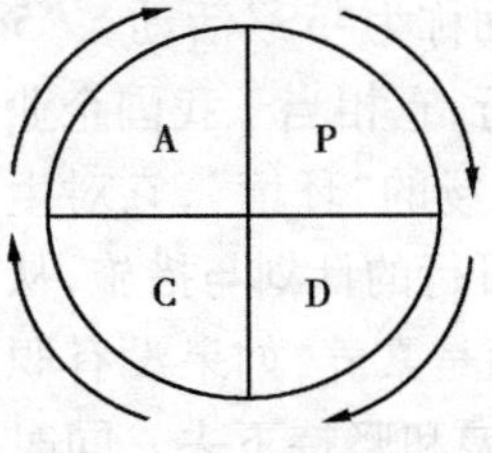

图2.1　PDCA循环图

2)PDCA循环。PDCA循环亦称戴明循环,是由美国质量管理专家戴明博士提出的。它通过PDCA循环来提高产品服务或工作质量。它共有4个阶段,即P(plan)——计划,D(do)——实施,C(check)——检查,A(action)——处理这4个阶段(见图2.1)。PDCA循环第一个阶段称为计划阶段,又叫P阶段。这个阶段的主要内容是通过市场调查、用户访问、国家计划指示等,搞清楚用户对产品质量的要求,确定质量政策、质量目标和质量计划等。第二个阶段为实施阶段,又称 D 阶段。这个阶段是实施 P 阶段所规定的内容,如根据质量标准进行产品设计、试制、试验,其中包括计划执行前的人员培训。第三个阶段为检查阶段,又称 C 阶段。这个阶段主要是在计划执行过程中或执行之后,检查执行情况是否符合计划的预期结果。第四阶段为处理阶段,又称 A 阶段。主要是根据检查结果,采取相应的措施,对成功的经验加以肯定,并予以标准化,或制定作业指导书,便于以后工作时遵循;对于失败的教训也要总结,以免重现。对于没有解决的问题,应提给下一个 PDCA 循环去解决。这 4 个阶段是循环往复的,没有终点,每循环一次就会提高一步。同时 PDCA 是一个综合的循环,各个循环紧密联系在一起,有时还交叉进行,呈阶梯式上升。在执行 PDCA 循环的过程中,还可与其他统计方法结合起来使用(如:柏拉图、鱼骨图、箭头图),这样能更好地实施全面质量管理。

3)QC-story 法。QC-story 法是在日本产生的。运用此法解决问题的步骤如下:明确把握问题—原因分析—要因确定—制定对策—实施对策—检查效果—采取巩固措施—找出遗留问题。当然,在每个阶段都有一些具体的要求,每一个步骤做好后才能起作用。同时,这个过程也是一个循环往复的过程。

4)推广"5S"运动。"5S"是整理(seiri)、整顿(seiton)、清扫(seiso)、清洁(seikeetsu)和素养(shitsuke)5 个词的缩写。开展以整理、整顿、清扫、清洁和素养为内容的活动称为"5S"活动。"5S"活动起源于日本,并在日本企业中广泛推行,它相当于我国企业开展的文明生产活动。"5S"活动的对象是现场的"环境",它对生产现场环境全局进行综合考虑,并制定切实可行的计划与措施,从而达到规范化管理。"5S"活动的核心和精髓是素养,如果没有职工队伍素养的相应提高,"5S"活动就难以开展和坚持下去。同时一个企业要生产出好的产品就必须要有良好的环境品质,脏乱的环境不可能生产出好产品。同时,通过 5S 运动的推广,可以使员工养成良好习惯，摒弃草率，提高员工的品质。这也是做好质量工作，提高工作效率，降低成本的先决条件。

5）广泛开展QCC。QCC（quality control circle）即品管圈，起源于日本。它是由同一个工作场所的人（6人左右）为了要解决工作问题，突破工作绩效，自动自发地合成一个小团体（圈圈），然后分工合作，运用质量管理的简易统计方法进行分析，解决工作场所的障碍问题以达到业绩改善的目标。通常的QCC讨论会，大致一个月聚会两次，一次约1～2 h，可利用上班时间或者下班时间。QCC操作简单，实行起来非常快，但也正是因为如此，它容易被公司的管理者所忽略，因此要足够地重视。实行QCC时，包括以下几个方面：建立QCC小组，起名登记注册，开展活动（掌握部门问题、确定目标、解决问题、提出对策、实施对策、维持效果），发布成果，公司对优秀的QCC小组进行奖励。

6）6δ法（六西格玛法）。6δ于1987年诞生于濒临倒闭的摩托罗拉公司。作为一种全新的管理概念，它指的是全面的管理义务、卓越的见解、以顾客为中心、过程的改进以及度量的规则，即把顾客放在第一位，利用事实和数据来驱动更好的解决问题的方法。6δ是统计学的一个单位，表示平均值的偏差，它可以衡量一个流程的完美程度，显示每100万次操作中发生多少错误。6δ值越高，失误率就越低。6δ法是以一项数据为基础，追求完美无瑕的质量管理方法。这种管理方法关键的主题有以下一些：真诚地关注顾客并以顾客为中心；以数据和事实来推动管理；针对过程进行管理和改进；预测性管理；无边界性合作；力求完美，容忍错误。

7）实行全面创新管理（total quality improve，TQI）。企业要发展，就要不断地创新，不但要在产品上、决策上创新，更重要的是在管理上创新。在全面质量管理的过程中的创新管理，可以使企业获得更大的竞争优势。

2.4.2 案例及评析

案例1 马狮集团百货公司——全面质量管理的典范[1]

马狮集团百货公司(以下简称“马狮百货公司”)创立于1884年,一个世纪以来,它一直被认为是英国乃至世界上最成功的企业。其原因在于它最早将全面质量管理引入公司的管理与生产中,开辟了企业实行全面质量管理的先河。

在世界众多的零售商中,提起马狮百货公司的名字,它们往往肃然起敬,因为如果可以获得马狮百货公司的订单,那就意味着它们的产品有很高的质量。而马狮百货公司的出名就在于它的至高的质量意识与服务意识为人所敬。

马狮百货公司始终认认真真地坚持执行企业质量经营的理念,并通过公司实实在在的卓越行动来体现。

1)为顾客提供精挑细选、品质优越、设计完善、价格合理的商品,坚持质量经营是马狮百货公司的第一条。公司为了真正落实这一原则,采取了以下几种措施:

①向顾客提供精挑细选的高质量的商品。马狮百货公司售卖的商品都努力做到真正符合消费者需要而且商品优良,同时还是让消费者可以合理负担的商品。公司从产品的设计到生产,一直到商品卖到顾客的手中,始终严把质量关。同样,公司拥有的设计队伍也是一流的。他们同供应商的技术人员一起从设计上提出严格要求,要求供应商严格按照规格进行生产,而且公司还派出技术人员督察。马狮百货公司认为:产品质量优劣不仅看出产品本身是否符合设计的规定,而且还看出到底是否符合消费者的需要。

① 李广龙.现代企业管理快易通.北京:企业管理出版社,2003.283~289页

为此,为了更好地满足消费者的需要,公司还推出“不问因由”的退款政策。公司规定,凡是公司出售的商品都可因有瑕疵或其他原因退货而退还现金。并且公司保证只要顾客知道自己的尺码,他们所选的服装就会十分合身。公司让顾客买回家之后试穿,并保证只要顾客不满意,无论是在哪个方面,顾客都可以退换或退货。这样做的目的在于:一方面迫使公司要求完善,生产高质量的商品;另一方面,确保顾客不会因为货品有任何问题而受损。

②服从于满足顾客需要的完善设计。马狮百货公司虽然是一个零售商,但是它与一般的零售商不同,它不是到供应商那里去找商品,而是和供应商们一起设计商品。公司认为顾客所需要的许多商品根本不存在,因此,公司规定:一定要找到这些商品,如果需要,就把他们设计出来。同时公司认为,零售商必须负责起传递消费者所需要信息的责任。于是公司同制衣商密切合作,生产出各种类型、做工精巧、完美的服装;且价格在广大消费者的承受力之内,满足了广大消费者的需要。马狮百货公司为向消费者提供他们所需要的商品,建立起了自己的设计队伍,与供应商密切合作,一起设计或重新设计商品。马狮百货公司与其他零售商不同,其他零售商是制造商生产什么,它们就卖什么。而马狮百货公司是自己先决定卖什么,然后才同制造商合作进行设计和生产。这样,马狮百货公司就真正能够实现顾客需要什么就卖什么,真正为广大消费者提供他们所需要的产品。

当然,把顾客的需要转化为商品并不是一件容易的事,公司要经过十分艰苦和复杂的工作才能设计和制造出来。为生产出真正满足顾客需要的商品,公司往往投入大量的人力来进行设计,向供应商提供技术指导,确保生产出来的产品真正是顾客所需要的,价格是顾客能负担得起的。所以有人说马狮百货公司不是零售商,而是一个没有工厂的制造商。

③合理制定价格政策。公司始终坚持以最低廉的价格出售最高品质的商品,使普通消费者能买得起。因此,公司要求尽可能地降低商品的成本,但是并不以降低商品的价值和品质为前提。马

狮百货公司的政策是,不论一件商品的生产成本及市价是多少,首先要考虑的是商品售价是否在普通消费者的承受能力之内,然后才去寻找和创造可以按此价格有利可图地生产该商品的条件。正是由于公司始终坚持合理定价,在消费者中树立起了良好的形象,公司的商品一直以来始终保持旺销,公司才欣欣向荣。

2)鼓励供应商采用最先进和最有效的技术。重视先进技术的运用是实现第一条的必要条件。公司认为供应商应同零售商紧密结合,共同努力,加速先进科技在生产中的运用。现在公司拥有自己的专业设计队伍,不仅在控制产品的质量方面担任重要的角色,而且在促进产品创新、促进供应商采用先进技术方面起着同样的作用。

3)与供应商紧密合作,确定高标准的质量控制。为什么马狮百货公司能够与供应商保持密切合作的关系?因为马狮百货公司与供应商的合作目标是以顾客满意为宗旨,并坚持与供应商相互信任、相互支持而获得的。由于公司本身有技术专家,使得它对技术发展的现状、趋势就十分的明了。因此它能不断地促使供应商采用先进的、高效率的技术,并对供应商采用新技术方面进行援助或提供资金方面的支持。而对于采用新技术的高额回报,公司将其中的一部分再次应用于支持供应商改进技术的领域,形成了对供应商采用新技术的刺激,同时也形成了供应商采用新技术的良性循环。

4)向顾客提供友善、乐助的服务,使顾客得到更多的购物便利,更舒适地购物。公司的每项工作都是以顾客为中心的,每一个环节实际上都是为了满足顾客的需要而运行的。比如:公司向顾客提供各式各样他们所需要的服务,创一流的工作环境。顾客在马狮百货公司购物除不用担心产品的质量以外,还可以享受到便利舒适的购物服务。公司认为,商品离开商店并不意味着服务的结束,就可以撒手不管,而是将产品离开商店到达顾客的手中当做服务的开始。只要出现问题,公司随时会向顾客提供服务。

5)简化操作程序,不断提高工作效率。公司认为,在经营的每一个环节的效率都会直接有助于满足顾客的需要。当公司的经营规模扩大，机构不断扩张，出现了不利于公司服务的风气，并成为效率提高的严重阻碍时，公司成立了“简化操作”运动小组。小组的目的在于摒除浪费和不具实效的操作方式。为此，小组深入到公司各商店、各室进行调查研究，发现了很多程序可以简化，很多规章完全是多余的。公司对这些进行改革，改进后的措施成为以后马狮百货公司对付低效率和低服务的有效武器。

评 析

本案例很好地反映了全面质量管理中“以质量为中心、使顾客满意”的思想。马狮百货公司作为一个零售商，从创立一个多世纪以来被认为是英国乃至世界上最成功的企业，这很不容易。公司靠的是产品的质量，对顾客满意的服务，这些都是实行全面质量管理的结果。按理说，作为一个零售商，它只负责产品的销售，而不负责产品的设计，生产商的生产技术与公司无关。但是，马狮百货公司不仅在对顾客的服务上无可挑剔，实行不问因由退款政策，坚持以最低廉的价格出售高品质的商品，还应顾客的要求，帮顾客设计出他们满意合身的服装。同时，马狮百货公司除了自己拥有过硬的技术外，还鼓励供应商采用最先进和最有效的技术，确定高标准的质量控制。这样，就无形中帮助供应商提高了生产技术和品牌形象，同时好质量的商品为马狮百货公司赢得了成千上万的客户。马狮百货公司自己的设计队伍、过硬的技术，对供应商产品的严格要求，为供应商设计产品、提高技术，这3条使其成为世界百年成功企业。

如果把马狮百货公司的整个生产过程结合起来看，这正好是一个戴明环，即PDCA循环。在P阶段（计划阶段），马狮百货公司通过坚持向顾客提供精挑细选、品质优越、设计完善以及价格合理的产品，提出无条件退款，发现顾客不满意的产品，同时了解顾客所喜欢产品的设计样式。在D阶段（实施阶段），针对第一阶段顾客提出的要求,公司的专业人员开始设计产品样式,并将这些样式提供给供应商,同供应商一起将技术运用于生产中。由于公司有自己的专业技术队伍,所以能在控制产品质量方面担任重要角色,还能促进产品的创新。在C阶段(检查阶段)进行高标准的质量控制。公司现有自己的专业人员检验,并对合格产品交由顾客检验。在A阶段(处理阶段),对顾客不满意的产品"不问因由"退货,又重新进入设计阶段。这样,总能生产出顾客满意的产品,又使自己的技术设计有了很大的提高。

案例2　海尔质量管理模式——以质量为重[①]

张瑞敏在质量管理上就选用了"零缺陷"的战略。"零缺陷"是质量管理的一个全新境界,它将质量管理的重点由事后检查转向生产过程总的控制;同时,它不认同"人难免会犯错"这种根深蒂固的看法,主张任何缺陷都不能接受,不论缺陷大小。只有完美无缺,即顾客完全满意,才是企业应全力追求的标准。执行这种标准,意味着质量是每一个人的事情,每一个人都必须认清每一项微小行动的重要性。为了提高产品质量,在产品国产化过程中,海尔对零部件严格执行国际标准,宁可停产也不降低标准。张瑞敏提出"下道工序是用户",依靠"三检制"(自检、互检、专检),对生产过程进行质量控制。同时开展群众性的质量控制小组,强化职工的自主管理意识,对症下药,随时解决已出现或可能出现的问题。为正确处理产品与质量的关系,张瑞敏实行了严格的质量否决权,根据每道工序的质量责任大小,编制质量责任价值券。上下工序之间出现质量问题均可当场撕券,奖优罚劣。员工们明白了只有在高质量的前提下提高产量才是惟一正确的选择。海尔文化中的质量理念是,"带缺陷的产品是废品,优秀的产品是优秀的人干出来的"。这种价值观在企业中被认同,使每个员工从个人素质角

① 任新编.张瑞敏谈海尔模式.北京:线装书局,2003.38~54页

度认识到提高质量的重要性，从而让质量意识深入人心。在海尔生产线上可以看到，每件产品都有一张质量跟踪单，一旦出现质量责任，可以追究到个人。这样从制度上防止了工人因麻痹大意而导致的质量事故。

为保证每个部件质量水平的稳定与提高，海尔冰箱公司在供应商的选择上制定了非常苛刻的条件，如规定重要零部件的供应商必须是国内或国际同行业前三名的企业，同时每月对供应商的产品质量、价格、服务水平进行综合评比，以促使供应商无论在产品质量控制、生产管理，还是在新产品的开发方面都产生一种无形的压力，相对保证了零部件质量的稳定与提高。

不仅如此，海尔还采取了形式多样的竞赛活动，如质量擂台赛等，以提高员工的质量意识。目前，冰箱事业部在质量管理上推出新举措——"现场质量代价"行动，即生产现场出现的每一个废品都换算成"现金"来衡量，并且都要落实责任人承担。行动由于通过直观的"价格"，大大提高了员工质量意识，收到明显效果。

一厂箱体发泡班长赵立田在"现场质量代价"行动实施的第二天因溢料造成废品一台，当场就交出现金40元。赵立田立即进行排查整改，最终发现冰箱的底角处右侧对安装要求非常高，极容易溢料。他立即建议对其进行技术改进，彻底解决了底角处溢料问题。赵立田说："出现废品，就要马上查原因改进，问题不根治，一台40元，自己受不了，企业损失就更大。"

"现场质量代价"行动实施近10天，一厂箱体发泡的日均废品比10天前下降了一半。"现场质量代价"行动给员工养成了"一次就做对"的质量意识，降低了现场废品数量，大大提高了海尔冰箱的市场竞争力！

在国际上，张瑞敏为海尔制定的方针是："要在国际市场竞争中取胜，第一是质量，第二是质量，第三还是质量。"1994年10月，在著名国际认证组织——挪威船级社（DNV）两名专家严格审查下，海尔的电冰箱系统通过了ISO 9001—94E版的复审。海尔冷柜系统和空调器系统也顺利通过了这一认证。海尔洗衣机系统也如愿以偿,拿到了进军国际市场的通行证,成为世界级供应商。海尔同时拥有通过国际质量体系认证的4种主导产品,这在中国家电企业中绝无仅有。2001年9月28日,海尔集团被授予我国最高质量荣誉——全国质量管理奖。

对于质量,张瑞敏认为"质量是企业永恒的主题,而正确的观念是保持永恒的关键。从起步开始,海尔就实施一种质量驱动战略。简而言之,它的目标就是要成为一个高质量的组织,干出高质量的工作,生产高质量的产品。为了提高质量,海尔实行6δ管理方法。海尔自引入6δ法后,在产品的生产质量上有很大的提高。如:随着海尔洗衣机新产品的开发速度加快,投产的新品型号也越来越多,而不同型号洗衣机的零件相异,极易造成混用,影响产品质量。洗衣机事业部一分厂技术员兰永波依据严格的数量采集和分析,找出误差的根源,制作了零部件标识,将几大系列相近的放在一起识别,不仅提高了操作效率,而且消除了质量隐患。1998年空调事业部资材处实行6δ管理法后,每天产量1万台竟然没有一台送错料。大到压缩机,小到一颗螺丝钉,不多一个也不少一个,就像用计算机控制一样准确到位。

评 析

本案例除了让我们很好地了解到海尔企业文化中非常重视产品的质量外,还让我们了解了全面质量管理的一种全新方法,即"零缺陷"质量管理。正如张瑞敏所说:"质量是企业永恒的主题,而正确的观念是保持永恒的关键。"由于海尔重视产品的质量,因此,非常强调全体员工的质量意识,通过开展群众性的质量控制小组(类似QCC),编制质量价值券,进行质量擂台赛活动等,来提高员工们的质量意识。海尔的质量管理模式除提出口号:"第一是质量,第二是质量,第三还是质量"外,还提出"质量无小事"、"白玉不能有微瑕"、"第一流的产品来自第一流的素质",用质量开拓市场。为此,海尔引进了6δ管理法,实行"零缺陷"管理,将产品质量的管理因素由事后的检查转向对生产过程的控制。主张下道工序是上道工序的顾客，同时主张任何有缺陷的产品都是不能接受的。正是由于海尔集团对产品质量的高标准、严要求，才使得其在2001年9月28日被授予我国最高质量荣誉——全国质量管理奖。

为追求高质量的产品，海尔集团实行OEC管理，编《质量价值手册》，在车间设有"车间日清栏"。OEC管理法中，O代表overall，意为"全面的"；E代表everyone，everything，every day（简称"3E"），意为"每个人，每件事，每一天"；C代表control and clear，意为"控制和清理"。OEC的含义是全方位地对每个人每一天所做的每一件事进行控制和清理，做到"日事日毕、日清日高"。每天的工作每天完成，而且每天的工作质量都有提高，这样从车间到集团总部的每一位员工都知道自己每天做什么。《质量价值手册》是把以往生产过程中出现的所有问题都记录在上面，人手一册。车间日清栏是把一天中的所有情况都写在上面，让人一看都明白。这些管理方法与6δ管理法紧密地结合在一起，为公司营造了一个干净、舒适、整洁的工作环境，同时又使"质量第一"的意识深入到了每一位员工的心里。更重要的是这么多的管理方法结合在一起，牢牢地控制着产品的生产过程，从而为生产出高质量的海尔商品打下了坚实的基础。

从海尔的质量管理模式中，可以看出质量是企业的生存之本，高质量的产品是企业赢得顾客的基本保证。同时，为了提高产品的质量，企业可以根据自己的实际情况而采用多种管理方法，实行全过程的质量控制。但是这些管理思想要深入到每一位员工的心中去，要引起员工的足够重视，这些管理方法才能起到应有的作用。只有这样才能生产出顾客满意的产品。

案例3　上海大众汽车有限公司的全面质量管理及管理创新①

上海大众汽车有限公司(SVW,以下简称"大众公司")是一家中德合资的大型汽车制造企业。公司拥有职工1万余人,除生产部门外,还有10余个职能部门,这些职能部门和生产部门各司其职。由于部门较多,专业分工较细,在协调和处理问题时往往产生一定的困难。从1996年起,公司开始按照ISO 9000质量体系的模式进行运行。同时,公司领导也意识到,要在真正意义上推行TQM,就必须对原有的组织运行方式进行一些变革。这具体体现在两个方面:一是通过推行TOP-Q活动,加强各横向职能部门之间的合作来解决生产过程中的质量问题;二是在生产部门内部采用团队工作法,使得全体职工参与到生产管理活动中去,从而确保生产过程的质量。

(1)推行TOP-Q活动

TOP-Q即最高质量,这里的"最高"体现在两个方面:一是参与TOP-Q活动的人员必须是最重要的人员;二是TOP-Q所要解决的是那些对生产活动影响最重要的问题。因此,TOP-Q活动即是由一些最重要的人员来一起解决一些最重要的质量问题的活动。

TOP-Q活动是大众公司解决生产质量问题的有效途径,生产部门在TOP-Q活动中起着主持和协调的作用。在每次TOP-Q活动之前,车间技术人员要精心准备,对问题进行描述和分析。如有必要,还须召集有关技术部门人员一起进行专题讨论,在TOP-Q会议之前拿出方案。在TOP-Q会议上,原则上不再做深入的探讨,车间提出方案后,由各部门带回去实施。

TOP-Q会议所提出问题涉及面很广,有材料的质量问题、生产工艺的不合理问题、生产设备缺陷等等。如前所述,由于各职能部

① 匡竹平,尤建新.论全面质量管理与企业管理创新——以上海大众汽车有限公司为例.同济大学学报(社会科学版),2000,11(1):46~48

门分工明确,许多问题生产车间无法自己解决,必须借助于相关的职能部门一起来解决。通过 TOP-Q 活动形式,将生产部门和其他职能部门紧密地联系在一起,体现了生产型企业以生产为主的经营思想。

大众公司通过开展 TOP-Q 活动,解决了生产过程中的许多质量问题,为提高产品质量及声誉起到了举足轻重的作用。下面以油漆涂装车间通过 TOP-Q 活动解决油漆灰粒的例子来介绍 TOP-Q 的活动过程。灰粒一直是困扰油漆涂装界的一个难题,也是油漆涂装过程的主要缺陷。为解决灰粒缺陷,涂装车间技术人员会同规划技术人员和油漆供应商进行了技术攻关。经分析,灰粒来源于材料、设备、工艺操作等各个环节,单单依靠生产车间是无法彻底解决的。在对灰粒形成的原因进行了大量的分析讨论之后,车间制定了整改措施。在 TOP-Q 会议上各部门分工协作,最后使灰粒成分从原来的 70% 左右降低到 55% 左右。

(2)采用团队工作法

运用团队工作法,让全体员工参与生产管理活动,确保生产过程的质量。团队是由若干个独具才能的个体为着共同的目标而形成的一个灵活的群体。团队的有效运作主要表现在 3 个方面:其一,有明确的工作目标;其二,分工明确,各司其职,各尽所能;其三,有很强的凝聚力,集体观念强。大众公司的生产部门在具体实施的过程中,注意到了团队的这些特性,并且将 TQM 思想贯穿于整个过程。为适应现代化流水线作业的生产方式,大众公司的团队工作按照以下的模式运行:团队人数原则上规定为 6~12 人,设立一名兼职主持人,团队内各项工作执行分管制,兼职主持人负责总协调,使用信息栏记录和公开各类信息。为了充分发挥团队的效能,同时考虑到影响团队工作质量的一些重要方面,大众公司在实施团队工作时,对活动内容做了明确的规定:

1)质量控制。包括各团队根据自身实际情况确定团队质量目标和指标:团队每日进行自身和上道工序的质量缺陷统计,并及时整改或反馈,针对重要或高频次发生的质量问题,每月进行一项质量缺陷攻关,质量控制工作由团队内质量分管员负责。

2)设备自主保养。按公司和工厂的设备完好率检查,要求进行设备保养,设备分管员负责检查和督促。

3)成本控制。按小组辅料定额进行分发和统计,由成本分管员负责。

4)安全、环境及文明生产。按"安全文明生产检查表"进行检查,由安全文明生产分管员做好记录和整改。

5)一岗多能培训。按公司"三·五一工程"要求进行培训,由一岗走向三岗、五岗,最后完成全岗贯通,由人力资源分管员负责安排。

6)考勤和休假计划控制。人力资源分管员每月制定团队成员的休假计划,通过合理安排保质保量完成生产任务。

团队工作自1998年6月份开展以来,公司在质量、技术、产量、成本、设备完好率以及人员素质改善等方面取得了显著的效果。

评 析

本案例是一个全面质量管理与管理活动创新得很好的例子。大众公司结合自身的实际情况,在公司内推行全新的质量管理方法。其中推行的TOP-Q活动,是以质量为纽带,强化各部门之间的专业合作,同时也运用团队工作法,让全体员工参与到生产管理活动中,确保生产过程中的质量。虽然TOP-Q活动和团队工作法有点类似于QC小组,但是与QC小组又不完全相同。TOP-Q活动是在各个横向职能部门间开展的,而团队是由若干个独具才能的个体为着共同的目标而形成的一个灵活群体。TOP-Q活动和团队工作法符合大众公司的实际情况,确保了全过程的质量,从而为最终提高大众汽车的品牌做出了重要的贡献。

现代企业要发展,要在激烈的竞争环境中立于不败之地,就必须不断地创新。这里指的创新不但包括在产品设计上的创新、在企业制度上的创新，而且还包括管理的创新。从很大的程度上来说，技术的创新和管理的创新就是质量的创新，因为技术的创新和管理的创新最终要体现在提高质量、增加企业的效益方面。21世纪的创新应当是全面的质量创新，涉及产品的创新、质量的改进、重视市场的需求、更加重视全面的服务、更加重视质量体系的有效运转以及人的作用。这些都是企业在未来获胜的法宝。仅从本案例提供的信息来看，大众公司在管理创新上向前迈出了很大的一步。公司认真贯彻执行全面质量管理的思想，在公司内推行TOP-Q活动，将生产部门和直接相关的各职能部门以质量为纽带紧密地联系在一起，强化了各部门之间的专业合作；同时在生产车间内实行团队工作法，充分发挥了班组的管理职能，让员工最大限度地参与到生产管理活动中，从而使人人都成为现场的管理者。实践证明这种管理创新形式，对大众公司提高工作效率、改善生产过程质量起到了积极的推动作用。这种管理模式与管理创新思想值得其他企业借鉴和推广。

案例4　中国石油第二建设公司实施全面管理纪实[①]

质量是企业生存的关键，已成为中国石油第二建设公司（以下简称"中油二建"）全体员工的共识。视质量为生命，从源头抓质量，已成为中油二建人的共同行动。在西部大开发、公司大发展的征程中，中油二建以市场为导向，高奏质量主旋律，用实际行动谱写了一曲曲激流勇进的乐章。

中油二建成立于1956年，其前身是兰炼安装公司。公司下设15个基层单位，共有职工2 300余名，拥有固定资产2亿元。该公司实力雄厚，能够独立承揽国内外千万吨级石油化工工程建设，压力容器设计、制造、安装，工业与民用建筑施工，大型设备运输吊装，炼化设备配件制造等项目，并以良好业绩跻身于中国建筑业

① 刘莉．高奏质量主旋律——中国石油第二建设总公司实施全面质量管理纪实．质量指南，2003(3)

500 强及设备安装行业 100 强。

(1)建立高质量的管理体系

高质量产品的形成与生产过程是一个有机整体,要使质量处于受控状态,必须建立一个责权分明、相互协调的管理体系。1998 年以来,公司相继建立了以 ISO 9002 质量管理体系为中心,以压力容器质保体系、压力管道质保体系、HSE 体系、锅炉安装质保体系为主要支柱的管理体系网络,把强化以质量为核心的管理体系作为提高工程(产品)质量的突破口。同时实施项目经理负责制,项目经理对工程从施工前期准备到交工验收全面负责,采取目标管理、倒排网络的办法,确保工程按期交工。在项目施工中,实行"22358"管理模式。即:两制建设——项目经理负责制、项目成本核算制;两个分离——标价分离,项目管理层与作业管理层分离;三大体系——质量管理体系、HSE 管理体系、统计核算体系;五大目标——进度目标、质量目标、安全目标、成本目标、文明施工目标;八大项目制度——施工进度、技术质量、安全环保、材料、设备、统计核算、现场文明施工、奖惩考核。

西部大开发战略的实施,给中油二建带来了千载难逢的发展机遇。对于兰州石化公司的千万吨炼油基地,投资达 13 亿元年产 300 万吨的重油催化裂化装置,投资达 7.2 亿多元年产 500 万吨的常减压装置,中油二建承揽了 60% 的工作量。同时,10 万立方米原油储罐和 4 000 m^3 球罐等重大项目,均由中油二建全部或部分承建。此外,兰—成—渝管道首站、庆阳汽油异构化装置等外部工程项目也掀起了一个又一个建设高潮。在项目多、工作量大的情况下,公司实行项目管理,发挥了以质量为核心的管理体系的整体作用,使质量、安全、成本和进度始终处于受控状态,受到了用户和监理的好评。

(2)增强从源头抓质量的意识

在工程材料进货中,中油二建始终把质量放在首位,实行"阳光采购",从根本上认识了"1∶10∶100"成本法则(即:生产前发现一项缺陷予以改正只花 1 元钱,在生产中发现缺陷需要 10 倍的钱来改正,而此缺陷如果投放市场则需要100倍的钱来改正),严把材料进货关,从源头上把住了质量。

在工程项目施工中,公司加强了工程质量监督检查力度,设专人对各个专业的施工进行现场质量监督。除了对重点部位和关键工序进行重点监控外,还及时对施工现场进行巡视检查,随时了解整个施工过程中的质量控制状况。如发现工程施工质量问题,就及时通知施工单位整改,充分体现了质量监督工作的超前控制作用。在热处理、H形钢生产线及球罐焊接中,应用计算机进行监控。对在质量监督工作中发现的工程质量问题,及时召集有关人员从管理、技术角度分析产生质量问题的原因,制定具体的整改措施,使质量问题得到及时解决。

(3)培养高素质的职工队伍

培养和造就高素质的职工队伍是提高企业竞争力,保持企业持续有效发展的根本所在。市场如战场,打硬仗要锤炼过硬作风,练技术就得练出实招、绝活,练出战斗力。为此,公司采取"送出去、请进来"及内部培训相结合等方式对职工进行培训。公司送出一批人去参加石油工程高层管理人员培训班、监理工程师培训班、项目经理学习班、工程造价管理和工程造价继续教育培训班等培训班,培养了一大批业务骨干。并采取"请进来"的方式对公司进行了全员HSE培训,对所有工程技术人员进行了项目管理规范和P4软件应用培训。在公司内部培训管工、铆工、焊工、"八大员"及其他特殊工种共513人次,328名技术工人通过了技能鉴定。有一名焊工被中国石油集团公司选拔参加2003年的国家奥林匹克大赛。目前中油二建已拥有了一批适应新体制运行的管理人才、一批灵活高效的市场开发人才、一批技术精湛的技术人才,从而为公司的发展奠定了坚实的基础。

西部大开发为中油二建的发展吹来了强劲的东风,它将紧紧抓住这一良好机遇,与时俱进,深化改革,为西部的繁荣做出新贡献。

评 析

本案例是全面质量管理思想在工程建设中的运用。目前全面质量管理思想的适用范围特别广,不仅在企业中得到了很好的推广,并且在政府部门、教育、医疗工程建设等部门都得到了很好的推广,并取得了不错的成绩。在这里要明确一个观点,全面质量管理中“质量”的含义是很广的,它不单单指生产出来的产品质量,与所有部门效益和绩效有关的都可称为质量,如教学质量、服务质量。本案例中的中油二建,并不是要生产出什么产品来卖给消费者,而是搞工程建设。我们都知道,工程的每一个环节都是非常重要的,如果某个环节出了错,就会影响到整个工程的质量水平。假如说工程的质量出了问题,那后果是不堪设想的。然而工程建设中的某些环节是很容易出现问题的。怎样才能从工程一开始就不出差错呢?中油二建为此引进了全面质量管理的思想。公司从工程购买所需的原材料到工程结束的整个阶段,都实行全面的质量控制。为了能更好地控制工程的质量,公司还结合自己的实际情况,建立了一个高质量的管理体系,实行“22358”管理模式。在具体的工程项目中还加强了质量监督检查的力度,对施工现场进行质量控制,一旦发现工程质量问题,就马上通知有关单位进行整改,从而最大限度地减少了损失,同时也提高了工程的质量。该公司除了建立一个高质量的管理体系外,还充分应用全面管理的思想,注意培养高素质的员工,这就充分控制了影响工程质量的最重要因素,同时又很好地发挥了人的能动作用。正是由于该公司的先进管理方式,才在西部大开发中被委以重任,并取得了显著的成绩。

这个案例给我们的启示是:只要结合实际,全面质量管理的思想贯穿在其他部门(如政府、教育、医疗工程建设等部门)中,也可以取得不错的成绩。

2.5　时间管理

2.5.1　理论精要

时间是一种无形却十分重要的资源,它无法开拓、积存与取代。人一天的时间都是相同的,但是每个人却有不同的心态与结果,这主要是人们对时间的态度颇为主观。不同经历与不同职务的人,对时间都会抱有不同的看法,于是在时间的运用与管理上就千差万别了。

(1)时间管理的涵义

对个人来说,时间管理的品质,是个人的绩效表现,对组织而言,时间管理的品质,是整体生产力的状态。其中惟一差别是个人所显示的是人格的成熟度,而组织则是上下不同层次、左右不同部门之间对时间管理的互动效益与效率。不论个人与组织,时间永远不断地流动,稍有疏忽就消逝了。所以对于管理者而言,对时间的管理和对其他的人、财、物的管理,是一样的重要。然而在环境压力下,一般管理者常会放弃自己职业上应该做的事,而去解决一些突发状况或干扰最大的事,结果把工作步调弄得天天都在应付突发的紧急情况,无形中浪费了许多宝贵时间,导致了管理效率的降低。因而,如何有效地管理自己的时间,提高时间利用率,是每一位管理者都面临的重大问题,是一种客观存在,是不能回避和逃脱的。对组织而言,时间表面上是没有成本的,但实际上任何组织无时无刻不在投入的、规模最大、成本最高的资源就是组织决策者、中层管理人员以及员工们的时间。

综上所述,时间管理的涵义是如何面对时间的流动而进行自我管理,其所持的态度是将过去作为现在改善的参考,把未来作为现在努力的方向,而好好地把握现在,立刻去运用正确的方法做正确的事。

对管理者而言,其时间主要分为两大部分:一部分是被动支配时间,是指管理者花费在应酬、接待不速之客等上的时间;另一部分是主动支配时间,是指管理者可通过主观愿望自行安排的时间。从表面上看时间不能存,不能留,不能零存整付,好像只能被安排,但实际上只要能够找出时间管理的一些原则和方法,是能够控制和驾驭时间的。

(2)浪费时间的症状

要有效运筹宝贵的时间,管理者就需要分析浪费时间的种种表现。人们经常都可以看到如下情景:

1)电话又响了,急事的、请示的、投诉的、朋友聊天的……都是不得不接的电话。可是,手头上正在写的一个计划,一个上午了,还没写几个字……

2)马拉松式的会议已经开了两天了,还没有什么结果。会上有人进进出出,东一句西一句,说着说着就跑题了;有的人在会上长篇大论、表扬与自我表扬;有的人开了半天会,还不知来干什么;还有的,把开会当休息,闭目养神,你们爱发言的发言、爱争吵的争吵吧……

3)整天就像消防车,哪里有火情就马上赶到哪里,真是日理万机。可是这里也救火,那里也救火,天天忙救火,就没有时间静下来想想,"火灾"是从哪里来的?

……

一般来说,浪费时间有一些常见的表现形式,如表2.1所示。

表2.1 浪费时间的症状

• 办事拖拉	• 会议冗长
• 不速之客闯入	• 电话干扰
• 经常加班加点	• 穷于应付突发事件
• 上班漫谈、聊天	• 完美主义
• 不敢拍板,等指示	• 主管事必躬亲
• 凭记忆办事	• 不考虑事情过于复杂
• 不考虑轻重缓急	• 主办人员迟到
• 交代不清,事情做错	

以上问题不可能在一朝一夕解决,但作为管理者必须抱有强烈的时间意识,采取有效措施,攻克浪费时间这个痼疾。

(3)有效时间管理的步骤

具体而言,有效时间管理的步骤如下:

1)设立明确的目标。成功等于目标,时间管理的目的是让管理者在最短时间内实现更多想要实现的目标。为了能掌握时间,管理者可根据自己的目标安排10年的长期计划、3年或5年的中期计划甚至是季、月、日的执行计划。计划亦可根据不同的职务层次,组织安排10年的战略目标或3~5年的策略目标。

在这里要强调的是制定计划容易,问题是能否坚持下来。组织在很多时候,项目很好,思路也很清晰,总体计划也有,可就是每个人每天的计划和工作不到位,到最后,组织目标无法达成。

2)按重要性排出目标的次序。对管理者来讲,用80%的时间来做20%最重要的事情是最有生产力的。

谈到时间管理,有所谓紧急的目标、重要的事情,然而到底应做哪些事情?当然第一个要做的一定是紧急而重要的目标,通常这些都是一些突发困扰、一些灾难、一些迫不及待要解决的问题。

当管理者天天处理这些事情时，表示时间管理并不理想。成功者花最多时间做最重要但并不紧急的事情，这些都是高生产力的事情。然而一般人都是做紧急但不重要的事。管理者必须学会如何把重要的事情变得很紧急，这时你就会立刻开始做高生产力的事情了。

在这里可采用 ABC 分类法将目标按轻重缓急分为：A（紧急、重要），B（次要），C（一般）3 类。

3）列出实现目标所必须进行的活动，进行目标切割。作为管理者要实现目标必须采取相应的行动。一般采用目标管理方法可以将年度目标切割成季度目标，列出清单，说明每一季度要做哪一些事情；把季度目标切割成月目标，并在每月初重新再列一遍，碰到突发事件而有更改目标的情形便及时调整过来；每一个星期天，把下周要完成的每件事列出来；每天晚上把第二天要做的事情列出来。

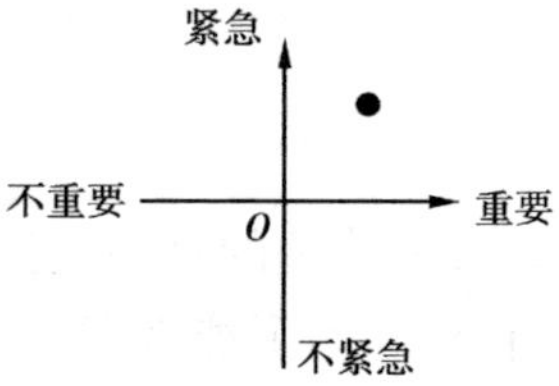

图 2.2

4）针对每一个目标，给实现目标所需进行的各种活动分派优先级。在实际工作中，所有的工作都既有紧急程度的不同，同时也有重要程度的不同，根据这两个维度，可以把组织的事情分成如图 2.2 所示的 4 个象限。

作为管理者，要做的是第二象限的工作。很多管理者工作的时间效率之所以上不去，往往是不良的工作习惯造成的，在很多事情重要但不紧急的时候，往往容易拖，拖到最后拖不下去了，就变成了重要而紧急的工作，就去连夜加班，变成了一个急救者，结果漏洞百出。这是最大的一种问题。

5）按分派的优先级安排活动的日程。根据上述方法确定重要目标和重要工作后，就要严格按计划行事，不要被一些突发事件所干扰。

(4)工作时间管理之道

1)压缩工作周。

①自愿缩短工作时间。管理者可根据自身需要(处理私事、照顾家庭等)减少工作时间。虽然管理者可以将每周的工作时间缩减,但分内工作必须全部按时完成。管理者可根据个人生活规律,缩短工作时间,选择每天精力最充沛、思想最集中的时间,去处理最重要的事情,避免疲劳战,做到劳逸结合,达到事半功倍的效果。

②压缩工作周。管理者可减少员工每周上班的天数,但不减少薪酬。有两种压缩的工作周可供选择:在 4:10 的安排下,员工可以每周上 4 天班,每天工作 10 h;而 9:80 的安排则允许员工在两周中上 9 天班,一共工作 80 h。对于那些担任传统的办公室工作的员工,采用压缩工作周的方式将会极大地提高他们的工作积极性。

2)弹性工作制。弹性工作制,是要求员工每周工作一定的时数,但在限定范围内可以自由地变更工作时间的一种时间安排方案。由于每个人的生活需要和风格、习惯不尽相同,传统的固定工作时间制强迫每个人按照同样的时间工作,是一种比较僵化的方式,不能适应人的需要,因此无法发挥出人的最大效率。从这种意义上讲,弹性工作制看到了工作中人的位置,注重人的需要,并使员工在工作时间安排上能行使一定的自主权。其结果是,员工更可能将他们的工作活动调整到最具生产率的时间内进行,同时更好地将工作时间同他们的工作以外的活动安排协调起来,因此它的实施往往会产生较好的效果。

3)职务分担。职务分担是工作时间上的一种创新方案。它允许两个或更多的员工分担原来一周 40 h 的工作。

作为管理者,不要事必躬亲,列出自己目前工作中所有可以授权的事情,把它们写下来,然后开始找适当的下属来授权处理。比如:可指定一位公关副总或助理专事应酬,解放领导时间;有的事情秘书做起来比自己做得更快更好,就应让秘书来协助完成工作。

4)电子通信。电子通信(telecommuting)是伴随着计算机与网络的普及而产生的一种全新的管理者安排工作的方案。管理者在家中,利用自己的电脑,通过网络来和其他工作伙伴联系并完成工作。

从管理者的角度来看,利用电子通信有几大益处:第一,减少了因交通堵塞而形成的时间耗费和心理压力;第二,可以提高工作效率,提高管理者的时间利用率;第三,提高了处理私人问题的灵活性,做到工作和家庭事务的和谐安排。

现在新兴的 SOHO 一族便是这种工作方式的代表。他们通过因特网召开公司会议,发表个人看法,与其他工作伙伴交流。事实证明,电子通信工作方式是适应社会发展、有效提高管理者时间利用率的一种新型有效方法。

(5)时间管理的注意事项

1)实施时间管理二八率法则。在管理者的工作实践中,人们发现这样的情况,即时间在工作中的分布极不均匀。就工作的重要程度而言,领导者往往是用 20% 的时间完成 80% 的工作,而用 80% 的时间处理其余 20% 的工作。

2)严禁事必躬亲,要善于授权。管理者事必躬亲,势必把大量时间用在琐碎小事上,而影响关键重大事件的处理和决策,这是不可取的。所以管理者应切忌大小权统揽,要善于把权授予给下级,减少事务的纠缠,同时又能发挥下级的才能和积极性,一举两得。

3)要有"集腋成裘"的时间利用艺术。古人曰:"圣人不贵尺之壁,而重寸之阴。"这是要求人们珍惜一分一秒的时间。"冬者岁之余,夜者日之余,阴雨者时之余。"利用"三余"时间的边角料,抓紧处理一些问题,即使只有 5 ~6 min,日积月累,也有很大成效。

4)保持时间上的弹性。"文武之道,一张一弛",领导者在时间的运筹上还要掌握必要的张弛,注意劳逸结合和精力调节,做到集中有松，宽严相济，以提高工作的效率和持久性。

5）养成对自己的时间耗用进行记录的习惯，定期进行检查、分析，并针对薄弱环节加以改进和提高。

6）提倡“三短一准”。三短是指开短会、讲短话、写短文；一准是指开会要准时。

上述这些是每一个管理者在有效地进行时间运筹时必须注意的。只有这样，才不用担心时间的不足，工作才能从容不迫，轻松自如。

时间管理是艺术与技术的结合，感性借着理性而发挥，每天夜深人静之时，人们对当天的感受是最好的指标。

2.5.2 案例及分析

案例1 王经理该怎么办

王某是渝州国力家电公司的销售经理，渝州国力家电公司是以专营家电为主，以房地产、运输、服务、信息业为辅的综合性经营公司。渝州国力家电公司同70余个厂家精诚合作，经营了3 000多种型号的家电产品，已具备了相当实力。王经理作为公司的骨干，他为人勤奋，事事亲力亲为，每天工作10多个小时，就是周末及公众假期都经营加班，从没有什么怨言。在别人眼里，他是好上司、好雇员。在他心里，他总觉得每天都忙，可总是觉得一事无成。干这个工作已经3年了，许多宏图大志、个人理想都还没有付诸行动，心中时常感叹：“没有时间啊！”在2000年11月的公司例行会议上，老总对他说：“小王，下个月就是年末了，下个月的例行会议，我想请你好好报告一下我们来年的销售计划，你可以好好发挥表现一下，多说些你的想法和意见，好好把握这个机会喔！”

从会场出来，王经理很兴奋。他心想，终于可以在公司的高级管理人员面前表现一下，这一次只许胜不许败，必须趁这一个月的时间，好好准备。接下来的几个星期，他虽然还是忙这忙那，可心中总是记着会议的事，心想这样重要的事，必须要在绝对安静的环境下才能构思和准备，迟一些再说吧。然而，“光阴似箭，日月如梭”，直到有一天，他才惊觉无法再拖——明天就是例行会议了。他心想：今天什么也不要处理，用一整天来准备应该是没有问题的。但接下的情况却是……

片段一：上午8:00，正当王经理摩拳擦掌，准备好好干一番的时候，电话来了，是老总打来的，要他立即代他去参加一个家电品牌与经销商的见面会。能够代表老总去出席会议是一件荣幸的事，怎能推迟，反正大不了损失一个上午，下午还有时间。

片段二：开完会，吃过午餐，回到办公室，正要开始做报告，几个精干的年轻人走过来，进来后一边递名片一边说道：“王经理您好，请多指教。”接过名片一看，原来是厂家的业务经理，问明缘由，原来是来找他洽谈进商场设点的问题。这可是关系到公司销售的大事，更何况来者是名牌产品的业务经理，不好推脱，只能好好谈一谈，这一谈已到下午5:00。

片段三：5:00多了，可以开始今天要做的事了吧，王经理坐下来，构想着怎样做个令同事们印象深刻的报告才好，开场白怎么说呢？就在此时，电话又响了，拿起电话，是朋友打来的，闲聊了几句。再重新投入工作时，却什么也想不到了。唉！太疲倦了，还是先回家吧，吃过饭或许会精神好一些。

片段四：下班时间总是堵车，回到家已快到7:00了。洗完澡吃过饭，正准备工作，刚巧电视转播精彩的足球赛，王经理最喜欢足球了，岂可放过，虽有一点内疚，但还是坐下来安慰自己说：“看一会儿，松弛一下，做事会事半功倍吧！”球赛播映完毕，看一下时间已近11:00，王经理可有点焦急了，可越急，越是思维停顿，想不到任何东西，都怪自己贪看电视，现在什么灵感也没有了，倒不如先睡觉，明天4:00起床再做吧。

片段五：凌晨4:00，闹钟准时响起，王经理习惯了赖床，在半醒半梦中挣扎了几下，终于在5:00多起床了。洗漱过后，坐在书桌前,洋洋洒洒写了几页纸,才发觉有些文件资料没带回家,后面的部分做不成,那只好到办公室再做。早上又是一轮交通堵塞,来到办公室已经8:00多,还有2 h,例会就要开始了。在一个多小时的匆匆忙忙之后,王经理终于完成了报告——一份他本来希望“一鸣惊人”的报告,结果怎样,可想而知。

王经理不明白是否所有的管理者都和他一样,每天开始都有着良好的打算,而回家时却不免感到沮丧万分。

评 析

王经理出现的这种尴尬而困惑的境况在我国企业中比较普遍。在我国许多企业中,管理者的时间就像高速公路上全面瘫痪的交通状况,被不得不做的事塞得满坑满谷,动弹不得,至于真正想做的事,却又找不到时间来做。于是,就会出现浪费时间的种种症状。结合王经理的实际情况,我们认为造成王经理时间管理效率低下的原因主要有以下几点:

(1)缺乏时间成本观念,不重视时间管理

1)世界上对每一个人最公平的就是时间,不管你是聪明还是愚笨,是高贵还是低下,都是一天24 h,一年365天,这对所有的人都是一样的。但同时,正因为时间是公平的,同时又是免费的,所以人们往往不认为时间是有成本的,结果造成对时间不珍惜。王经理也犯了一个通病,就是对自己最常见的东西最不珍惜,他根本没有意识到利用时间也应计算成本,因而,他完全没有时间及时间管理的概念。

2)有些人认为,忙忙碌碌应该是管理者的一种状态,不忙不是现代人。特别是中层管理人员,好像觉得他们就应该是天天加班,天天事情干不完,他们已经习惯于这种状态了。从王经理来讲,他想得更多的是工作太多造成其时间紧张,而没有意识到自己从来没有实施过时间管理所导致的结果,更没有意识到时间管理能够给他带来效益。

(2)没有制定详细的可操作的计划

王经理早上醒来之后,大脑中模糊地觉得今天有一个什么样的安排,但是没有变成一个很明细的计划,到办公室后就凭着大体的印象开始处理工作。然后,什么事情找到头上来了就处理什么事情,于是一天的工作就身不由己了。

如果下班前,问王经理今天的工作内容,他会说不出当天的8 h都干了些什么事。如果让他回忆最近一个月的工作内容,他脑海里也是一片灰色,好像真正干事的时间也就那么一点点。

实际上,对中层管理者,周计划和日计划是最关键的,而这些基础管理的工作,在许多组织当中非常薄弱。王经理既没有制定切实可行的周密计划,更没有真正把周计划、日计划这样的基础管理工作持之以恒地做下去。

(3)做事不分轻重缓急

王经理的习惯就是觉得每一件事情都很重要,每一件事情都需要完成,有时为了一件很小的事情,在那儿找资料,打电话求证,反复研究对比。但从实际的角度来讲,这些事情对他今天或者这段时间的工作,是无关紧要的,根本不值得花那么多的时间去处理。

王经理做事的缺陷在于没有安排事情的优先顺序,没有标记出哪些是最重要的且当天必须完成的工作,结果碰到一些干扰因素,最重要的事情没有做。而且,还忘记把它转到第二天的工作计划当中去,最后过了好几天,事到临头,才发现当时就根本没有完成。

(4)没有养成良好的习惯

王经理出现身不由己的问题,是因为没有养成一个对自己的时间消耗进行记录、对零碎时间充分利用的好习惯。王经理不会说拒绝,他的工作习惯是什么紧急就先处理什么,谁来找就去忙谁的事,结果一天忙下来,给下属干了事,给上司干了事,给同事帮了忙,就是把自己的事搁在了一边,该做的事没做。

(5)外部的打扰

有研究表明,外部打扰首先是来自于下属。对中层管理者而言,下属对他们的打扰是第一位的,如请示汇报、沟通交流、谈心、作指示等等,都在影响着他们的时间。如果管理者不能很好地指导下属进行时间管理,最后自己就会身不由己。其次是上司、同事、客户对他们的打扰。就王经理而言,下属、上司、同事、客户的打扰都是造成他时间利用效果低下的重要因素。

案例2　时间管理——A,B校长的不同选择

2003年5月,在重庆宾馆举行的西部高校校长工作研讨会上,四川某大学的A校长和重庆某大学的B校长碰巧住在同一客房,由于语言比较接近的原因,两位校长感觉很投缘,天南地北地聊了起来。A校长向B校长摆谈了一下自己的日常生活。A校长所在的大学无论在教学科研,还是在学科建设等方面在西部地区都可谓是一流的。照常理来讲,A校长一定是繁忙得连回家都顾不上的,可是事实却刚刚相反,A校长工作安排得有条不紊,个人生活也是丰富多彩。高校改革后,实行党委领导下的校长负责制,A校长能很好地跟党委书记协调工作,党务的事情就由自己配合党委书记协调完成,而把主要精力放在学校的学科建设、教学科研、行政管理等主要方面。A校长在学校内部建立了合理的组织结构。在直线指挥系统内,职权按学校、二级学院、三级学院科室层层分授,逐级下达指令,实行分级管理。在职能系统内,职能管理人员充当直线指挥人员的参谋,各职能部门或单位对下级机构进行业务指导,然而无权指挥。相应的权责关系则以制度形式予以确认。为了避免"高处不胜寒"的现象,学校专设"校长信箱",同时也在网站上开通了校长信箱,及时解决广大教职工提出的问题。A校长经常深入基层了解工作,如经常深入课堂了解教学动态,通过走动式管理了解行政人员的办公效率等,除非发现有重大问题,一般他不发表任何意见。忙于应付开会,是很多校长最头痛的事。A校长上任以后就对开会做了改革,学校需要召开的例会,

时间、地点、出席人员都通过制度固定下来。全校性的会议由校长办公室统一安排,A 校长本人每周仅召集两次会:一次校长办公会,一次总协调会;还有就是参加两周一次的党委常委例会。A 校长领导着上万人的大学,工作千头万绪,但他很少加班加点。遇到外出考察的时候,他就委托一位副校长代行职权,本人不做遥控指挥。他认为同企业一样,学校的发展不能强调个人的作用,而要发挥领导班子的整体功能,促成管理现代化,事必躬亲并不是一件好事。仅仅 1 年多的时间,A 校长所在学校各方面的工作都上了一个台阶,共 10 个学科被授予省级重点学科,30 门课程被授予省级重点课程。教学科研水平在社会上的评价也是有目共睹的,良好的学校信誉及教学质量为学生就业奠定了良好的基础,知名度和美誉度在社会上都迅速提升。A 校长除了干工作,还非常重视家庭生活,每个星期都要和妻儿聚在一起享受生活的乐趣,有时到公园野餐,有时到体育馆打网球,有时他还会亲自下厨为妻儿做可口的晚餐……

听到这里,B 校长不禁流露出了羡慕的眼光,自叹道:“作为一个校长,你的学校突飞猛进地发展,你的个人生活又是如此的丰富多彩,真是让我羡慕啊!想想我的工作和生活,真是十分繁忙,毫无头绪。”B 校长也情不自禁地讲起了自己繁忙的生活。B 校长为学校的事情可谓是“殚精竭虑”、“废寝忘食”。经常刚刚才坐到饭桌上,手机就响了,三口两口扒饭下肚,就急匆匆地走了。他每天工作十五六个小时,从不午睡。每次出差,都是利用旅途小憩,到达目的地即投入工作。即使是这个样子,B 校长仍然觉得有做不完的事。正与 A 校长聊得起劲时,B 校长的手机响了,是学校的一名教师打来电话,告知在期中教学检查过程中,他受到了学生不公正的评价,希望校领导能够彻查此事,还他一个公平。B 校长觉得教师的事无小事,于是,他不惜花费自己的电话费并用了近半个小时来安慰这位老师,同时向他表示学校一定会仔细调查清楚事情的原委。B 校长又继续与 A 校长的谈话。他说道,他害怕自己身在高处不能真实地了解许多事情,所以他经常都要下基层去检查工作,可是一旦下去后就脱不了身,通常来讲半天就耗费过去了,上午的工作只好挪到下午来做。因为许多老师、行政人员都很信任他,会向他反映很多学校存在的问题,他都会一一用笔记录下来,从不让秘书代劳,然后再打电话通知相关部门希望他们及时解决。此后,他还会经常打电话给相关部门询问事情进展。正当他讲诉着他忙碌的工作时,电话铃又响了,他只好对着A校长表示歉意的一笑。原来医务所所长打来电话,告知一位老教授得了突发病,急需借钱住院,但金额在8 000元以上,没有校长的签字财务处是不能借钱的。现在情况又非常紧急,如果不及时住进医院,可能会有生命危险。B校长一听,这事千万不能马虎,幸好自己还在重庆,马上叫司机驱车到了学校,在借款单上签好了字。他正准备让司机送他回宾馆时,想到老教授为学校的发展做出了巨大的贡献,在他有困难的时候应该亲自前去问候。于是他带着支票前去医院,安慰老教授的家属不要担心,学校一定会尽全力帮助他们。这时已经凌晨12:00了,他迈着疲惫的步伐回到了宾馆,看着A校长已经熟睡了,也就不便再打扰他了。第二天,会务组组织高校校长们到重庆的某所重点大学参观访问,交流经验,A校长精力充沛,并和这所学校的校长就两校的合作办学等事宜达成了初步协议;而B校长似乎精力欠佳,老打着呵欠,而且他的手机一直在不停地响。

评 析

为什么A校长可以如此轻松地应对工作而且成绩卓越,而为何B校长如此繁忙却未见成效呢?关键就在于二者在时间管理上的差异。任务繁重而时间有限构成了校长们莫大的困扰,如何忙里偷闲,恰当地运用时间,是对管理者的现实挑战,也是对角色行为是否具有有效性的关键所在。通过案例我们必须明确:

(1)有效运用时间的管理者在工作中要尽量授权

管理的实质就是要通过他人来完成工作。正如彼得·德鲁克所言:"管理者自己认为重要的、想做的和已答应做的事,都因为时间不够而没有做。惟一能使他有时间处理重要事情的办法,就是要让别人去做他们能够做的事。"管理者的工作中,有大量的事都可以由他人来完成,而且也应该由他人来完成。让人做事就要授人以相应的权限,以便做事者尽责成事。授权就是任职者将其拥有的职权部分、有目的地授予下属。通过授权,使任职者从那些不必亲力亲为的事务中解脱出来,从而有可能去做好非做不可的事。形象地说,授权是管理者的"分身术"。有效的管理者必须具有授权观念并精于授权之道。至少有3类事情是有效的管理者有意不做的:其一,根本不必做的;其二,可以让别人做的;其三,做了反而妨碍别人做的。

A校长工作的核心概念是"授权"。A校长采取授权型领导方式和相应的管理措施,而B校长则采取集权型领导方式和相应的管理措施。相比之下,一个可以享受生活,而另一个除了工作还是工作。对于一个具有一定规模的学校来说,其主要管理者再是精明强干,但事必躬亲,干预过多,也难免疲于应付,事与愿违。

(2)有效管理时间的管理者应把主要精力集中于少数真正重要的事项

当面临众多事情的时候,最应该做哪件事,可用设问法来筛选。众事当前,至少应自问下列问题:能不能取消?能不能合并?能不能替代?能不能授权?会不会干预过多?经此筛选,相信真正应该做和必须做的事总是相对比较少的,也就不愁没有时间去做想做而又值得做的事了。如果B校长能充分运用设问法的话,他也不会如此沮丧和无奈了。

(3)有效运用时间的管理者应当明白:工作效率有宏观和微观之分

微观效率是相对于行为主体而言,而宏观效率相对于行为主体之外而言。比如,一个人在单位时间里做多少事是其微观效率,他所做的事对于组织的作用则是其宏观效率。管理者角色行为的有效性主要取决于其宏观效率。A校长虽忙里偷闲,但学校的工作一点儿也没落后，反而学校的各项工作百尺竿头更进一步，主要就是因为其宏观效率高，做了一个管理者真正该做的事。

有效的时间管理者不是从他们的任务开始，而是从掌握时间开始的。掌握你的时间，只要你愿意，你一定能够做到。

案例3　新兴SOHO一族

一位着装时尚的青年人，神采奕奕，迈着轻松而自信的步伐走到了嘉宾的座位上，场内顿时掌声响起。原来他就是今天谈话节目的主角徐先生。

徐先生，男，已婚，1965年生于重庆。原本也是上班族中的一员，他本科学的是电子信息通讯，研究生阶段学的是金融投资，毕业后，到了一家银行工作，像绝大多数人一样准时上班下班。但是忙碌的上下班，烦琐而死板的工作，紧张的人际关系，极大地降低了他的工作热情。特别是在工作一段时间后，他及时调整自己的心态，重新激起对工作的热情，他就银行内部的管理以及业务方面的情况写过几篇不错的报告和计划，希望能得到领导的重视和采纳。但出乎意料的是，领导不仅没有对他的报告和计划给予肯定，反而还指出其报告缺乏现实操作性。徐先生心情很沮丧，家庭关系在这个时候也出现了危机。学校打来电话，说孩子在校无心学习，老师问其原因，他说爸爸工作不愉快，就经常批评他。妻子本来就埋怨他对家庭照顾不够，这下就更不满意徐先生了。原本就向往自由、寻求独立、享受快乐的他，此时面临如此众多的问题难以解决。一气之下他辞去了现在的工作，重新应聘到一家证券公司，作股市分析师。恰逢这家证券公司正在搞改革，准备将新兴的SOHO办公引入办公机制。徐先生最开始只是想换一个环境，后来觉得这家证券公司还有更吸引他的地方就是可以在家办公，从此他就过上了新兴的SOHO生活。

徐先生的生活跟以往相比有了巨大的改变，他现在对他的工作、生活状态很满意，认为自己是一个自由、快乐的家庭办公族。

他谈到,现代通信和计算机的发展,为家庭办公创造了非常便利的条件。原先在办公室里的工作完全可以拿到家里去做。实际上,在自由轻松的家里办公,有很多好处。每天可以节省在路上两个小时上下班的时间,也不再为复杂的人事关系而费劲心力,也不用管外面是刮风下雨还是烈日炎炎。特别是对于已婚人士来说,还可以照顾家庭。每天早上可以毫不匆忙地送孩子上学、妻子上班。下午妻子接孩子放学回来的时候,已经把饭都做好了。工作干了,家庭也照顾了,所有的烦心事都没有了,SOHO 一族就是这样轻松、自由。

徐先生将住房分成办公和生活两个相对独立的区域。在办公区域内,电话、电脑、传真机、复印机、资料柜等办公用品一应俱全。由于他从事的是证券投资业务,所以在家上班的时间与每天股市开盘的时间是一致的。每天早晨送完妻子和孩子后,便打开计算机上网查询当天股市行情,边喝着牛奶吃着面包,边做技术分析。开市后,边收看股票行情边通过电话委托下单。最近网上交易也开通了,他可以直接在网络上实行现时交易,真是很便捷。看盘的间隙,还可以在网上浏览最新的经济动态和投资信息,了解市场的行情,有用的便下载下来,以后慢慢研究,寻找新的投资点。家里同样如战场,但是却没有拘束,很自由。

与其他的家庭办公族不同,徐先生并不封闭,他与外界保持着较多的接触。股市收市后,他一般会去证券公司的股市沙龙里转转,感受一下人气,探听一些内幕消息。生性开朗的他,也时常约朋友到家里坐坐,大家一起聊聊天,吃吃饭,听听歌,真是逍遥快乐。不少投资线索也就是在这种不经意的闲谈中获得的。

徐先生说道:“SOHO 感觉真是太好了。在自由轻松的家居环境下,努力工作,拼命挣钱,享受快乐,真是很幸福的一件事情。其实,由于高科技的发展以及崇尚自由、重视家庭生活观念的影响,SOHO 在国外十分盛行。在美国,家庭办公的人数越来越多。家庭办公是高科技与办公自动化相结合的产物,是人们追求自由工作环境和舒适工作空间的完美结合,并蕴藏着无限的快乐。要自由，要快乐，有能力的你，不妨快快加入 SOHO 一族吧！”

虽然徐先生介绍了 SOHO 的许多优点，但是也有不少观众朋友提出，SOHO 办公是否适应所有的工作，是否适合所有的人，毕竟这种工作方式还是比较新兴的。其中的一位观众朋友 A 就提到，事实上，一部分（还在增加）人宁愿在办公室办公，宁愿每天与上司和同事见面。作为一名网络管理员，他说：“我认识很多远程办公的死硬分子，但是我喜欢与他人一起工作。因为我每天在计算机前工作，所以我不愿意整天在家呆着。”

观众朋友 B 也提到他所在的公司，在公开场合公司人力资源管理人员很少反对远程办公，但在私下里，一些人力资源高级管理人员也在抱怨网络时代的产儿——远程办公发展得太快了。多数人认为，远程办公适合地区销售主管和经常出差的人，也适合需要在规定时间完成工作、但同时因为各种原因只能在家里完成任务的那些人。即使是赞成远程办公的人也承认，远程办公对公司接待人员、高级执行官、需要与雇员和公众见面的人没有什么意义。

观众朋友 C 谈到，他从一本商业管理杂志上看到这样几则消息：IBM 管理知识研究所执行董事 Larry 说，远程办公完全是一个失败。人们如果经常使用这种办公手段就会知道，因为没有任何规则可言，你什么目标也达不到。只有在组织中没有雄心的人才会无条件使用远程办公。所谓远程办公能够形成新的工作秩序完全是一个美丽的神话。

的确，大部分研究认为，远程办公可以提高工作效率，有一项研究表明，远程办公可以提高 15 倍的工作效率。但是也有相当多的研究证明，远程办公会损害人们在工作场所的协作，在被忽视的地方使生产率下降。在人才的竞争极为激烈的市场条件下，很多人经常跳槽。许多公司经理人把远程办公作为一种吸引人才的一种手段，但这只是一种竞争策略。硅谷电子商务公司的人力资源经理说，我们告诉所有应聘的人可以在家办公，但是我们希望他们不要过多地使用这种特权，如果所有人都在家，公司将空无一人。

评 析

1)SOHO一族的产生有着深刻的历史背景,它既是现代通信和计算机发展的产物,也是人力资源管理方面创新的产物。随着科技的进步,“SOHO上班族”制造了不少惊喜。作为一种新兴的工作模式,它有着无可比拟的优势。从案例中知道:SOHO办公能够为公司减少办公费用,工作者能自由调整时间,更好地照顾家庭,人际关系也更为简单。特别是作为提高管理者时间利用率的一种新型有效方法越来越受到人们的青睐。

2)从案例中看出,虽然SOHO办公有着很多优点,但也并非尽善尽美。SOHO办公并不适合所有的工作人群,比如:公司接待人员。如果公司接待人员也远程办公,岂不失去了接待工作的意义。另外,缺乏良好管理的远程办公可能导致生产率下降和侵蚀团队精神。由于缺乏长期的沟通,公司同事感情淡漠,协调性差,将严重影响工作效率,长此以往也会侵蚀团队精神。同时,远程办公不利于公司文化的发展。学术界的研究认为,公司文化的形成需要有一个面对面的非正式的交流场合。换言之,公司文化的形成和强化必须通过交流,离开交流,一些惯例和特别的语言就会消失。因此,过分强调远程办公不利于公司文化的发展。

3)从案例中了解到,做SOHO一族前必须做好充分的准备:

①在仍保持原有的工作的情况下,先兼职做一些自由职业工作。

②在准备从事的自由职业领域先接受一些正规培训,例如选修大学课程或参加专家研讨会及研习班。

③“尾随”本领域人士,以便发现具备何种技艺才能成功。

④接受训练来获取必要的背景知识;个人应当具备很强的自信心以及与他人友好相处的能力。

⑤有承受时间和资金的压力的能力;渴望学习,有创造性,能够自我激励,敢冒风险,足智多谋。

4）特别提醒SOHO一族注意的是：

①作为一个自由职业者，并不是和办公室里的人际关系完全无关，即便是你自己单独工作。

②千万不能低估所谓的“攀谈”因素，即和不同性格的人相处的能力。这种能力对于一位自由职业者的成功是很重要的。

③成功的自由职业者都具备很强的分析能力和出色的口头、笔头的表达能力。

案例4　小杨的烦恼

小杨是一个典型的都市女孩，热爱时尚，追求时尚，不论从哪个角度都能从她身上找到时尚的气息。大学即将毕业，她很想进入一个流行行业工作，经过多方联系，她终于得到了到《风采》杂志社工作的机会，感到分外高兴。《风采》杂志是上海一家杂志社同日本一家有名的女性杂志社联合创办的，目前在国内的知名度与日俱增，销量也很好。她想到自己将有满意的工作，还可以看免费的潮流时装杂志，不禁暗暗地笑了……

大四的下学期，小杨准备先到这家杂志社实习，尽快熟悉工作环境及同事，为更好地开展工作奠定坚实的基础。头一天她和杂志社林主任联系后便约定第二天早晨9:00在总编办公室见面，安排工作。第二天她把自己打扮得异常漂亮，她要给林主任留下一个好的印象。到了杂志社后，她非常有礼貌地问接待秘书林主任的办公室在哪里，接待秘书告诉他林主任正在开会，请她在大厅稍坐。15 min，0.5 h，1 h，2 h过去了，林主任还没有出来，初到公司的她又不好询问，只好在那里默默地坐着……直到12:00，林主任出来了，看到她才想起还有这一档子事，简单给她安排了工作后，就又开始准备下午的会议。她走在路上心里有些凉意，琢磨着杂志社有这么多会吗？不过她马上给自己鼓气，会议多表示杂志社的业务繁忙，看来《风采》很有发展前途。

第三天，小杨开始了正式的实习，她的主要工作是文秘，做好会议纪要。会议安排在早晨9:00,林主任8:15就到了会议室,其他参会人员(主要是各部门负责人)也陆陆续续到来,可是直到9:20,参会人员还没有到齐。林主任觉得实在不能再等了,便开始了今天的会议。林主任宣布今天会议的议题是讨论《风采》销售覆盖面扩大的问题。林主任话音刚落,与会人员便开始积极地发言了。一个人的意见还没有表达完全,另一个人又迫不及待地开始谈自己的想法,整个会场七嘴八舌。会场上小杨根本无法记录,因为太吵,她听不清楚发言人讲的内容,更弄不明白发言人的所讲与主题的关系。一位发言者提出要对《风采》进行改版,以提高杂志质量来提高销售量,可这与会议主题关系不大呀。虽然如此,小杨还是硬着头皮记录了下来。过了一个多小时,林主任似乎也觉得大家讨论的话题离今天的主题越来越远,他要求大家都停下来,听听他的想法,再发表意见。林主任正想就自己的高见发表一番(这是小杨后来总结出的林主任的经常性习惯),可是他的计划还没有打印出来,他只好让小杨通知助理立刻打印好后复印给大家。林主任看这段时间空着,再加之三八妇女节又要来临了,他想《风采》杂志社是一个以女性为主的杂志社,应该在三八节给女同胞们庆祝一下,顺便就征求了一下大家的意见。这下更是不得了,七嘴八舌像炸开了锅一样,各式各样的提议都有,一时之间让林主任难以抉择。虽然计划此时已经复印上来了,可是林主任觉得不好打击大家的积极性,也就没有阻止与会人员的发言。等到10:30过了,林主任想到下午还要约见一个客户,就不得不打断大家的谈话,简单地照着计划读了一遍,希望大家提意见。可能是由于会议时间太长的原因吧,很多人在忽然安静下来后都变得没精打采,偶有几位与会者发表了一下自己的看法,结果还是不了了之。最后,林主任让发行部的同志下来后开一次会,拿出一个具体的方案来。

就这样一个上午过去了,小杨觉得毫无收获,拿着乱七八糟的会议记录,她真的不知道该如何整理后拿给林主任过目。不过她还是硬着头皮在做,她安慰自己说:“可能最开始工作都是这样烦琐吧!”

日复一日地过去了，小杨几乎每天都要遇到相同的事情，她觉得她再也不能忍受这种毫无工作效率的日子，虽然这曾是她梦寐以求的工作，有着令同学羡慕的薪水。她不知道她应该勇敢地选择离开或是痛苦地留下来。

评 析

在中国的很多企业里，只要有3个以上的人，有议程，就可以开会。可是，大家对为什么开会，似乎没有仔细想过，反正只要是有事要讨论、研究，就必定要开会。而且，一开就是一个上午或者一个下午。会议如果组织不恰当，就成为最浪费时间的管理过程之一，于是会议就变成了一种低效率的管理行为。一般而言，行政效率愈高的组织，往往会议愈少；行政沟通愈不良的地方，往往会议愈多。

日本的许多企业很看重时间资源，例如开会，他们最讲究开会效率，绝不开无用的会。每次开会之前，都在会议室里张贴本次会议的成本，多少人参加，开多长时间，每小时工时费用，最后累计起来公布。甚至为了充分利用时间，提高会议效率，不惜把会议室布置得十分简陋，不但无烟无茶，而且没有椅子，开会的人都站着。用简陋的条件控制会议的长度，使主持会议的人和参加会议的人心中有数，开短会、开高效率的会以充分利用时间资源。

如何做到"会议的时间管理"，本案例给了我们许多有益的启示：

1）做好开会准备。"不开没有准备的会"应该成为一条原则，除了思想、意见上的准备以外，还应做好一些事务性的准备。本案例中林主任因为没有让助理准备好开会所需的材料，因此耽误了不少时间，而且也是会议跑题的一个重要原因。

2）准时开会。即使是10个人的会议，由于一个人迟到6 min而延迟开会，加起来也就1 h了。本案例中《风采》杂志社之所以会议缺乏效率，不准时开会是一个重要因素。一般会议时间以

60～90 min最为恰当。重要会议不要超过90 min；一般会议60 min就可以结束。

3）议题明确。开会时设立了一个议题，而且这个议题要尽可能细化，这样才容易保证在开会中不容易偏题。如果议题较大，往往容易出现跑题的现象。本案例中林主任主持的会议就是典型一例。

4）安排紧凑。会议的步骤要在开会前就要制定好，严格按照步骤进行。不该在会上讨论的问题坚决不在会上讨论（如本案例中有关三八妇女节的问题）。同时，如果开会安排得比较紧凑，也比较容易使开会者集中精力，提高会议效率。

5）精心选人。该来开会的一个都不要少，无关的一个都不要。陪客不要太多，只要会后把结果传达给相关人员就可以了。

6）发言简短。最好能限定每个发言者的时间，每个人交流经验的发言最多不超过20 min，表态性的发言最多不超过5 min。

7）避免议而不决。应该会上决定的事情不要拖到会后，否则会议效率为零。

8）主席需经过议事议程训练。许多主席本身就不知道如何主持会议，主席所负责的是确保议事议程顺利进行以及时间控制得当，而不是要来训话或是做裁判的。只要主席指示就免得浪费大家的时间了，否则何必开会。本案例中的林主任看来缺乏有效训练。

9）会议避免例行性。参与会议的人会有个习惯，如果每周三开会，则待议的事都会到每周二才会进行协调或准备。会议如果每周一次，可以规定在周二或周四下午。如这个规定有弹性，就由“例行性”变成“经常性”，在管理上就更符合时间控制的要求。

10）会议环境不可太过舒适。安逸的环境延缓会议的进行，尤其不可有的是电话、茶点，或有扶手、靠背的沙发，这样像是来养老的，不像是解决问题的。会议中不可有任何干扰，包括送资料、送茶水或接电话，这些都是禁忌。

11）会议记录应于72 h内送交与会人员。会议记录需经与会人员签字，主席认定内容无误之后再传交与会人员。

12）尽可能采用电话会议或图文电视会议。这样既可以减少成本费用，又可以节约时间，提高会议效率。

2.6　市场营销

2.6.1　理论精要

世界著名管理学专家彼得·德鲁克曾精辟地指出，现代企业最重要的职能只有两个，一个是创新，另一个是营销。可见，市场营销在企业管理中的重要地位。市场营销是以满足消费者各种需要和欲望为目的，通过市场变潜在交换为现实交换的活动。美国市场营销协会（AMA）1985年将其定义为：市场营销是关于构思、货物和服务的设计、定价、促销和分销的规划与实施过程，目的是创造能实现个人和组织目标的交换。[①] 市场营销的核心是交换，即通过一连串的市场营销活动，如市场研究、产品开发、定价、促销、流通等，使买卖双方在市场上达成交易及交换。

今天，市场营销适用范围很广，商业活动与非商业活动、个人行为与团体行为、实物产品销售与无形产品销售及思想观念的传播均可适用。在现代激烈的市场竞争中，以市场营销为导向的管理理念是现代企业所必备的观念，对企业的生存与发展具有十分重要的意义，对整个社会再生产也有积极的促进作用。

---

① 郭国庆，刘凤军，王晓东．市场营销理论．北京：中国人民大学出版社，1999．14～15页

(1)市场营销在生产与消费之间起着桥梁作用

由于生产的社会化与消费的多样化之间的矛盾，生产与消费之间常常处于一种分离状态，而通过市场营销就可以联系生产与消费，指导、影响生产，引导、激发消费。首先，企业生产的产品不一定是消费者需要的商品，通过市场营销就可以把消费者的信息，如爱好、风俗、习惯、购买力等传递给生产企业，让企业生产出适销对路的产品。其次，由于生产者与消费者在空间上是分离的，市场营销可以有效解决生产与消费在空间上的矛盾，使产品的使用跨越地域限制。再次，从先后顺序来看，总是先生产，后消费，从而生产与消费在时间上存在时滞，市场营销可以及时地消除生产与消费之间的时间差。最后，生产者的销售期望与消费者的购买欲望在通常情况下是不易对等起来的，对商品价格的认同感差，市场营销可以促使生产者、经销者与消费者对商品价值认定的统一，促进市场交易的完成。

(2)市场营销是现代企业增强竞争力的必经途径

市场营销是企业竞争过程中贯穿始终的基本活动，是现代企业整体战略实现的基石，更是一种现代企业管理的观念，要求企业必须根据市场需求合理配置资源，以市场为导向组织生产与经营，增强企业竞争力。在现代市场经济条件下，企业竞争的最主要内容是争夺消费者，不断提高市场占有率，从而使企业生产的产品能够尽快地以较有利于企业的价格销售出去，以获得较大的赢利，通过竞争实现优胜劣汰，强者占领市场，扩大市场，弱者缩小市场，退出市场。市场营销的核心是交换，通过各种各样的促销活动向消费者或经销商传播产品的用途、功能、质量等信息，特别是产品的特色，告知消费者该产品能满足他们的某项需要，引起消费者和经销者的注意与兴趣，影响他们的购买行为。因而，对企业来说，市场营销的真正价值在于能为企业带来短期或长期的收入和利润，提高企业竞争力，从而使企业持续发展。

(3)市场营销是确保社会再生产顺利进行的需要

社会再生产包括购买、生产、销售3个阶段,这3个阶段中资本发挥着各自不同的作用,在3个阶段各自循环的共同作用下社会再生产才会顺利进行,任何一个环节出现了问题,社会再生产就会出现停滞。市场营销作为社会再生产中的重要环节,其功能是否完成是社会再生产是否顺利进行的关键,因为生产要素的取得,商品价值的实现都要通过市场营销环节,市场营销失败,生产就会受到影响,甚至停止。随着生产力的进步和现代科技的迅猛发展,社会分工越来越细,生产的专业化程度越来越高,生产对市场营销的依赖性越来越大,市场营销的领域和效率对生产的领域和效率的制约作用越来越强。可以这样说,现代社会商品生产是以市场营销为前提的。

企业发展要有战略,而战略的实现要靠市场营销管理。市场营销管理是为实现组织目标而对旨在创造、建立和保持与目标购买者之间有益的交换关系的设计方案所做的分析、计划、实施与控制(菲利普·科特勒)。市场营销管理过程分为分析市场营销机会,研究和选择目标市场,确定市场营销策略,制定市场营销规划,市场营销工作的组织、执行和控制5个阶段。其中的市场营销组合("4P"组合,即产品(product)、价格(price)、分销渠道(place)和促销(promotion))及市场营销组合策略的制定是市场营销中研究的中心问题,也是市场营销中策略性、技巧性最强的问题。在实施市场营销活动之前,通过营销调研收集营销信息是保证营销决策准确、及时的前提。

为了寻找营销机会,要分析企业营销环境,通过对企业内、外部环境诸因素进行调查研究,以明确其现状和变化发展的趋势,从中区别出对企业发展有利的机会和不利的威胁,并且根据企业本身的条件做出相应的决策。营销环境分为宏观营销环境和微观营销环境。宏观营销环境包括人口、经济、自然、技术、政治、法律和社会文化等因素,微观营销环境包括企业内部环境、供应商、营销中介、顾客、竞争者、社会公众等因素。

为了更好地了解不同类型市场的需求规律和营销特点，必须对整体市场加以分类，即市场细分。市场细分是目标市场营销的出发点和基本步骤，市场细分的根据或因素是引起购买者需求差异的原因。消费者市场细分的因素概括为地理的、人口的、心理的和行为的4大类。工业市场的细分因素除以上因素外，还有行业、企业规模、产品用途等。有效的市场细分取决于所划分的细分市场是否具有可衡量性、可进入性、足够的规模、明显的差别和可行动性。

市场细分之后需要评估和选择细分市场，从中选择企业的目标市场。企业在目标市场可采取的市场营销策略主要有无差异市场营销、差异性市场营销和集中市场营销3种。这3种策略各有优缺点，其选用取决于企业能力、产品和市场的同质性、产品寿命周期阶段和竞争者的营销策略。

目标市场一旦选定，就要进行市场定位，即企业在所选择的细分市场中对产品想取得的地位做出决策。市场定位是企业制定市场营销组合策略的基础。根据企业在目标市场上的竞争地位可将其分为4种类型：市场领导者、市场挑战者、市场追随者、市场补缺者。因此，企业相应地可以采取市场领导者战略、市场挑战者战略、市场追随者战略、市场补缺者战略。市场领导者为了保持自己的领先优势，通常采用3种战略：扩大市场需求总量，保护现有市场份额，提高市场占有率。市场挑战者选择进攻性战略，或下面进攻，或侧翼进攻，或迂回进攻，或包围进攻，或游击进攻。市场追随者为了避免引起竞争性报复，常紧紧追随，或保持距离追随，或有选择地追随市场领导者。市场补缺者则精心服务于市场的某些细小部分，通过专业化经营来创造空缺市场，扩大空缺市场，保护空缺市场，以占据有利的市场位置。

在市场定位的基础上制定市场营销组合策略。企业营销组合策略的确定是建立在对消费者、生产者、中间商购买行为进行分析之上的。消费者、生产者、中间商购买行为各具特点：消费者的购买行为是一系列决策的结果，影响消费者购买行为的主要因素是消费者的个人特征，包括文化因素、社会因素、个人因素和心理因素4个方面。消费者购买的频率较高，流动性大，多属于非专家购买，他们的购买是以"让客价值"（customer delivered value）[①]为衡量标准的。让客价值越大，消费者的购买欲望越强。生产者和中间商的购买动机具有3个特点：其一，产品质量必须能充分满足使用要求，并能有助于最后制成品的销售；其二，在质量和数量符合使用要求的前提下，购买者总是只采购价格最低的产品；其三，在产品质量和价格相同或近似的条件下，购买者只愿意向提供最好服务的供应者购买。由于生产者的数量相对较少，其需求具有弹性小、波动大的特点，因而，生产者购买决策比较程序化，购买方式比较直接和灵活，采购人员具有较高的专业化水平。中间商的购买是为了通过转售产品赢利，为此必须保持产品适销对路，尽量扩大进销差价。

市场营销组合策略由产品策略、定价策略、销售渠道策略和促销策略4部分组成，也是现代市场营销管理的核心内容。

产品策略要求对产品组合、产品的商标、包装及附加服务做出协调一致的决策。产品理论包括整体产品理论、产品生命周期理论、产品开发理论等在产品策略中有较多的应用。定格策略是建立在价格构成理论之上，包括企业定价目标、价格调整策略。销售渠道策略主要解决商品从生产者向消费者转移的问题，包括渠道结构及中间商类型的选择、中间商数量的选择、渠道成员职责和条件的制定以及营销渠道评价等内容。促销策略是目前运用最广、最灵活多变的营销策略，实际是考虑不同促销方式和促销组合的特点，对广告、人员推销、营业推广、公共关系这4类促销方式的组

① "让客价值"是指顾客总价值（total customer value）与顾客总成本（total customer cost）之间的差额。顾客总价值是指顾客购买某一产品与服务所期望获得的一组利益，它包括产品价值、服务价值、人员价值和形象价值等。顾客总成本是指顾客为购买某一产品所耗费的时间、精神、体力以及所支付的货币资金等，因此，顾客总成本包括货币成本、时间成本、精神成本和体力成本等。

合使用,即形成企业的促销组合。

随着市场营销实践的发展,市场营销理论出现权力营销、关系营销、服务营销、绿色营销等新的理论内容。

2.6.2 案例及评析

案例1 雷利自行车的命运①

英国雷利自行车公司成立于1887年,曾经是闻名世界的老字号自行车生产厂商,但到了1982年该公司却陷入经营危机,最终被英国杜比投资公司收购。此后几年仍无起色,到1986年,公司职员由1万多名裁至1 700名,仍然亏损。到1989年,情况仍无好转,只好卖厂房,缩短生产线。是什么原因使一个红极一时的大公司沦落到如此地步呢?

雷利自行车公司自成立以来,一直坚守"坚固实用"的生产经营理念,生产的自行车以质量高、灵巧轻便而出名,行销全世界。消费者以拥有一辆雷利自行车而自豪。但到了20世纪六七十年代,市场需求变了,轿车开始在经济发达国家普及;同时,电子游戏机的出现吸引了大量青少年的注意力,自行车的销售大减。而雷利自行车公司却固守原来的经营理念,在其他厂商推出集游玩、体育锻炼、比赛为一体的新型自行车时,仍然只生产作为交通工具的普通自行车,从而失去了大量的市场份额。直到1977年,公司才投资筹建了自行车比赛队,想让雷利自行车在体育用品市场上大显身手,并于1980年,雷利自行车终于成为自行车大赛冠军,当年在法国的销量达4万辆。就在雷利自行车公司集中力量大力发展体育运动器械用的自行车的同时,由于天公不作美,1986年北欧各国一直阴雨绵绵,致使自行车的销售受阻,公司的资金积压,生

① 王培志.市场营销学案例教程.北京:经济科学出版社,2002

产受到严重影响。与此同时,亚洲一些国家和地区的自行车业的兴起和低价销售相继夺走了雷利自行车公司传统的利润丰厚的欧美市场,特别是美国市场。而1986年由于英国与尼日利亚两国关系的恶化以及后来的两伊战争,使雷利自行车在第三世界市场的销售几乎为零。因此,雷利自行车公司深陷危机。

为了摆脱困境,雷利自行车公司开发了新型自行车,可适用于世界各地,但前景仍难以预料。

评 析

这一案例反映了市场营销的中心问题,即营销观念问题。营销观念是企业开展经营活动的行为准则和指导思想。营销观念迄今为止经历了3个重要阶段:第一阶段是生产观念阶段。生产观念是在卖方市场条件下形成,企业是以产定销,重产品,轻市场。第二阶段是推销观念阶段。这种观念认为消费者具有购买惰性的抗衡心理,企业不能听其自然,而应该积极向消费者推销,以刺激产品的销售。第三阶段是市场营销观念阶段。市场营销观念是以消费者需求为导向的理念,在这种理念指导下,企业应致力于顾客服务和顾客满意,要想在竞争中战胜对手,吸引更多的潜在顾客,就要向顾客提供比竞争对手具有更多让客价值的产品。

本案例中的雷利自行车在自行车作为代步工具时期满足了人们的需求,以坚固耐用、几十年仍然很灵巧的高质量赢得消费者的认可,创下不俗的市场业绩。但当轿车出现并普及、电子游戏机出现造成消费者需求发生变化之后,却没有做出及时调整而固守成规。其他企业及时认识到这种变化并开发出新产品来满足消费者的需求,抢占了市场。当雷利自行车公司意识到这种变化并做出调整时,却遇到天气的影响而受阻。传统市场也在激烈的竞争和企业不可控力量的影响下逐渐失去,使企业再受重创。雷利自行车公司失败的原因归结起来就是一点——营销观念的落后,没有及时地由生产观念向推销观念、市场营销观念转变,从而导致亏损。

雷利自行车的教训表明这样一个事实:企业有什么样的营销观念,就有什么样的生产经营策略。在现代市场经济中,市场营销观念是企业必备的管理理念,消费者的需求既是生产的起点又是生产的终点,企业不可能一直只生产某种固定的产品,而应该不断开发新产品以满足消费者不断变化的需求,否则,企业就会面临危机。

目前,营销观念进入了一个新阶段,即社会营销观念阶段,将市场营销运用于环境保护、计划生育、改善营养、使用安全等方面。这种观念统筹兼顾了企业、消费者、社会三方的利益,既要追求企业利润和消费者利益,又要获取社会效益,提出企业的任务是以保护或提高消费者和社会福利的方式,比竞争者更有效地向市场提供能够满足三方需要的物品或服务。

案例2 中国冻鸡在日本的市场细分①

中国粮油食品进出口公司(以下简称"粮油公司")自20世纪60年代开始向日本出口冻鸡,销路一直较好,20世纪70年代中期日本冻鸡市场竞争加剧,中国冻鸡出口呈现下降趋势。粮油公司在日本一些友好商社的配合下,对日本冻鸡市场做了深入调查研究,在市场细分的基础上,扬长避短,重新选准目标市场,调整市场战略,日本市场的出口冻鸡重新出现持续大幅度上升局面。

(1)区分市场需求

粮油公司经过市场调查发现中国冻鸡在日本销量下降的主要问题在于:冻鸡的品质较低,品种规格太少;包装不能适应日本市场的要求和当地人民的习惯,特别是目标市场不明确。为了制定新的市场营销战略,扩大出口,粮油公司在日本一些友好商社的配合下,深入分析了消费者对冻鸡的消费偏好,针对不同的购买者对

① 王培志.市场营销学案例教程.北京:经济科学出版社,2002

市场需求进行了区分。

1)从消费习惯上分,日本冻鸡市场有3种不同的需求:

①净膛全鸡。指肉鸡宰杀、脱毛和净膛后以整鸡包装出售。

②分割鸡。即在净膛鸡的基础上将鸡的各个部分分割,以不同部位分别包装出售,如鸡腿、鸡翅膀。

③鸡肉串。将鸡肉、鸡皮切成5 g左右的小块,串在一定长度的竹签上,包装、冷冻处理后出售。

以上3种类型的需求量很大,后两种的需求量增长尤其快。

2)从购买者区分,大致有3种类型:

①饮食业用户。饭店、餐厅、快餐店等饮食业用鸡肉烹制成各种菜肴、小吃等。

②团体用户。如单位、军队、学校的食堂。

③家庭主妇。

以上3种不同的购买者对冻鸡的品质、规格、包装和价格要求都有不同。

饮食业用户对鸡的品质要求比较高,而且还要求严格按重量分级包装,属于同一等级的产品,规格必须整齐划一。如同一等级的鸡全腿的公差不得超过10 g。但在价格上相对于家庭主妇则不太敏感。饮食业用户进货批量一般较大。

团体用户也是批量进货,对肉鸡的品质、重量分级、包装的要求不如饮食业用户高,用纸箱包装,每箱10 kg或20 kg即可,但希望购买比较便宜的产品。

家庭主妇一般到超级市场或零售店购买冻鸡。她们对冻鸡的品质、外观要求高,同时要求价格合理。

粮油公司根据上述分析,将日本冻鸡市场分为9个细分市场,见表2.2。

表 2.2 日本冻鸡细分市场

	家庭主妇	饮食业用户	团体用户
全鸡	①	②	③
分割鸡	④	⑤	⑥
鸡肉串	⑦	⑧	⑨

(2)选择目标市场

粮油公司在细分市场的基础上,分析了中国冻鸡的优势和劣势:

在日本市场,决定质量的 3 因素是鸡种、喂养的饲料、加工。在鸡种方面,中国出口冻鸡的鸡种是从国外引进的优良品种,与其他国家相比,并不处于劣势。在饲料方面,中国由于饲料加工业不够发达,饲料的品种与配比科学化程度不高,因此,用中国饲料喂养出来的肉鸡质量比竞争对手稍逊一筹,特别是鸡肉的外观,而且这种状况在短期内不可能有重大改变。在肉鸡加工方面,中国出口冻鸡采用机械化宰杀、脱毛和净膛,这与竞争对手无很大差异,但在后续加工上,如摘除细毛、进行分割、深度加工成肉串等特殊品种、逐只过称、精选包装等拥有较大优势,因为中国粮油公司可以发挥劳动密集型生产的优势。粮油公司针对不同类型的用户对冻鸡的不同需求,分别进行了预测分析,以确定目标市场。

据预测,日本市场对冻鸡的需求量会不断上升,由于家庭主妇对冻鸡质量、外观、包装等比较重视,而饮食业用户和团体用户对鸡的外观要求不高,但对重量要求高,因此,粮油公司根据自身优势选择"②,③,⑤,⑥,⑧,⑨"作为目标市场。

评 析

本案例是一个关于市场细分和选择目标市场的经典案例。在营销过程中,由于消费者偏好不同,对不同产品的需求不同,一个企业不可能满足所有消费者的需求。因此,在对内部资源进行分析的基础上对整体市场加以分类，有助于了解不同类型市场的需求规律和营销特点，使企业可以集中力量于某一细分市场，提高销售效率。

市场细分的基础就是购买者需求上的差异性。消费者市场细分的依据有地理因素、人口因素、心理因素和行为因素4类。消费者市场细分的因素，一般也适用于对工业市场的细分，但是还需要使用另外一些新的细分因素，主要有行业、企业规模、产品用途等。

市场细分的目的在于从中选择和确定企业的目标市场。为了正确选择和确定目标市场，需要掌握评估和选择细分市场的方法。评估细分市场就是评价细分市场是否具有成为目标市场的条件。有效的市场细分条件有5个：

1）所划分的细分市场的规模和购买力可以用经济指标来衡量。

2）在所划分的细分市场中，企业可以通过一定的营销组合能增加产品的销售。

3）细分市场要有足够的规模以使企业有发展的潜力，并有利可图。

4）细分市场之间要有明显的差别，对不同的营销方案有不同的反应。

5）细分市场必须具有现实可行性。

市场细分的程序为：第一，根据企业的经营方向对市场进行调研，了解市场，发现顾客的共性和特性；第二，对获取的调研资料进行分析；第三，在分析资料得出结论的基础上确定市场细分的依据；第四，根据市场细分的依据进行市场细分化，在此基础上企业结合自身优势选择目标市场。

从细分市场中选取目标市场时，企业要考虑自身的实力、产品特点、产品生命周期、市场特点、竞争程度。企业选择的目标市场主要有3种战略可以选择，即无差异营销战略、差异性营销战略、密集性营销战略。

本案例中粮油公司的冻鸡出口日本，最初由于未进行市场细分,在激烈的竞争中处于不利地位。后来对市场进行调查,对不同消费者对产品的需求进行分析,以消费者的类型和产品的种类为依据对市场进行细分,把日本市场分为9个细分市场。同时分析企业的优势,认为企业的优势在鸡的后续加工上,如摘除细毛、进行分割、深度加工成肉串等特殊品种、逐只过称、精选包装上,而在鸡肉的品质、外观方面无优势,不能满足家庭主妇挑剔的眼光。因此,选择饮食业用户和团体用户为服务对象,即选择“②,③,⑤,⑥,⑧,⑨”为目标市场。然后,根据这些市场的特点开展营销活动,从而使公司的销售业绩又逐步回升。

在现代企业竞争过程中,选准目标市场,集中企业优势,生产目标顾客需要的产品是企业的主要任务。市场细分和目标市场选择的前提是充分的市场调查,为此,科学的市场调查方法是必需的。

案例3 雀巢公司的市场领导者策略①

雀巢公司作为一个市场领导者,以其出色的策略在亚洲市场上取得了辉煌的成绩。

(1)优越的战略眼光

雀巢公司具有敏锐的发现市场的眼光,一旦发现一个可能的市场机会,就根据其市场特点研制出最佳的食品,努力使之成为一项成功的长期投资项目,极具耐心。为了进入中国市场,曾与中国进行为期长达13年的对话,最终在黑龙江省建立了第一家奶粉及婴儿麦片厂,并凭自己的力量构筑了自己的“奶路”,与27个村庄与工厂签订了供应合同,用自己的货车来运输,而不是用当地紧张的铁路和公路来运输。

为了巩固自己的市场地位,扩大产品的消费群体,雀巢公司遍布全球的20家研究所一直致力于通过市场营销调研来分析顾客,

① 曹刚等.国内外市场营销案例集.武汉:武汉大学出版社,2002

广泛调查消费者的偏好,从而生产出消费者喜欢的高质量的产品。比如:雀巢公司为亚洲人生产出高品质的调味品和肉汁,可以存储起来在烹饪时使用。通过不懈的努力,帮助中国、印度、马来西亚等发展中国家建立起了本国的乳品加工业和咖啡饮品的偏好。

(2)品牌策略

为了保证产品的质量始终保持市场第一,雀巢公司首次在亚洲地区聘请了当地精于家庭、餐馆烹饪的食品技术专家,对产品进行不断的革新,在此基础上再将食品提高到大规模的生产水平。同时,公司对研发人员进行2~3年的培训,并在不同雀巢研究机构间交流提高,以确保研发出的产品能满足消费者的需求。例如:为了适应亚洲人对天然香料的喜好,公司拿出研发经费的1/4用于开发一种可通过如发酵这样的生物过程提取的肉类调料。此外,公司凭借在生产制造方面的优势,努力保持产品成本在同行业最低。

为了适应不同消费者的偏好,雀巢公司生产出不同规格、不同形式的品牌,使雀巢公司产品的上架率更高,从而防止竞争者进入。与此同时,雀巢公司认为:一个精心策划的品牌会使公司长久受益。因此,在每个市场上,公司都要从11个战略品牌组合中的8 000多个品牌中挑选出2~3个品牌集中建设,以降低风险。

(3)营销渠道

雀巢公司坚信贸易伙伴是在亚洲取得成功的重要因素,因此,它总是与之建立良好的合作关系。雀巢公司首先在日本使用了销售网推销活动,与当地的批发零售系统融为一体,还把一部分促销活动转由当地的销售渠道和批发商来组织。在泰国,雀巢公司与当地的超级市场建立牢固的关系,并向它们提供最新的库存管理系统。

(4)促销组合

雀巢公司每进入一个市场都要研制出与当地习惯相符的产品,并针对市场上不同的消费人群,赋予产品不同的文化内涵。比如雀巢公司进入日本市场后,针对老年人喜欢饮茶、观念传统的状况，将咖啡塑造成日本风味的形象；对年轻人，则以新潮、时尚、爱情为表现主题，体现雀巢产品超越国界的时代气息；对成熟、稳重、事业有成的中年人，则用金牌咖啡向他们宣传，暗示金牌咖啡与他们的身份相称。但在品牌的塑造上，雀巢公司却表现出一致的特性，即“高品位的格调，现代人的饮料”。

雀巢公司为了赢得较高的市场份额，创造消费者强烈的品牌意识和偏好，不惜大量重金投入广告。通过广告战，雀巢公司用7年时间夺得韩国35%的市场份额，击败了在韩国一直处于垄断地位的卡夫公司。在人员推销方面，雀巢公司拥有一支高水平的销售队伍，他们大学毕业，熟练掌握英语，能有效地争取到货架空间，并与零售商在现场进行展销和促销活动。为了提高销售效率，雀巢公司也因地制宜地进行营业推广，但与此同时，也试图减少促销活动，转而投向广告和公共关系，以建立长期的消费偏好。

评 析

一个企业要想存续下去，必然会面临各种竞争。各企业竞争实力的不同使其在行业中所处的地位不同，根据企业在目标市场上的竞争地位可将其分为4种类型：市场领导者、市场挑战者、市场追随者、市场补缺者。其中，市场领导者一般是本行业中规模最大、市场占有率最高的企业，或是能敏锐捕捉市场信息、对市场变化反应灵敏的企业。它在价格变动、新产品开发、销售等方面处于主宰地位，也是其他企业挑战、效仿、回避的对象。市场领导者是在竞争中自然形成的，但不是固定不变的。市场领导者要保持第一的位置是非常不容易的，因为它是众多不甘落后的竞争企业进攻的众矢之的，一旦稍有疏忽就会被夺去第一的宝座。

作为市场领导者要善于识别竞争者。竞争者就是那些提供同一类产品或竞争性产品的企业，或是能满足相同市场需要或服务于同一目标顾客的企业。企业要想居于领导者地位，就要全面了解本行业的竞争模式，以确定自己的竞争者。同时，要对竞争者的目标、竞争战略、优势和劣势进行分析，以判断竞争者的反应模式，做到知己知彼，方能战胜竞争者，成为市场领导者。

市场领导者要维护其地位可以采取以下策略：第一，通过寻找新用户、开发产品的新用途、劝说消费者增加使用量来拓展市场需求；第二，保护现有市场份额，严守阵地，防止竞争者乘虚而入，在竞争者采取行动前主动出击等；第三，提高市场占有率，增加收益，增强竞争力。

雀巢公司在本行业取得领先地位是一个可供借鉴的例子。它的成功是整条产品线上的成功，是各个市场的全面成功。这取决于它优越的战略眼光和有效的防御战术。在保护现有市场方面，它深入研究消费者的行为和偏好，针对不同的消费群体研制不同品质的产品，并不断创新，以满足人们消费需求的变化；确保其产品构思、顾客服务、销售效率和产品成本处于全行业最优，其快速的产品革新和产品线的延伸不给竞争者可乘之机，保持老大的地位不变。在拓展市场方面极具耐心，看准一个市场机会就抓住不放，并使之最大限度地为公司创造利益，成为永不枯竭的利润源泉。在提高市场占有率方面，灵活运用促销组合，在韩国击败卡夫公司，扩大了市场份额；通过提升品牌的文化内涵吸引更多的消费者，巩固了市场领导者的地位。此外，良好的渠道关系保障了公司产品的销售，专业的销售队伍为公司争取了更多的合作伙伴，增加了产品与消费者见面的机会。

从市场竞争战略来讲，雀巢公司成功地运用了低成本战略、差别化战略和集中战略。顾客的要求提高了，公司并没有因此而止步，而是更多地投入研发，利用生产制造优势生产低成本的产品奉献给消费者。针对不同的市场、不同的消费者生产不同品味的产品，每个市场的产品各有特色，满足了消费者有差别的偏好。在每个市场上不是全面开花，而是集中力量于2~3个品牌，更好地满足某一类消费者的特殊偏好，获取了局部的较强的竞争力。

雀巢公司作为市场领导者，有研发、生产、制造、促销的优势，对各细分市场采取不同的策略。但在品牌形象的塑造上却保持一致,使不同系列产品的消费者对雀巢公司产品的认识是相同的,即"高品味的格调,现代人的饮料"的产品形象。

案例4 戴尔的直销学模式①

戴尔公司是由年仅20岁的迈克尔·戴尔(Michael Dell)于1984年注册成立的。当时,公司的理念就是按照顾客的要求制造计算机,并向客户直接发货。正是这种直接面向顾客的模式使戴尔公司迅速成为全球领先的计算机系统直销商,与微软、英特尔公司一样在各自的行业中占据了一半的产值。戴尔公司设计、开发、生产、营销和支持一系列从笔记本电脑到工作站的个人计算机系统,每个系统都是为客户量身定做的。世界各地的顾客只需提前5天发订单,就可以得到为他们定做的产品。戴尔公司在全球34个国家设有销售办事处,销售的产品和服务遍及170个国家和地区,所供应的客户包括商业、工业、政府教育机构和广大的个人消费者。

(1)戴尔的直销模式

戴尔公司成功的关键在于其直销模式,即"坚持直销"、"摒弃库存"、"与客户结盟"。

1)利用互联网,坚持直销。戴尔公司曾在1990—1994年间由于竞争激烈,而采用零售方式来卖产品,但几乎不赚钱,于是,戴尔毅然取消了零售,专注于研究和实践直销。随着互联网技术的推广,戴尔公司也充分运用网上营销方式,并处于业内领先地位。1994年6月,戴尔网站开通,网址包括80个国家的站点。戴尔网页提供的技术咨询服务比电话咨询成本更低,戴尔技术支援网页的阅览次数高达250万次。戴尔每个月要接到40万个寻求技术支援的电话,而顾客每周上网订购的次数多达10万次。截止到2000年1月28日第四季度末,戴尔网上销售额平均每天从上一

---

① 傅慧芬.当代营销学案例集.北京:对外经济贸易大学出版社,2001

年的1 400万美元上升到4 000万美元,大约占公司收益的50%。戴尔最创新的服务形式是“贵宾网页”,共设8 000个迷你网站,这是为公司的重要客户精心设计的企业个人电脑资源管理工具。顾客可以在这些网页上找到企业常规的个人电脑规格及报价,并上线订购,同时还可以进入戴尔的技术支援资料库下载资讯,为负责企业电脑资源的员工省下许多宝贵的时间。目前,戴尔电脑的“贵宾网页”正以每月1 000个的速度增长,这极大地增加了客户对公司的忠诚度。

2)摒弃传统经营模式,实现零库存。在传统的分销模式中,厂商的库存职能由分销商完成,或至少分销商承担了绝大部分。而直销的库存问题是不可避免的。戴尔是怎样实现“零库存”的呢?戴尔的表述是“以信息代替库存”。戴尔公司在发展之初,拥有零部件供应商超过140家,后随着业务的增加而增加。由于与众多供应商建立和维持关系的复杂性和成本,戴尔决定与少数供应商建立稳固的关系。现在,不到40家的供应商就能提供约90%的原料需求,原料成本降低,产品面市速度加快。戴尔把供应商看做公司体系中的一环,把戴尔每天的生产需求明确告诉他们,并与供应商保持经常沟通,使他们知道存货情况、补货需求。戴尔要求供应商小批量频繁送货,尽量减少公司库存,并与供应商分享公司的策略和目标,为每个供应商设计了网络连线。通过这种方式,戴尔与供应商实现了“虚拟整合”,实现了零库存的目标。戴尔在全球的平均库存天数为7天,康柏为26天,中国联想集团为30天,一般电脑厂商为2个月。

3)以顾客为中心,与客户结盟。戴尔从设计、制造到销售的整个营运过程都以聆听顾客意见、反映顾客问题、推出顾客所需为宗旨,与客户结盟。这样就能及时获知顾客对产品和服务的建议及希望公司开发什么样的新产品。戴尔公司一直深入研究顾客,满足顾客的需求,一直追求以较低的成本为顾客提供更大的价值。戴尔的顾客可以十分方便地找到他们所需要的机器配置,或直接向公司下订单,购买价格性能比更好的电脑。更重要的是,顾客购买戴尔产品,就可以得到戴尔公司的最新技术和最完善的服务,戴尔公司为顾客提供全国范围的保修服务和跟踪服务,是少数几个能提供现场服务的供应商之一。除此之外,戴尔公司还对顾客进行细分,对不同的顾客安排不同的销售人员,使销售人员专业化。1994年,戴尔公司的客户被分为大型顾客和小型顾客(商业组织和消费者),当年公司资产为35亿美元。1996年,在大型顾客市场中又分化出大型公司、中型公司、政府与教育机构3大块,公司资产升至78亿美元。1997年,戴尔又进一步把大型公司细分为全球性企业客户和大型公司,小型顾客又划分为小型公司和一般消费者,当年公司资产攀升至120亿美元。

(2)公司业绩

从市场份额来看,戴尔公司目前已成为全球第二大电脑制造商,而且增长最快,在2000年《财富》杂志评选的美国最受尊重的十大公司中,戴尔公司名列第三。在美国,戴尔是商业用户、政府部门、教育机构和消费者市场名列第一的主要个人电脑的供应商。公司的投资收益率高达260%,是最接近于它的竞争对手的4倍。戴尔公司未来的发展方向是在以网络为基础的直销模式下,使整个供应链的运营效率更高,成本更低,使公司成为超越康柏而成为个人电脑领域的老大。但是,随着直销模式被越来越多的竞争对手模仿使用,戴尔的价格优势已不明显,戴尔还可以继续快速增长吗?

评 析

营销渠道是指产品从生产者转移到消费者或使用者所经过的途径。产品在营销渠道中转移,不但涉及产品的转移路径,也涉及由哪些机构参与产品的转移活动,以及产品在转移过程中交易是如何完成的。因此,制定适当的营销渠道策略是企业的营销组合策略的重要组成部分。

营销渠道按有无中间商介入分为直接渠道(直销)和间接渠

道（分销）。间接渠道分为一层渠道（含零售商）、二层渠道（含批发商、零售商）、三层渠道（含批发商、中转商、零售商）。一个企业面对不同或相同的细分市场时，可能同时使用几种不同的组织形式或不同结构的营销渠道。

制定适当的营销渠道策略，必须明确中间商在渠道中的作用。中间商参与营销渠道，不但可以创造经济效益，而且也可创造时间、地点、数量、品种等效用。中间商按照销售对象分为批发商和零售商，按有无所有权转移分为经销商和代理商。营销渠道具有层次、长度、宽度、深度等属性，也有不同的组织形式。渠道设计要受市场、产品、企业自身、中间商、竞争环境等因素的影响。

在分销模式中，营销渠道是不同企业基于利益而结成的，经销商依靠制造商设计、生产适销对路的产品，制造商依赖经销商吸引顾客，扩大销售，并做好售后服务。一个渠道的成功运作是各渠道成员通力合作的结果。但由于各成员的利益取向不同，对渠道的共同目标和自身角色的认识常常不一致，因此，渠道成员间的冲突是不可避免的。在传统的营销渠道（生产商→批发商→零售商→消费者）中缺乏分配职责和管理冲突所需的领导机构，渠道各成员是独立的机构，目标、利益统一起来很困难。近年来出现了具有较强领导功能的营销渠道，渠道中有一个专门的机构或机制来分配职责和管理冲突，使渠道能更好地发挥作用，如垂直营销系统、水平营销系统。

为了保证营销渠道有效运行，企业对营销渠道的管理是必不可少的。营销渠道管理主要包括渠道成员的选择、渠道成员的激励、渠道成员的评价和营销渠道的改进等方面。另外，还要在营销渠道运行过程中妥善处理营销渠道的冲突、竞争和合作等方面的问题，保证渠道的畅通。

此外，选择分销模式的企业在营销过程中还必须进行企业的实体分配决策，即原材料和最终产品从产地转移到使用地点过程中所进行的计划、执行和控制活动，主要包括订单处理、仓储、存货、运输等方面的决策。订单决策是企业得到订单后，与各有关部门进行迅速的信息沟通，并能使各部门迅速开展各项工作。仓储决策主要对企业应使用的仓库数量、类型、仓库的选点等进行决策。存货决策主要涉及订货点和订货量两个方面的问题。运输决策主要是企业根据不同的运输方式的特点和使用条件，决定企业的运输方式。

本案例中，戴尔所实行的直销模式以其高效率而著称，被广泛地模仿。直销模式比起分销模式来说，有其独特的优势。直销减少了流通环节，生产企业直接面对消费者，这样既可以避免传统模式中流通环节的层层加价，从而降低成本，以较低的价格向消费者提供优质的产品，又可以使生产者和消费者进行直接沟通，使生产者可以及时了解消费者的需求，更好地为消费者服务。直销模式下，企业一定要逐渐提高消费者的忠诚度，留住老顾客，发展新顾客，发掘潜在顾客。戴尔身处 IT 行业，有技术的优势，极好地利用网上直销为消费者提供了另一个便利的购买途径，使消费者免于奔波之苦。同时，网络的快速反应也更好地满足了消费者的各种服务要求。戴尔为重要消费者设置“贵宾网页”，既方便了顾客，满足了顾客对网络建设管理的需求，又可以对新顾客产生强大的吸引力，对戴尔产品的销售也有较强的促进作用。

对直销企业来讲，库存的压力是不可避免的，由于没有营销渠道的层次，也就是说，没有经销商为企业承担库存的压力，企业必须在供应链的管理上有所改进，才能有效解决这个问题。戴尔对供应商的选择、管理与激励就是一个可以借鉴的榜样。虽然，戴尔对供应商的选择是极其严格的，但凭着戴尔的实力，很多企业都十分乐意成为它的供应商。为了提高供应商的积极性，戴尔与供应商结盟，共享公司的策略与信息，与供应商融为一体。由于供应商是小批量频繁送货，戴尔对原材料和半成品的库存量很小，而且它的产品大多是量身定做的，成品的库存也不多，因而，它的平均库存天数仅为 7 天，远远低于同行业其他厂商。这样就解决了库存压力问题，既避免了因库存大而积压资金，又保证了生产的顺利进行。

此外，直销企业不能仅靠店铺来销售产品，而应该发展多种销售途径。戴尔运作的网上直销业绩十分出色，其销售额占全部销售额的50%。而且，戴尔对消费者进行细分，并针对不同的消费者配备专门的销售人员，以达到熟知消费者需求，使销售效率更高。目前，搞网上直销的企业越来越多，如何将网络建设得有特色，能吸引消费者的眼球是每个企业必须考虑的问题。网页设计是一方面，网页的内容和所提供的服务才是关键。

从实践的角度讲，直销和分销各有优缺点，企业应根据自身的实际情况来进行选择，而不能照搬。选择直销，或分销，或直销与分销相结合均可。

案例5　Reebok在中国市场的促销[①]

Reebok香港有限公司生产的Reebok运动鞋进入中国内地市场后，在促销方面做得相当出色，它综合运用了广告、营业推广、人员促销和公共关系这4种促销方式，对中国内地市场进行立体覆盖，使它的销量在1年之内赶上已进入中国内地市场10年之久的耐克运动鞋。

(1)广告

Reebok进军中国内地市场首先选择的进入点是在当时市场意识较浓的城市——广州，它做广告的方式主要有两种，用明星做广告和利用店铺陈列销售。

在1992年，Reebok刚进入市场，由于国人对此品牌的认识不深，就赞助了当时在中国享誉甚高、夺得网球大满贯最年轻的华裔选手张德培，并以他为宣传对象，推出了“非旁观者的感觉”为口号的电视广告片。这一广告推出后，在国内掀起了张德培旋风，众多网球爱好者纷纷模仿张德培而购买Reebok运动鞋。1994年，Reebok在广东的市场占有率位居各进口品牌之首。为了进一步

---

① 吴源鸿. 营销案例基础教程. 广州：中山大学出版社，1998

巩固品牌的知名度,公司又制作了另一个以“信念”为主题的广告片,表现出张德培在球场上凭毅力夺取佳绩的情景,表达了Reebok“奋发向上,积极进取”的体育精神,为消费者所称道。1996年,Reebok为向全国进军,推出了“自我领域”为主流的新广告,广告中张德培在长城上挥拍练球,配音是“我就像长城一样无人可能击败”,使张德培的拼搏精神与品牌的内涵合二为一。

由于新进入地广州地区广告费用高昂,而新产品要求广告的投放频率要高,考虑到广告费支出不菲,Reebok公司没有选择首先在广州地区投放广告,而选择了在香港电视台投放广告,因为当时香港电视台已在广州播放,这样可以做到一箭双雕。直到1995年,广州电视台转播香港电视台节目时插入广告之后,才在广州有线电视播放广告。因此,Reebok在广州最初的宣传形式是店铺,而不是电视。原因在于店铺陈列能直接面对消费者,能引起消费者购买,而且,店铺陈列的时间具有延续性,对品牌的树立极为有效。同时,在1996年亚特兰大奥运会期间,Reebok专门为多支奥运国家队设计了以“旋风”为图案的一系列服装,并在店铺推出以“旋风”为主题的服装陈列和以足球、篮球、网球及田径为主题的陈列,吸引了众多体育爱好者购买,为品牌的销售打开了局面。

(2)营业推广

营业推广是针对顾客或零售商进行的短期促销行为。公司刚进入广东市场时,在广州市内举行了3场大规模的促销活动,轰动一时,使Reebok这一品牌在广东的销售攀升。这几次活动都有共同的特点:

首先,目标明确。在举行第一次活动之前进行了市场调查,发现许多市民知道Reebok这一品牌,但不知道何处购买,于是公司进行了场面浩大的促销,在各大百货公司及专卖店门口搞活动。第二、三次也是同样声势浩大,目的在于让准备买运动鞋的顾客选择Reebok,让穿其他品牌的顾客改穿Reebok。

其次,促销形式新颖。公司利用张德培结束“95沙龙网球公开赛”被邀请前往广州表演的机会,举办了“面对面挑战张德培”

的活动,凡在各商场购买 Reebok 运动鞋的顾客都有机会在酒店与张德培见面,并参加抽奖,使 Reebok 专卖店的销售额增长一倍以上。

最后,货品的配合。每次促销活动前,公司都要召开货物调度会,将各店要达到的销售指标制定出来,要求销售人员密切注意促销期间的货物,及时补货,使货源充足。这样大型促销活动使 Reebok 的知名度一下就提高了。

(3)人员促销

公司的销售队伍由两部分人组成:批发、零售的经理由经验丰富的香港人担任,往返于省港两地,负责公司销售策略的制定和市场情况的汇报;内地的销售人员则负责销售政策的执行及与客户洽谈业务。公司对本地销售人员的招聘要求有一定学历,对公司产品的构造和款式熟悉,有较强的分析能力、判断力、观察力,富有朝气。销售人员受聘后要接受一系列培训,让他们了解公司情况、产品及服务情况、顾客购买动机及销售技巧,尽量在短时期内掌握销售情况。同时采用竞赛和销售提成等方法激励销售人员的积极性,鼓励他们为公司创造更好的业绩。

(4)公共关系

公共关系是运用传播的手段为公司适应环境和环境适应公司的活动和职能。Reebok 香港有限公司相当重视和善于运用公共关系,通过加强公司与新闻媒介、体育界的联系,为公司树立良好的声誉和形象,以取得公众的理解与支持。

公司一进入中国内地市场,就聘请熟悉传播媒介的人员担任公共关系工作,与媒介建立了稳固的关系:与各大电视台、报社、电台的编辑和记者保持长期接触,主动提供有关公司产品的各种信息;公司向新闻媒介提供优秀的文稿;与媒介一起参加公众活动,处处宣传 Reebok 品牌。

一直以来,Reebok 对本地3大球赛(足球、篮球、网球)十分重视并积极参与,赞助各种赛事,公司派专人与球队进行联系,并负责部分工作。通过体育活动加强了公司与社会各界的联系,使消费者对 Reebok 的形象与产品产生好感。

经过一年的促销，Reebok 产品在中国市场站稳脚跟，并取得较好销售业绩。

评 析

促销是指企业通过一定的方式向顾客传递信息，并与顾客进行信息沟通，以达到影响消费者的购买决策行为，促进企业产品销售目的的营销活动。促销的实质是与顾客进行有效的信息沟通。促销的作用主要表现为：传递信息，扩大需求，突出特点，稳定销售，树立企业形象。

制定合理有效的促销策略时，应着重研究信息沟通过程、促销目标、促销方式、促销组合等问题。促销目标一般必须根据目标顾客的特征决定，实际中常用的促销目标有提供信息、区别产品、强调产品的价值、刺激需求、稳定销售等。常用的促销方式一般可以分为广告、人员推销、营业推广、公共关系等 4 类。

广告是指广告主以支付费用的方式，通过各种传播媒体向目标市场传播商品或者劳务信息，并说服其购买的经济活动。人员推销是企业派推销人员直接向目标市场的顾客介绍、宣传产品，以促进和扩大产品销售的活动。营业推广是企业为刺激市场需求而采取的能够迅速扩大商品销售的促销措施，如赠送样品、发放优惠券、有奖销售、组织竞赛、现场展示等。公共关系是企业运用各种传播手段，在企业与社会公众之间建立相互了解和依赖的关系，树立企业良好的形象，以促进营销目标的实现。企业的促销策略实际是考虑不同促销方式和促销组合的特点，对这 4 类促销方式的组合使用，即形成企业的促销组合。

本案例中 Reebok 成功的关键在于明确公司的营销目标，综合运用了广告、人员推销、营业推广、公共关系等 4 类促销方式。广告以其灵活的表现形式，能潜移默化地影响消费者对产品的印象，并能增加产品的价值。在广告中通过张德培这个形象代表，将品牌与奋力拼搏理念联系起来,逐步提升了品牌在消费者心目中的地位,丰富了品牌的内涵。营业推广能在短期内引起顾客和经销商对产品的注意,扩大产品的销量。Reebok 公司通过营业推广,营造良好的社会氛围,让消费者知道购买的途径,并通过形象代表与顾客的联谊,加深品牌在消费者心中的印象。人员推销具有推销和促销的双重职能,能建立顾客的偏好与购买信心,促进顾客采取购买行为。Reebok 通过人员推销向消费者传播了公司的历史、产品的结构与性能、品牌的吸引力,让消费者深入了解、熟悉该品牌,接受该品牌,购买该品牌的运动鞋。公共关系促销以新闻的形式,能引起公众的高度依赖和注意,消除公众的戒备心。只要能有效控制,能为企业赢得公众的理解,易建立企业或产品的形象,有利于产品的销售。Reebok 通过公共关系广泛宣传品牌,树立产品的形象,并通过媒介持续地向消费者灌输品牌魅力。Reebok 根据不同促销形式的特点,让各促销方式发挥不同的作用,共同组成一个有机整体,实现了公司的销售目标,逐渐树立起产品的品牌,成为消费者喜欢的产品。

在实践过程中,影响促销组合策略确定的因素有以下几个:

1)产品类型。对消费品来说,4 种促销方式的重要程度依次为广告、营业推广、人员推销、公共关系。对于生产资料产品而言,则为人员推销、营业推广、广告、公共关系,其中,广告在生产资料市场上是推动人员促销的主要力量,广告与人员促销相结合能大大提高企业的促销效率。

2)顾客与市场特性。顾客对一个产品的认识可划分为了解、信任、购买 3 个阶段。在了解阶段,广告与公共关系起着重要的作用;在信任阶段,除广告与公共关系之外,人员促销也起着重要的作用;在顾客购买阶段,人员推销与营业推广是强大的动力。企业要针对不同的顾客采取不同的举措。而且,在促销方式的选择中,企业也要对所面对的市场特点有充分的了解,选用与市场相适应的促销组合。

3)产品所处的生命周期。促销方式在产品的介绍期和成长期要以广告和公共关系为主,在成熟期则以营业推广为主,进入衰退期,营业推广的效果继续提高,其他方式的效果则逐渐下降。

4)促销预算。由于广告、营业推广的费用较高,企业要根据自身特点以及营销战略和营销目标来预算经费,从而确定促销方式。

由此可见,促销组合的灵活运用对企业的生存与发展的重要性。在现代市场经济中,企业要善于运用各种不同的促销组合将新产品尽快推向市场,从不同的渠道向消费者灌输产品的有关信息,让消费者认识、接受、使用产品,这样才能迎接日趋激烈的市场竞争。促销组合一旦确定,并不是一成不变的,企业要随时根据产品的市场销售情况以及公司的战略调整做出相应的改变。

2.7 电子商务与电子政务

2.7.1 理论精要

(1)电子商务

电子商务(electronic commerce)是互联网(Internet)高速发展的直接产物。Internet 所具有的开放性、全球性、低成本、高效率的特点,成为了电子商务的内在特征,并使得电子商务大大超越了作为一种新的贸易形式所具有的价值。实践证明,电子商务不仅会改变企业本身的生产、经营和管理活动,而且会影响到整个社会的经济结构和运行模式。

1)什么是电子商务。关于电子商务目前没有一个统一的定义。1997 年 11 月在法国巴黎举行的世界电子商务会议对电子商务的解释为:在业务上,电子商务是指实现整个贸易活动的电子化,交易各方以电子交易方式进行各种形式的商业交易;在技术上,电子商务采用电子数据交换(EDI)、电子邮件(E-mail)、共享数据库(DataBase)、电子公告牌(BBS)以及条形码(Bar Code)等多种技术。

广义的理解,电子商务是指人们利用先进的计算机技术、网络技术和远程通信技术,实现整个商务(买卖)过程中的电子化、数字化和网络化。人们不再是面对面地看着实实在在的货物,靠纸介质单据(包括现金)进行买卖交易,而是通过通讯设备和互联网络,提供和查询琳琅满目的商品信息,并利用完善的物流配送系统和方便安全的电子资金结算系统进行交易。简言之,电子商务就是基于现代通讯和网络技术而开展的商务活动。

电子商务主要是通过EDI和Internet来完成。随着Internet技术的日益成熟,电子商务越来越依托高速的Internet作为技术平台。所以也有人把电子商务简称为IC(Internet commerce)。

2)电子商务的基本类型。电子商务可以按照商业活动运作方式、商务活动的参与者类型和电子交易的信息网络范围来进行分类。

①按商业活动运作方式可分为:完全电子商务和不完全电子商务。

完全电子商务,即可以完全通过电子商务方式实现和完成整个交易过程的交易。

不完全电子商务,即指无法完全依靠电子商务方式实现和完成完整交易过程的交易,它需要依靠一些外部要素,如运输系统等来完成交易。

②按电子商务活动的参与者类型可分为:企业对消费者的电子商务、企业对企业的电子商务。

企业对消费者(也称商家对个人客户或商业机构对消费者,即B to C,简写为B2C)的电子商务。商业机构对消费者的电子商务基本等同于电子零售商业。目前,Internet上已遍布各种类型的商业中心,提供各种商品和服务,主要有鲜花、书籍、计算机、汽车等商品和服务。

企业对企业(也称为商家对商家或商业机构对商业机构,即 B to B,简写为 B2B)的电子商务。商业机构对商业机构的电子商务是指商业机构(或企业、公司)使用 Internet 或各种商务网络向供应商(企业或公司)订货和付款。商业机构对商业机构的电子商务发展最快,已经有了多年的历史,特别是通过增值网络(value added network,VAN)上运行的电子数据交换,使企业对企业的电子商务得到了迅速扩大和推广。公司之间可能使用网络进行订货和接受订货、合同等单证以及付款。

③按开展电子交易的信息网络范围可分为 3 类,即本地电子商务、远程国内电子商务和全球电子商务。

本地电子商务通常是指利用本城市内或本地区内的信息网络实现的电子商务活动,电子交易的地域范围较小。本地电子商务系统是远程国内电子商务和全球电子商务的基础。

远程国内电子商务是指在本国范围内进行的网上电子交易活动,其交易的地域范围较大,对软硬件和技术要求较高。它要求在全国范围内实现商业电子化、自动化,实现金融电子化,交易各方具备一定的电子商务知识、经济能力和技术能力,并具有一定的管理水平和能力等。

全球电子商务是指在全世界范围内进行的电子交易活动,参加电子交易各方通过网络进行贸易。全球电子商务业务内容繁杂,数据来往频繁,要求电子商务系统严格、准确、安全、可靠,应制定出世界统一的电子商务标准和电子商务(贸易)协议,使全球电子商务得到顺利发展。

3)电子商务活动的参与实体和基本过程。

①参与电子商务的实体有 4 类:顾客(个人消费者或企业集团)、商户(包括销售商、制造商、储运商)、银行(包括发卡行、收单行)及认证中心。它们在 Internet 上实施的电子商务活动包括 3 个方面的内容:信息服务、交易和支付。主要表现为:电子商情广告、电子选购和交易、电子交易凭证的交换、电子支付与结算以及

售后的网上服务等等。

②从交易的过程分析，电子商务大致可以分为 3 个阶段：

第一个阶段是信息交流阶段。对于商家来说，此阶段为发布信息阶段，主要是选择自己的优秀商品，精心组织自己的商品信息，建立自己的网页，然后加入到名气较大、影响力较强、点击率较高的著名网站中，让尽可能多的人们了解、认识。对于买方来说，此阶段是去网上寻找商品以及商品信息的阶段，主要是根据自己的需要，上网查找自己所需的信息和商品，并选择信誉好、服务好、价格低廉的商家。

第二阶段是签订商品合同阶段。作为 B2B 来说，这一阶段是签订合同，完成必需的商贸票据的交换过程。要注意数据的准确性、可靠性、不可更改性等复杂问题。作为 B2C 来说，这一阶段是完成购物过程的订单签订过程，顾客要将选好的商品、自己的联系信息、送货的方式、付款的方法等在网上签好后提交给商家，商家在收到订单后应发邮件或通过电话核实上述内容。

第三阶段是按照合同进行商品交接、资金结算阶段。这一阶段是整个商品交易的关键阶段，不仅要涉及资金在网上的正确、安全到位，同时也要涉及商品配送的准确、按时到位。在这个阶段有银行系统、配送系统的介入，在技术、法律、标准等等方面有更高的要求。网上交易的成功与否就在这个阶段。

4）电子商务的作用。与传统商务相比，电子商务在现代经济活动中发挥了其独特的作用，具体表现为以下几点：

①电子商务将传统的商务流程电子化、数字化，一方面以电子流代替了实物流，可以大量减少人力、物力，降低了成本；另一方面突破了时间和空间的限制，使得交易活动可以在任何时间、任何地点进行，从而大大提高了效率。

②电子商务所具有的开放性和全球性的特点，为企业创造了更多的贸易机会。

③电子商务使企业可以以相近的成本进入全球电子化市场，使得中小企业有可能拥有和大企业一样的信息资源，提高了中小

企业的竞争能力。

④电子商务重新定义了传统的流通模式，减少了中间环节，使得生产者和消费者的直接交易成为可能，从而在一定程度上改变了整个社会经济运行的方式。

⑤电子商务一方面破除了时空的壁垒，另一方面又提供了丰富的信息资源，为各种社会经济要素的重新组合提供了更多的可能，从而影响到社会的经济布局和结构。

5）电子商务的应用领域。电子商务系统作为信息流、现金流的实现手段，应用极其广泛，尤其适用于以下场合：

①国际旅游和各国旅行服务行业，例如旅店、宾馆、饭店、机场、车站的订票、订房间、信息发布等一系列服务。

②传统的出版社和电子书刊、音像出版部门。

③网上商城、批发、零售商品、汽车、房地产、拍卖等交易活动。

④Web 工作站和工作网点。

⑤计算机、网络、数据通信软件和硬件生产商。

⑥无收入的慈善机构。

⑦进行金融服务的银行和金融机构以及持有各种电子货币或电子现金者（例如电子信用卡、磁卡、智能卡、电子钱包等持有者）。

⑧政府机关部门的电子政务，如：电子税收、电子商检、电子海关、电子政府管理。

⑨信息公司、咨询服务公司、顾问公司。

⑩进行小规模现金交易的金融组织和证券公司。

⑪分布于全世界的各种应用项目和服务项目等。

总之，电子商务的完整实现会涉及诸多方面，除了买家、卖家外，还要有银行或金融机构、政府机构、认证机构、配送中心等机构的加入。由于参与电子商务中的各方在物理空间上是互不谋面，因此整个电子商务过程并不是物理世界商务活动的翻版。网上银行、在线电子支付等条件和数据加密、电子签名等技术在电子商务中发挥着重要的不可或缺的作用。

(2)电子政务

信息化是当今世界发展的总体趋势,推行电子政务建设对于提高国民经济总体素质、提高现代化管理水平、加强政府监管、提高行政效率、开展反腐倡廉等都具有重要作用。因此,推行以信息化为导向的电子政务建设,在推动政府办公透明化、提高政府工作效率、密切政府同社会民众关系等方面都起着积极的作用。

1)电子政务的概念。电子政务(E-governance),就是政府机构运用现代计算机和网络技术,将其管理和服务职能转移到网络上去完成。它充分利用了政务信息与政府业务的共享与集成,同时实现政府组织结构和工作流程的重组优化,超越时间、空间和部门分割的制约,向全社会提供高效优质、规范透明和全方位的管理与服务。政务是电子政务的核心,而电子则是电子政务的手段。

2)电子政务的主要功能。电子政务的作用就是帮助政府利用信息技术,更好地履行政府职能,提高政府办公效率,增强政府决策的透明度,加强廉政建设和监督,更有效地达成政府管理,更好地为社会和公众服务。因此,电子政务的功能主要包括以下 5 个方面:

①增加政府工作的透明度——通过政府公务的网络化、电子化,将政府办公事务流程和资料、档案、数据库等向社会公开,让公众迅速了解政府机构的组成、职能和办事章程、各项政策法规,从而提高了政府工作的透明度。

②提高政府的工作效率——政府办公网络化、自动化的应用,不仅极大地方便政府部门之间的信息交流,同时也提高了政府部门为公众服务的办事效率。同时,无纸化办公的实施有利于节约成本,减少浪费。

③增进政府与公众的沟通——政府部门通过网络公开施政,在网上建立起便捷的网络服务和交流的平台,架起了政府与企业、百姓交流的桥梁。同时也使公众可直接从网上行使对政府的民主监督权利,让政府自觉接受公众的监督。

④为市场经济服务——通过电子政务网络，建立起与行政管理部门相应的各专业网络交易市场，实现对信息、产品的集成服务，有利于规范市场，扩大招商引资范围，改善企业的生存环境和竞争能力，促进经济繁荣和市场发展。此外，还能带动企业的信息化建设，推动全社会信息化水平的提高。

2.7.2 案例及评析

案例1 网络世界的奇迹——亚马逊网络书店

1994年，一个名叫杰夫·贝索斯(Jeff Bezos)的年轻人迷上了迅速发展的互联网，当时他还只是个财务分析师兼基金管理员。他列出了20种可能在互联网上畅销的产品。通过认真的分析，他选择了图书。6年后，他创办的亚马逊(Amazon. com)网络销售公司年销售额超过了20亿美元，回头客超过2 000万。

贝索斯以前并没有什么图书销售行业的经验，但他知道图书属低价商品，易于运输，而且很多顾客在买书时不要求当面检查。所以，如果促销有力，就能够使顾客产生购买图书的冲动。另一方面，全球每时每刻都有400多万种图书正在印刷，其中100多万种是英文图书。然而，即使是最大的书店也不可能有20万种图书的库存量。也就是说，图书市场上有很多出版商，但没有一个能够垄断市场，即没有哪一个出版商能够制约亚马逊的图书供应，或阻止亚马逊作为竞争者进入这个市场。这样，贝索斯发现了图书在线销售的潜力和战略机会。

贝索斯最后决定把公司设在西雅图，这里有很多计算机编程高手，还有全球最大的图书分销中心。他决定以世界最大的河流之一——亚马逊(Amazon)河来命名他的公司，希望他的公司像这条世界最大的河流一样，成为全球网络时代零售业的巨头。

亚马逊是一家彻头彻尾的新型公司，与硅谷和微软模式截然不同。除了提供大量的书籍以及简洁快速的网页外,贝索斯努力在亚马逊创建出一种网络社区的氛围。他鼓励顾客把自己的书评发给网站,并把这些评论和图书的出版商信息一起发布。顾客的书评就像街边书店里店员的推荐和建议,成为亚马逊最大的特色之一。而且他还邀请作家们在网上与读者聊天。此外,它的网站可以追踪顾客的购货记录并向顾客推荐相关书籍、音像光盘或录像带。顾客还可以要求亚马逊在某一作者出版新书或某位歌星出版光盘时通知自己。

最为关键的是,贝索斯把买书的过程变得极其简单。用户在首次购买后,地址信用卡信息就会被安全地储存起来。下一次再买,只要按一下鼠标就能给书插上翅膀,迅速送至客户的信箱中。为了确保订单无误,亚马逊还会发 E-mail 确认,使客户宽心。

贝索斯知道网上书店不可能满足所有顾客的所有要求。为此,他发明了销售伙伴方案,让各种不同专题的网站同亚马逊同样专题的图书建立链接。作为回报,亚马逊将因这种链接而带来的销售额的一定百分比交给这些网站。

1997 年 5 月初上市时,亚马逊公司股票每股仅 9 美元左右,而到 1998 年 11 月,达到 209 美元。至 1998 年底,亚马逊股票每股突破 300 美元大关,2000 年 1 月更是突破 400 美元大关,其市价总值达 210 亿美元,比拥有 1 000 余家分店的美国最大的庞诺书店的市值高出 8 倍多。就这么一家网上零售公司,创建 4 年后,已拥有 1 310 万名顾客,遍及 160 多个国家和地区,成为网上零售先锋,1998 年的销售量是 30 亿美元。截止到 1999 年 9 月,亚马逊已将 1 800 多万种商品列于网上销售。

亚马逊公司是电子商务领域的技术领先者,它在电子商务领域的创新如"一点即通"、个性化的购买服务、搜索服务、浏览特性等,带动了网上商务变革的步伐。整个网站的建设除了为客户提供舒适的购物环境外,还着力加强客户对品牌的忠诚度,吸引回头客,留住老客户。其主要业务策略包括:

1) 商品浏览。将商品合理分类和规划,便于用户挑选。

2)商品检索。提供多种搜索工具和方法帮助用户搜索。

3)主动推荐和个性化服务。根据用户特点提供特色服务,亲切友好与用户交互。

4)"一点即通"技术。为用户订货提供极大的便捷。

5)安全的信用卡支付过程。采用特殊的加密程序,用户不用担心网络传输过程中的安全问题。

6)提高网上购物的效率。强大的配送系统使客户享受"所订即所得"。

7)退货规定。大部分商品30天内可全额退货。

在亚马逊的成长过程中,它总是在不断地寻找新的战略机会,1998年,它开始销售音像光盘和录像带。它兼并了一些网站(如Exchange. com和Accept. com),建立起多家分部,不断扩展自己的产品线。现在它可以提供各种日用消费品,如小家电、软件、艺术收藏品、家用器具和玩具。由于不断关注并改进日用消费品的进货、促销、销售和运输等业务环节,贝索斯和他的亚马逊逐渐成为电子商务领域最为耀眼的一颗明星。

评 析

亚马逊的成功绝非偶然,它充分利用了图书营销和互联网的优势,通过灵活的营销手段和广泛信息渠道,为顾客提供了比传统书店更全面、快捷的服务。其经营特点具体体现在以下几个方面:

(1)完美、快速的购买程序

亚马逊公司制定了一个完美、快速的购买程序。首先,顾客可以通过一个高质量的综合书目数据库和检索系统任意检索、预览、购买任何书籍。用户可以从多个界面对亚马逊的数据库进行多种方式的查询和检索,包括关键词快速检索、作者检索、书名查询、出版社和出版日期查询等,使顾客能在短时间内找到书籍,做出购买决定。另外,亚马逊的书评也是其一大特色。书评主要来自书的作者、出版社和读者。从不同的角度,以不同的方式撰写,为书籍提供了多角度的分析和评论。它不仅为读者提供了一个交流读书心得的空间和机会,深受书迷的欢迎,也让新的读者能很快了解书籍的内容。

其次,当收到客户订单后,亚马逊会在第一时间内自动回函感谢顾客,同时将相关信息传送到会计部和客户服务部,会计部进行信用卡转账,客户服务部则将相关咨询存入一个客户专属数据库。同一时间,亚马逊公司的电子系统会查询中央数据库看是否有存货。如果有存货,就由亚马逊公司直接送至客户手中。如果没有,客户服务部就通知经销商和发行商,将该书送至公司的仓库包装后寄出,或直接由经销商寄出。总之,公司的一个原则是,尽量减少客户的麻烦,提高购买的效率。

(2)快速的配送体系

客户希望在订书之后可以迅速收到书籍,而不是为了一本在当地书店就可以买得到的书耗费多达两天以上的时间。所以亚马逊公司建立一个快速的配送体系,一方面利用美国的邮政体系,另一方面在西雅图租了一个 50 000 平方英尺的仓库,在那里只要订货单一到就可以给书打包并发送到客户手里。仓库里存有足够多的最畅销书,所以能很快地满足客户的需求。

亚马逊配送服务非常高效,它给顾客送货的时间等于找到订货商品加上装运时间,中间无任何滞留。亚马逊实行 24 h 全天购物,购物者在网上下了订单之后,只要 4 ~8 天,就能收到所购的货物。

(3)完善的客户关系管理系统

亚马逊公司采用了一套客户关系管理(customer relationship management,简称 CRM)系统来管理客户。通过 CRM 系统,亚马逊公司分析每位客户的原始资料(年龄、性别、地理位置、家庭情况、收入情况等)和历史交易纪录,进而推断客户的消费习惯、消费心理、消费层次、忠诚度和潜在价值。根据客户的不同需要和习惯提供给客户不同的服务,最终向客户提供一对一的服务。

客户每次在 Amazon. com 网站上的浏览和订购情况都被亚马

逊公司记录下来,通过分析客户长期的交易情况,公司得知客户基本的需求和消费嗜好。然后公司会向客户推荐其想要的书籍,减少营销的盲目性,获得客户的认可。

(4)合作伙伴的建设

亚马逊公司除了在网站上不断提高最终客户的服务水平外,还拉拢并征服了许多风险承担者——发行人、经销商和其他的网络零售商。发行人喜欢事先预览即将要发行的书籍的订购情况,这样可以获得早期的利润迹象。图书发行人向 Amazon. com 网站列表里添加信息、评论、报价、内容、摘录和其他一些帮助客户决定是否购书的信息。同时发行人也很感激 Amazon. com 网站为他们提供的关于一周内书的销售情况的详细信息,发行人从中可以分析书籍的受欢迎程度。

一个公司成为亚马逊公司的合作伙伴就像一个最终用户购买一本书一样简单。只要填写一张简单的网络运用表格,包括程序说明和法律约束的合同,等待亚马逊公司的正式批准(这个过程一般要花费 24 h),然后就可以同亚马逊公司建立合作关系了。仅在 1998 年,亚马逊公司就与多达 100 000 个公司建立了合作关系。

(5)独特的营销方式

亚马逊公司采用提成的方式鼓励其他网站将本公司的广告链接到自己网站上去,任何一个拥有自己网站的商业机构都可以注册成为亚马逊公司的合作伙伴。它们将亚马逊公司的广告放在自己网站醒目的位置,然后从亚马逊公司的网站上选择一些重要的书。当客户点取了要购买的书后,客户的购书信息就被直接传递到亚马逊公司的网站上,利用该公司的购买程序完成购买,不久合作机构就可以收到出售书的手续费提成。通过这种方式,亚马逊公司节省了许多营销费用,而且取得了良好的效果。

(6)让顾客放心的售后服务

亚马逊公司的退货政策非常值得一提。读者在拿到订货的 30 天内,可以将完好的书或未开封的 CD 退回亚马逊公司,它将会按原价退款。如果属于亚马逊公司的操作错误而造成退货，它将运费也退回。

(7)优惠的价格折扣

亚马逊公司被认为是世界上最大的折扣商。由于通过网络出售商品，消除了中间商的利润截留，其价格远远低于传统商店出售的商品价格。

亚马逊公司成功的奥秘究竟在哪里？以下几点是业内人士的分析：

1)定位于高科技企业。亚马逊与众不同地把自己定位于高科技企业，而非流通企业。贝索斯说："技术使亚马逊公司在零售业出人头地。传统的零售业最重要的3个因素是场所、场所，还是场所。而对亚马逊来说，3个最重要的因素是技术、技术，还是技术。"在亚马逊，雇员中最多的不是门市部店员，而是软件工程师。它的应用技术软件经常不断地开发创新。

2)方便舒适的网上购物环境。方便购书是亚马逊的最大特色，通过网络，顾客可以任意检索、预览、购买任何书籍。亚马逊通过"一点就通"设计，使顾客只要在该网站购买过一次书，其通信地址和信用卡账号就会被安全地存储下来。下回再购买时，顾客只要用鼠标点一下欲购之物，网络系统就会帮你完成以后的手续，其中包括消费者的收件资料。亚马逊公司还利用软件收集顾客在购物爱好和购物历史方面的信息，随时为顾客购买图书提供建议。亚马逊的独特魅力吸引了众多的消费者，其业务遍及全球，20%的书籍销往世界各地。

3)高效率的服务。亚马逊为顾客提供高效率的服务。亚马逊使用的是64位500 MB内存的alpha服务器，使用起来极为方便、快捷。此外，在亚马逊网站，顾客除了能搜寻购书选项之外，还可以同时浏览23种不同的主题，从而大大提高了搜寻速度，节省了顾客的上网时间。亚马逊不仅网上服务功能强大，网下服务也非常高效。它给顾客送货的时间等于找到订货商品时间加上装运时间，中间无任何滞留。亚马逊实行24 h全天购物，美国当地的消费者如果选择标准的送货方式,那么,其装运时间根据购物者距离远近为3~7天,再加上1天的找货时间。购物者在网上下了订单之后,只要4~8天,就能收到所购的货物。

4)实实在在的价格折扣。以实惠的价格吸引顾客,并以此提高竞争力,始终是亚马逊重要的经营策略。贝索斯一针见血地指出,大部分网络商业失败的原因,在于不懂得网络商业较之传统商业来说是属于规模化商业,其主要特征是高额的固定成本和低度的可变成本。网上出售的商品由于没有中间商的利润截留,其价格应该低于传统商店出售的商品价格。拒绝提供折扣优惠是网上商业的一项极大错误。基于这种认识,亚马逊被认为是世界上最大的折扣商,号称有多达30万种以上的书籍可提供折扣优惠。事实上,亚马逊提供折扣优惠的商品远不止这个数字,有40万种以上的商品,包括书箱、音乐唱片及视盘等,折扣率最高的达40%。

5)零库存运转。亚马逊的货物实现了零库存运转。亚马逊公司的库存图书极少,维持库存的只有数种最受欢迎的畅销书。一般情况下,顾客下了订单后,亚马逊才从出版商那里进货。购书者以信用卡向亚马逊支付书款,而亚马逊却在图书售出46天后才向出版商付款,这使它的财务周转较传统书店顺畅得多。与传统的零售书店相比,亚马逊的退书率可谓微乎其微。传统书店的退书率一般为25%,高的达40%,而亚马逊的退书率却只有0.25%。

6)成功之后再发展。亚马逊由于网上销售的成功,产生了良好的品牌效应。为了充分发挥其品牌效用的潜在价值,亚马逊开始全方位扩展公司业务,向综合性的网络销售公司发展。事实证明,亚马逊可以成功地进入其他领域。1997年在它开始尝试销售音乐CD的第一个季度里,销售额就达1 440万美元,没多久就成为最大的网上CD销售公司。1998年11月,亚马逊在网上已开通了录像带和礼品专卖店。不仅如此,亚马逊的业务还将迅速拓展,进入从软件到时装、从鲜花到旅行包的广大市场中,并与包括微软在内的各大公司进行竞争。与此同时,亚马逊迈开了向国外扩张的步伐。1999年初出资5 500万美元,收购了英国和德国两家网上书籍销售公司，另外还并购了英国一家网上电影公司。

充分利用互联网的优势为顾客提供完善的服务，加上不断扩展的合作业务，使亚马逊公司飞速发展，确立了其在电子商务领域的霸主地位，创造了一个在传统商务领域内无法想像的奇迹。

案例2　戴尔电子商务直销模式①

早在戴尔公司成立伊始，创始人戴尔就将经营理念定位于："按照客户需求制造计算机，并向客户直接发货"，从而使戴尔公司能够有效和明确地了解客户需求，并迅速做出回应。凭借其直销模式，戴尔公司在电脑界异军突起，迅速成长为世界顶级的计算机跨国集团。1996年，戴尔在其网站上嵌入了电子商务功能，从而使其直销模式从传统商务向电子商务进军，并迅速成长为全球交易量最高的商业网站之一，进一步提高了戴尔公司的服务水平，增强了企业的竞争能力。

戴尔的电子商务直销模式，是指最终消费者直接通过电子商务网站订货，戴尔公司按照消费者的需求，个性化地量身定制产品及服务，并通过第三方物流直接送货上门。通过这种模式，戴尔公司将供应商和最终消费者整合成一条优化的供应链，利用互联网媒介以及第三方物流的介入，大大提高了产品的竞争力。

戴尔电子商务直销模式的流程如下：

一是订货处理。客户通过戴尔公司的网站订购计算机，戴尔公司确认订单的完整性并返回客户核对，同时验证应付款项。

二是预生产。订购计算机的资料表在数据库中产生并保存，每台计算机得到一个条码作为该机的永久标识。

三是配件准备。物料需求管理系统将产品所有配件信息统计出来，专职人员每隔一段时间（大约为两小时）从仓库提取零部件进厂，保证客户订货的生产。

---

① 赵兴隆，周强. 戴尔的电子商务直销模式. 企业改革与管理，2003，2：20～21

四是装配。零部件通过传送带送到装配线,经流水作业组装成计算机。

五是测试。包括物理测试、软件预装、高压测试等。

六是包装。通过自动封装设备将产品包装完毕,附上货运文件和地址,等待托运。

七是发货准备。用提升机和电平叉车将产品输送到生产厂发货地点,等待物流公司上门提货。

八是发货。戴尔采取第三方物流形式,并承诺在客户款到2~5天送货上门。客户通过网站可以查看货物的发送情况。

评 析

戴尔电子商务直销模式获得巨大成功,除了依托于其所处的经济环境、技术环境和先进的物流业对其销售模式的支持外,关键在于戴尔公司内部的因素:

一是一流的基础设施。戴尔公司拥有先进的自动化流水线。产品在流水线上装配完成后,自动在流水线上进行各种检测,预装软件,自动进行包装。另外,条码技术、电平叉车、真空提升机等的应用,也方便了生产和管理。

二是科学的标准化工作流程和模块化的产品管理。戴尔公司采用标准化的工作程序,这些工作程序在ISO(国际标准组织)文档中有详细的记录,公司的每一项工作都是其标准化工作程序中的一环。每年,ISO的工作人员都会来检查戴尔的工作是否符合ISO标准。例如,戴尔公司各个生产厂的设计,都符合快速反应的电子商务的要求。以厦门戴尔的厂房为例,厂房的左右各有十几道门,门的大小刚好与第三方物流的卡车集装箱对接。运载原材料的集装箱货车在厂房的一端卸货,经过生产线生产出的成品在另一端直接送到第三方物流的卡车集装箱里。另外,戴尔公司的所有产品和配件都采用模块化的管理方式。经过十几年的直销经验,戴尔建立了独有的数据库系统,对原材料采购、产品订购、生产、物流和售后服务进行关联管理。

三是信息化的内部管理。戴尔公司有一套成熟的、先进的ERP（企业资源计划）管理软件，如chess（物料需求系统）、empact（库存管理和控制系统）、DSIS（需求供应及全球采购管理系统）、smarts（客户按需配置销售系统）、DOMS（订单管理系统）、WTCS（订单生产状态跟踪系统）等。通过这一套ERP企业管理软件，戴尔公司将原材料供应管理、客户订单管理、生产管理、销售管理、客户关系管理、财务管理等有机集成在一起，为公司高效运作提供了有力的支持。

四是与供应商结成战略联盟。戴尔将供应商视做公司体系中的一环，以维系紧密的供应关系。对于本企业的供应商，戴尔采取严格的资格评审，要求供应商不仅在效率上保持先进，在产品质量管理上，也要采取量化评估方式，进行全面质量管理，从而确保供应商生产的零部件可以直接进入公司的生产线而无需进行来料抽样检验。通过互联网，戴尔公司与供应商间建立了紧密的虚拟整合关系。戴尔为每一个供应商设计了网络连线，加强与供应商的信息交流，从而保证能够按照戴尔公司本身的标准衡量零部件的品质，迅速有效地管理订货流通和紧急补货所需的存货。同时，戴尔公司也将最新需求信息和预测信息等实时地传递给供应商，开放地在供应链上共享计划和资源，帮助它们权衡市场，把库存量降到最低。带动供应商共同发展直销模式，依靠订单进行制造，实现公司与供应商双赢的合作关系。

五是采用大型的、专业化的第三方物流。一个覆盖面广、反应迅速、成本有效的物流系统是戴尔直销模式成功的重要支柱。戴尔的物流完全外包给第三方物流公司，主要由DHL，BAX等跨国性物流企业承担。这些第三方物流公司具有健全的网络、专业化的运营和现代化的管理，服务水平在全球可圈可点。通过采用第三方物流的门到门服务，戴尔大大降低了物流成本，提高了物流效率，改善了客户服务水平。

六是优质的销售服务。一方面，在售前和售中服务上，戴尔通过电子商务使客户足不出户即可便捷地查询和下达订单,通过采取第三方物流形式,戴尔为用户提供了高效、准确的送货上门服务,大大方便了消费者。另一方面,在售后服务上,戴尔公司为客户设立了专门的技术支持网站,提供技术咨询和软件下载等服务。通过网上提供自我故障排除和技术支持等服务,使顾客能够便捷地解决自己的问题。对于不能通过网络解决的维修问题,戴尔通过第三方服务的方式,将其外包出去,委托和授权各地的服务商在各大城市提供现场服务,实行连锁互保。由于采取定制销售模式,戴尔建立了详细的顾客信息数据库,并进行跟踪服务,在进行维修时,技术人员能够确切地知道客户计算机的所有配置,解决问题就会更加方便、迅速。

戴尔电子商务直销模式提升了戴尔公司的竞争力,具体表现在以下几方面:

一是满足了用户的个性化需求。戴尔公司通过直销模式,以需定产,倒着做供应链,可以使用户根据自己的情况选择所需要的产品。由于上游的生产厂商与其共用数据库,共享需求信息,因而为用户的个性化需求创造了条件。无论是大单用户、小单用户,还是单一订单用户,都可以得到自己需要的产品。

二是提高了对客户需求的反应速度。戴尔公司采取电子商务销售模式,使信息的传输速度较传统通讯方式快捷得多,各种数据信息通过电子商务的信息支持系统自动完成处理过程,大大缩短了作业时间,公司各个部门通过互联网同时获得客户需求信息,也简化了信息在公司内部传递的流程。加之其现代化的快速生产流程和配送方式,都为戴尔提供给客户更快捷、更方便的服务创造了条件,使其在收到货款2~5天之内即可将商品送到客户手中。

三是避免了公司的资金积压。戴尔公司在进行生产之前,即已收到了用户的预付款。随后才进行配件准备、生产、测试、包装和配送等活动,实际上是利用用户的资金购买零部件。

四是降低了库存水平,减少了商业风险。在传统营销模式下,由于销售渠道繁杂,物流环节较多,配送及时性差,使得无论是供应商还是生产企业，都不得不维持相当大的库存，配置大面积的仓库。戴尔的直销模式是在接受订单以后再进行生产，减少了生产的不可预知性，降低了原材料库存；同时，戴尔不保留自己的成品库存，产品都是直接送往物流公司。加之采用电子商务的快速反应方式，可以将现实库存以信息的形式转化为虚拟库存，从而使戴尔公司的整体库存水平较同行业的其他公司大大减少。2001 年戴尔的平均库存时间只有 3 天，从而保证了较高的资金流动率和较低的商业风险。

五是商品的价格相对较低。戴尔在生产上采用以销定产的方式，库存减少，降低了库存成本；销售上采用直销方式，减少了销售渠道的中间环节，避免了中间商的层层加价，降低了销售成本；同时采用第三方物流方式，简化了物流流程而节约了流通成本，从而使转嫁到商品上的成本有效降低。

六是准确把握市场需求。通过采取以销定产的方式，戴尔可以适时了解用户的最新需求信息，准确把握市场脉搏，及时调整生产战略和技术走向，占据市场先机。同时，借助于互联网，戴尔可以对市场进行二次细分，深入分析不同群体的消费者给公司带来利润的差异，找出那些能够为公司带来最大利润的消费者，明确主要目标市场。如果通过中间商进行销售，公司就无法将不同价值的消费者详细区分开来，区别对待，从而不可避免地削弱对关键消费者的吸引力。另外，一体化的供应链体系也使得戴尔可以将有效的市场需求信息传递给上游供应商，有利于供应商及时安排生产，为戴尔的产品生产创造有利条件。

案例3　上海爱姆意机电设备连锁有限公司的电子商务应用[①]

上海爱姆意机电设备连锁有限公司（简称“爱姆意公司”）是

① 潘敏捷. 爱姆意公司的电子商务应用. 上海工业，2003，4：20～21

由上海物资集团总公司投资控股、由众多上市公司和著名工业企业投资参股的有限责任公司。公司投资3 000多万元人民币，在国内率先开发建设了B2B机电产品电子商务平台，专业销售国内外名优机电产品。电子商务的应用增强了爱姆意公司的核心竞争力。

爱姆意电子商务模式是：由爱姆意公司提供网络平台，让供应商和用户都作为网上会员，爱姆意为双方提供网络服务和进行物流增值服务。它的具体内容可分为以下5个方面：

1）电子商务平台的营造。电子商务平台是爱姆意公司开展电子商务的基础。在激烈的市场竞争中，制造商、代理商和分销商往往在各自的利益驱动下，使物流交易成本居高不下。由于爱姆意公司通过电子商务平台架起了制造商、代理商、分销商之间的桥梁，使整个交易过程在公平、公正、合理的环境下运行。

2）供应商的选择。供应商处于供应链的上游，选择好供应商是爱姆意电子商务是否有吸引力的关键。所以公司在选择供应商时，除了要考虑入网资源的产品质量、价格优势、售后服务等指标外，更注重长期战略合作的可能性。同时要研究判断供应商的制造能力、财务状况、管理能力等方面是否具有成长性。只有完全符合这些条件，才批准供应商入网注册，供应商才可将产品入网。

3）分销体系的构架。建立强大的分销网络是爱姆意电子商务的核心。公司利用已经形成的爱姆意品牌与强大的在线机电产品库存资源积极发展特许连锁，除了在上海著名的北京路生产资料一条街设立了5家连锁网点以外，在上海东部的金桥出口加工区、南部的化学工业区、西部的国际汽车城和北部的宝钢地区分别建立了连锁网点，形成了比较合理的爱姆意电子商务分销体系构架。

4）物流配送体系的建立。先进的物流配送体系是开展电子商务的保证。随着爱姆意网上机电产品交易量的不断增加，公司以上海物资集团总公司的现代物流为依托，并与其他的社会配送企业相互联盟。目前已建立一个配送总部、两个配送分中心，能够及时响应上海与华东地区网上交易的物流配送需求。

5)网上销售的实现。爱姆意电子商务的销售有两种方式,一种是用户在网上直接下订单,通过互联网完成采购行为。当用户点击爱姆意电子商务网站,在网上选择好所需要的产品后,订单就传送到相应服务网点,由该服务网点根据权限设置指定的业务员为用户提供服务。如果用户有配送的需要,可以直接在网上选择配送,并注明要求配送的时间、送达地点等相关信息。另一种是分销网点开单,就是用户到各个分销网点进行采购,网点开单后就可以直接在线结算。结算处提供增值税发票、普通发票、防伪增值税发票3种可供用户选择,并可以在互联网上直接开具增值税发票,这种在线支付已突破了认证"瓶颈",并适应中国的金融、财税信息化水平与财务结算的特点,属全国首创。

爱姆意电子商务的独特优势使企业获得了显著的经济效益,公司自2001年4月开展电子商务以来,网上销售额迅速增长,截至到2002年底,网上销售额累计已突破1.5亿元人民币,公司从中获得折扣收入达750万元。同时,通过电子商务快速引入了大量社会资源,截至2002年底,爱姆意电子商务交易平台已入网的会员和已签约入网的资源商会员达到53家,网上的资源涵盖了机床、工业轴承、低压电器、工量具等共计52个大类35 000余个品种,入网机电产品库存已超过8 000万元。如果按70%的货物付款,30%作为铺底库存进行测算的话,公司减少流动资金5 600万元,仅此一项,每年可使公司的财务费用节约300万元。

电子商务平台的建立,为公司实施快速、低成本扩张奠定了基础。随着网上资源的逐渐丰富以及入网会员的不断增加,目前已有35家连锁网点,获得连锁店加盟费200余万元。预计到2005年,分销网点将突破200家。

评析

不难看出,作为中国电子商务的成功典范,爱姆意电子商务具有以下主要特点：

1)独创性。爱姆意电子商务的“即时开单，实现在互联网上开具增值税发票”等功能，在国内是独创的，整体技术达到了国际同类产品的先进水平。为此，爱姆意电子商务被上海市科委评为上海市高新技术创新项目，被国家版权局授予著作权，享有知识产权。

2)高效性。爱姆意电子商务不仅所有交易是即时的，所有配送也是及时响应的，在互联网上可以直接开具增值税发票，而且由于是在互联网上运行的，实现了远程异地操作，供货商可以通过上网监控异地的库存资源的进销存动态，会员用户可通过网络进行零距离采购。

3)专业性。爱姆意电子商务平台是一个专业生产资料的交易网站，适合标准型、消耗型、通用型的机电、五金等产品在网上销售。由于它的服务对象是广大企业，所以点击率不是追求的惟一目标。网站分信息网和交易网，任何用户通过互联网均可登陆信息网，在信息网可以查阅有关部门产品的库存、价格、有关机电产品的招标信息及政府的产业政策导向等。

4)易用性。由于采用网络应用技术和浏览器作为客户端的应用工具，用户终端的功能模块简单易用，使用者无需计算机的专业技能，无需客户端功能应用的维护，只需通过互联网与爱姆意电子商务平台连接，客户端的应用工具浏览器能够自行保证用户业务应用功能的不可丢失性和版本的同步更新。

5)扩展性。爱姆意电子商务具有很强的扩展性。在经营的产品扩展上，可以从机电产品上网交易，扩展到汽配、五金、农机产品、仪器仪表等众多行业的产品上网交易；在经营的区域扩展上，可以从上海扩展到华东地区乃至全国。通过连锁经营，可以以很低的扩张成本迅速建立分销网络，就如同民航系统卖飞机票一样。通过分销扩张，取得规模经营的预期效果，从而使电子商务达到可持续发展。

传统的分销体系从店面的租赁，到人员配备、库存备货等，需要较多的资金投入。开展电子商务以后，开设分销网点仅需少量资金，通过连锁经营，爱姆意标准化的管理模式输出到连锁店，每年可使各连锁网点的经营管理费用节约300万元。由于实施了网络管理，较好地解决了业务员任意赊销、无效销售、资金出借问题以及走了一个业务员带走一批客户等问题。

通过信息化建设，爱姆意公司的综合竞争力得到增强。例如，美国通用电气公司需要在中国寻找一个机电、五金产品的集成供应商，通过对爱姆意公司的多次考察后非常满意，已初步选定爱姆意作为合作伙伴，由上海爱姆意公司向通用电气公司在北美的工厂集成供应部分采购的机电、五金产品。鉴于爱姆意电子商务取得的成果，目前爱姆意电子商务已经成为上海市信息化100家试点单位中的示范单位。

案例4　北京市工商行政管理局网上行政管理

北京市工商行政管理局为了适应现代市场经济发展，加强监管力度，提高管理效率，决定充分利用现代计算机网络技术，组织实施“金网”工程。“金网”工程的总体目标是：以促进和发展首都经济为核心，以工商行政管理业务需求为依据，以企业、社会和政府决策部门为服务对象，建立在市局/区县分局/工商所三级网络环境下运行的、达到国际先进水平的大型综合计算机管理信息系统，全面实现首都工商行政管理的现代化和信息服务的社会化。

系统采用市局、区县分局和工商所的三级网络体系结构。市局本地网络作为整个系统的核心，是金网工程工商数据信息的集散地和处理中心；各区县分局本地网络是各个分局及所属工商所工商数据信息的集散地和处理分中心。网络系统在市局设置了整个系统的对外连接通路，市局作为金网工程对外连接的惟一出口，可以在采取可靠的安全措施后，通过国家金桥网、Internet等公共信息传输平台实现与国家工商局和各省市工商局的外部网络互联，间接实现工商数据的对外服务。

整个应用系统包括登记管理类、监督管理类、信息服务类、办公支持类、系统管理类共5大类20个子系统。各个子系统相对独立运行,但又相互关联,彼此联系,信息共享,既保证工商系统各业务部门的业务处理和数据采集,又保证上级主管部门的指导监督和统计汇总,共同构成一个完整的、覆盖工商行政管理各个业务的统一体。利用红盾信息网,将全网工程搜集、处理的各类必要的工商管理信息通过 Internet 向全社会开放,构成外部网络互联系统。

运行在该系统上的红盾315网(www. hd315. gov. cn)是北京市工商行政管理局对外进行业务处理和信息发布的窗口,主要包括网上办公和相关政策、法规、办事指南、公告等信息发布功能。

网上办公功能主要有网站备案登记、专项审批、企业注册、网上年检、网络广告管理检测、市场管理、商标管理、合同管理、打假维权、12315投诉、信息共享等。

1)网站备案登记。每个网站将自己的基本情况利用工商局发放的电子标识予以公开。

2)企业注册。可以进行名称查询,了解有关事项、指南和进行表格填写。

3)网络广告管理。实现网站备案、网站登记资料查询、网络广告上传等。

4)合同管理。介绍合同知识,发布公告和法规,提供合同示范文本。

5)打假维权。对侵犯消费者利益的行为进行投诉。

6)公示制度。将有关办事指南和规章公布,便于公众监督。

7)市场管理。设有预警曝光台、黑榜和红榜。预警是市场监管部门依据预先设立的测评标准,对辖区内市场开办者、经营者行为进行测评,并根据测评结果对其情节轻微的违法违章行为及时采取措施,通过提醒、教育等预先警示的方式指出并责令其改正的一种监管手段。黑榜对不受欢迎或受处罚的市场开办者或经营户进行公布。红榜是对经营管理规范、信誉良好、受到表彰的市场开办者或经营户进行公布宣传。

8)信息共享。政府其他部门可以通过授权后进入系统查询企业信息。信息发布主要包括公告、公示制度以及法律、法规等。另外,还提供对企业申请的审批进展情况的公布。

北京市工商行政管理局网上行政管理的成功实施,为加强工商行政管理的规范化建设,强化监管力度,完善服务功能,促进法制化建设,提高工作效率,提供了科学的手段,使北京市的工商管理信息化建设上了一个新的台阶。

1)通过市局/区县分局/工商所三级网络体系,分布于全市的工商管理机构融为一体,在全市任何一个工商管理部门均可查询到本市所有企业的情况;在某地核准名称,可以到异地注册企业。

2)通过在网上对工商信息的分布采集、集中管理和动态发布,为北京市领导提供了决策支持,为全社会提供权威可靠的企业信息服务。

3)规范了工作流程,实现了工商系统登记和监管工作的统一。全市工商登记注册工作由原来的多条登记线,合并为一个登记系统,实现了全市内资企业、外资企业、私营企业和个体工商户等登记工作的统一,并对登记工作流程进行了规范。

4)通过信息系统实现了登记和监管的有效衔接,有效地促进了登记和监管之间的协调、同步,提高了工商管理力度。

5)完善了工商行政管理的执法体系。具体表现为3点:第一,建立名称复核制度,保护了企业的名称权;第二,设定"黑名单库",维护了法律的尊严;第三,设置了"驰名商号"和"著名商标"保护功能,有效保护了驰名商号及著名商标不受侵害,维护了企业的合法权益。

6)通过红盾工商信息网,强化了企业行为的社会公开监督机制,提高了企业在经营活动中的守法意识。

7)加强了工商内部的科学化管理,普遍提高了工商干部队伍的综合素质。

8)系统建立的公示制度,将工商行政管理的内部工作流程、工作制度、登记执法依据对外公开,便于全社会了解和监督。计算机触摸查询系统还提供了登记注册所具备的条件、所须提交的文件(证件)以及各类表式和填表说明,企业可以自查,既是公示,又是服务。

北京市工商行政管理局网上办公系统的成功是与各级领导和员工的积极配合分不开的。由于政府行政管理的特殊性,在信息化过程中遇到了众多思想观念和技术上的问题。通过不断探索,积累了政府上网的初步经验,确立了信息化过程中的十大原则,即公开廉政优先于工作效率,职能扩展优先于原地调整,旧瓶新酒优先于另起炉灶,数据采集优先于行政处罚,资源共享优先于数据安全,社会参与优先于孤军奋战,大胆争先优先于步步跟随,小步快走优先于一步到位,共同研发优先于简单购买,市场运作优先于政府筹措等。这十大原则对其他政府部门的信息化工作具有重要的借鉴意义。

评 析

电子政务是政府部门适应现代化社会和经济发展的必然趋势,北京市工商行政管理局网上办公系统的成功,在加强政府部门政策指导,增强监控的能力和监控范围,提高政府为民服务的效率等方面都有极大的改善。

(1)电子政务可以强化政府的监管力度

本案例中工商行政管理部门对经济市场行为拥有较广的监管领域和监管权限。但在实际监管过程中,有限的管理力量在广泛的管理领域和数量庞大的管理对象面前,只能做到“水过地皮湿”而已。比如,一个违法当事人可能被多个部门查处,但由于各个部门互不通气,可能每次都会把这个当事人当做初犯,从轻处理。

如果每个管理干部手中都有关于每个企业全面的管理资料信息,这些问题的解决就可能会容易得多。以往可能由于建设这样一个纸质的档案库成本过高,过于复杂,建立起来有困难,但现在互联网提供了实现的条件,在电脑上输入一个企业登记号,就可以了解这个企业几年的全部记录，对强化监管力度产生极大的影响。

(2)电子政务拓展了政府部门的监管领域

“工商管理促进网络经济”这一口号的提出，就是要大力开展信息网络化建设，要管理好网络，手段就是“以网治网”。这意味着工商管理要用高科技的信息化手段武装自己，要用自己的网络，实现和当事人的网上交流和借助网络来发现、打击违法行为，这些都离不开信息化建设。

在信息时代，信息和技术越来越成为重要的资源。对网上工商的运用，能启发、派生出新思路、新方法和新方向。比如，实现企业监管信息的全面披露以促进企业进行信誉管理，就是工商信息化工作对管理的深入促进。工商对企业的各种管理行为都是记载在公开信息中的，但是以往这些信息由于没有一个有效的披露渠道，只好躺在文件柜里睡觉。现在，有了互联网，这些信息都可以上网公示出来，从而组成对企业信誉进行评价的重要依据。通过建立高新技术的平台对企业进行身份认证管理，以后对每个企业的经营身份都可以利用网络即时监管，而且可以包括《营业执照》的变更、年检以及吊销等的管理。

(3)电子政务扩大了政府机构的服务范围

面对经济发展的新形势，各级政府部门都在积极寻找新的监管领域，网络经济要求每个政府部门都要对自身的管理思路、管理领域、管理方式进行重新调整、定位，使各个政府部门都站在同一条起跑线上，将来哪个部门在信息化工作上能走在前头，哪个部门的职能、地位就会加强，就能更好地为社会服务。

北京工商行政管理部门逐步认识到工商管理既是一种管理，又是一种责任，更是一种服务，并通过网络手段改变过去“重监管，轻服务”的工作方式，通过网络将服务做得更好。比如，网上年检、网上投诉，可以让企业足不出户就能办理有关事项。登记部门公开发布有关登记手续的咨询辞典和登记流程的公示程序，当事人通过网络就可以全面咨询所有登记业务，还可以及时了解《营业执照》办理过程正在受理、审核、打照等环节的情况。

(4)电子政务提高了干部的管理水平

现代社会中,如果一个干部能够学习好、使用好计算机和互联网,他的管理水平必定会有一个很大的飞跃。信息网络化工作就是将日常的工作业务和计算机与网络结合起来的最好途径,北京工商部门有数千名干部深入参与"业务办公系统"的学习,形成了数千名熟练运用网络的骨干,在工作中发挥了重要作用。

(5)电子政务规范了监管程序

工商部门在市场监管的过程中,保证职能的依法履行,防止各种内部操作的不规范,是队伍建设的重要内容,但传统管理模式很难做到这一点。而网络的特点正好可以做到不讲人情世故,严格按照规定程序运行,这就给依法履行职责创造了条件,防止了各种内部操作的不规范。同时还利用网络的各种日志将每个人的工作详细记录,这样起到了督促的作用,从管理的角度防止了个别不规范现象的发生。

(6)电子政务能让政府部门接受社会监督

目前,工商行政管理局在"红盾315"网上公开管理信息,促进了办事制度的落实。现在每个处室和分局部在网上建立了自己的主页,将所有和办公有关的、没有密级的政务文件全部上网公布。这就等于建立了公开的社会监督机制,将政府部门的工作置于公众监督之下,努力向公开、公正、透明、服务百姓的方向转变,更多地让群众满意,让企业满意,更好地为民服务,为企业服务。

第3章 现代管理艺术

3.1 决策的艺术

3.1.1 理论精要

有这样两个小小的案例:一是某企业准备开发两种产品,根据初步的市场调查表明,这两种产品都有较好的市场前景,但该企业目前只有开发其中一种产品的经济实力,那么它应该开发哪种产品呢?二是某公司生产的高科技产品准备在两个国家销售,其中一个国家销售量大,可获利较多,但该国政治不够稳定;另一个国家销售量少些,但该国的政治却要稳定得多,那么如何确定该公司的长期营销战略呢?这两个案例所提出的问题的解决就依赖于科学与合理的决策。那么什么是决策呢?先撇开这两个案例的具体内容不谈,在形式和实质上它们的共同之处可以帮助我们理解决策的实质。其共同之处是,案例中的组织都面临一个需要解决的问题(第一个是开发新产品,第二个是销售产品),并且每个问题都有几种可能的解决办法(第一个开发产品A或B,第二个是在A国或B国销售),最终组织都要从这多种可能的办法中选择一种或多种(第一个若只考虑市场前景和自己已有的经济实力的话,可以选择开发 A 产品;若考虑竞争程度和风险大小,则可能开发 B 产品;若它以银行贷款为支撑或与其他企业联合开发,则可能开发两种产品。第二个若是考虑利润的长期稳定性,则会选择 A 国;若考虑文化差异程度对销售的影响,则可以选择 B 国)。从以上的简单分析中可以看出,这些案例所涉及的共同或基本问题就是决策。决策作为个人或组织经常进行的重要活动,古已有之,如三国时诸葛亮的"运筹帷幄之中,决胜千里之外",并且还有关于决策的经验和思想总结,如我国著名诗人辛弃疾在给南宋朝廷所写的奏折中提出"谋贵众,断贵独"。但是由于生产力水平的局限,古时的决策主要依赖于决策者个人的经验和智慧,缺乏规范性和科学性,它的作用和质量也受到限制。在现代社会,决策者所面临的环境不仅复杂而且不确定性很大,决策的合理、科学与否显得尤为重要。因而在 20 世纪中期,随着现代管理理论的新发展和其他学科如系统论、信息论和控制论等的出现使得决策有了很大提高。什么是科学、合理的决策,怎样制定科学、合理的决策等这些有关决策的基本理论问题也使得 20 世纪 70 年代决策学派成为人类管理理论"丛林"中的一个重要学派。其代表人物赫伯特·西蒙在《管理行为》中指出:"决策是管理的核心,管理就是决策,管理的各层次,无论是高层,还是中层或下层,都要进行决策。"的确,决策在管理中发挥着重要的作用,但是决策并不是通常人们所理解的"拍板",其所依靠的更不是人们通常所见的"拍拍脑袋"。实际上,决策是一门科学,也是一门艺术,有时它需要严格按照一定的程序进行才有可能拿出较为合理的解决问题的方案,有时它则依靠决策者超人的直觉和智慧。决策的艺术是以对它的科学理解和实践为基础的,因此,有必要对决策的基本理论问题做些交代。

(1)决策的实质

决策就是组织为了解决一定的问题,在两个以上可能方案中选择一个或几个较为合理的,并把其付诸实施的过程。在理解决策的实质时需要注意以下几个关键点:

1)问题和目的——决策是针对某一具体问题而言的,也就是说决策并不是盲目的,而是有针对性的,直接的目的就是要解决组织面临的某特殊问题。

2)有两个以上可能方案——即解决某一问题有不同的途径、办法,可以"殊途同归",若"自古华山一条路"也就无所谓决策。

3)比较选优——从不同角度、按不同标准来衡量每个方案的利弊,决策者运用自己的判断进行比较从而选出一个或几个在总体上较为合理、有效的方案予以实施。因而决策有合理、科学与否的比较和区别。

4)过程——决策不是一刹那的行为或想法,而是一个从遇到问题——设计解决问题的各种方案——选择并实施方案的过程,并且不能忽视的是一次决策的执行会反馈到下一次决策,因此,决策本身是一个循环不断的过程,贯穿于管理活动的始终。正是在这个意义上,我们可以说管理就是决策。

(2)决策的过程

正如前面所交代的,决策是一个过程。在大多数情况下,组织决策应该遵循一定的基本程序,以保证和提高决策质量。一般的决策过程包括以下4个基本环节:

1)诊断阶段。在管理中,由于各种各样因素的影响,实际的情况可能会与原先计划的情况有所不同,如果这种差距过大的话,就提醒管理者应该努力弄清楚差距在哪里、原因是什么,这就是决策的开端。由于环境的复杂性和个体认识与诊断能力的局限性,在这个阶段,发现或遇到问题并不是大问题,重要的是判断问题的性质——这是新问题,还是老问题;是常规性问题,还是特例;是个别问题,还是大局性问题等等。并且要透过问题的表面去找到问题产生的原因,尤其是根本性的原因,这无疑是非常重要的,将会直接影响到决策的成功与否,所以说找准问题就成功了一半。这就如同医生面临同样病情的病人却要开不同的处方,原因就在于他们的病因是不一样的。组织决策在第一阶段的任务也就在于此。

2）设计方案。根据问题产生的原因和组织可能的资源以及组织最终目标提供多种方案以解决面临的问题，这也是花费时间最长、工作量最大的阶段。此时就要发挥整个组织的力量去收集信息，提供想法，即要依靠决策者在组织的长期发展中所积累的经验，也要靠他们创造性的直觉和智慧。本着解决问题这一目的，提供的办法越多越好，也就为下一阶段的比较选优提供了前提。

3）比较选优。这是决策的核心环节，也是最关键的“拍板”阶段。此阶段要注意的问题是：

①设法预测与估计所有方案可能产生的结果，并把它们与目标相比较。因为每种方案所可能产生的结果有无形与有形、长期与短期、正面与负面等方面，也即结果不是单一的，所以决策者不能只顾一个方面的结果而不顾其他方面。例如我国决定实行改革开放的政策，虽然在短期内可能会带来资本主义国家的一些不好的影响，但是从长远看，我国经济发展了，并且注意精神文明、社会道德等方面的建设，消极的影响是可以抵制和降低的，所以不能因为这一政策的某些不尽如人意的后果就从整体上否定它。同时，决策者还要在多方案之间进行比较，此时，由于问题的变化性、环境的复杂性和人的认识能力的局限性，决策往往用“比较满意”的标准来进行比较，而不是理想的“最满意标准”，所以实际上的决策往往因此而简化。

②考虑到不确定性。由于实际的决策是用“比较满意”的标准进行的，那选择的方案也只能是较为合理的，并且未来是不断变化的，所以为了决策的效果尽量最大化，决策最终选择的往往不是一个方案，还有备用方案，这就如同汽车的备用轮胎。备用的决策方案可以用来应付意想不到的情况，也可以弥补第一位方案可能存在的不足。

4）执行方案。决策是一个过程，其中执行阶段所起的作用往往不为人们所重视，其实这一阶段也是比较重要的。这一阶段的具体含义和作用体现在以下几方面：

①决策在全面实施之前,进行一定的局部实验,一方面检验决策的可行性,另一方面可以逐步推进决策的实施。如我国的改革开放政策就是由点到线再到面,由沿海到内地这样推进的。

②执行之中的反馈可以帮助调整原来方案,这就是反馈性决策。利用执行中发生的问题来纠正决策方案没有预料到的问题,使方案尽量达到解决问题的目的。

(3)影响有效决策的因素

决策是管理的重要部分,有效的决策是决策者的一个追求,但是在实践中,决策却受到各种因素的影响,其有效性也就会降低。对以下几个因素的把握有助于我们提高决策的质量和有效性:

1)把握问题的实质——由于问题的界定与把握是决策的起点,整个决策也就是为了解决问题,所以能否深刻认识所面临问题的性质和实质是非常重要的。这里要思考的是:这是一个什么样的问题,不同的问题涉及的人员、要运用的资源等决策的前提也是不一样的。只有把握了问题的实质,决策才有一个良好的开端。否则就会犯“第三类错误”——用正确的答案解决错误的问题。

2)依靠充分的依据——决策的依据要充分。这不仅包括客观的依据,还包括主观的依据,前者是指所收集到的信息,只有掌握充分、可靠的信息,决策的基础才是牢固的,因而在面临问题的时候要快速、全面、准确地搜集相关的信息以帮助决策方案的设计。后者是说决策者本人的价值观和个性特征(如果断、直觉、敢于冒险等)在决策中所起到的独特而不能忽视的作用,也正是这一点体现了决策的艺术成分,它还可以弥补前者的不足。有了充分的依据,决策的“拍板”时刻才能到来。

3)选择的是比较满意的方案——在西蒙之前,人们认为决策要做的是面对问题、收集信息、提供尽可能多的解决方案,然后在里面找出一个最好的、最满意的方案。这种做法在西蒙看来是不可能的,因为人的理性是有限的,而不是像人们所期望和认为的那样是全知全能的。所以,在决策中受到环境的不确定性和人的认识局限性的影响，人们往往只能提供比较有限的几个方案，最终的选择也只能在这几个方案中进行。所以在一定时间内，满意的方案就是解决问题的最好办法，如果一再等待信息的完全化，很有可能会错失良机。现实的决策往往是边做边想。

以上几个方面是有效决策必须注意的，决策的艺术性也就在很大程度上体现于此。也只有把上述的理论不断运用于管理实践中去，才能体会得更深刻一些，下面的案例会帮助我们理解这些方面。

3.1.2 案例及评析

案例1 李嘉诚投资的政治嗅觉[①]

1965年，“中共即将武力收复香港”的谣言四起，香港人心惶惶，触发了自“二战”后第一次移民潮。移民以有钱人居多，他们纷纷贱价抛售物业。新落成的楼宇无人问津，整个房地产市场卖多买少，有价无市。地产、建筑商们焦头烂额，一筹莫展。

拥有数个地盘、物业的李嘉诚忧心忡忡，他不时看报纸，密切关注事态发展。

香港传媒透露的全是“不祥”消息。李嘉诚知道，香港的“五月风暴”与内地的“文化大革命”有直接关系。那时，不少内地小报通过各种渠道流入香港，李嘉诚从中获悉，内地自8月起渐渐得到控制，趋于平息。那么，香港的“五月风暴”也不会持续太久。

作为资产者，最关注的莫过于“中共会不会以武力收复香港”。

“不可能，中共若想武力收复香港，早在1949年就可趁解放广州之机一举收复，何必等到现在？香港是内地对外贸易的惟一通

① 世界著名企业研究组编著．世界著名企业管理模式——组织决策．珠海：珠海出版社，2002. 244～245页

道，中共并不希望香港局势动乱。”

经过深思熟虑的李嘉诚，毅然采取惊人之举：人弃我取，趁机吸纳。

李嘉诚又一次判断正确。1977年，内地“文化大革命”结束，这是李嘉诚事业上不寻常的一年。香港境外的大气候由阴转旺，世界性石油危机已成为历史；中国内地已从十年动乱中走出来，提出“四个现代化”口号，显现出改革开放的端倪。

香港经济以11.3%的年增长率持续高速发展。百业繁荣刺激了地产的兴旺；地产的兴旺，又带动整个经济的增长。地产成为香港的支柱产业，举足轻重，李嘉诚以他丰富的经商经验和敏锐的政治嗅觉，为自己的地产事业又添上了辉煌的一笔。

评析

(1)决策与信息有着密切的关系

可以说，决策的过程就是信息的输入、加工和输出的过程。在决策前，信息作为资源和条件，决策中，信息表现为依据和前提。能否提供尽可能多的解决问题的方案在很大程度上取决于能否收集到及时、准确和全面的信息。虽然说，决策者并不能全知全能，但是在收集信息时仍要求尽量做到及时、准确、全面，并且决策者一定要对收集到的信息进行深度加工，使之对决策有用。从本案例来看，在1965年，由于内地的“文化大革命”影响，加之内地和香港在消息上的封闭性，谣言在动乱中和远距离的情况下就很容易成为“事实”。在这种情况下，决策者对于所能够得到的有限信息进行“去伪存真”的工作就变得尤为重要，李嘉诚不仅通过大报密切关注事态的发展，并且通过小报得知其他人并不留意的消息，而这些消息却是比较真实的，不仅给他提供了当时动乱的来龙去脉，并且预示了一些关键性事态的发展。所以他就有可能比其他人有更多的信息帮助自己进行决策。

(2)决策者个人的判断力

在同样的信息面前,不同的决策者所做出的决策可能是不同的,在收集到可能多的信息和征求别人的意见后,决策者个人的判断力在这种不同的决策中就显得无比重要。在此,李嘉诚根据历史、香港对于内地的重要性和内地发展的趋势做出“中共不会以武力收复香港”这样一个与当时大多数人截然不同的结论,的确是不容易的。这不仅是因为他掌握了较多的信息,更是因为一个企业家的敏感的判断力,这种判断力显然与他长期的经验是分不开的。在决策中,这种判断力是比较重要的,虽然现代的决策大多是科学和集体性决策,但是最后“拍板”的仍是企业的高层管理者。这正是李嘉诚在总结自己成功时用的四字要诀(“敏、信、创、勤”)里的第一个字“敏”——敏感、敏锐、敏捷。对市场做出一个正确而及时的判断和行为往往会带来财源滚滚,相反,一个错误而失时机的判断和行为将导致惨重损失,甚至一败涂地。成功的企业家对市场的变化应敏于见微,及时调整自己的产品结构和营销策略,时刻跟踪市场的走势①。

(3)决策必须考虑环境的影响

这不仅是指环境可能提供了决策所需的信息来源,并且指,有时环境也是一种障碍。环境是多种多样的,如政治、经济、市场、竞争对手等等,对于不同的企业,不同的环境所带来的影响也是不同的。在本案例中,房地产应该说与政治的关系不是很大,而是与经济方面的关系较大,但是在特殊的时期,政治因素却成了最大的影响因素。作为决策者,应能够分清楚在某一时期影响企业发展的主要因素是什么,这正是决策的障碍所在。只有抓住了环境因素中的主要矛盾,问题的解决才会成功。李嘉诚此时考虑的就是政治因素的影响,并对此进行了正确的判断。故在别人看来是障碍性的因素,在他的眼里却成为难得的机遇。

---

① 世界著名企业研究组编著. 世界著名企业管理模式——组织决策. 珠海:珠海出版社,2002. 127 页

案例2　杜邦公司的市场预测高招[①]

美国杜邦公司不但以它的巨大市场闻名于世，而且以它的“高参团”而享誉全球。我们知道，杜邦公司是世界上最大的化学公司，杜邦公司的“高参团”是一个经济研究室，只有12个人。但别忽视这个“高参团”，这12个人都是经过严格挑选后聘用的高水平的专家。他们对杜邦公司的经营情况了如指掌，熟悉它的发展方向和经营战略，有针对性地研究全国性和世界性的经济发展状况、结构、特点和发展趋势，也注意调查本公司有关的市场动向，并就和本公司未来利益相关的经济动向进行分析和预测。

经济研究室的两位经理分别组织美国经济研究和国外经济研究。他们系统收集美国政府的统计部门、商务部、劳工部人口普查局、公报联邦储备系统中收集出来的各银行的资料以及同本企业有关的同行业组织的统计资料。国外的经济研究，对联合国、世界银行、国际货币基金组织、经济合作与发展组织的研究、统计资料，有关国家和地区的经济资料均在收集之列。

经济研究室除了向公司领导、有关业务部门进行口头上的经济报告、解答问题外，还出版了几种刊物。其中，季刊《经济展望》对公司的产品或服务项目进行战略性分析和技术经济预测，国内和国外的经济活动报道及各种专题调研报告供公司领导机构、各部门经理在进行经营决策时参考。

谁执杜邦牛耳？“高参团”12巨头。

评　析

(1)智囊系统在现代决策中的独特作用

现代社会中企业所面临的环境是复杂多变的，需要解决的问

① 世界著名企业研究组编著．世界著名企业管理模式——组织决策．珠海：珠海出版社，2002．149～150页

题又是错综复杂的,因而单靠决策系统进行高效、合理的决策已经无法适应企业发展的需要。于是,作为决策系统“外脑”的智囊系统的作用凸显出来。智囊系统一般情况下是由各种各样的专家、学者构成,他们或是设于企业内部,或是作为独立的部门被企业所聘用进行必要的咨询服务。由于是由专家和学者构成,这种组织能够从专业的角度和深度对企业所面临的问题进行系统的分析,进而拿出一个或几个可行的方案以供决策者选择,这样不仅提高了决策的效率,更重要的是可以最大限度地保证决策的质量。本案例中的杜邦公司以化学产品为主,这种相对专业化程度较高的领域,决策者的知识、能力和时间以及对于特定问题的理解都是有限的,而12人组成的专家却对于经济领域有着深厚的知识背景与技术,利用他们的专业特长对公司产品、战略等方面进行分析的准确度就比较高。另外,这种设在公司内部的智囊系统可以长期地了解和观察公司,与公司同呼吸共命运,而不是遇到问题时匆忙从外面搬“救兵”(是指外部的咨询机构),面对公司的问题他们能够从根本的原因以及未来的发展系统性地进行处理。这也正是杜邦公司从一个火药制造商变成一个以化学为主,甚至延伸到生命科学领域的百年企业。

(2)现代决策是科学决策

随着科学的观念和方法在各个领域的延伸,管理中的决策也逐渐从依赖于个人的经验式决策走向了科学式决策。科学决策的一个重要基础就是要利用各个领域的专业知识和方法进行研究和预测,找出企业在某一领域发展的规律以及在特定时期所面临的问题的性质、范围,从而创新性地拿出解决问题的办法。因为现在的企业所处的环境是不断变化的,所遇到的问题往往会涉及许多领域,原有的解决问题的经验则显得陈旧。在这种情况下,只有借助于科学的方法和手段才能合理、高效地使企业摆脱困境,走出低谷。

(3)科学决策大多是集体决策

现代决策所面临的风险性增大,不可能再依赖于一个人的力量进行完全决策,这对决策质量的要求也就提高了,如何规避风险、尽量把错误程度降低,科学决策所起到的作用是有目共睹的。而这种科学决策的一个基本特征就是它的集体性,因为要依靠专门的智囊团为决策者提供咨询和各种方案,这种“谋和断分开”的决策实际上就是一种集体性决策,也就是民主性决策。这种集体性决策与个人性决策相比有许多优势,例如决策信息充分,透明度高,稳定性强,通常情况下质量较高。在杜邦公司,这种集体性就体现在它的“高参团”上,同时,高参团也体现了“谋和断分开”的特点。所以,集体性决策的质量往往是值得信赖的。

(4)现代决策所依赖的信息是全球性的

现代经济的一个突出特点就是全球化,体现在企业身上就是跨国企业的形成与发展。杜邦公司是一个大型跨国企业,那么它在发展过程中,就必须关注来自不同方面、不同地方的资源、竞争对手和机会。虽然“高参团”可能只设在总部,但是它的触角却伸向世界各地——它不仅关注美国的经济,还关注其他国家的经济,不仅关注同行,还关注政府与民间组织。这符合企业面向世界发展的需要,只有这样才能全方位地为公司的发展定位,才能全面地收集到公司长远发展所需的情报,才能进行准确的预测。

案例3 吉利公司经营策略的重大失误①

在1962年以前,吉利公司垄断了美国的剃须刀市场。在《幸福》杂志所列的美国500家大工业公司的利润率中,吉利名列第四,但其投资回收率却高居首位。高级蓝色刀片是吉利刀片的核心和最高级的产品,也是创利最大的产品。这种刀片经过5年的实验和研究才制成,于1960年正式投入市场,仅在1962年就获利1 500万美元,占公司利润总额的1/3以上。不过这种刀片不是碳素钢制造的,虽薄而锋利,但很不耐用。1961年英国的不锈钢刀

① 世界著名企业研究组编著.世界著名企业管理模式——组织决策.珠海:珠海出版社,2002. 231 ~234页

片向美国推销，因其使用次数多，受到美国顾客的青睐，但由于输入数量不多，没有造成对吉利公司的威胁，也就没有引起吉利公司的注意。

在一派繁荣景象的背后，一场吉利发展史上最大的危机悄悄孕育着。

1961 年，在剃须刀的制造工艺领域内出现了一场具有划时代意义的革命。在这一年里，英国的威克逊公司在世界上第一次采用不锈钢材料制造剃须刀获得成功，推出了人类有史以来第一把不锈钢剃须刀片。这种不锈钢刀片具有许多突出的优点：极富弹性，不易折毁，重量很轻等等，然后最重要的一点是它成本低廉，而且又可以连续使用多次。

威克逊公司推出不锈钢刀片后，首先在英国立即引起轰动，销量直线上升，到 1962 年就完全占领了英国市场。与此同时，吉利公司的老对手——美国精锐公司和安全剃刀公司敏锐地洞察到这是一个千载难逢的大好时机，随机于 1963 年年初在美国市场上声名鹊起，很多吉利的忠实消费者也开始从“超级蓝光”碳钢刀片转向不锈钢刀片。

不锈钢刀片的异军突起，给吉利拉响了警报。显然，不锈钢刀片市场份额的继续扩大，严重影响了吉利的市场地位。

此时，吉利有两种选择：

其一，立即推出自己的不锈钢刀片，这样可以使吉利已有的广大市场不受影响，并且用不了太多的促销费用，但这样做，将会对“超级蓝光”的市场造成强烈冲击，甚至放弃“超级蓝光”，因而需要很大的决心和勇气。

其二，对不锈钢刀片不予理会，调动一切手段，加强对“超级蓝光”碳钢刀片的促销，以保住甚至扩大自己的市场份额。这样做对吉利来说，是轻车熟路，无需费太多力气，但意味着不锈钢刀片生产有可能陷入被动。

经过分析，吉利认为“超级蓝光”碳钢刀片与不锈钢刀片相比，存在两方面的突出优势：

其一,“超级蓝光”碳钢刀片的质量优异,并且很稳定;而不锈钢刀片刚刚面世,质量水平不够稳定。

其二,不锈钢刀片的目标消费者是中等水平和低水平的收入者;而“超级蓝光”碳钢刀片主要面向高档消费者。

在经过这番分析后,他们认定:从长远看,碳钢刀片将和不锈钢刀片井水不犯河水,“超级蓝光”的市场不会被动摇。因此,犯不着“杞人忧天”。于是,他们最终采取了第二种决策,先不理睬不锈钢刀片,全力巩固自己的“超级蓝光”的市场地位。

然而事实证明,这是一个极端错误的决策,经调查发现,如果不锈钢刀片能连续使用 8 次而刀口不钝,一般消费者就会选择不锈钢刀片,一般不锈钢刀片的使用次数均在 15 次以上。因此,不锈钢刀片的推广,将把碳钢刀片的大部分顾客抢过去。

在吉利的决策做出后不久,事态的发展便急转直下,令吉利的决策者瞠目结舌。不锈钢刀片在市场上的销售势头空前凶猛。安全剃刀公司和精锐公司充分利用吉利无动于衷的大好时机,投入巨额促销费用,大力宣传不锈钢刀片的经久耐用、物美价廉,使不锈钢刀片的销售不断升温。在强大的促销攻势下,吉利的新老顾客纷纷叛离,投入了不锈钢刀片的怀抱。吉利的“超级蓝光”碳钢刀片的销售量急剧减少,市场份额降至吉利有史以来的最低点。

至此,吉利的决策者们才认识到问题的严重性,后悔没有认识到不锈钢刀片竟具有如此巨大的魅力,弄得他们的市场明星——“超级蓝光”连连败北。于是吉利公司急速动员公司各级力量,于 1963 年秋天才向市场推出了自己的不锈钢刀片。

然而,亡羊补牢,为时太晚!吉利公司推出不锈钢刀片比精锐公司和安全剃刀公司整整晚了 6 个月。但就是这 6 个月,使吉利公司失去了进入市场的最宝贵的时机。1963 年和 1964 年,吉利公司的市场占有率从原来的 70% 降至 55%,利润也下降了一成多,投资报酬率从 40% 降到不足 30%,且再也难以恢复。

评 析

(1)决策的核心就是方案的比较选优

在企业发展遇到问题时，管理者对于问题的解决可能会想出各种各样的办法，在有多种解决办法的情况下，如何进行选择是决策的核心。那么怎样进行选择呢？这里的方法就是比较，即在各种方案之间以多种标准来衡量其方方面面。吉利公司在不锈钢刀片侵占了自己原有的垄断性市场，并对自己的“超级蓝光”刀片的前途构成威胁的情况下，面临两种自救的方案。在比较的时候，却过于强调自己产品的长处，忽视了自己的短处和别人产品的长处，这无异于以己之长比他人之短，所以比较的结果自然是肯定自己的、轻视别人的。那么在比较之后进行的选择就有可能是错误的。实际上，在比较中标准一定要多样、全面——既要看到方案的短期后果，也要预测到长远后果；既要注意长处之间的比较，又要看到短处之间的比较；既要注意可行性，又要注意科学性等等。不能只顾及某一个方面的利弊，以免犯“以偏概全”的错误。本案例中，吉利只考虑了产品之间的质量和服务的目标群体这两个方面，所以它的比较并不是充分的。

(2)决策是面向未来的，而不仅仅是现在

虽然大多数的决策是为了解决企业在某一时期所遇到的问题，但是决策只是一个方案、一个想法，从更本质的要求来看，决策是面向未来的，是企业发展中承上启下的环节，正确的决策不仅帮助企业解决目前的问题，摆脱困境，并且有可能因此找到自己新的发展方向。吉利是剃须刀的王牌老大，但是这种地位并不是一劳永逸的，而是需要不断巩固的，这种巩固也并不是只守住自己的优势不放，而是要不断创新，创新的机遇有时就来自企业的问题，如竞争者的加入。所以在吉利的市场和地位受到挑战时所做出的决策就不应该是保守性的策略，而应该是创新性的策略。更何况，这种竞争性挑战恰恰是新产品(具有明显的优点)的出现，所以它应该抓住这次机会,利用合理的决策选择带动企业走向另一个新的高度,而不是仅仅只看到眼前,只解决目前的问题。

(3)决策不能忽视市场调查

决策是一个过程,虽然方案的设计和选择是其核心,但是方案哪里来?方案提出的依据是什么?这些问题也必须回答清楚。建立在科学分析、严密调查基础上的方案才可以进入选择的范围,那种靠想当然、空脑袋出来的方案是值得怀疑的。吉利在提出方案的过程中,很难显现这一实事求是的精神,因为在做出决策后经调查才发现——一般不锈钢刀片的使用次数均在15次以上,且物美价廉。而这些方面早在吉利进行决策之前其实是可以经过一定的市场调查发现的,因为在1962年,不锈钢刀片已经完全占领英国市场。1963年,美国很多吉利的忠实用户也开始从"超级蓝光"刀片转向不锈钢刀片,那么作为敏感的决策者应该从消费者入手进行相应的市场调查,问题就会浮出水面,决策的方案可能就是另外一种了。

(4)决策是为了解决问题而不是回避问题

企业在发展过程中可能会遇到各种各样的问题,能否处理好这些问题是企业发展的关键。若处理得好,企业就会因此上一个新台阶;若处理得不好,企业则会陷于困境,甚至是走向末路。所以,贯穿管理始终的决策就是要面对和解决问题,而不是简单地回避之。在吉利公司面临"不锈钢"产品的竞争、抢占了大量市场的问题面前,对于问题的估计过于乐观,对问题性质和产生原因的认识过于主观和片面,从而显得对于问题的重视程度不够,似乎有点想回避这个问题。所以,它所做出的决策也就没有针对性,这样就等于没有解决问题。绕开问题决策只能让企业在问题面前栽跟头。

案例4　松下公司回避投资风险的重大决策[1]

企业决策是指为达到一定目标对制定的活动方案和临时出现的特定问题经过反复考虑后做出“拍板”决定的一种领导行为。在激烈多变的商战中,企业家不允许优柔寡断,需要的是果断地对一个又一个面临的紧迫问题做出决策决断。正如松下指出的那样,商家不能贻误战机,否则就意味着利润的流失、客户的减少,甚至是生意场上的灭顶之灾。而松下在电脑投资计划上的突然撤退就表明了其对市场的敏感与白热化竞争中头脑的冷静,可作为企业家决策的一个重要样板。

1964 年,松下公司突然宣布放弃发展大型电脑的计划,开始确实令人迷惑不解。因为这时的松下公司已花 5 年时间,投入了 10 几亿资金进行研究开发,眼看就要收获了。为何要放弃不干呢? 原来松下发现,电脑市场的竞争日趋白热化,仅在日本就有富士通、日立等公司在做最后的冲刺,如果此时松下再加入,也许会生存下来,但也有可能导致全军覆没,这就等于拿整个公司下赌注。所以,面对这样的市场形势,松下毅然做出退出争夺电脑市场的决策,这实在是一次冷静思考后的勇敢大撤退。

在激烈的商战中,有许多情况真假难辨,不知后果如何,这时要做出一项正确的决策,除了商人的魄力,还要靠实事求是的科学预测和分析。而离开这一点就是“盲目”,就是“冒险”。

评 析

(1)决策中风险与机会并存

在一项决策中,从正面看,是为了把握住一定的机会,不做出这种选择就没有这种机会,做出另外的选择就可能得到另外的机

① 世界著名企业研究组编著．世界著名企业管理模式——组织决策．珠海:珠海出版社,2002. 237 ~238 页

会,也就是说人的选择总是在取此舍彼,总会有一定的机会成本的。同时,从反面看,决策中的选择又与一定的风险相联系,因为决策是面对未来的。尽管有各种各样的预测告诉商家应该选择某种方案而放弃另外的方案,但是"计划不如变化快",当预测的环境发生了意想不到的变化时,原有的可能决策就变得不适用,此时决策就意味着风险和代价。所以要做出正确的决策并不是一件简单的事情。在决策中要全面衡量风险与机会孰大孰小,如果风险太大,成功的机会很小,那么决策可能会放弃某种选择;反之则坚持之。松下幸之助就是在风险与机会之间进行比较之后决定放弃的,因为当时的大型电脑市场竞争非常激烈,松下公司的优势并不在于此。如果强行进入这个行业的话,很有可能自己在这一方面无法与别人竞争,并且可能因此把公司的其他优势也丢了。事实证明,松下幸之助的选择是正确的。因为不久后,像西门子、RCA这些世界性的电脑公司,都纷纷从大型电脑的生产中撤退出来,美国的电脑市场几乎被"电脑巨人"IBM公司独占。可以说,由于松下的放弃使它避免了一场损失。

(2)决策者要分清自己的优劣势,做到"知己知彼"

毕竟,复杂的市场竞争环境下的企业方向和精力都是有限的,它必须有所为和有所不为。在长期的产品开发、市场份额、企业战略和资金方面的主客观条件是企业在面临问题、进行决策时必须依赖的基础和限制因素。决策时为自己寻找机会和避免风险并不是盲目地想像的,而是要分清自己的优劣势,以"扬长避短"或"扬长补短"。松下在此采取的就是"扬长避短"的做法,这样公司在自己的擅长方面就更加强大,在市场上有自己独特的一份领域。所以说,决策要依靠充足的信息,这种信息所包括的方面是多种多样的,企业自身的优劣势就是不可忽视的方面,当然这也要靠决策者能够"知己知彼"。松下幸之助认为,"人的能力是有限的,最好是一人一业。拿企业来说,就是一项专业,要把全部精力投注在一个领域","大企业应懂得如何割爱事业,这一点也很重要"。服务于企业发展的决策又何尝不是这样呢?

(3)决策要考虑代价

风险与决策是相随的,那么也就意味着决策是要付出一定代价的。这种代价的体现有多种方式,可能是决策的失败,可能是机会的丧失,也可能是企业因此一蹶不振。所以,决策必须把风险和代价降到最低。松下在做出放弃的决策时,已经付出了一定的代价,那就是它已经花了5年时间投入10几亿资金,并且眼看就要进入最后阶段了。放弃是不是很可惜?这种放弃的代价是不是太大了呢?在一般人看来,代价的确太大。但是决策不能只看现在,也不能只看过去,而应该更多地着眼于未来,从未来的发展看,这时的"不值得"换来了更大的"值得"。所以在决策中,要看到机会,也要看到风险和代价,在机会与风险和代价的比较中,一定要目光长远,而不是只为了眼前的蝇头小利乱了大局和企业的发展。

案例5 比尔·盖茨——"我们应该只做软件"①

如果比尔·盖茨要总结自己早年成功的关键的话,他应将自己的成功归结为一点,那就是在20多年前他自己对保罗·艾伦所说的那句话:"我们应该只做软件。"

由于盖茨独具慧眼地选择了当时几乎是空白的计算机软件领域,并在他人尚未发觉的情况下,独领风骚多年,因此,他几乎已经成为了当今世界计算机软件标准的惟一制定者。今天,许多人害怕盖茨与他的公司积累起来的力量。微软在它的市场中如此成功,以致美国联邦贸易委员会、美国司法部以及欧洲联盟都发起了对微软的定价、营销和管理业务的调查(美国政府在20世纪50年代和70年代对AT&T和IBM也做过这样的调查)。并于1994年8月与美国司法部签订了一项协议,微软改变了自己定价与授权使用操作系统的方法。该协议对微软的基本业务和对市场与技术

① 世界著名企业研究组编著. 世界著名企业管理模式——组织决策. 珠海:珠海出版社,2002. 166~168页

的影响能力却基本上未受触动，这是因为比尔·盖茨已经成功地将自己的软件以最早的捆绑形式扩散到每一个计算机的家庭，这早已奠定了微软公司牢不可破的市场基础。

在盖茨看来——他在1975年创建微软时就以非凡的洞察力意识到了——计算机工业中真正的摇钱树在软件之中。当时，盖茨的合伙人艾伦，想既生产硬件又生产软件；然而计算机行业中的许多公司，包括IBM，DEC，甚至像苹果计算机公司（成立于1976年）这样的新加入者，都集中在硬件上。盖茨纠正了这一错误，盖茨在最近的一次采访中回忆了他当时的想法："我想我们应该只做软件。"微处理器的能力每两年就翻一番，在一定意义上来说你可以把计算机能力想像成几乎是免费的。这样你就该问问自己了，为什么要掺和进制造几乎是免费的东西的生意中去呢？什么是稀缺资源？是什么限制了对无限计算机能力的利用呢？是软件。

在后来的几年里，由于其他的公司也认识到了软件的价值。结果是，微软不得不经常考虑竞争情况和引入足够多的新技术以吸引顾客购买其产品的更新版，盖茨也不得不为其技术和编程技巧寻找新的市场和应用范围。由于坚持走软件的开发道路，盖茨在认识某些产品观念，如公司网络、家庭金融软件以及"构件"网络的潜力方面，反应比较迟缓，这些领域后来分别由Novell ，Intuit 和 Lotrs 公司充当了前锋。在步入像信息高速公路产品与服务这样的新领域时，微软面临着严峻的竞争，微软的质量控制与准时发布产品是一个长期而且持续的问题，虽然它为此已经在小组如何开发、测试产品以及如何分析用户反馈的信息方面进行了许多改善。但可以相信，始终不甘于人后的盖茨一定会通过各种努力保持其在软件市场中的地位，不断扩大自己的优势并进入到其他计算机行业的领域。而这一点，对盖茨来说，并不太难。

评 析

(1)决策要善于寻找机会

我们说,决策是企业在遇到问题时对于解决办法的选择,这一般是对发展中的企业而言的。对于创办新企业而言,寻找机会就显得尤为重要,因为机会就是发展的立足点,就是从竞争激烈的市场中给自己一份生存和发展的空间。找对了,企业就能很快赚取一定利益,为后续发展积累必要的基础;找错了,就很有可能被竞争对手打败,或是毫无利益可图。机会来自于哪里?这要靠决策者对市场的调查,对竞争程度的分析,对消费者需求的了解,更要靠决策者敏锐的、超乎常人的判断力和洞察力。微软公司的成立就是盖茨为它找对了机会,这一机会是其他人未曾注意的,也是不断增长的机会——“什么是稀缺资源?是什么限制了对无限的计算机能力的利用呢?是软件”,并且,随着计算机的普遍化、家庭化、生活化,软件空间的增长几乎是无法想像的。所以,可以说是盖茨抓住了计算机领域的根本性问题,并把这个问题当做机会来利用。这一决策所把握的机会奠定了一个新企业的使命和无限发展空间。

(2)决策者个人的智慧

决策从类型上说,有个人式和集体式决策之分,一般而言,个人决策适用于小型企业,因为这种决策主要依靠决策者的素质。这种素质包括两个方面:一是长期积累的经验;二是决策者非凡的直觉和果断的性格。可以说,这两个方面在盖茨为微软所定的方向和寻找的机会中都有所体现。从第一个方面来说,盖茨早年的从商经历为他积累了一定的经验——1972年,他和艾伦创立了交通数据公司,并获利不少;他在国会当侍者时买了一批纪念扣,后来卖出赚了几千美金;他还成为美国一流的国防用品合同商之一的TWR聘请的正规程序员。从第二个方面说,盖茨觉得计算机将进入广大家庭,他们正处于一个关键时刻,并认为如果不顺应甚至领导这一场计算机革命，就会落后。盖茨与艾伦经常说，“再不干就来不及了。我们就会失去历史机遇，并将遗憾终生。”

(3)决策中的时间因素

人们常说“机不可失，时不再来”，这就是说“时机”的重要，所以机会总是和时间联系在一起的。在决策中能够找到企业发展的机会，其中就包含了时间因素在内。错过了时间，机会也就不再成为机会。在这一点上，盖茨无疑是正确的，当他察觉到市场上几乎是空白的领域时，就马上把这种想法付诸投资和开发的实践中去，正如他所说的“再不干就来不及了”。时间这一因素在计算机这样的行业中所具有的重要性更是不言而喻的，也正因为盖茨在当时做出这一及时性的决策，微软公司才得以领先于其他企业而占据了软件行业的最大市场份额，并在这一行业充当了“领头兵”。

3.2　协调人际冲突的艺术

3.2.1　理论精要

在部门与部门间，永远免不了冲突。例如：公司在讨论员工旅游时有两派意见，一派希望去这里，一派希望去那里；采购部门抱怨研发部门经常更改规格，增添采购部门的困难；前后任的负责人在同一组，前任者对于新任者有诸多不配合的行为等等。作为管理者，何时该强悍，何时该妥协，如何将冲突的破坏力降到最低，这需要管理者具有协调冲突的艺术。

(1)基本问题

冲突是行为主体之间，由于目的、手段的分歧而导致的行为对立状态。人际冲突是在群体交往的过程中，个体与个体、个体与群体或群体与群体之间由于目的、手段的分歧而导致的行为对立状态。

无论在组织中何处,不同利益间的冲突是不可避免的,有时,冲突的数量相当可观。一项调查表明,管理者一般要用20%的时间来处理冲突,他们或者是冲突的直接参与方,或者是努力解决两个或多个员工之间冲突的调停人。无论是哪种情况,了解、认识冲突本身及解决冲突的方法都是很重要的。

(2)人际冲突的分类

1)根据冲突的主体来分,可分为个人间的冲突、个体与群体的冲突、群体间的冲突、组织内的冲突和组织间的冲突。

第一,个人间的冲突。当两个人在一些事务上不能达成共识,就发生了个人间的冲突。这种冲突往往会导致人际关系紧张。

第二,个体与群体的冲突。该类冲突可以是实质性的,也可以是情绪性的。

第三,群体间的冲突。这类冲突往往是由于两个群体目标不一致或在实现目标过程中相互争夺资源而引起的。群体间的冲突比较复杂,因为它涉及较多的人。这种冲突常常使群体内成员产生很强的群体意识。

第四,组织内的冲突。该类冲突又可以分为3类:其一,纵向冲突,指发生于上下级之间的冲突;其二,横向冲突,指发生于同级部门之间的冲突;其三,直线—职能冲突,例如,任务单位与职能部门之间的冲突,焦点常常在资源分配上或职能部门干预生产经营系统的决策方面。

第五,组织间的冲突。指同一行业的两个企业间,或不同行业或经济部门的两个企业间,甚至两个国家间,由于其中一个企业或国家的目标受到另一企业或国家的阻挠而发生的冲突。

2)根据人际冲突结果的利弊来分,可分为积极的和消极的两类,也就是有建设性的冲突与有破坏性的冲突。传统的观点认为冲突总是有害的,因而必须避免。但是,现代组织理论却认为,适度的冲突在某些情况下是有益的。例如,冲突可以迫使组织寻找新的思路和新的机制以解决组织中存在的问题。因此,冲突可以导致组织的创新和变革。另外,冲突还使职工感到压力,激发出他们的斗志,从而推动他们努力实现绩效目标。冲突有时还有助于职工和群体成员关系的稳定和统一。考塞(Coser)指出:"导致对立双方紧张关系的冲突可起到稳定和统一组织成员的作用。对立双方通过公开、直接地表达对对方的不满,可使社会系统重新调整以消除不满的根源。各方经历的多重冲突也使他们能找出分裂的原因,从而再次达成团结,这样的系统对他们是有益的。通过对冲突的认可和解决冲突方法的制度化,可以建立重要的稳定机制。"

但冲突对个人和组织也有消极作用,它使组织成员把更多的精力投入冲突的解决之中,而忽视了组织的绩效和目标。而持续的冲突对组织成员的心理也有不利的影响,研究表明,冲突是造成组织成员心理压力和紧张的主要因素。另外,持续的冲突也影响群体的人际关系,破坏群体的凝聚力。

可见,工作环境中的冲突既有有利的一面,也有不利的一面,必须根据冲突的性质、强度和持续性做出判断,提出解决的办法。不管怎样,过多和过少的冲突都会对组织带来不利影响,只有适度的冲突才能产生良好的效果。因此,管理人员的任务不是去消除冲突,而是如何管理和解决冲突。

3)冲突的两维划分。杜布林(Dubrin)又把冲突分成有益的和有害的、"实质的"和"个人的"。实质的冲突涉及技术上和行政上的因素;个人的冲突涉及个人的情感和态度,个性冲突即属于这一类。他把两种划分综合起来,形成二维空间中的4种类型。具体的分类如下:

第一,有益—实质的类型。例如,两个生产部门争夺开发一种产品,尽管是重复生产,但产品都成功地投放到市场。

第二,有害—实质的类型。例如,两个部门为购买一部昂贵的设备发生冲突,最后以购买一部相比而言价格比较低的设备而取得妥协。但是这个设备是不合适的,虽然投了资,生产效率并没有提高。

第三,有益一个人的类型。例如,财务部门和采购部门之间经常有矛盾,财务部门总是指责采购部门忽视公司的财会制度,最后从账目中查出采购员有不法行为,于是制止了这种行为的重现。

第四,有害一个人的类型。例如,企业的生产经理对上级不满,故意推延生产,致使交货延期,引起用户不满,造成企业损失,最后这个生产经理被解雇。

(3)人际冲突的因素分析

1)个体间冲突的因素分析。在企业中,个体间的冲突主要归因于以下一些因素:

①组织变革。人们在组织的未来发展方向上、采取的路线上、成功的把握上、运用的资源上和可能的结果上都持有不同的观点。随着技术、政治、社会变革步伐的加快以及市场向全球经济化的快速转变,组织变革必将始终存在。

②个性冲突。个体差异概念是组织行为学的基础。并非每个人的思考、感受、期望或行动都是一样的。有些人仅仅是"使我们不舒服",我们不必去解释为什么。虽然,个性差异可能导致冲突,但它们同样可以是创造性地解决问题的丰富源泉。当差异出现时,员工们需要接受、尊重和学习如何利用这些差异。

③不同的价值观体系。人们同样有不同的信仰以及遵从不同的价值体系。他们的人生观可能不同,或者他们的道德价值观使他们朝着不同方向发展。由于因此导致的争论不像有关替代产品、存货水平、促销活动的争议那么客观,往往更难解决。

④对地位的威胁。一个人的地位或在群体中的社会等级对于许多个体来说是很重要的。当某人的地位受到威胁时,为了努力保持理想形象,维持脸面(face saving)就成为了很强的动因,从而在防备威胁的人和构成威胁的人之间就会产生冲突。

⑤对立的知觉。由于人们的经历和期望不同,从而导致对事物有不同的知觉。既然人们的知觉对于他们自己来说是非常真实

的，他们有时不会意识到，别人对相同的对象或事件可能有截然相反的知觉。如果员工不能学会从别人的角度看待事物，并帮助他人也这样做，就可能产生冲突。

⑥缺少信任。每一个持久的关系都需要一定程度的信任（trust）——相互依赖对方语言和行为的一种能力。信任冲破了个人的心理界限，为表现和丰富组织整个的社会结构提供了机会。建立信任虽然需要花费许多时间，但它顷刻间就可能丧失殆尽。当某人确有理由或仅凭个人想法而不信任另一个人，冲突的可能性便会上升。

2）群体间冲突的因素分析。组织内各个群体之间由于目标和任务的区别或不清，职责的不明常常引起互相牵制和埋怨等，也会导致群体与群体之间的冲突。当然，造成群体之间冲突的因素很多，但主要的可归纳为以下几类：

①群体之间的目标或任务差异。群体之间进行职能的分工，即群体功能的分化，这是群体发挥其效能的重要形式和必要基础。但各群体之间在履行职能时的行为方式和要求以及在对完成任务的评价标准上经常会缺乏共同的意识和判断。由于群体之间在各自履行职能时的行为和结果是相互影响和相互交叉的，这就成为群体之间冲突的潜在因素。而且，群体之间分工越复杂、越细，群体之间的目标或任务差异也会越大，群体之间产生冲突的可能性就越大。群体之间的目标或任务差异可能会导致群体之间冲突的产生。但群体之间的目标或任务一致时，群体之间在实现目标和完成任务的方式和途径上的意识或行为不一致，也会造成群体之间的冲突。

②群体之间的利益差异。虽然组织内各群体之间的整体利益是共同的、一致的，但是各个群体之间的具体利益仍然存在一定的差异。这种差异会孕育群体之间的冲突。

③群体之间信息沟通的差异。群体之间的联系和分工越复杂，对相互之间信息沟通的要求就越高。有效而通畅的信息沟通是预防和避免群体之间冲突的必要条件。群体之间的冲突在很大

程度上是由于相互之间缺乏有效的信息沟通而产生的。各个群体所了解和掌握的信息由于各自信息来源和渠道的不同可能会出现不对称的现象。群体之间的相互信息沟通也可能受到客观性因素的制约。这些信息沟通的障碍有可能是物理性的,如时间或空间方面的原因,也可能是社会性的,如竞争或制度方面的原因。群体之间所了解和掌握的信息的不对称或差异可能会影响群体之间相互诚意和相互信任的合作关系,并且可能会由于相互之间的误会和曲解造成群体之间的冲突。

(4)人际冲突的处理方法

1)处理人际冲突的传统方法。

①妥协。这是解决冲突常用的方法。当各个群体为了资源的分配发生冲突时,上层领导常常充当仲裁人。仲裁人采取妥协的方法,让每一方都得到部分的满足。

②第三者裁判。这就是由权威人士仲裁,靠法规来解决,或者由共同的上司裁决。比如,两位经理人员发生争执而出现僵局,就请共同的上司来听取双方的争论,然后由上司裁定哪一方有理。

③拖延。这是解决冲突的一种微妙而又常常没有结果的办法。冲突的双方都不去寻求解决的办法,而是拖延时间,任其发展,以期等待环境的变化来解决分歧。

④不予理睬。这是"拖延"办法的变种。按照心理学的观点,不做决定比起拒绝别人的要求来说,起的冲突较小。所以,有些人就采用回避问题、不予理睬的办法。事实上这种办法有时不但不能解决问题,还会加剧冲突。

⑤和平共处。这种方法由冲突各方决定,采取求同存异,和平共处,避免把意见分歧公开化。这样做,虽没有彻底解决分歧,但可以避免冲突的激化。

⑥压制冲突。建立一定法规,或由上级命令限制冲突。这种办法能收效于一时,但并没有消除冲突的根源。

⑦转移目标。寻找一个外部竞争者,把冲突双方的注意力转

向外部的竞争者。

⑧教育。教育冲突双方了解冲突所带来的有害结果,讨论冲突的得失,帮助他们改变思想和行为;或者教育某一方,顾大体,识大局,宽恕对方,取得对方合作,解决冲突。

⑨重组群体。有时一个群体内冲突甚烈,又长期解决不了,影响效率的发挥,可果断地将该群体解散,重新组织。

2)托马斯的二维空间模式。过去,社会心理学家用一维空间来表述人们冲突中的行为。这一维空间是从竞争到合作,认为有的人倾向于强制,有的人倾向于合作,而有的人介于两者之间。最近,托马斯和他的同事们提出了处理冲突的二维空间模式,该模式包括了6种处理冲突的方式,分别是回避、正视、平滑、强迫、妥协与合作。

3)沟通。

①个人内部沟通。它是指单独的个人身心内的沟通行为。换句话说,个人内部沟通是个体内部信息加工的过程。例如对信息的认知、理解和记忆、思考与分析等都属于"独省"的内心活动。

②人际沟通。它是指两个人之间的沟通行为,也称为双向沟通。人际沟通主要是在面对面的情况下进行的,但也可以在非面对面的情况下进行,比如打电话或写信等,可以在不同的空间里用声音或文字来互通信息。在人际沟通中,由于任何一个参与者都有得到反馈的机会,因此,这种沟通方式是所有沟通类型中最富有说服力的。

③小团体沟通。它是指3个以上20个以下的小团体中,成员之间彼此均有充分机会进行面对面的沟通。小团体沟通主要讨论沟通的结构与网络,成员间彼此的冲突及其解决方法等。一般来说,组织内部召开的会议属于这类沟通。

④公众沟通。它是指在以某种目的而聚合的人群之内所进行的沟通活动,譬如演讲会、音乐会、电影、教学或展览会等等。这种形式的沟通允许参与者反馈,但公众容易感染情绪,因此,其反馈有时容易走向极端。

⑤组织沟通。它是指在大型的团体内进行的沟通行为，其目的在于达成个人与组织的共同目标，使彼此获益。组织沟通所探讨的重点包括组织沟通的网络、模式及组织的领导行为和决策等。

⑥大众沟通。它是指透过大众传播媒介所进行的沟通活动。它的意义包括3个方面：大众从媒介组织制造大量的信息；这些信息是公开的、及时的；大众对这些信息通常没有什么积极的反应，如果有，也是缓慢的、不直接的、缺乏效率的。

⑦跨文化沟通。就是一般的所谓文化交流，通常是指国际间不同文化背景的人之间发生的沟通行为。

4）协调人际冲突时要注意的问题。

①调查研究，情况熟悉到位。没有调查研究就没有发言权。不能准确掌握矛盾的来龙去脉，就不能做好协调工作。领导者在协调之前，必须进行深入细致的调查分析，了解问题涉及的单位、人员，弄清矛盾的来龙去脉，真正了解矛盾的起因、性质、发展趋势、影响范围等，做到不打无准备之仗，在全面掌握情况的基础上，拟订出一个较完整的协调方案，遇到矛盾灵活处置，从而推动整个协调活动。

②坚持原则，尺度掌握到位。在实际工作中，冲突的双方站在不同角度，可以讲出不同的道理。在目前社会情况比较复杂、任务比较重、协调手段又不多的情况下，领导者必须坚持按原则办事；注重强化岗位责任制，依程序处理问题；根据领导分工、部门分工，该谁处理的问题就归谁，不归该部门干的工作不违心指派，努力做到实事求是，处事公正。同时，在工作协调中，要努力做到对事不对人，协调不越权，参与不干预，既不失职，又不失当，堂堂正正做人，绝不能在群众面前趾高气扬。协调问题，要光明磊落，实实在在，诚恳表达自己的意愿，不要小聪明，不玩小权术，不用小点子，能办的实事要尽心尽力去办，不以自己的好恶偏袒一方，确保协调工作有理、有力。

③平易近人，情感投入到位。协调能帮助人们解决意见分歧，消除思想隔阂，落实上级精神。人非草木，情感投入有着其他方法

难以达到的效果。注重情感投入首先要注重换位思考,多替别人着想,多替别人打算。其次是面对不同的对象,采取不同的方法,对上级领导要先敬几分,与同级交往要注意自己的工作能给对方提供条件,与下级交往要注意真正站在对方考虑问题,对协调自己的问题要做到严格要求。其三是与他人共事应平等交流,慎用指令性语言,即使是传达上级指示,传达领导交办的事情,也不要口气太硬,要做到态度随和,语言平和,想方设法融洽与被协调者之间的感情。情感投入到位了,被协调者就能充分信赖,需协调的问题就容易解决。

3.2.2　案例及评析

案例1　职工食堂的午餐管理

某工厂属于国家直接下达工作计划的单位,领导大多是上级指派或委任的,属于比较典型的国有性质。

到了20世纪90年代,该工厂同一家外国公司合作。这时工厂只剩下700多人。工厂任命一位年轻人为人事科科长。他知道工厂要适应合资企业的要求和发展竞争的需要,只能在人力资源的开发和管理上下功夫,而这个企业的人力资源长期受国有体制影响,计划经济和传统观念造成工厂的效益、效率不高。若要扭转这种局面,必须先扭转人们的观念,而要扭转观念不是轻而易举的,于是他想了以下办法:

1)抓住切入点。该工厂员工的时间观念较差,尤其是中午饭时间难以管理。由于工厂的饭厅不够大,工人要分3批才能吃完。工厂规定午饭时间是:11:45~13:15。但是每天都会拖到13:30,甚至13:40。因为第一批人吃完后,将碗、盘子、筷子等扔在桌子上,饭厅工作人员要以最快的速度收拾这些碗、筷,并打扫干净后,第二批人才能开始用午饭。这样一来,每批人吃饭前后的时间约为 40~50 min,从而给下午的工作带来了较大的影响。于是他将吃饭问题作为主要突破点。

2)寻求解决方法。科长针对这种现象进行了认真的分析。他认为:吃饭的时间不能缩短,关键是要缩短两批人之间收拾饭桌的时间。经过调查了解,他决定每一批吃饭的时间为 30 min,同时要求就餐者应将自己面前的饭桌收拾干净,将碗、筷等送到指定的地方,以便下一批就餐者用餐。

3)出现对立。决定一宣布,大多数人认为不错,也有几个平时就爱调皮捣蛋的人故意不打扫自己用过的饭桌,有意和新的就餐方式对抗。由于是极少数人的行为,使那些想按新方式做的人也犹豫不决了。

4)再次寻求解决方法。科长与厂领导、食堂方面研究后决定,在饭厅贴一张声明:提倡每个人吃完饭后将自己面前的饭桌打扫干净的主要目的,是增加企业所有员工之间的互相理解、互相支持和互相信任,是要使企业取得发展。如果有人不愿意这样做,工厂将按相关的条款采取措施。凡一次不打扫者,罚款 100 元;两次不打扫者,罚款 500 元;3 次不打扫,并不听劝告,拒绝接受教育者,开除。说情者和打抱不平者,视情况和态度分别给予教育和罚款处理。

5)最后决策。某一工人违章,人事科发出了经总经理签署的限其 3 日内交罚款的通知,同时饭厅里也出现了令其 3 日内交罚款的告示。那个工人第一天没去,第二天也没去。人事科长预料到会出现这种对立,他没有急于去找那个工人,而是起草了辞退该工人的报告,准备报总经理批准。

6)出现转机。那个工人听说要将他辞退的消息后坐不住了,于第三天上午主动来到财务科问:过两天交罚款行不行?财务科说:今天是最后一天,如果要推后,得人事科长批准。那个工人只好硬着头皮找到人事科长,首先承认自己的错误,然后又说这一次能不能给个面子。科长说:知道错了就好,但是罚款必须今天下班前交到财务科。你应该考虑到工厂的大局,否则只能按照规定办理辞退。那个工人只好于下午交了100元罚款。

7)效果较好。这件事情解决后,对工厂员工的震动很大。从此以后,员工们就餐的时间大大缩短,而且每个人面前的餐桌上都干干净净。员工们突然发现,只要大家共同努力做一件事情,肯定能做好。而这一点则正是科长所要达到的预期目的,使所有员工的心往一块想,劲往一处使,只有这样才能开发人力资源潜能,单位的发展才能有保障。

评 析

这是一个成功协调冲突的案例。从案例的情况来分析,可以看出:该案例最先是一个群体(先用餐的员工)和另外一个群体(后用餐的员工)之间的冲突问题,从而导致企业生产计划的完成和工人工作时间之间的矛盾。为了解决这个问题,人事科长给予了干预,干预过后,冲突进行了转换,变成了员工和组织之间的冲突问题,当然,这只是一个员工情绪问题导致的冲突。在这种情况下,人事科长处理冲突的方法采取的主要是压制和强迫,这种方法在这种情况下达到了协调冲突的较好目的。该案例给我们的启发是:

1)协调冲突的方法不存在绝对的好与坏。对协调冲突的方法应该采取辩证的看法,不要把某种(或某几种)方法看成是绝对好的,而对另外的方法看成是绝对不好的。应该采取权变的观点,方法本身有优点与缺点,主要看在什么条件下使用。在本案例中,强迫的方法也能够起到积极的作用,达到协调冲突的目的。所以,该案例给我们的一个重要启发就是:要在不同的情况下使用不同的协调冲突方法,不要把协调冲突的方法看成是绝对的好或绝对的差。

2)在协调冲突之前,先要调查情况,深入地了解冲突发生的原因。在本案例中,人事科长针对员工出现的用餐耽搁工作的现象进行了认真分析,并经过调查了解后认为:吃饭的时间不能延长,关键是要缩短两批人之间收拾饭桌的时间,在此基础上决定每一批吃饭的时间为30分钟,同时要求就餐者应将自己面前的饭桌收拾干净,将碗、筷等送到指定的地方,以便下一批就餐者用餐。这些看法和决定都是在调查研究和认真分析的基础上提出来的,所以,能比较好地解决冲突。这给我们的启示就是:在处理和协调冲突之前,一定要先搞清楚情况,抓住问题的实质,以便选取相对更好的处理冲突的方法。

案例2 架起组织内部员工沟通的金桥——摩托罗拉的做法及启示[①]

摩托罗拉公司以生产寻呼机和手提电话而著称,在通讯业内可谓"大哥大"。1997年,拥有15万员工的摩托罗拉公司销售总额达298亿美元,利润额12亿美元,1997年度《财富》排名93位,而1996年度它还在百名之外(101位)。

也许大家忘不了摩托罗拉寻呼机的广告语:"摩托罗拉寻呼机,随时随地传信息。"摩托罗拉的产品成为人们相互沟通、传递信息的友好使者,好似无数座无形的沟通之桥架设于芸芸众生之间。摩托罗拉自身内部员工间的沟通又如何呢?

摩托罗拉早在30年前就认识到意见沟通的重要性,并不断实践和完善沟通制度。公司的沟通系统建立在这样一个基本原则上:自然人或法人一旦购买了公司股票,他就成为关联者,有权得到包括公司财务报告在内的公司完整资料,甚至涉及某些商业机密的管理资料。

摩托罗拉的管理者注意到不同职位的人需要不同的沟通方式。上司要求下级向他报告,同级希望和同级分享,下级需要上级的指示。配合组织结构,依据信息流通的方向,沟通系统可分为上行沟通、下行沟通和平行沟通。摩托罗拉的沟通系统因此分为3部分:

① 黄雁芳,宋克勤主编. 管理学教程案例集. 上海:上海财经大学出版社,2001

一是每月召开的员工协调例会(上行沟通);二是每年举办的主管汇报会(下行沟通);三是每年举办的员工大会(平行沟通)。

(1)员工协调例会和意见箱

30年前,摩托罗拉公司就开始施行员工协调例会制度。在会议中,管理人员和员工聚集一堂,商讨彼此关心的问题。在公司的总部、各分部、各基层都组织员工协调例会。这看起来有些类似法院,逐层逐级反映上去,以公司总部的首席代表会议为最高机构,员工协调例会是标准的上行沟通途径。公司内共有几百个这样的组织。如果在沟通过程中,有些问题不能在基层协调例会上得到解决,则会逐级反映上去,直到有圆满答复。基层协调例会讨论的可以是很具体、很现实的琐碎小事,但如果是有关公司的总政策,那就一定要在首席代表会议上才能拍板决定。为保证员工意见能迅速逐级反映上去,基层员工协调例会应先于高层协调例会召开。

摩托罗拉员工协调例会都讨论些什么呢?下面摘编几条纪要。

问①:公司规定工作满5年后才能有一个月的带薪休假,能否放宽规定将期限缩短?

答:公司在员工福利待遇方面做了很多工作,诸如团体保险、退休金计划、医疗保险制度等。对于员工休假计划,管理层将继续秉承以往精神,仔细考虑这一问题。随后呈报上级,如获批准,将马上实行。

问②:公司自助食堂菜价偏高,味道太过辛辣,可否加以改进?

答:食堂菜价偏高是由于近期本地菜农罢工,菜源紧张所致,公司总务部正加紧联系外地新鲜蔬菜,相信菜价会相应调低。另外,食堂将再招聘一名厨师以丰富品种,满足员工的不同口味。

摩托罗拉公司的下行沟通形式是主管汇报会。它类似于管理层的述职报告会,所不同的是,述职报告面对公司董事会,主管汇报会面对全部员工。

(2)主管汇报会

主管汇报会每年举办一次,公司管理层经过一年的工作,把经营的成果和当前的问题整理成报告,对广大员工做个交代,报告公司发展状况、经营业绩、财务分析、员工福利改善、面临挑战、公司管理。它由上层传至下层。在1995年主管报告会上,罗伯加尔温通报了以下情况:60%的雇员达不到美国七年级的数学水平,所以管理层下令将工资额的1.5%用于培训,这一比例后来上升到4%。投入大量财力,向每个员工每年提供至少40 h的培训时间,并在大约2000年,将培训时间增加4倍。

(3)员工大会

摩托罗拉的员工大会也是比较有特色的。它是一种平行沟通方式,是平等阶层之间的沟通,例如部门经理与部门经理之间,科员与科员之间,大多是在不同部门间地位相当的员工间进行。员工大会时间大约3 h,由总公司委派代表主持会议,各部门均参加,先由主席做报告,然后开始讨论。员工大会不同于员工协调例会,提问一定要有一般性、全局性,有关私人、个人的问题是禁止提出的,对提问一律尽快解答。

下面列举一些纪要,对大会内容可窥一斑。

问①:目前经济滑坡,各大公司纷纷裁减员工,摩托罗拉是否也有此打算?

答:目前经济不景气是事实,但通讯行业蒸蒸日上,海外市场前景看好,本公司在短时间内并无解雇员工的计划,只要员工勤奋工作,公司会给予公正待遇的。

问②:现在公司将员工的退休保险基金投资于证券市场,是否太过冒险?如果证券市场行情看跌,员工遭受损失怎么办?

答:公司将退休保险基金投资于证券市场是经过深思熟虑的。我们比较了几种常用的投资方式,还是觉得投资于证券市场较易实现保值增值。为规避证券市场风险,公司专门委托了几位财务专家,挑选了几个收益稳定的证券品种进行投资,避开了价格波动较大的股票。正常情况下是可以维护收益的。另外,公司将讨论设定一个最低年收益率,例如7%,来担保员工的利益。

除以上正式沟通外,公司还开辟了其他一些非正式的沟通渠道。例如不定期举办野餐会,了解熟悉每一个员工。

评 析

沟通是协调和处理人际冲突的一种重要而有效的方法。然而,很多企业都不太注重沟通的作用,没有把沟通作为一项重要的管理活动来抓,因此,往往导致企业中员工之间、员工与组织之间、上下级之间等人际关系冲突的增加。在该案例中,作为通信行业的佼佼者,摩托罗拉公司的沟通体系建设得非常好,通过该沟通体系的建设,在制度上实现了上行沟通、下行沟通和平行沟通的顺利通达,为避免冲突的发生起到了积极的预防作用,也为企业的持续发展奠定了重要的基石。

怎样才能促使企业内形成一个良好的人际沟通呢?作为企业管理者,首先要了解在人际沟通中有哪些障碍,然后再根据这些障碍采取一定的方法和措施,以确保良好人际沟通的形成。下面进行一些详细的分析和介绍。

(1)人际沟通的障碍分析

在人际沟通的过程中,由于一些因素的影响,使群体人际的沟通形成一定的障碍。构成人际沟通障碍的主要因素有:

1)组织因素。在管理中,合理的组织机构有利于信息沟通。但是,如果组织机构过于庞大,中间层次太多,那么,信息从最高决策层传递到下属单位不仅容易产生信息的失真,而且还会浪费大量时间,影响信息的及时性。有的学者统计,如果一个信息在高层管理者那里的正确性是100%,到了信息的接受者手里可能只剩下20%的正确性。这是因为,在进行这种信息沟通时,各级主管部门都会花时间把接收到的信息加以甄别,一层一层地过滤,然后有可能将断章取义的信息下传。此外,在甄选过程中,还掺杂了大量的主观因素,尤其是当发送的信息涉及传递者本身时,往往会由于心理方面的原因,造成信息失真。

2)个人因素。主要涉及以下几方面:

第一,个性因素。信息沟通在很大程度上受个人心理因素的制约。个体的性格、气质、态度、情绪、见解等的差别,都会成为信息沟通的障碍。

第二,知识、经验水平的差距。在信息沟通中,如果双方经验水平和知识水平差距过大,就会产生沟通障碍。原因是信息沟通的双方往往依据经验上的大体理解去处理信息,使彼此理解的差距拉大,形成沟通的障碍。

第三,个体记忆不佳。在管理中,信息沟通往往是依据组织系统分层次逐次传递的,然而,在按层次传递同一条信息时往往会受到个体记忆力的影响,从而降低信息沟通的效率。

第四,对信息的态度。这又可分为不同的层次来考虑。一是认识差异。在管理活动中,不少员工和管理者忽视信息的作用的现象还很普遍,这就为正常的信息沟通造成了很大的障碍。二是利益观念。在团体中,不同的成员对信息有不同的看法,所选择的侧重点也不相同。很多员工只关心与他们的物质利益有关的信息,而不关心组织目标、管理决策等方面的信息,这也成了信息沟通的障碍。

第五,相互不信任。有效的信息沟通要以相互信任为前提。管理者在进行信息沟通时,应该不带成见地听取意见,鼓励下级充分阐明自己的见解,这样才能做到思想和感情上的真正沟通,才能接收到全面可靠的情报,才能做出明智的判断与决策。

第六,沟通者的畏惧感以及个人心理品质。在管理实践中,信息沟通的成败主要取决于上级与下级、领导与员工之间的全面有效的合作。但在很多情况下,这些合作往往会因下属的恐惧心理以及沟通双方的个人心理品质而形成障碍。

第七,知觉选择偏差。接收和发送信息也包含一种知觉形式。但是,由于种种原因,人们总是习惯接收部分信息,而摒弃另一部分信息,这就是知觉的选择性。知觉选择性所造成的障碍既有客观方面的因素,又有主观方面的因素。客观因素如组成信息的各个部分的强度不同,对接受信息者的价值大小不同等,都会致使一部分信息容易引人注意而为人所接受,而另一部分则被忽视。主观因素也与知觉选择时的个人心理品质有关。在接受或转述一个信息时,符合自己需要的,与自己有切身利害关系的,很容易听进去;而对自己不利的,有可能损害自身利益的,则不容易听进去。

(2)克服人际沟通障碍的方法

1)个体沟通障碍的克服。要获得有效的信息沟通,提高沟通效果,必须注意沟通方法:

第一,提高沟通信息的清晰度。要明确沟通的问题和所要传递的信息,保持行动和言语的一致性,用最简明的语言表明最主要的信息。

第二,增加沟通双方的信任度。沟通双方要始终保持亲密、信任的人际关系,互相理解、互相配合。

第三,及时获得和注意沟通的反馈信息。要弄清对方是否已了解,是否愿意进行,是否能采取适当的行动等等。

第四,克服不良的沟通习惯。不良的沟通习惯不仅会影响沟通本身的进行,还会影响人际交流、人际关系和人际评价。

第五,要创造良好的沟通气氛,使沟通在一种和谐、平等、互利、尊重的气氛下进行,这是沟通顺利进行的保证。

2)在组织中群体沟通障碍的克服。组织中的群体沟通不同于个人之间的沟通,要有效地管理信息沟通,必须在信息传递上下功夫。

第一,信息传递要贯彻"多、快、好、省"的原则。所谓"多",是就数量而言,即在单位时间内传递的信息数量要多;"快"是就速度而言,即信息传递要迅速、及时,一条很有价值的信息,如果传递速度过慢,就可能变得毫无价值;"好"是就质量而言,即要消除信息传递中的种种干扰,保持信息的真实性;"省"是就效益而言,要求在较短的时间内,花较少的费用,传递尽可能多的信息。在信息传递中,这几方面互相联系,互相制约,要加以协调。

第二,传递信息要区分不同的对象。这一方面是指在传递信息时的目的性,另一方面又指信息传递的保密性。信息是有价值的，但是，价值的大小却因人而异，同一信息对不同的人价值不同。因此，要注意信息传递的目标，确保信息的效用。要研究不同对象的不同需要，追踪信息接收者的视线所向，保证信息传递的质量，减少无效劳动。

第三，要适当控制信息传递的数量。在管理中，由于各级主管部门的角色不同，每个团体成员所考虑的问题不同，因此，在信息传递时，要适当注意量的控制。这就是说，应该让下级知道的信息必须尽快传递，适用范围有限的信息则力求保密。但应注意避免两种倾向：一是信息过分保密的倾向；二是随意扩散信息的倾向。

第四，要控制使用直接传递与非正式渠道。所谓直接传递就是越级传递，撇开管理信息系统，使沟通双方直接对话。在管理中，不能过多采用这种方式，但在某些特殊情况下可以控制使用。比如，第一，为了迅速处理管理中的重大问题；第二，由于上级主管部门官气严重，会妨碍时效；第三，时效性特别强的信息需要立即向决策者汇报；第四，涉及个人隐私，需要保密的材料等。对于向下沟通渠道来说，有些管理者往往坚持把信息直接送达需要它的部门，并实行"反馈"制度。对于非正式沟通，也应实施有效的控制，否则它也可能成为散布谣言和小道消息的渠道，产生副作用。

第五，在信息加工处理过程中也需要信息反馈。这是确保信息准确性的一条可靠途径。这种反馈要求是双向的，即下级主管部门经常给上级领导提供信息，同时接受上级领导的信息查询；上级领导也要经常向下级提供信息，同时对下级提供的信息进行反馈，从而形成一种信息环流。

案例3 协调——企业的平衡杠杆[①]

冯先生于1922年出生在广州。像很多成功的人士一样，冯先生也有着早年的坎坷与艰苦，他的发家史实际上也是一部奋斗史。

① 程杰元，谷振红，张海燕主编．人力资源管理案例．伊犁：伊犁人民出版社，2000．142～151页

冯先生的香港新鸿基集团由地产业起家，转而投身证券业，取得了辉煌成功。

冯先生的管理哲学和用人艺术有其独到之处，既有西方人的科学求实精神和现代化管理原则，又有东方人所求的以感情为核心的人际关系及和谐的气氛。他能将东西方的优点熔于一炉，认为事业的发展要靠管理，而管理要靠人来执行，因此，他不以拥有巨额资产为荣，而以拥有一大批有知识、有能力、有胆量、善于运用大好时机、敢于接受严重挑战的人才队伍而骄傲。冯先生经常派职员赴外国留学。他认为赚来的金钱应该“取诸社会，用诸社会”，多为社会做点贡献，特别是应为本行业培育人才及增加设备。同时，他认为，启用人才犹如做生意的道理一样，因此，他把聘请职员看做一项“投资”。对于有魄力的职员敢于委以重任，使他们有职有权，能够放开手脚，施展才干。但是，当他发现某人的表现对公司的前途发展没有帮助，就好比花钱在一项生意上而得不到预期的效果时，他便会及早中断“投资”。例如，冯先生曾高薪聘请一名英国人，签订了两年合约，让他环游世界考察，然后在伦敦为公司设立分支机构。但是，该英国人仅工作了半年，冯先生即以余下一年半的合约期间内的全部薪金支付给他，将其解雇，理由是他的业绩不尽如人意。冯先生认为，及早中断“投资”，双方才可以各自另行发展，这种做法，于人于己都是有益的。

冯先生事业上的成功，他注重业务的规划是一个重要因素。在大政方针决定以前，能够广开言路，广泛征求不同意见，特别是反面的意见。他认为，应不怕意见分歧，因为相反才能相成。只要不是一个人的事情，就要靠大家来办，共存共荣。所以，他在集中大家的意见做出决策后，就向全体职工宣布，使大家心中有数，劲往一处使。他经常开导职工，先要学会做人，才能学会做事；要密切注意人际关系，工作上力求分工合作，团结就是力量。为达到此目的，冯先生还刻意把“新鸿基”创造为“大家庭”，在工余时间或组织员工举行乒乓球赛和足球赛，或组织国语学习班，或利用周末以公司的游艇招待同仁观赏海景。他也抽时间争取参加这些活动，给人以平易近人的亲切感，使大家都感受到“新鸿基”大家庭的温暖。员工们说：公司有一种难以形容的奇妙力量，工作环境能够引发人的创造性，在这里工作，成就肯定比别处大。

评 析

冯先生在管理公司的过程中，非常重视协调人与人之间的关系以及人与公司之间的关系。新鸿基集团的发展壮大与此有着密切的关系。

在大政方针决定以前，能够广开言路，广泛征求不同意见，特别是反面的意见，搞群言堂而不是一言堂，有利于决策的民主化与科学合理性。他在集中大家的意见做出决策后，就向全体职工宣布，使大家心中有数，劲往一处使。

在协调人与人之间的关系方面，他很注意对职工的教导，如：要求员工先要学会做人，才能学会做事；要密切注意人际关系，工作上力求分工合作等等。为达到此目的，冯先生利用业余时间开展大量的职工群团活动，刻意把“新鸿基”创造为“大家庭”。

在协调人与公司之间的关系上，一方面，冯先生注重对员工的教育培训投资，提高员工个人的素质，有利于个人的发展，反过来员工又能为公司做出更大贡献。从本案例我们知道，冯先生的管理哲学和用人艺术有其独到之处，既有西方人的科学求实精神和现代化管理原则，又有东方人所求的以感情为核心的人际关系及和谐的气氛。他能将东西方的优点熔于一炉，认为事业的发展要靠管理，而管理要靠人来执行。基于这样的认识，他在教育培训员工上很舍得投资。另一方面，善于当机立断，尽早解除不称职员工与公司之间的雇佣关系，对个人和公司双方都有利。正如他所认为的，雇用人才犹如做生意一样，对不称职的员工，及早中断“投资”，双方才可以各自另谋发展，这种做法，于人于己都是有益的。

案例4 美国达纳公司——面对面地交流，不强人所难[1]

美国达纳公司是一家生产诸如铜制螺旋桨叶片和齿轮箱之类的普通产品,主要满足汽车和拖拉机行业普通二级市场需要的,拥有30亿美元的企业。20世纪70年代初期,该公司的雇员人均销售额与全行业平均数相等。到了20世纪70年代末,在并无大规模资本开支的情况下,它的雇员人均销售额已猛增3倍,一跃成为《幸福》杂志按投资总收益排列的500家公司中的第2位。这对于一个身处如此乏味的行业的大企业来说,的确是生产率的一个非凡纪录。

1973年,麦斐逊接任公司总经理,做的第一件事就是废除原来厚达22英寸半的政策指南,代之而用的是只有一页篇幅的宗旨陈述。其大意是:

1)面对面的交流是联系员工、保持信任和激发热情的最有效的手段。关键是要让员工知道并与之讨论企业的全部经营状况。

2)我们有义务向希望提高技术水平、扩展业务能力或进一步深造的生产人员提供培训和发展的机会。

3)向员工提供职业保险至为重要。

4)制定各种对设想、建议和艰苦工作加以鼓励的计划奖励基金。

麦斐逊很快把公司班子从500人裁减到100人,机构层次也从11个减少到5个。大约90人的工厂经理都成了“商店经理”。因为这些人有责任学会做厂里的一切工作,并且享有工作的自主权。麦斐逊说:“我的意思是放手让员工们去做。”他指出:“任何一项具体工作的专家就是干这项工作的人,不相信这一点,我们就会一直压制这些人对企业做出贡献及其个人发展的潜力。可以设想,在一个

---

① 程杰元,谷振红,张海燕主编. 人力资源管理案例. 伊犁:伊犁人民出版社,2000. 183 ~ 185 页

制造部门，在方圆 7.6 m^2 的天地里，还有谁能比机床工人、材料管理员和维修人员更懂得如何操纵机床、如何使其产出最大化、如何改进质量、如何使原材料流量最优化并有效地使用呢？没有。”

他又说：“我们不把时间浪费在愚蠢的举动上。我们没有种种程序手续，也没有大批的行政人员。我们根据每个人的需要、每个人的志愿和每个人的成绩，让每个人都有所作为，让每个人都有足够时间去尽其所能……我们最好还是承认，在一个企业中，最重要的人就是那些提供服务、创造和增加产品价值的人，而不是那些管理这些活动的人。……这就是说，当我处在你们那 7.6 m^2 的空间里时，我还是得听你们的！”

达纳公司和惠普公司一样，不搞什么上下班时钟。对此，麦斐逊说：“大伙都抱怨说，‘没有钟怎么行呢？’我说：‘你该怎么去管 10 个人呢？要是你能亲眼看到他们老是迟到，你就去找他们谈谈嘛。何必非得靠钟表才能知道人们是否迟到呢？’我的下属说：‘你不能摆脱计时钟，因为政府要了解工人的出勤率和工作时间。’我说：‘此话不假。像现在这样，每个人都准时上班，这就是记录嘛？真有什么特殊例外，我们自会实事求是地加以处理的。’”

麦斐逊非常注意面对面的交流，强调同一切人讨论一切问题。他要求各部门的管理机构和本部门的所有成员之间每月举行一次面对面的会议，直接而具体地讨论公司每一项工作的细节情况。

麦斐逊非常注重培训工作和不断地自我完善。仅达纳大学，就有数千名雇员在那里学习，他们的课程都是务实方面的，但同时也强调人的信念，许多课程都由老资格的公司副总经理讲授。在他看来，没有哪个职位能比达纳大学董事会的董事更令人尊敬的了。

达纳公司从不强人所难。麦斐逊说：“没有一个部门经理会屈于压力而被迫接受些什么。在这里，人们受到的压力是同事间的压力。约 100 名经理人员每年要举行两次为期 5 天的经验交流会，同事间的压力就是前进的动力。”他说：“你能一直欺骗你的头头，我也能。但是你没法逃过同行的眼睛，他们可是一清二楚的。”

麦斐逊强调说:“切忌高高在上,闭目塞聪和不察下情,这是青春不老的秘方。”一个在通用汽车公司有着16年工龄、最近被解雇的工人说:“我猜想解雇我的原因是由于我的活儿质量不好。但是,在这16年里,有谁来向我征求过改进质量的意见呢?从来没有过。”这两个人的话形成了鲜明的对照。

评 析

麦斐逊作为美国达纳公司的总经理,其人力资源管理方略集中体现在仅有一页篇幅的“宗旨陈述”之中。在现实的企业管理中,由于文化、信仰、性格、心理承受力、需要等方面的差异以及利益冲突,不可避免地会导致上下级之间、同事之间、个人与组织之间产生各种各样的矛盾与冲突。为此,在人力资源管理中,协调人际冲突是非常重要的工作。而效果如何,关键取决于管理者协调人际冲突的能力和水平。笔者认为,本案例给我们的启示是:

1)直接诉求的沟通方式在协调人际冲突中具有积极作用。在本案例中,麦斐逊本人就“非常注意面对面的交流,强调同一切人讨论一切问题。他要求各部门的管理机构和本部门的所有成员之间每月举行一次面对面的会议,直接而具体地讨论公司每一项工作的细节情况”。通过这样的方式,增强了管理的透明度,从而积极地促进了公司上下级之间、同事之间及个人与组织之间的各种误会与矛盾得到有效的消解。

2)通过培训、教育提升公司人员素质,提高认识水平,增进理解,减少人际冲突。正如本案例中所提到的,“我们有义务向希望提高技术水平、扩展业务能力或进一步深造的生产人员提供培训和发展的机会”。而且,麦斐逊非常注重员工的“培训工作和不断地自我完善。仅达纳大学,就有数千名雇员在那里学习,他们的课程都是务实方面的,但同时也强调人的信念,许多课程都由老资格的公司副总经理讲授”。的确,如,丰田、摩托罗拉、麦当劳、松下等为数众多的国际著名公司的成功实践也充分证明了这一做法的显效与独到之处。

3)在减小心理压力,尤其是上司对下属的心理压力的前提下协调人际冲突,其效果更彰。在本案例中,没有种种程序手续,也没有大批的行政人员,而是根据每个人的需要、每个人的志愿和每个人的成绩,让每个人都有所作为,让每个人都有足够时间去尽其所能;公司不搞上下班时钟等等。这些做法,主要是培养和依靠员工的内在自觉性,可谓是减小员工心理压力的成功之举。"达纳公司从不强人所难",可谓是减小公司职员心理压力的精辟之说。公司总经理麦斐逊进一步提出:没有一个部门经理会屈于压力而被迫接受些什么。在这里,人们受到的压力是同事间的压力。约100名经理人员每年要举行两次为期5天的经验交流会,同事间的压力就是前进的动力。

4)深入基层,加强过程管理与现场控制是有效协调人际冲突的好方法。这也是本案例告诉我们的一个重要信息。这一点,通过本案例最后一段麦斐逊与一个在通用汽车公司有着16年工龄、最近被解雇的工人各自所说的一段话之间的鲜明对照就可以看出。试想,如果管理领导者不注重过程管理与现场控制,不及时地协调处理组织中产生的人际冲突,就有可能致使问题与冲突堆积如山,形成恶性循环,进而增大上下级之间、个人与组织之间、同事之间的矛盾与冲突,影响团队精神,降低管理绩效。

3.3 用权的艺术

3.3.1 理论精要

运用权力是管理者实施管理的基本条件。管理功能发挥得怎样,从一定意义上讲,主要取决于权力运用艺术水平的高低。古今中外有成就的管理者，无不重视其管理权力的有效运用。因此，探讨如何正确有效地行使权力，是现代管理活动的一个重要课题，也是管理艺术研究中值得认真解决的问题。①

(1)权威在管理中的作用及其构成要素

权威是一种特殊的社会关系，其本质是一种主观的、心理的和道德的东西。它的形成实际上是人类社会群体中的一种社会心理过程，即从社会群体心理过程形成的服从于某一个人的社会心理结构。权威是非强制性的，对于沟通管理者和下属的关系有着重要作用。管理者的权威不同于职权，职权是以法律、纪律手段来维系的；而权威的树立主要是靠管理者的品德和能力，靠获得下属的信任来确立和维持的。真正要实施高效率的管理与指挥，必须形成一定的权威。权威是管理者成就事业的基础，没有权威就谈不上管理。美国管理学家亨利·艾伯斯说："没有权威，一个组织，不论是国家、军队还是企业，就不能生存。"

权威由以下3个要素构成：

一是权力。权力是指法定权力，随职务的到来而产生。权力要在人们心中"合法化"，管理者必须"威信先行，权力随后"，使下属人员对自己的职务权力普遍承认和服从，否则就没有真正取得管理权。

二是威信。即人们常说的威望，是管理者的自然影响力。威望不是自封的，也不是上级给的，而是靠管理者自身的学识、胆识、才能和成就等个人因素综合作用而形成的。面对素质高、有业绩的管理者，下属的敬佩、信赖和敬重之情会油然而生，服从其管理无强制色彩，而是自觉的、心甘情愿的。

三是效能。效能是管理权威最活跃、最积极的一个构成因素，时刻都在影响着管理者的权力和威信。管理效能是管理权威是否具有生命力的标志。1978年经济学诺贝尔奖获得者西蒙曾说：效

① 任素琴著．实用现代管理艺术．北京：中国发展出版社，1999. 139～152页

率的提高主要是依靠工作方法、管理技术和一些合理的规范，再加上领导艺术，但是要提高效能，必须有政策水平、战略眼光、卓越的见识和运筹能力。

(2)运用权力的基本原则

1)权为公用，戒除谋私。管理者手中的权力是党和人民给的，手中有了权力，就要全心全意为人民服务，真正做到"权为民所用"，而不是为个人或小集体谋利益。一个管理干部如果以权谋私，不仅会损害自身形象，削弱其权威，而且会给事业带来损失。

2)维护法纪，以身作则。管理者在运用权力时，要依法行政，带头执法。不能认为，"有权不用，过期作废"、"一旦权在手，便把令来行"。众所周知，上梁不正下梁歪，中梁不正倒下来。管理者搞亲疏关系，下面就会闹派性；管理者不讲原则，下面就会搞对策；管理者搞特殊化，下面就会严重违法乱纪。

3)躬身勤政，注重效能。管理者运用权力体现为一定的效能。效能的高低标志着权力运用的成功与否。对于现代管理者来说，一定要掌好权，用好权，廉洁奉公，注重效能。

4)处事公平，发扬民主。人民群众是历史的创造者，是推动历史前进的动力。在我国，人民是国家的主人，管理者不论职权大小，都是人民的公仆。全心全意为人民服务，自觉克服等级观念、官本位意识，充分相信群众，依靠群众，以人为本，尊重群众的首创精神，是管理者运用权力的前提。管理者必须尊重人民当家作主的权利，实行决策民主化。与此同时，还需处事公平，奖罚得当。在处理纠纷、矛盾时，一定要公平合理，切不可凭自己的好恶和感情来处理问题。

(3)运用权力的基本要领

管理者如何用好权，如何使权力的使用效率最高、效果最好，这是用权艺术探求的中心问题，也是管理活动追求的目标之一。作为一个优秀的管理者，应致力于做好以下几个方面的工作：

1)强化用权意识,管理者要干管理的事。一是要真正了解自己的职责;二是要把握全局,抓主要矛盾;三是不直接干预下一级的工作;四是要尽量排除不必要的工作。

2)处事果敢,树立权威。领导权力使用效果的好坏,与管理者的果敢性紧密相关。办事果敢的管理者,能够抓住解决问题的最佳时机,迅速做出决断,使问题顺利及时地得到解决,办事效率高,而且权力的使用也很充分。不敢作为、畏首畏尾的管理者是难以得到群众信任的。

3)科学授权,调动多方积极性。所谓授权,就是管理者授予直接被领导的下级以一定的权力,使其在管理者的指导和监督下,自主地对本职范围内的工作进行决断和处理。只有学会授权,才能调动各方面积极性,应付自如。实践证明,授权有利于管理者议大事、抓协调、管全局,而不是忙于具体事务;授权有利于发挥下级的积极性、主动性和创造性。当然,授权也应注意几个问题:一是要选好"受权者";二是要以确保整体目标为目的;三是授权而不弃权;四是要掌握有效的控制方法,防止授权失控、失衡;五是授权而不放弃责任。

4)明确职责,防止下级"越权"。管理工作的成败,往往不在一己之贤能,而在于领导管理者是否善于分配权力和集中权力。善于发现贤能而授之以权柄,往往是成败的关键。汉高祖刘邦在总结自己为什么能得天下时说:运筹帷幄之中,决胜千里之外,我不如张良;治理国家,安抚百姓,调集军粮,我不如萧何;联络百万大军,战必胜,攻必克,我不如韩信。此三人皆人杰,我能用之,所以我得天下。可见,权力分配是事业成败的关键,那么是不是权力越分散越好,权力下放越多越好呢?非也。下级权力过大,权力过于分散在下级手里,往往会造成下级骄横跋扈,欺下瞒上,上级的政策、法令往往就会不能顺利地贯彻执行。要做到既分权,又防止下级越权,就必须:一是要明确职责范围;二是分层领导;三是要主动为下级排忧解难。

5)正确把握下级心理承受能力,切忌滥用权力。被管理者是管理权力作用的对象或客体,能否接受和积极配合,是直接体现管理效果的关键。管理权力的运用,就是要保证被管理者的积极性得到最大限度的调动。

6)严于律己,下无声命令。在管理活动中,管理者要重视运用自己的影响权。影响权表现为两个方面,即权力性影响力和非权力性影响力。权力性影响力是由社会或组织赋予个人的职务、地位和权力等因素构成的。非权力性影响力是由管理者本身的素质,诸如品格、知识、才能和气质决定的。这种影响力是无声的命令,对人们的作用是通过潜移默化而变成被管理者的内在驱动力来实现的。这种影响力远比有声命令对人们的影响和激励作用大。管理者运用影响权就必须做到:在工作中,兢兢业业,勇于改革,带头实践;在作风上,要深入实际,深入基层,与群众打成一片,反对高高在上及摆官架子;在生活中,不搞特殊化,不以权谋私;在学习上,要善于学习,勤于学习,不断更新观念,更新知识。

(4)用权艺术在现代管理中的价值

1)高超的用权艺术能使管理者的职权增效。

2)用权艺术是现代管理者的必备素质。

3)用权艺术是以人本观念为核心的科学管理的内在要求。

4)用权艺术是现代管理活动得以顺利开展的有力保证。

3.3.2 案例及评析

案例1 洛阳市市长善用自己的权力①

1988年4月21日,《人民日报》报道了洛阳市人民政府市长A的先进事迹。

① 黄达强,许文蕙主编. 中外行政管理案例选. 北京:中国人民大学出版社,1988.60~61页

A以前长期在基层做技术工作,是一位“硬专家”。担任市长以后,有权,但与“私”字无缘。他家四口人,住两间不到28 m^2 的房子,低于洛阳市区居民平均住房水平。这两间房是他原工作单位的职工宿舍。市政府机关先后3次分给他120多平方米的住房,他都谢绝了,并说“机关那么多人住房紧张,我不能搬”;“有些老同志住房问题还没有解决,有房子先给他们”。1987年10月,A率领洛阳市政府代表团访问法国,归来时对代表团秘书长说:“我剩的外汇全部上交,一分不留。现在国家外汇这么紧张,我不能花外汇买外国货。”他先后3次出国,但没带过一件“洋货”,结余外汇都上交了。他女儿爱听音乐,几次请求父亲从国外带一部收录机,但最后买的还是国产货。他从不利用职权为家属牟取私利。

有权,要用在为市民谋福利上。以前,洛阳市烟尘重,环境脏,交通拥挤,噪声严重。连续几年,在A和市政府领导下,先后改建扩建了17条道路,市区交通基本上不再堵塞,市容也大为改观。他每月要乘坐几次公共汽车。有一天早上,他坐的公共汽车中途“抛锚”了,事后,他找公共交通部门调查,得知现有车辆不足,有些还带病运行。于是,他当即想办法解决了问题,添置了10辆新车。以后不管财政多么困难,每年都增添一二十辆车。有一次他接到一位八旬老人的信,说最烦汽车喇叭声,“汽车一叫,心惊肉跳”。A就到闹市区调查交通噪声,并与有关部门研究治理措施,签发了一个《通告》。他自己多次佩戴袖标,上街站岗值勤,教育违章司机,宣传噪声的危害。现在市区主要街道已经基本上消除了喇叭声的干扰。

评　析

A作为一名地方行政领导人,手中拥有权力,但他掌权为公,而不是以权谋私,真正做到“情为民所系,权为民所用,利为民所谋”。作为一个地级市的行政首长,先后3次谢绝了分给他的120多平方米的住房,他先人后己,首先考虑的是别人,老同志有没有房住;他先后3次出国都把所有结余外汇全部上交,首先考虑的是国家的利益和国家外汇紧张的问题;他从不利用职权为家属牟取私利;他作为一个领导干部,仍然保持普通劳动者的本色,深入基层、深入实际调查研究,如亲自乘坐公交车、上街站岗值勤等,他为的是虚心倾听群众意见,了解民情,从而保证其行政决策有针对性,措施有实效性。拿今天的话来讲,A不愧为贯彻“三个代表”重要思想的典范。A之所以能够有这样优秀的表现和先进的行为,主要是出于以下思想的支配。

一是立党为公的思想。领导管理者的权力来自于人民,理当为人民群众服好务。共产党人没有自己的特殊权力和利益,只有全心全意为人民服务,才无愧于人民所赋予自己的权力。

二是执政为民的思想。行政决策的目的在于更好地服务于人民群众。我们讲领导干部是人民的公仆,就是要求领导干部要心系群众,服务于人民。

三是坚持走群众路线的思想。“没有调查研究,就没有发言权”,要求党的干部坚持“从群众中来,到群众中去”。这对于今天的管理实践来讲,仍然具有积极意义;这对于今天的领导干部来说,如何保证行政决策、行政领导的有效性和针对性,仍然适用。如果领导干部不深入基层、深入群众、深入实际,不认真体察民情、倾听民意,其决策就会带有盲目性和随意性,就容易给党和人民的事业造成损失。

四是以身作则的思想。俗话说得好,“其身正,不令而行;其身不正,虽令不从”。真正有力量的领导方式是严于律己,下无声命令。领导管理者一定要懂得身教重于言教的道理,并努力实践。凡要求下级做到的,自己应该首先做到;凡要求下级不能做的,自己坚决不去做;凡要求下级遵守的,自己绝不能违反。A之所以能够拥有较高的行政效率,这与他加强自律是不无关系的。

作为共产党的领导干部,德才兼备,方能担当重任。尤其是德,即思想品德、工作作风、生活作风、心理素质等,一定要过得硬。我们现在的个别干部,在思想上放松了警惕,行为上不检点,忽视自身的德性修养,私欲膨胀,贪污腐化,甚至祸国殃民,侵蚀了党的肌体,严重损坏了党在人民群众中的形象。为此,像A这样的好干部及其先进事迹,我们应该大张旗鼓地宣传,加强舆论导向,树立正面榜样;同时,要警钟长鸣,反腐倡廉要常抓不懈。

案例2　科学地使用权力①

某无缝钢管厂于1984年6月在实行厂长负责制时,把52岁的总工程师、原来的副厂长殷某委任为厂长。这个曾经留学东欧的钢管专家,在担任厂长以后,党和职工群众赋予了他生产指挥权、经营决策权和中层干部任免权。在两年来的实践中,殷厂长以探索和开拓的精神,迈出了不断自我完善的步伐,深刻揭示了厂长负责制本身的内涵。

(1)决策民主化

像某无缝钢管厂这样的大型企业,管理层次多,拥有中型企业规模的分厂、车间就有16个,还有9个经营性的公司,决策面从成都、重庆到贵州、云南,东到安徽、上海,南到广州、深圳,国外延伸到美国、前联邦德国、东欧诸国。无论从经营决策的广度和深度来讲,对厂长个人的智慧都是力不胜任的。因此,在重大决策的问题上,殷厂长从不专断,总是在同党委书记研究后,才提交以厂长为中心的厂务会决策集团。厂务会由企业的经济技术专家,比如:专门从事思想政治工作的党委书记、从事专业管理的副厂长、从事职工运动的工会主席以及总工程师、总经济师、总会计师和职工代表中的工程技术人员组成。经这个专家集团反复论证后,最后由厂长决策。这就把厂长在决策中的主导作用,党组织的保证监督作用,专业人员的智囊作用和职工民主管理作用有机地结合起来,大大增强了决策的预见性、准确性和科学性。这种民主化的决策不是形式上和程序上的民主,而是群体智力集团的深思熟虑。这种

① 李少宇等主编.追求活的管理艺术.成都:四川省社会科学院出版社,1987.42~44页

决策的民主化进程与经营指挥的集中化,是统一体的两个方面,一方面是民主化的决策,另一方面是高度集中的权威性的指挥。这两个方面的辩证统一,就构成了厂长决策的科学和民主体系。

(2)分级负责,发挥群体优势

钢管厂的管理共分4个层次,即厂部、分厂(车间)、工段、班组。厂长抓4个副厂长和3个总工程师;厂部抓分厂,分厂又抓工段,工段再抓班组。每个层次都拥有一定的决策权,当然厂级决策是全厂的最高层次的决策,下面各个层次都要贯彻执行。在贯彻企业高层决策中遇到的问题,又通过各个层次反馈到最高决策层来,进而补充、完善高层次的决策。全厂就是在这样一个科学的组织体系内运转。厂长尊重各层次的决策权和指挥权,从不越层次指挥。这就使全厂各部门、各方面的群体优势都可以得到发挥,从而使全体干部和职工的创造力、智慧都可以集中体现到最高决策层来,从而保证企业高层决策的民主化和科学化。

(3)权力大了,离职工的心近了

殷厂长在实行厂长负责制后,权力是大了,可是他从不滥用职权,压制工人群众。在1985年的一次职工代表大会上,职工代表大会否决了经营责任制的经营目标,他尊重职工代表的意见与企业管理处的同志,几次修改目标,使企业目标更加切合实际,充分体现全厂职工的意志,受到职工群众的好评。殷厂长还经常接待职工的来访,了解职工的疾苦。1986年3月他带领一些处室同志深入分厂、车间、班组现场办公。群众反映钢管研究所职工洗澡问题没有解决,他就亲自和主管生活福利的副厂长一起,实地了解,划定专门区域和定点浴室,解决了钢管研究所的全体职工的洗澡问题。1986年初,有一位同志对分配工作有意见,殷厂长在听取这位同志的意见后,认为该同志的要求是合理的,立即与人事副厂长和劳动人事处共同研究,合理地分配了这位同志的工作。工人们都说:“厂长权力大了,离我们的心却近了。”

评 析

从科学与艺术的发展史来看,科学与艺术之间总是紧密相关的。科学的简略之美,本身就是艺术,艺术原理本身又是科学。文艺复兴三杰之一,达·芬奇融科学家、艺术家于一体,就是很好的证明。科学用权与用权艺术之间也是紧密相关的。可以说,科学用权本身就是用权艺术的题中应有之义。用权的艺术性离不开科学性,离开了用权的科学性,亦就无所谓用权的艺术性。本案例所讲述的事实,就是这方面的一个经典,殷厂长用权的艺术性主要表现在科学用权上。

1)重视决策的民主化,构建决策的科学和民主体系。虽说是实行厂长负责制,但殷厂长在重大决策的问题上,从不专断,不搞一言堂,没有家长作风,而是把厂长在决策中的主导作用、党组织的保证监督作用、专业人员的智囊作用和职工民主管理作用有机地结合起来,大大增强了决策的预见性、准确性和科学性。

2)善于科学授权,调动各方面的积极性。厂里实行分级负责,实现每个层次的领导管理者责、权、利的统一。殷厂长尊重各层次的决策权和指挥权,从不越级指挥,一方面,极大地激发和调动了下级管理人员的积极性、创造性和主动性,另一方面,有利于殷厂长议大事、抓协调、管宏观,而不是忙于具体事务。

3)分权与集权管理相统一,既保证了决策的科学化与民主化,也保证了较高的决策效率。分权与集权各有长短,在现代管理中,只有两者的互补与有机结合,才能演奏出和谐的乐章。本案例中钢管厂的管理共分4个层次,即厂部、分厂(车间)、工段、班组。厂长抓4个副厂长和3个总工程师。各层次领导管理者拥有相应的权力,各司其职。与此同时,强调厂级决策是全厂的最高层次的决策,要求各个层次都必须贯彻执行。在民主决策的基础上,最后的拍板权在厂长手里。

4)以人为本,尊重群众的首创精神。人本观念是现代管理的核心理念。管理者与被管理者之间是一种双边互动关系。只有尊重广大职工的领导管理者,才能赢得职工的拥护和支持,才能拥有权威,其领导管理才可能是高绩效的。与此相反,不尊重职工、不关心群众疾苦的管理者,徒有表面上的职位权力,而不可能获得权威,形同孤家寡人。在本案例中,在1985年的一次职工代表大会上,职工代表大会否决了经营责任制的经营目标,殷厂长尊重职工代表的意见与企业管理处的同志,几次修改目标,使企业目标更加切合实际,充分体现全厂职工的意志;1986年,群众反映钢管研究所职工洗澡问题没有解决,殷厂长就亲自和主管生活福利的副厂长一起,实地了解,划定专门区域和定点浴室,解决了钢管研究所全体职工的洗澡问题。正是由于殷厂长尊重职工,对职工无微不至地关怀,才赢得了威信。难怪工人们都说:"厂长权力大了,离我们的心却近了。"

总之,一方面是民主化的决策,另一方面是高度集中的权威性的指挥,两个方面的辩证统一就构成了殷厂长决策的科学和民主体系。

案例3 身先足以率众 律己方能服人①

在不正之风吹进生活中的一些角落,腐败之气侵袭一些领导的时候,却有不少共产党人如挺拔大树,保持着工人阶级先锋队的优良传统,率领"一班人"在本单位创造了良好的"小气候"。某肝病医院党支部就是这样一个先进集体。

一次,当卫生厅组织人来该院检查工作时,便按惯例吃"四菜一汤"。临走的时候决定加几个菜,但不招待酒。当书记、院长把客人带进食堂的时候,不料酒已摆上,只好让大家喝。怎么办?管后勤的领导主张报销。书记考虑:支部已决定"不准用公款吃喝",不能再搞"下不为例"了,于是把条子抽出,从自己薪金中"报

① 王庆芳等主编.当代医院管理艺术——实例评析.沈阳:辽宁科学技术出版社,1992.56~58页

销”。陪客领导按规定交款。

一位部队干部，来到肝病医院，要求把女儿调往江西，并带两瓶茅台酒来到书记家里。书记当即谢绝，并耐心解释：“你有困难，我们尽量照顾，但要集体讨论，我个人不能决定。”“礼物请带回，我们支部有决定，望谅解。”谈了两个多小时，最后才把酒带走。事后仍同意他女儿调出。这位干部十分感动，特来函致谢。类似情况两年竟达30多起，礼物均被谢绝，但该办的事照样办。

该院地处旅游胜地，风景如画，院内院外，花果飘香，令人垂涎，但没人采摘。原来，院里规定如有掐花摘果，定要罚款。一次，书记的12岁小儿子摘了个香蕉回家，其父发现后，责令他立即到院里认错，并交罚款5元。随后书记又在大会上做了检讨，使大家受到震动。从此，不论谁家孩子掐花摘果，一律罚款，群众心服口服。

在支部领导的带动下，该院3次被评为市地先进党支部。32名党员有7人先后被选为市地优秀党员。医院两次被评为市地文明单位，受到省里表扬和奖励。涌现优秀护士3名，省劳模2名，全国先进工作者1名。

该院开创这一局面是有一段艰苦历程的。在几年以前，该院还是个“挨批评有份，受表扬无名的”单位；差错事故不断发生，吵嘴打架是家常便饭；纪律松弛，制度废弃。以后，从学习规章制度，整顿组织纪律入手，制定了一系列的制度和措施，初步扭转了混乱局面。但有些人仍我行我素，个别领导不能以身作则，大吃大喝，收受礼品，为子女走后门等，尤其为广大职工所厌恶。“其身正，不令而行，其身不正，虽令不从。”领导作风不正，便失去了号召力，虽有整套规章制度，却不能贯彻落实。

“政治路线确定之后，干部就是决定的因素”。书记感到要根本扭转局面还得从领导干部思想作风抓起。首先学习《党章》、《准则》和有关文件，联系实际做了对照检查。而后制定了支部委员六项守则，明确规定：“凡要求下边做的，自己首先做到；凡不准下边做的自己首先不做。”印发全体党员进行监督，同时恢复“三会一课”和定期讲评党员制度，开展“争做优秀党员”、创建“先进党支部”活动。从此领导均注意以身作则，党员也能起模范带头作用，各项规章制度因而得到了落实，广大职工从支部领导身上看到了党风的好转，也看到了新的希望，从而增强了信心，干劲十足。在支部率领下，至1987年已连续5年没发生行政医疗事故。当地报纸宣扬了他们的事迹，卫生系统推广了他们的经验。

评 析

“身先足以率众，律己方能服人”这句古语，今天仍有其现实意义。身教重于言教，做出榜样是最有效力的领导方法之一。

“村看村，户看户，社员看党员，党员看干部”。这个医院由落后变先进，主要是党员发挥了先锋模范作用，党支部发挥了战斗堡垒作用，尤其是书记本人能够以身作则，“凡要求下边做的，自己首先做到；凡不准下边做的自己首先不做”，带动“一班人”端正了党风，赢得了群众。在不正之风蔓延的今天，能这样独树一帜，实在难能可贵。这有力地证明，在党的正确领导下，只要一个单位的主管领导“站得正，过得硬”，在政治上“靠得住”，在业务上“有本事”，创造出良好的“小气候”是完全可能的。试想，如果不是该医院的党支部书记和主要领导带头，要刹住用公款大吃大喝的歪风，那可能吗？如果不是该医院党支部书记率先把好自己的门，看好自己的人，严格要求自己的家属、子女，单位的正气能够树立起来吗？该医院党支部书记从不收受别人礼物，但该为群众办的好事和实事，照样办好、办实；在制度与纪律面前人人平等，一视同仁，该医院党支部书记的小儿子摘了个香蕉回家，被书记发现后，责令其立即到院里认错，并交罚款5元。真可谓是于细微之处见真理，于无声之处生非凡的威信。

改革开放给党的建设提出了新的问题，也使党员面临着新的考验。能不能经受住这个考验，关键要看领导。领导清正廉洁,一心为公,才能率领群众与不良倾向做斗争。领导作风不正,便无法领导这种斗争,而且“上有所好,下必甚焉”。其次,实行民主监督,是端正党风的根本方法。党员和干部的一言一行都在群众眼中,只要沟通领导和群众的渠道,倾听群众的意见和呼声,就不难清除领导身上的污垢。该医院把支委守则印发全院,请群众监督,发动群众,定期讲评党员,都是相互沟通、端正风气的有效方法。

“政治路线确定之后,干部就是决定的因素”,此话一点不假。因为政治路线是由人制定的、没有生命的、死的东西,最终要靠人去贯彻落实。政治路线贯彻执行的效果怎样,在根本上取决于干部的自身素质如何。为此,随着改革开放的深入,多元思潮入侵,尤其要高度重视对领导管理者的教育、培养、培训,提高干部队伍的整体素质。该医院所采取的学习《党章》、《准则》和有关文件,联系实际做对照检查,制定支部委员六项守则印发给全体党员进行监督,实行“三会一课”和定期讲评党员制度,开展“争做优秀党员”、创建“先进党支部”的活动等等,都是提高领导管理者自身素质的好办法,是行之有效的好措施。

案例4　从李先生的“方圆艺术”谈领导者如何用好权[1]

李先生是浙江台州人,从事党校教育工作,在解决领导者如何用权的问题上,论述了“方圆艺术”,他认为:领导用权有方圆之分。“方”是用权的规范,包括用权的原则和范围,“圆”是用权艺术,包括用权的技巧与策略。领导用权的方圆艺术在于追求“方”与“圆”的统一。过于求“方”,虽然刚正不阿,但是下级与群众敬而远之;过于求“圆”,则会有圆滑之嫌,虽然可以一团和气,但是由于缺乏进取和锐气而难有贡献。究竟如何做到“方、圆”统一

① 王诗华编著．中外领导艺术．武汉:湖北科学技术出版社,1993. 53～56页

呢？他认为：

1)从不同领导活动阶段中的用权艺术来谈，主要包括：

①开局用权应先圆后方。

②定局用权应外圆内方。

③开拓用权应人方我圆。

④把握局面用权应上圆下方。

2)从行使领导职能的用权艺术来谈，主要包括：

①决策用权应行圆思方。

②知人善任应腹圆背方。

③用权处事应方圆兼顾。

④思想工作应形圆神方。

3)从领导关系中的用权艺术来谈，主要包括：

①建立领导模式应表圆本方。

②协调用权应小圆大方。

③立威用权应近圆远方。

④公关用权应不圆不方。

李先生认为领导用权方圆艺术远远不止于上述这些。任何一项领导活动中都存在着用权方圆的辩证关系问题。方中有圆，圆中有方，方圆相济，方圆适应是用权艺术的所在，也是领导是否成熟的标志。具体而言：

1)开局用权先圆后方。开局是指领导者走马上任时，应着眼于人际沟通，增进相互了解，慢慢改变前任领导遗留下来的各种消极关系，建立统御基础，逐步在领导活动中扩大职位的使用，使软权力硬化，从圆到方。

2)定局用权外圆内方。定局是指在领导活动的展开过程中，现任领导要改变前任领导留下的局面，形成自己风格的领导局面。其用权艺术是：在容忍中纠错，在继承和模仿中溶入己见。亦即对于前任领导的弊端既要有宽容的肚量，又不能视而不见，循旧而求平稳；既要继承和发扬前任领导的成功之道，又要以弊端为突破口，实现自己的施政设想，形成自己的领导局面；既不是强行实施自己的领导意图,又不是无所作为。

3)开拓用权人方我圆。开拓和创新在任何时候都属于一种新式的领导活动,任何一个领导者都不可能有绝对成功的把握。所以,在用权开拓与创新时,要讲究模糊领导艺术,即人方我圆。这种用权艺术是让别人按照自己的意图开拓和创新,自己适量介入,着重从旁观察、支持和制约。领导者应以支持中层干部和下级大胆改革为形式,来实现既定的开拓与创新。这样,即使遇到困难和挫折,也还有调整的余地。

4)把握局面用权上圆下方。把握局面是指领导者形成自己的格局后相对稳定的状态。在这种状态下,总体上代谢减弱,以维持自己的领导格局与开拓创新兼顾为宜。这时,领导对上级的工作意图要彻底掌握,做到既不脱离工作轨道,又有所突破,应该把自己的开拓与创新纳入上级领导的范畴之中,不要显示自己的高明,这谓之"上圆"。所谓"下方",是指领导者在领导活动的这一阶段必须坚持原则,排除掣肘因素。

5)决策用权行圆思方。所谓"行圆",是指决策时必须讲究协调性和可行性;所谓"思方",是指做出决策前,必须周密考虑,集思广益,坚持原则,绝不迁就各种错误思想。

6)知人善论腹圆背方。所谓"腹圆",是指领导行使用人权时应该开放,要接纳各种类型的人才,要海量容才,不要怕他们"分权"。所谓"背方",是指领导者在用人时,要严格要求,坚持用人标准,不搞任人唯亲。

7)用权处事方圆兼顾。由于一个单位内的事情往往涉及多人,事情复杂多变,人的素质各不相同,所以,光用硬的方法,有些人的自尊心会受到挫伤,光用软的办法,有些人又会趾高气扬。因此,处事既要通情达理,又要合情合理,不能失之偏颇。

8)思想工作形圆神方。"形圆"是指作为思想政治工作的手段和方法,不能太尖锐;"神方"是指思想政治工作的内容,必须坚持正确的原则。只有形圆神方的思想政治工作,才能使双方形成互动,才能交流思想、统一思想。

9)建立领导模式表圆本方。“表圆”旨在继承中发挥自己的优势,以扩大新领导模式的社会认同基础,以免格格不入;“本方”旨在树立自己的威信,形成自己的风格,把本单位的被领导者对前任领导者的认同转移到自己这方面来。

10)协调用权小圆大方。协调用权是否卓有成效,是一个领导者是否成熟的标志。所谓小圆大方,即在协调的方向上和整体上坚持原则,在细节上和局部上宽宏大量。

11)立威用权近圆远方。所谓“近圆”,是指领导者在单位中要充分尊重中层干部和群众,为群众办好事、办实事;用说服的办法,而不是用强硬的态度来坚持原则。所谓“远方”是指领导者在参与社会事务的过程中,要坚决站在本单位的立场上,以“方”来维护本单位的利益。

12)公关用权不圆不方。公共关系中,常常碰到这样一些情况:有些问题不可能明确用权处理,但不能不表态;有些问题涉及本单位利益,不硬不行,但又不能明确用权;有些问题要先做应付性回答,然后尽快研究对策;有些问题可以明确用权,但是不需要明确处理,否则徒劳无益等等。这些情况都需要领导者做出模糊处理。模糊处理并不是模糊用权,而是一种外交用权方式。常用的艺术是不圆不方,圆里透方。

评 析

李先生所谓的领导用权的“方圆艺术”,从不同领导活动阶段中的用权艺术、行使领导职能的用权艺术和领导关系中的用权艺术3个方面共12个要点,较为系统地论述了领导管理者用权的艺术,强调领导用权的方圆艺术在于追求“方”与“圆”的统一。讲得十分形象,并且具有较强的可操作性,给我们以颇多启示:

1)领导者用权必须坚持原则性和灵活性的统一。“方”是指坚持原则,即坚持党的路线、方针、政策和国家的政令、法令以及本单位的各种规章制度等,这些不能违背;但这些东西一旦作为具体方案来实施时则有很大的伸缩性，因此用权时必须坚持灵活的方法，即"圆"。方圆结合，才谈得上用权艺术。

2）领导者用权必须从实际出发，抓准"环节"。所谓"环节"，即根据本单位的实际情况，找准目标，抓住工作重点然后用权，这样才能发挥自己的组织指挥才能，才能以抓重点来带动全局，切忌"头痛医头，脚痛医脚"。如，开局、定局、开拓、用人、决策、协调等用权，都必须因时、因地制宜，从一个单位的实际情况出发，抓重点带全面，点面结合，才会收到理想的效果，达到预期的目标。

3）领导者用权既要不失时机，又要善于变通。不失时机，即抓住用权的机遇，当机立断，果断决策，掌握住指挥的主动权；同时，由于领导者的指挥不可能事事如意，总有一些变故与不可测因素会影响或干扰既定目标、原来的工作计划。作为领导管理者，既要居高临下地善于谋划，精于部署，巧用调度，又要从实际出发，因人而异，因时而变，因地制宜。只有两者有机地结合起来，善于变通，及时做出调整，顺乎自然，才能指挥如意。

4）领导者用权要掌握分寸与尺度，注重把握火候。一味地"方"或一味地"圆"，均不可取。正如本案例中所提到的，如果一位领导管理者在管理工作中，过于求"方"，近乎教条主义，只有原则性，缺乏灵活性，只有制度，没有人情味，虽然刚正不阿，但是下级与群众会敬而远之；过于求"圆"，则会有圆滑之嫌、虚假之疑，虽然可以求得一团和气，但是由于缺乏进取和锐气而难有贡献。正确的做法是，该方的方一点，该圆的圆一点，方圆有度，方圆结合，方圆相济，方圆互补，方中有圆，圆中有方，相辅相成，相得益彰。

5）领导者用权要注意策略。用权策略是决定用权是否成功的一个重要方面。在一个组织当中，对上级与下级、对内部与外部、对人对己，应该区别对待，讲究策略，而不能千篇一律，大而化之。

3.4 用人的艺术

3.4.1 理论精要

人才是企业最宝贵的资源。美国钢铁大王卡内基曾说过："假如将我所有的工厂、设备、市场、资金全部夺走，只要保留我的组织人员，4 年以后，我仍是一个钢铁大王。"这说明用人正确与否对一个企业的兴衰是何等重要。用人得当，能够使人才充分发挥自身的积极性，为企业创造更多的利润；用人不当，很可能使企业进入死胡同，生存维艰。

用人即对人才的使用，是充分发挥人才智力和体力的过程。正确使用人才对企业的发展有至关重要的作用。

(1)正确的用人原则

正确的用人原则对正确使用人才有积极的指导作用，管理者只有掌握了正确的用人原则，才能确保对人才的正确使用，才能有效防止对人才的浪费或误用，减少管理过程的失误。正确的用人原则包括以下几个方面：

1)公道原则。公道是指在解决员工问题时，要坚持公平性、合理性的原则。管理者是否公道，对员工的积极性有着重要的影响。公道原则要求管理者对员工一视同仁，不能有亲有疏、有厚有薄。

2)信任与制约相结合的原则。用人不疑是用人的一条重要原则，同时也是一种强大的激励手段，它要求管理者充分信任员工，大胆放手去使用。但不能盲目地信任，要与制约相结合，若只有信任没有制约，员工就会变得为所欲为，最后导致用人失败。而制约又不能成为掣肘，制约只应起"边线裁判"的作用，在界限范围内的事则由员工独立处理。

3）激励原则。激励是管理者对员工的激发和鼓励。通过激励去激发员工的内在潜力，开发其能力，使其最大限度的、自觉地发挥积极性和创造性，在工作中做出更大的成绩。这是用人的重要原则。

4）沟通原则。沟通原则是管理者通过正式的、非正式的形式，与员工进行的思想交流。它是一种在上下之间传达思想、观点、情感和交换信息的社会心理过程。

5）层次领导原则。它是指管理者一定要按组织层次进行指挥，进行管理。只要按级负责，一级抓一级，才能实现有效的管理。如果不按层次，经常越级去管理，就会越俎代庖，影响上下级关系。

6）压力原则。压力原则即是管理者通过采用各种措施，给员工造成各种压力，促使其努力和积极持久地从事工作的原则。

7）鼓励竞争原则。鼓励在员工之间开展竞争，在用人中引入竞争机制，有利于提高员工的素质，有利于激发员工的内在动力，有利于各项任务的完成。要加强对竞争的掌握，用人上的竞争是通过工作竞争锻炼培养人才，而不是员工之间争夺职位。竞争必须贯彻公平、平等、公正的原则，要加强对竞争的引导，防止竞争的消极性，防止相互拆台和内耗。

8）考评原则。考评就是采用考察、民主测评等定量、定性相结合的方法，对员工的德、能、勤、绩进行评审和鉴定。管理者对员工的考评是必不可少的，这既是职业经理人的工作职责，又是领导用人的一门重要艺术。

（2）用人的策略

用人是一门艺术，就像作战时排兵布阵一样，用人得当，则大功告成；用人不当，就有满盘皆输的危险。

1）知人善任、量才使用。知人善任是指用人时要对所用的人有所了解，了解他的气质特征、知识背景、成长经历、能力素质等，以便能正确地使用他。量才使用是指在知人的基础上，根据人的才能大小及方向，把他安排在与其相适应的工作岗位上。比如说了解一个人的气质特征，以气质特征用人。从心理学角度讲，人的气质表现在人的情感、认知活动和言语行动中的比较稳定的动作特征。气质特征分兴奋、活泼、安静和抑制 4 种类型。有的人精力充沛，生气勃勃，有的人沉默寡言，举止安详；有的人情感热烈，爱激动而难自制；有的人庄重冷静，不露声色；有的人思维灵活，行动敏捷，善于适应；而有些人反应迟钝，动作缓慢，不善应变。用人，就要善于把气质不同的人用在适当的岗位上。对具有注意力集中、机灵敏捷等气质的人，用在驾驶员、运动员、技术操作员、调度员等岗位；对具有安静、沉着、敏感等气质的人，用在医疗等岗位；对具有注意的稳定性或动作的灵活性等气质的人，用在纺织部门岗位等等。大凡人才，气质特点是比较明显的。领导干部要充分挖掘人的气质背后的内涵，注意发现那些具有个性特征并表现出各种才能的人，予以重用。

2）扬长避短、宽容待人。任何人都既有长处，又有短处，用人就是用他的长处，使他的长处得到发展，宽容他的某些短处，使短处在经验积累中得以克服。为了切实做到扬长避短、宽容待人，充分挖掘一切可用之才，要注意以下两点：

第一，要有用人于争议之中的魄力。管理者选拔和使用人才时，会经常遇到一个很大的困难，就是上下左右议论纷纷，从各方面挑剔这个人的缺点，一是因为任何优秀的人身上都不可能没有缺点，二是一些嫉贤妒能的私心杂念在作怪。所以在用人时，虽然要用的人有缺点，但只要不是品质恶劣、作风败坏等一类重要的问题，本人又愿意改正，都可以果断任用。用人没有一点“冒险”精神是不行的。

第二，要有容人之短的度量。美国管理学者杜拉克在《有效的管理者》一书中说：“倘若所有的人都没有短处，其结果至多是一个平平凡凡的组织，所谓‘样样都是’，必然一无是处。才干越高的人，其缺点也往往越明显。有高峰必有深谷，谁也不可能是十项全能。一位经营者如果仅能见人之短，而不能见人之长，刻意挑其短而非着眼于展其长，则这样的经营者本身就是一位弱者。”杜拉克所说的用人哲理是非常正确的。因为人有些无关大体的缺点，或者犯过错误，就抓住不放，拒之门外，世间也就没什么人才可用。所以说一定要对人宽容，要容得下他人之短。这种做法要求在使用中帮助员工，在使用中给员工以积累经验、克服缺点的机会。有度量的领导者懂得，缺点的克服和经验的积累是分不开的，因而，发挥长处是克服短处的最好办法。所以，不要等人把缺点全部都克服了再用，那是不现实的。

3）竞争用人。竞争往往能激起人最大的能量，使一些看似无法做到的事变成现实。在用人方面，也应充分运用这一规律，做到优胜劣汰。竞争是一种社会现象和组织行为，客观存在于人类社会发展的始终。社会的前进离不开竞争。用人方面不仅需要竞争，而且也无法排斥竞争。用人必须改变那种只上不下、只进不出的封闭僵化体系，始终保持一种有上有下、有进有出的开放式流动体系。人若是处于一种流动的体系中，不仅充满了进取心，而且也有危机感，犹如逆水行舟，不进则退，不会有丝毫的大意。一个组织中的活力，主要来自于具有开拓创新精神、永不服输的带头人才。人的才能往往是以潜能的形式存在的，没有竞争，就很难发现其潜在的能量。伯乐相马，有一个重要的方法就是让马都跑起来，给每匹马都创造表现的机会，展开竞争，让马充分地表现自己，那时千里马自然就脱颖而出了。用人亦是此理，如果人人都坐太平椅，吃太平饭，那么天才和庸才即使有天大的差别，也表现不出来。

4）用人以严。所谓用人以严，并不是说对下属不苟言笑，冷若冰霜，使下属整天如履薄冰，而是说在用人中要做到刚柔相济、恩威并重。在平常生活中，尽量实现“柔和恩”；在工作中，则应说到做到。用辩证的观点说，事物总存在正反两个方面，用人艺术中的宽和严亦是如此。在用人过程中，施威和善后也是一种宽严相济的艺术处理方法。

5）用人时要注意感情投资。人才是社会中的精英分子，用人者任用人才,切不可作"榨油机",不榨干最后一滴利润绝不放手。用人如器,是说物尽其用,人尽其才,让人才充分发挥自己的才干,而不是说把人当做毫无感情的物品来使用。情感方面的需要是任何人都不可少的,人才也是如此。在生活中一次不经意的帮忙,工作中一次小小的赞扬,都可能使人产生愉悦和感激,从而在今后的工作中更加努力,更上一层楼。有些人总认为投桃报李是以物易物,其实这只看到了二者表面的类似,而忽视了本质上的不同,如果是虚情假意的付出,只能招致别人的厌恶。

6)使用和培养一起抓。人才的使用有一个才能的输入和输出的过程。对于人才,不能只使用不培养,也不能只培养不使用。培养是充电,使用是放电,不讲放电,充电就没有意义;不讲充电,放电就没有能量。如果只培养不使用,培养对象就会失去对培养的兴趣,培养的效果就会越来越差。如果只使用不培养,使用对象得不到提高机会,他们就会越来越跟不上时代发展的步伐,整个队伍的能力就会越来越弱。从"以人为本"的价值准则来看,对人才的培养和使用都是在提高人的人生价值,改善人的生存状态,促进人的自我实现,所以对人才的培养和使用是一个统一的过程。

(3)用人的误区

对用人原则的不正确理解和不恰当运用,会使企业在选择人才、使用人才时走入很多误区。由于我国的国有企业改革尚未完成,这些问题在国企中的表现尤为突出。

首先,企业用人的误区是盲目求高,即看重高学历,学历越高越好,而不去考虑自己企业是否真的需要这样的人才,人才放在这里会不会浪费。当然,现代企业管理、技术的发展与提高对人才的要求也日益增高,但人的才能不一定表现在学历上。这样做就直接产生了学历大于能力的不正常现象。学历是一个人知识水平的体现,这其中包含的各种偶然因素较多,比如记忆力、口才等;而能力则表现在对实际业务的处理中,它是由多方面因素所决定的,不像学历有一个固定的价值。如果说学历是理论集成的结果,那么能力便是理论在实践中的验证。企业管理人才的交际能力、上下协调、协作等便是在学校中无法体现的。这个误区还有一个负面的影响是企业通常为了吸引高学历人才而搬出了种种诱人的条件。由于引进时条件定得过高,当人才得不到充分利用时又无法降低费用,最后造成骑虎难下。

误区之二在于对人才户籍的过分看重。在人才流动极为普遍的今天,户籍制度已变得不太重要了。人才的大量流动,既给了企业以更广阔的选择,人力资源也得到了更优化的配置。目前许多企业在选人时,“本市户口”是招聘广告上经常出现的字眼,有意无意中,把许多优秀的外地人才拒之门外。而人才却需要在流动中才能得到充分的体现,无视流动,一味追求本地户口是一种盲目的做法。

误区之三是企业把人才技术性的能力看得过重而忽视了工作中必需的其他能力。一个中层管理者,即使对业务相当熟悉,但如果向上不能搞好协作,向下不能得到尊重,那么他也一定无法搞好工作。虽说技术能力属于重头戏,但人际交往能力、上下协调能力也相当重要。

3.4.2　案例及评析

案例1　森达集团用人方阵

(1)我需要更多的设计师

王某,原在建湖大理石厂是个美术工,此人善画,美工设计上有一套。一天,碰到森达集团董事长A,王某说:“我有绘画、美工的小特长,到森达干个临时工,让你考验考验好吗?”A说:“我们森达缺设计人才,你到我们森达来,我把你当森达正式工,只要你倾意于森达,我支持你工作。”王某见A坦诚地欢迎,就背着行装来森达了。一晃3年,王某和设计科人员每年都推出二三十个系列的当家品种，有的达到国际名牌水准，成为市场销售的热点，如宾奴、一号鞋、二号鞋、包子鞋等，这些品牌一投放市场就成了消费者的抢手货。一双高品位的鞋子，可以通过它看到一个设计师的完美人格。当王某参加中国皮革协会主办的“中国95真皮标志杯皮鞋大奖赛”获惟一特等奖，他开发设计的皮鞋为企业带来较大的经济效益时，A不无感慨地说：“质量是产品的生命，设计是产品的灵魂。”他代表集团颁发了嘉奖令，奖给王某一幢价值十多万元的别墅。

此后，A看到王某献身设计的决心大，式样新，并得到了世界鞋王——意大利的认可，觉得他是森达企业发展的“顶梁柱”，是难得的人才，便任他为集团总公司副总经理兼设计科长。1997年森达评选10名劳模，王某榜上有名。1998年他又登上劳模光荣榜。王某不负众望，自费加入因特网，花费数万元自备数码相机，拍设计资料。在集团支持下，他专门去欧洲考察，寻根求源，从罗马到巴黎、德国，获得了具有国际水平的设计信息，开发出801、106大头鞋系列和意大利高档三节头等系列，不仅吸收了西方的经验，而且体现了中国特色。A曾在森达员工众多的场合上说：我需要更多的像王某这样的人才。这是A对市场压力发出的呼唤，也是对设计人才提出的更高要求。

(2)“回炉烧饼”照常香

当市场经济刚兴起的那阵子，森达集团有几个干部带着一些技术工人离开森达，另起炉灶，办起皮鞋厂，有的还开商店。A心里很沉闷，但他没有阻拦，甚至还为他们设想出去以后怎么办。哪知道，几年后，这些人办厂亏损，开商店经营效益不佳，负债较多，有的走投无路，还想回到森达大家庭。A听到这个信息，真诚地欢迎，表示照样安排工作，不记往事，不刁难，有特长的和他人一样重用。其中赵某算是很有代表性的一个。

他曾是森达集团一位很不错的业务员，后来，顺市场大潮，从森达悄悄出走搞个体经营。3年间，他跟别人合伙办过鞋厂，干过百货批发,做过小商小贩,一次次都失败了。就在进退两难之时,他找到了A,谈了内心话,担心“回炉烧饼不香”。A说得很干脆,“烧饼回炉香不香,在于自己干,干得好,回炉烧饼照常香嘛!”从此,赵某暗下决心要好好干。1997年8月,赵某回森达后,先被分配在配底车间,12天后,A又让他重回销售队伍,到北京分公司负责天津地区的销售工作。一到天津市场,他首先进行市场调研,谋划攻占市场策略,新增设了形象柜,并采取“重点抓旺季,力保淡季”的销售方法。

天津市场稳住了,A又指导赵某带领业务员向天津郊县发展周边业务,拓宽营销渠道,扩大市场份额,终于打了一场天津市翻身仗。1998年1~12月,销售额增长225%,销售回笼资金达92.1%,6项考核指标在集团35个分公司中均为第一。此时,赵某实现了A的预言,被集团评为劳模,当上天津销售分公司经理。

(3)再就业职工也是主人翁

廖某,原在一家县属企业做内勤工作,下岗到森达再就业之后,不想在销售一线工作,想在办公室或生产部门找个位置。A掌握这个心理,找他几次谈心,讲清销售一线是企业的前沿阵地,最能锻炼人、考验人,二三十岁的小伙子,去销售一线工作是实践、锻炼的极好机会。一席话,说得廖某点头称是。廖某到南方总公司的苏州和上海分公司的销售一线后,他汲取著名的日本经营家松下幸之助在《生意经三十条》中介绍的“销售前奉承,不如优良的售后服务”等制造“永久顾客”的不二法则,出现了“雨中送鞋”、登门服务的故事,赢得了市场,赢得了消费者,张家港、太仓两个县级市场,半年时间回笼销售资金355万元,比同期翻了一番。A与廖某一见面,拍拍他的肩膀说:“小廖,干出人头,干得不错呀!”并和总公司领导商量,任廖某为苏州和上海分公司经理。他还被员工评选为森达集团的首届劳模之一。

顾某,原是一家镇办企业的副厂长,厂子倒闭后,通过关系到森达再就业。A利用他的优势,安排他到杭州销售分公司当业务员,负责金华、衢州市场,并介绍这两个大市场的情况。顾某不负老总所望,先用10天时间进行市场调研,调整商业单位,调整产品结构,市场网络基本健全后,把工作重点转移到树立森达品牌形象上,硬是靠自己走出一条成功之路,开创了金衢市场销售新局面。1997年销售回笼资金490万元,1998年1~11月,销售回笼资金625万元,两年来成倍翻番。浙江义乌市一位个体皮鞋老板请顾某帮他一起干,出年薪10万元。顾某笑了笑说:“是森达给了我一次再就业的机会,我的生命属于森达。”他谢绝了那位朋友的好意。像廖某、顾某下岗后到森达再就业,1997年、1998年被评为森达劳模的就有5人,占森达这两年劳模的1/5。

(4)年薪300万聘用一个能人,值得

在一个偶然的机会,A了解到台湾著名的女鞋设计师蔡先生来到上海,有意在内地谋求新的发展,为内地做点贡献。他听到这个信息后如获至宝,第二天即赶赴上海。经过促膝长谈和多方了解,他确信蔡先生是不可多得的人才,打算聘用。一谈聘用条件,A尽管有足够的思想准备,还是颇为吃惊,他要求年薪不少于300万元。聘用一个人,年薪300万!消息传到森达,议论纷纷。有的说,年薪太高,替他挣钱,不合算;有的说,蔡先生是台湾人,他不熟悉内地,等他的本事显出来再谈年薪;还有的说,东河取鱼西河放,不必。

A一次次统一员工的思想,他说,聘请国际设计大师,能不断推出领导消费新潮的新品,占领更大的国内外市场,使森达名牌企业在国际国内叫得更响。统一认识后,A又一次专程拜访蔡先生,答应了他的全部条件,还聘任蔡先生为森达集团副总经理。

蔡先生上任后,以其深厚的技术功底和对世界鞋业广博的了解,把意大利和中国的女鞋融为一体,当年就开发出120多个品种的女单鞋、女凉鞋和高档女鞋等新品种,弥补了女鞋的“短腿”。这些式样各异的产品一投放市场,立刻成为顾客争相购买的“热货”。这一年中,蔡先生设计的女单鞋给森达赚回5 000万元的利润。开始，一些议论蔡先生年薪要价太高的人，在事实面前，连连点头，年薪300万，值得，值得。大家都佩服A的眼光独到，佩服A的用人观，称他不愧是全国著名的乡镇企业家。

评 析

森达集团的总裁A就很懂得用人的艺术，主要体现在以下几个方面：

第一，体现了重视人才、信任人才的原则。王某只是大理石厂的一名美工，而A看到他是一个人才，就极为珍惜和重视，放开手让他去做，充分信任他。而王某也确实不负他的期望，每年都推出二三十个系列的当家品种，有的达到国际名牌水准，成为市场销售的热点。

第二，体现了A容人之短的度量，用人时注意感情投资，能很好地处理与离职员工的关系。赵某他们办厂亏损，开商店经营效益不佳，负债较多，有的走投无路，还想回到森达大家庭。虽然他们走时A也有些不愉快，但听到这个信息，他还是真诚地表示欢迎，照样安排工作，不记往事，不刁难，一样视为企业的财富，一样地给予尊重，很好地处理了与离职员工的关系。如果A没有给予相应的感情支持，没有容人缺点的度量，没有宽敞的心胸，也就没有天津市场的稳定和稳固。

第三，体现了知人善任、用人之长的策略。廖某下岗到森达再就业之后，不想在销售一线工作，想在办公室或生产部门找个位置，A在了解他之后，劝他到销售部门去做，因为那里最能体现他的长处。“小伙子”去了，由于朱总的鼓励，再加上自身的勤奋学习，最终被评为森达集团的首届劳模之一。也是由于A的用人之道，使顾某忠诚地留在森达并做出杰出贡献，不为重金所收买。

第四，体现了用人于争议中的魄力。年薪300万聘用台湾著名的女鞋设计师蔡先生的消息在企业内部产生了强烈反响。有的认为年薪太高，不值；有的认为蔡先生是台湾人，对内地的行情未必了解等等,总之是议论纷纷,意见不一。而A一次次统一员工的思想,最终果断地聘请蔡先生为森达集团副总经理,而蔡先生的能力也证明了朱总的眼光。一年中,蔡先生设计的女单鞋给森达赚回5 000万元的利润。

案例2 日本三泽企业的“用人之力”

日本的企业家,尤其是那些创业者,都懂得“企业即人”的道理,因而高度重视人才的选拔、培养和使用,并且都有与众不同的高招,标新立异,独树一帜。三泽亦不例外。

首先,三泽在每年招收新职工时,必定要同每一个报考者谈话,即亲自进行“面试”。他不过分看重笔试分数的高低,而高度重视“入社动机”。他不喜欢听“因为三泽住宅公司是最大的住宅建筑公司”,“因为前辈推荐介绍”之类的答复,而希望考生说“因为三泽住宅公司是一个有个性的企业”等有新意的话。在面试时,他还注意考生是否有绘画和制作之类的爱好,其用意是可想而知的。自幼喜欢动手、动脑的人在技术上可能有较大的发展前途。他的人才标准是:经理财会人员要认真细心,一丝不苟;营业行销人员须能吃苦耐劳,有饥饿精神;设计技术人员则应善于独立思考,有创造性。日本企业要求和教育职工“爱社(公司)如家”,忠于公司,把自己的一生贡献给公司。不到退休年龄而中途离去者,大都被认为是忠诚心不强、对公司不满或因故被辞退的人。企业,尤其是大企业,一般都不愿意录用这类“跳槽”人员(挖到人的墙角,另当别论)。日本住宅工业巨子三泽则与众不同,他不采取“纯血主义”,认为“杂交品种有更强大的优势”,因而乐于录用有较多经历的人。他称这些“中途入社者”是“公司之宝”。在全公司1 300名正式职工中,大约60%的人都有“跳槽”经历。在25名公司董事中,土生土长的只有2人。三泽认为,从别的公司来的人,带有与本公司不同的色彩,这一点十分可贵。他们的到来会使原有的职工受到某种刺激,增强活力。此外,他们还会从外界带来许多有用的信息，来自银行的人会告诉你有关银行的知识，来自商社的人精通国内外贸易，从而增强同社会各界的交流。三泽认为，在国际化、全球化时代，画地为牢、故步自封的观念是最危险的敌人。为此，他设立了“互换职工”和“社（公司）外留学”等制度。互换职工的建议原是一家汽车制造公司的负责人向他提出来的，他觉得这是一个有趣的想法，于是欣然接受，他把这一制度作为让“土生土长”的职工拓宽视野，见世面，长知识，焕发活力的重要措施。

在日本的大公司里，部长年龄肯定比课长大，课长年龄也肯定比股长大，极少出现反常现象。这就是升级提薪论资排辈的制度。三泽认为这也需要改进，因为在信息化的时代，许多知识和经验可以借助于电子计算机。三泽自己创立公司时，年仅29岁。公司股票在证券交易所上市时，他也只有33岁。为什么不能有年纪轻的部长呢？于是，他大胆地进行改革，根据年龄段建立设计部，如“二十代设计部”、“三十代设计部”……“二十代”即指20～29岁的人，二十代设计部由二十几岁的技术人员当部长，三十代设计部由三十几岁的技术人员当部长……这不仅能调动设计人员的工作积极性，而且也有助于在住宅设计上发挥各自的个性和创造性。这是因为，对于住宅，不同年龄段的人有不同的价值标准。在讲究住宅的质量、感性、流行式样和独特风格的时代，三泽的这种做法无疑有其合理性和科学性。

日本的大企业，大约十之八九都实行了“周休二日制”。三泽着眼于这两天休息时间，于1985年设立了“星期六星期日职工”制度，运用自己的工作、兴趣和经验，只在周末休息时间内到三泽住宅公司工作。为此，三泽住宅公司设立“三泽住宅人才公司”，其中的一个部门——“星期六星期日公司”负责募集“星期六星期日职工”。这一制度颇受欢迎，不仅退休者、家庭主妇，而且三四十岁的在职者也踊跃应征。这些在职者来自建筑公司、贸易公司、银行等各行各业，登记人数已达数千人，成为三泽公司的人才库。

这些人在这里可以发挥自己的专长和爱好，以从事不同工作的方式使自己得到积极的休息，并且获得一定的报酬。

装配式住宅在世界上是个独创，虽然它不是什么高科技产品，但其最大的优点是可在工厂里进行大批量标准化生产，从而大大降低造价和缩短工期，对于缓解日本的“住宅难”这个重大社会问题起了一定的积极作用。靠装配式住宅起家的三泽住宅公司，从1971年起，已连续20年在日本住宅工业界独占鳌头。

评 析

日本三泽住宅公司的用人之道首先在于根据每个人的不同特点来分配不同的工作，知人善任。他的人才标准（经理财会人员要认真细心，一丝不苟；营业行销人员须能吃苦耐劳，有饥饿精神；设计技术人员则应善于独立思考，有创造性）也充分体现了这一点。

其次，体现了竞争用人的原则。三泽重视人才的流动，重用那些经常跳槽的人，认为“杂交品种有更强大的优势”。其实是给公司内部放一条“鲶鱼”，让大家时刻有竞争的意识，通过竞争来激起人最大的能量。因此，他认为从别的公司来的人，带有与本公司不同的色彩，这一点十分可贵。他们的到来会使原有的职工受到某种刺激，增强活力。

再次，体现了三泽用人注重年龄段优势，根据不同年龄段的不同特点恰当地使用。独创的“二十代设计部”、“三十代设计部”的建制，不仅能调动设计人员的工作积极性，而且也有助于在住宅设计上发挥各自的个性和创造性。

最后，还体现了对人才的培养。三泽认为，在国际化、全球化时代，画地为牢、固步自封的观念是最危险的敌人。为加强对员工的培养，他设立了“互换职工”和“社（公司）外留学”等制度。通过这种方式来让员工感受到学习的重要性，增强危机意识。此外，三泽还通过设立“星期六星期日公司”负责募集“星期六星期日职工”作为自己的人才库。

案例3　麦当劳的用人之道

美国的麦当劳餐馆于1979年打入法国，如今它已拥有115家餐馆，分布在30多个城市。从炸土豆条做起。每一个进入公司的人都必须先熟悉做汉堡包和炸土豆条的工作。因为公司认为，从脚踏实地做起是在这一行业中取得成功的必要条件。如果人们没有经历各个阶段的尝试，没有在各个岗位亲自实践过，那么以后又怎能了解和管理餐馆呢？从收付款到炸土豆条，每个工作岗位上都可能造就出未来的餐馆经理。

(1)学做经理

“法国麦当劳公司董事长的位子等着你们去争取……”公司负责招聘的人总是这样开始招聘谈话。而且事实上，员工可以在18个月内当上餐馆经理，在24个月中当监督管理员。而这一切只取决于员工跨越每个阶段和掌握各阶段技能的速度。在实际的工作中，一个二级助理实际上已经在学做经理了，他要负责订货、计划、排班、统计等事务。一个一级助理则已是经理的左膀右臂了。于是，一大批有文凭、有能力的年轻人被吸引到公司来了。

(2)培训与进修

当然，并不是说员工干完炸土豆条以后便能当经理，他们还需跨越一个令人惊喜的阶段，到芝加哥的汉堡包大学进修15天。每年都有50名法国未来的餐馆经理到此学习掌管一个餐馆所必需的所有知识。另外，麦当劳子公司的所有工作人员每年至少去一趟美国。应当承认，这是麦当劳集团富有魅力的主要因素之一。培训结束以后，经理或监督管理员的位子便非你莫属。3年后，监督管理员可能成为地区顾问。地区顾问作为下属企业与公司之间的信息传递者，起组织培训、提供建议和沟通信息的作用。

(3)按工作成绩付酬

这能使那些创造了最好工作成绩的人得到明显增加的工资，

从而使他们得到最优厚的报酬,根据则是他们在一年中的工作成绩和达到的目标。在个人收入方面,雇员的工资变动很大,它根据每次工作岗位的调动而变动,随着职位的提高而增长。初入麦当劳公司的人是按每年11万~13万法郎付薪,而从第5个月起则按每年13万~15万法郎付薪。18个月后如果能顺利地升任经理,则为18万法郎的年薪,监督管理员除了每年能拿到25万法郎外,还有许多实物好处。公司工作人员往往很少长时间呆在一个工作岗位上不动,因此他们必须不断努力才能取得新的工作成绩,而这则关系到他们的薪水增加问题。

评 析

麦当劳的用人之道主要体现在:

第一,用人以严。每一个进入公司的人都必须先熟悉做汉堡包和炸土豆条的工作,才能到更高的位置上去工作。这是因为公司认为,从脚踏实地做起是在这一行业中取得成功的必要条件。如果人们没有经历各个阶段的尝试,没有在各个岗位亲自实践过,那么以后又怎能了解和管理餐馆呢?正是有了这样的严格要求,所以麦当劳的工作人员才有较强的基本功,才有了放之四海而皆可复制的麦当劳产品。

第二,用养并重。在人才使用的同时,重视培养。每年都有50名法国未来的餐馆经理到芝加哥的汉堡包大学学习掌管一个餐馆所必需的所有知识。另外,麦当劳子公司的所有工作人员每年至少去一趟美国。应当承认,这是麦当劳集团富有魅力的主要因素之一。

第三,激励原则。物质或精神上的激励可使人发挥更大的积极性,创造更大的财富。按工作成绩付酬,能使那些创造了最好工作成绩的人得到明显增加的工资,从而使他们得到最优厚的报酬。在个人收入方面,雇员的工资变动很大,它根据每次工作岗位的调动而变动,随着职位的提高而增长。这就促使员工发挥主动性去取得更高的报酬,同时也使公司的业绩增加。

案例4 用人失误的教训

1986年5月,台湾地区总源色拉油公司宣布停工,并将员工裁减到30多人。消息一传出,公众皆为之哗然:向来营运状况良好、资金雄厚的总源色拉油公司何以到了今天这步田地呢?

总源色拉油公司在台湾可谓家喻户晓、妇孺皆知,其创始人陈先生更是一位富有传奇色彩的人物。陈先生出生于台湾彰化县埔盐农村,从小就有"要干出一番事业"来的雄心壮志。1953年,他开设的源泉制油厂问世了,而雄心勃勃的陈先生并未满足,1960年,他又开台湾熔剂制油之先河。企业规模的扩大使他感到自身知识的匮乏。1963年他只身赴日本学习,并于1967年获得学士学位。4年的学习使他眼界更加开阔,他注意到一种新型食用油正在发达国家萌芽,而在台湾地区尚未开发生产。于是经过两年的技术攻关,他终于攻克了这项白绞油再精炼技术,生产出一种新产品,取名叫"Saladoil",并译成"色拉油",正式投放市场。为了能让消费者接受,陈先生又从广告、售价和品质3方面进行了艰苦卓绝的努力,"精诚所至,金石为开",色拉油终于被消费者所了解和接受。销量节节上升,上市的第一个月销出5 t,第二年上升到每月200 t。到1972年,总源色拉油的销量达每月2 000 t,成为台湾最大的生产色拉油的企业之一,其市场份额占全台湾的20%。然而在公司蒸蒸日上的发展中,由于用人失误,给企业带来了毁灭性的打击。20世纪70年代,美国和日本等发达国家纷纷采用经营权与所有权相分离的管理方法。1971年,陈先生赴日本和美国参加食用油会议,这种管理方法对他触动很大。他深刻感到,要使总源企业管理现代化,并参与国际竞争,就必须采用这一先进的管理方法。

从这以后,他便开始了这一计划。他先后花了两年时间进行准备工作和物色人选，最后决定聘请日本人A全权负责公司的经营管理。A当时年届40，应用化学专业毕业，曾在日本一家油脂公司担任过技术部和营业部的经理，有20年油脂业的经营经验。为了严格遵守两权分离的原则，陈先生还特地将公司中的家族成员和与他一起创业的学历低的职员全部调离原职，以便A在经营管理中能丝毫不受干扰，而陈先生则致力于产品开发和产品质量的研究。然而新的管理方法刚刚实行不久，问题就显露了出来：A虽然有丰富的工作经验，但他不具备一个领袖人物的才略，突然大权在握，却显得有些不知所措。此外，A对中国传统文化及中国的企业管理不熟悉，而生搬硬套日本的那套管理方法，结果“张冠李戴”，使企业的管理乱了分寸。起初，对于有关A的种种议论，陈先生皆一笑置之，不轻易相信，而是充分信任他选的人，对亲朋好友的劝告也不放在心上，甚至在A上任的第一年，使总源公司赔了钱也毫不在意。第二年，总源公司又赔了钱，陈先生认为这只是阵痛，而不去调查赔钱的真正原因。哪知第三年，总源公司仍然是赔钱，而且企业的运营也乱成一片。这时外界对总源的议论也越来越多。在这种情况下，陈先生不得不亲自过问企业的管理状况了。一查，他才发现原来企业内部存在着许多问题：管理不善，账目不清，回扣现象严重……再一查账，发现总源在A任职的3年内竟亏损了1.2亿元，轻率的用人和盲目的信任，终使总源埋下了危机的种子。迫于无奈，陈先生收回了管理权。然而“冰冻三尺，非一日之寒”，要彻底解决这3年来经营管理上的弊端又谈何容易。由于连续3年亏损，企业在公众及金融界的形象大减，使总源的财源成了一个大难题。在以后的几年里，陈先生一直小心翼翼地维持着局面，天天为钱奔波，为钱烦恼。另外，由于前次用人的失误，也给他带来了很大的精神压力，原本很平易近人的性格，这时变得越来越孤僻，不仅对职员戒备心重，而且处处难以容人。公司员工谁达不到工作标准，他便严厉斥责，不考虑批评的方式和场合。这种对员工的过分不信任使许多高级职员另谋高就，甚至连他的5个女婿也先后辞职，总源从一棵吸引金凤凰的“梧桐树”变成了一棵留不住人才的“秃树”。在企业的管理遭受严重打击的同时，企业的信用也受到了挑战。当时，台湾的油脂业有联保制度，进口黄豆办理结汇时需要保人盖章。总源已买了一批黄豆，只等开到信用证便可装船。在开信用证的前一天，陈先生请联保的同业盖章，但由于总源的形象已令人望而却步，对方拒绝了。为此陈先生四处托人说情，对方仍不肯盖章。不盖章就无法开信用证，没有信用证，货就上不了船，就得受罚。结果，不仅急需的原料黄豆运不来，还要赔轮船公司空船费300万元，外国厂200万元，共500万元新台币。最终不仅生意砸了，还失信于人，更使总源的形象一落千丈。1985年3月，总源大难临头的日子来了。总源的债主中华贸易公司，因自身经营困难，需收回融资7 000万元，加上总源欠华侨银行5 000万元的债务申请延期未获批准，其他银行也先后抽走银根，使总源一下子短缺2亿元资金，陷入了财务的“泥潭中而不能自拔”。

为渡过这一难关，陈先生连忙向台湾地区有关部门申请贷款。经有关部门批准，通过了7家银行办理联合贷款1.4亿元，但其中的农民银行和台北银行提出条件，总源要先增资6 000万元，这对于身陷绝境的总源来说是不可能做到的。8个月过去了，联合贷款分文未拿到手，总源的情势日趋恶化，只好于1986年5月底停工，宣布破产。

评　析

总源的破产主要是用人上的失误。主要表现在：

首先，盲目信任，生搬硬套。陈先生本是想改善公司的经营状况，结果用人不当，日本人A不了解中国具体情况，生搬硬套日本的那套方案，当然没有成效。而陈先生又盲目信任，不听亲友的劝说，甚至在A上任的第一年，使总源赔了钱也毫不在意。第二年，总源又赔了钱,陈先生还认为这只是阵痛,而不去调查赔钱的真正原因。哪知第三年,总源仍然是赔钱,而且企业的运营也乱成一片。他这才慌了神,但已为时过晚。

其次,盲目追求学历,把人才的技术性能力看得过重而忽视了工作中必需的其他能力。虽然聘请了技术、经验很丰富的A,但让他从事管理工作,就没有做到量才使用。A不具备一个领导人的方略,而且不了解我国国情,生搬硬套日本那套管理方法,结果让企业陷入泥潭。

再次,没有用亲情去维系自己的员工和亲人。当陈先生知道自己公司的状况后,变得越来越孤僻,不仅对职员戒备心重,而且处处难以容人。公司员工谁达不到工作标准,他便严厉斥责,不考虑批评的方式和场合。这种对员工的过分不信任使许多高级职员另谋高就,甚至连他的5个女婿也先后辞职,总源从一棵吸引金凤凰的"梧桐树"变成了一棵留不住人才的"秃树"。

案例5 笑容管理[①]

笑容管理也许最能体现和气生财这一古老的经营法则。

在美国俄亥俄州,有一家钢铁和蒸馏公司,它的子公司曾经一度经营不善。于是,公司派一个叫丹尼尔的人任总经理,企业很快改变了面貌。那么,丹尼尔究竟使的是什么魔法?其实办法很简单,他在工厂里到处贴上这样的标语,"如果你看到一个人没有笑容,请把你的笑容分些给他","任何事情只有做起来兴致勃勃,才能取得成功"。标语下签了丹尼尔的名字。丹尼尔还把工厂的厂徽改成一张笑脸。平时,丹尼尔也能以身作则,他总是满面春风,笑着同人打招呼,笑着向工人征询意见,全厂2 000名工人的名字他都叫得出来。在丹尼尔的笑脸感染下,员工的工作热情大大提

① 童忆.企业用人方略.北京:经济管理出版社,2002.109~110页

高。3 年后，工厂没有增加任何投资，生产效率都提高 80%。美国《华尔街日报》在评论他的管理时称，这是“纯威士忌——柔情的口号，感情的交流和充满微笑的混合物”。美国人也把丹尼尔的这个方法叫做“俄亥俄州的笑容”。有关专家说，经常发自内心的微笑，对于提高人的生理机能，改善人的情绪有着显著的效果。人有好情绪，能够提高工作的热情，提高办事效率。丹尼尔可谓是笑容调动了员工的工作热情，笑容创造了效益。

马克的“增加欢乐气氛”管理用人思想与丹尼尔的“笑容”管理有异曲同工之妙。

马克是美国西雅图的一家公关公司的老板，该公司有 10 名员工，每年的收入是 100 万美元。之所以有这么好的效益，与马克对人的管理有关。他每个季度都会关闭他的公司一天，带着他的全体员工去看电影。公司的雇员每年 4 次关掉自己的通讯工具，将电话设为语音信箱状态，去听露天音乐会。马克说，这样做是尽力给这个公司增加一些欢乐的气氛。为了制造这样的氛围，他除了带员工外出，还采用了一些既便宜又有效的办法。例如，在每周一次的全体员工午餐会上，提供果汁、苏打水和糖果。在员工着装上也与众不同，该公司规定员工平时随意着装，他的公关人员经常穿着牛仔裤，有时甚至是背心，只是当有客户来访时，才要求员工在 1 h 内找到正式一点的服装换上。马克说，他也不常穿西装，但他在办公室放了一套西服。

评 析

这个案例体现了在用人时首先与员工建立一种亲情式的关系。笑容管理法透露着一种浓厚的亲情，这种亲情使得员工很有归属感，很有被重视的感觉。并且微笑是最廉价的，但收获是最大的。丹尼尔总是满面春风，笑着同人打招呼，笑着向工人征询意见，在他的笑脸感染下，员工的工作热情大大提高。3 年后，工厂没有增加任何投资，生产效率都提高 80%。由此可见，微笑的力量,亲情的伟大。马克也是一样用亲情式的管理。他每年都要和自己的员工一起出去度假休闲,参加娱乐活动放松身心,以便积蓄力量,以更好的精神面貌来迎接新的挑战。他在公司也是一心一意地为员工提供一种轻松欢乐的气氛,可以在公司里随意着装,给人一种没有太大压力的环境,让每个人在愉悦的心情下顺利地完成工作。

其次也体现了一种精神上的激励法则。笑容管理除了是一种亲情,更是一种精神激励法。建立在亲情基础上的激励,更是一种利器,它能使消极变积极,从而保持工作的有效性和高效性。这是丹尼尔很快扭转公司经营不善的原因,也是他的魅力之所在。马克的公司只有10个人,而每年的收入就有100万美元,这也离不开他的精神激励法。他的做法就是让员工明白他们是一家人,可以一起去休闲,可以一起去工作,那还有什么理由不好好努力使"家庭"更美好呢?

3.5 激励的艺术

3.5.1 理论精要

激励(motivation)作为心理学的术语,是指激发人的动机的心理过程。现代管理中的激励是指在人事管理活动中,通过各种有效的方式方法,激发人的需要、动机,使之产生一种内在的驱动力,在追求所希望达到的某一目标的过程中,使人处于持续的积极状态,从而充分发挥潜在力量,更加努力地工作,达到提高工作效率的目的。动机理论应用在管理中,就被称为激励理论。管理者想要提高员工的工作动机,激励员工,就需要先了解激励理论。下面简单介绍一些颇具影响力的激励理论。

(1)内容型激励理论

1)马斯洛的需要层次理论。内容型激励理论中影响最大的是马斯洛(Maslow,1954)的需要层次理论。需要层次理论的理论基础是没有得到满足的需要会引起紧张和不平衡状态,为了恢复平衡,必须确立一个能够满足需要的目标,要达到目标就要采取一定的行动。所有行为都是由未得到满足的需要引起的。马斯洛的需要层次理论认为人是一个整体,人的基本需要是按优势出现的,他把需要分为以下5类(见图3.1):

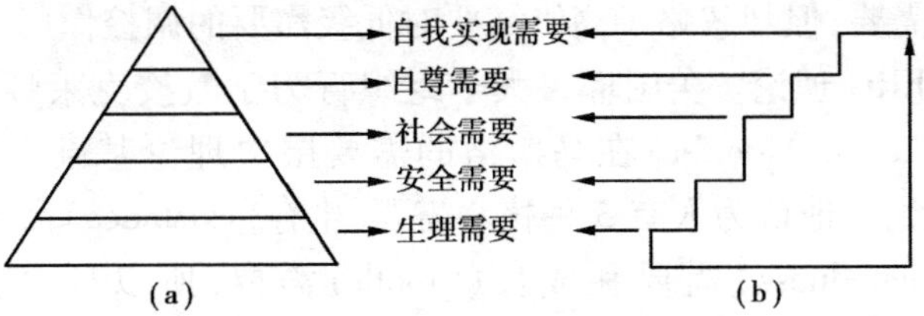

图3.1 需要层次理论的两种模型示意图
(a)需要层次金字塔模型;(b)需要层次梯级模型

①生理需要:对食物、水分、氧气、性等的需要。

②安全需要:对稳定、安全、秩序、受保护、免受恐吓等的需要。

③归属和爱的需要(社会需要):需要朋友、爱人或孩子,渴望被团体所接受的需要等。

④自尊需要:希望有实力,有成就,能胜任,有信心,要求自由和独立,渴望名望、赏识、关心、重视和高度评价等。

⑤自我实现的需要:希望自己越来越成为所期望的人,完成与自己能力相当的一切。

马斯洛认为人类的需要是一种似本能需要,可以分为高级需要和低级需要,低级需要直接关系到个体的生存,高级需要的满足能够使人产生幸福感和宁静感等。低级需要得到了满足,才会产生高级需要。自我实现是人类基本需要中最高层次的需要,但不是每个人都能最终自我实现。马斯洛通过对美国著名人士的调查,总结出自我实现的人所具有的15种品质,包括独立、自主、有创造性、孤僻、离群等。

马斯洛的需要层次理论指出，自尊和自我实现等高级需要是动机的最大驱动力，当这种高级需要得到满足时就会增强，而低级需要则会削弱。但是人们的工作并不能满足他们的需要，特别是枯燥的工作。

这一理论提出几十年来，流传甚广，对深入研究人类的需要具有启发意义。但也存在一些问题：他把需要看做是遗传决定的，是与生俱来的，这就把人类的生物性和社会性需要混淆起来了；他强调需要是从低级向高级发展的，低级需要没有得到满足，就不会出现高级需要，但却忽略了高级需要对低级需要的调控作用。

2）ERG 理论。美国耶鲁大学组织行为学教授克莱顿·奥尔德弗（Clayton Alderfer）在马斯洛的需要层次理论基础上提出了 ERG 理论。他认为人有 3 种核心需要：生存（existence）需要、相互关系（relatedness）需要和成长（grouth）需要，所以称之为 ERG 理论。

一是生存需要。是指人的基本的物质生存需要，即衣、食、住、行、性等方面的需要。这一层次的需要对应于马斯洛需要层次理论中的生理需要和安全需要这两项需要。

二是相互关系需要。是指维持重要的人际关系的需要。要满足社会的和地位的需要就要和他人交往。这一层次的需要相当于马斯洛需要层次理论中的社会需要和自尊需要的外在部分。

三是成长需要。是指个人发展的内部需要，如个人在事业前途等方面的创新发展与成长的努力。和马斯洛需要层次理论中的内部自尊需要和自我实现需要相对应。

3）成就需要理论。美国哈佛大学心理学家戴维·麦克利兰（David Mcclelland）提出成就需要理论。在经过大量调查研究的基础上，他认为在基本生存需要满足的前提下，人的行为取决于以下 3 种需要的满足与否：

①成就需要。即是追求卓越，实现目标，争取成功的内驱力。

②权力需要。权力需要是影响和控制他人的欲望。

③友谊需要。也称社交需要、归属需要或合群需要,是建立友好和亲密的人际关系的欲望。

麦克利兰认为,不同的人对成就、权力和友谊的需要程度不同,层次排列也不同。个体行为主要取决于那些被环境激活起来的需要。经过大量广泛的研究,他得出如下结论:

①具有高成就需要的人更喜欢具有个人责任,能够获得工作反馈和适度冒险性的环境。如图3.2所示,当具备了这些特征,高成就者的工作积极性会很高。不少证据表明,高成就需要者在创新性活动中更容易获得成功。如,开发新产品,管理一个大组织中的一个独立的部门。

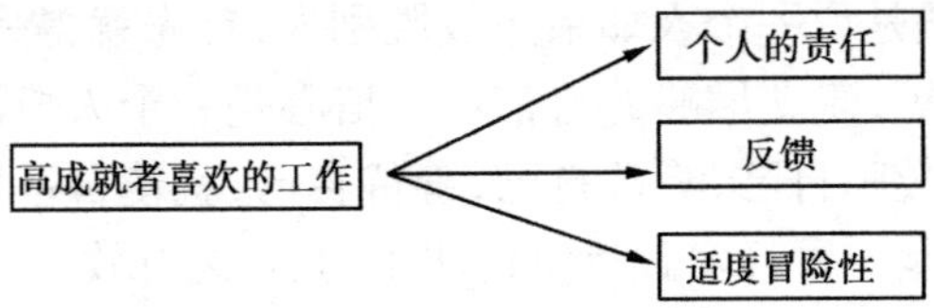

图3.2　高成就者与工作的匹配

②高成就需要的人不一定就是一个优秀的管理者。尤其是在一个大组织中,高成就需要者感兴趣的是他个人如何做好,而不是如何影响其他人做好。高成就需要的销售人员不一定是优秀的销售管理者。

③友谊和权力需要与管理者的成功有密切关系。高权力需要可能是管理有效性的必要条件,这种观点认为一个人在组织中的地位越高,权力动机就越强。因此,有权和较高的职位是高权力需要者的激励因素。

④可以通过培训激发员工的成就需要。具有高成就需要的人可以通过教育培训的方法加以培养。培训人员指导个人根据成就、胜利和成功来思考问题,并以高成就者的方式行动;设计具有个人责任、反馈和适度冒险性的环境;提供取得成就的榜样,刺激人们取得成功的愿望和行为。对此,他提出了以下4个办法:

第一,及时反馈你的成就。在计划时,大目标下需有许多小目标，每实现一个小目标，得到奖励，使自己的努力行为及时地得到强化，就会增进你去实现下一个目标的愿望。

第二，找一个成功的榜样。如果你周围有一个人取得成功了，并且你把他（她）作为崇拜的偶像，向其学习，这会激励你也去争取成功。如，后进学生以优秀学生为榜样，通过一段时间的努力后，往往会取得比较明显的进步。

第三，改变你自己的形象。有高度成就感的人喜欢担当重任，并不断得到他们完成任务的反馈。如果在训练时，有意识增加自己这种体会，那也会增强成就动机。

第四，经常鼓励自己。我们经常讲，"一个人最大的敌人是我们自己"。就是说一个人如果想战胜别人，首先就得战胜自己，了解自己的长短，建立足够的自信心。信心是一个人成就事业的关键。而经常鼓励自己，奖赏自己，善待自己，就使自己时刻充满了成就感。这是一种经实践反复证明了的、行之有效的、代价低而效率高的树立自信心、培养成就感的方法。

（2）过程型激励理论

过程型激励理论除了强调基本需要，还有影响动机的心理过程，也叫认知理论，因为它涉及人们对工作环境的认识和理解方式。过程理论对于管理者来说比需求论更有用，因为它在激励技术上提供了更多实际的指导。认为动机的过程包括：预期（期望理论）、目标实现（目标理论）和公平感（公平理论）。

1）期望理论。弗鲁姆（Vroom，1964）在《工作与激励》一书中提出了期望理论。在他的理论中包括3个概念：效价（即价值，是对特定结果的爱好强度，有正负之分）、期望（个人预测特定行为导致某种结果的概率）和力量（调动一个人积极性、激发人内部潜力的强度），三者的关系是：

$$力量(F)=效价(V)\times期望(E)$$

只有表现与结果之间存在明显且实际的关系，而结果又能满足需要时，员工才可能受到激励。这就解释了外来的财政激励——如一个奖励系统——只有当努力和报酬之间有明显联系，且报酬值得这种努力的时候才有效。它也解释了为什么从工作中产生的内在动机比外在动机更有力量。内在动机的结果更多地受控于个体，人们可以更多地依赖过去的经验来判断他们的行为可能带来多少有利的结果。

2）目标理论。拉翰和洛克（Latham 和 Locke，1979）提出的目标理论认为，当个体制定了具体的目标，目标是困难但可达到的，对工作绩效有反馈，动机和绩效就会提高。参与目标设置是对较高目标的设定达成一致的重要途径。组织内部要在设定的困难目标上达成一致，员工达到目标时要有指导和建议作为强化。最后，反馈对保持动机是很重要的，特别是在达到更高目标的过程中。

埃尔兹和锡单（Erez 和 Zidon，1984）强调对目标的接受和认可的需要。他们发现只要人们在目标上达成一致，困难的目标会带来更好的表现。另外，埃尔兹强调反馈的重要性。

目标理论与19世纪60年代的目标管理概念一致，但因为目标管理总是通过权力进行，没有得到员工的真正支持，没有确保管理人员的认识取得一致，没有强调强化和反馈的意义，也没有培训管理人员的技术，所以通常是失败的。在对目标管理的批评中产生了绩效管理，目标理论在绩效管理过程中起着关键作用。

3）公平理论。公平理论是由美国心理学家亚当斯（Adams，1967）提出的，主要用来解决工作报酬分配的合理性、公平性及其对职工生产积极性的影响。公平理论认为人们总是要将自己付出的劳动和得到的报酬与他人付出的劳动和得到的报酬作比较，也会把自己现在付出的劳动和得到的报酬与自己过去付出的劳动和得到的报酬进行比较。如果发现自己与他人或自己现在与过去付出的劳动和得到的报酬之间的比例相等，便认为是应该的、正常的，因而心情舒畅，努力工作；如果发现比例不相等，就会产生不公平感，满腹牢骚，影响工作。也就是说，如果人们受到公平对待，动机就会提高；如果受到不公平对待，动机就会降低。

亚当斯指出公平有两种形式：一是分配公平，就是在与他人的比较中,人们感受到自己得到的报酬和付出的劳动一致;二是程序公正,就是员工对绩效评估、提升和纪律等方面的公正程序的公正感。

人际关系的因素和程序公正感是紧密联系的。要让员工形成程序公正感应该做到以下5点:

第一,充分考虑员工的想法。

第二,消除对雇员的个人偏见。

第三,坚持在员工中执行工作标准。

第四,给关心决策结果的员工及时的反馈。

第五,向员工对决策做充分的解释。

4)赫茨伯格的双因素模型。赫茨伯格(Herzberg,1957)等人在关于人们对工作满意和不满意的根源的调查基础上提出了双因素模型。调查中设计了很多问题,如"什么时候你对工作特别满意","什么时候你对工作特别不满意","满意和不满意的原因是什么"等等。

赫茨伯格等人在调查中发现,导致对工作满意和不满意的原因是截然不同的:导致满意的主要因素有成就、认同、工作本身的吸引力、责任和发展,这些因素是影响工作的内在因素,它们的改善能够激励员工的积极性,提高工作效率,即所谓的激励因素(motivation factor);导致不满意的主要因素有公司政策和行政管理、监督、工资、人际关系及工作条件等,这些因素没有激励人的作用,但却具有预防性,能保持员工的积极性,维持工作现状,即所谓的保健因素(hygiene factor)。因此,赫茨伯格认为传统的"满意—不满意"的观点(即"满意"的对立面是"不满意")是错误的,"满意"的对立面应该是"没有满意","不满意"的对立面应该是"没有不满意";用激励因素来调动员工的积极性的效果更好。

(3)其他激励理论

1)EVA激励理论。"EVA理论的核心是将EVA(即经济增加值)与薪酬挂钩,赋予经营者与股东一样关注企业成功与失败的心态。通过把经济增加值的一个部分回报给经营者,从而创造了使经营者更接近于股东的环境,使管理人甚至企业的一般员工开始像企业的股东一样思考。”①

EVA理论源于经济学家默顿·米勒和弗兰科·莫迪利亚尼《关于公司价值的经济模型》的论文。从最基本的意义上讲,经济增加值是公司业绩度量指标,与其他度量指标的不同之处在于:它考虑了带来企业利润的所有资金成本。其计算公式为:

经济增加值=税后利润-资金成本系数(使用的全部资金)

即
$$EVA = NOPAT - C\% \times TC$$

式中　$NOPAT$——税后净经营利润;

$C\%$——加权资本成本;

TC——占用的资本(包括股权资本和债务资本)。

以经济增加值为核心的薪酬管理体系的思路是按照经济增加值的一个固定比例来计算经营者的奖金。换句话说,是把经济增加值的一部分回报给经营者。

2)“3C”理论。科恩(Kohn,1993)强烈建议经理必须理解人的内在动力,建议必须注视被他称之为内部动力的“3C”,即:协作(collaboration)、满意(content)和抉择(choice)。

①协作。当员工受到合作的鼓舞或有机会互相帮助彼此成功时,会受到激励而更加努力工作。

②满意。当人们意识到他们的工作对组织的重要性以及对组织的贡献的时候,员工会受到激励。

③抉择。如果员工在自己的工作中被授权进行决策时,会受到激励而更加努力地工作。

科恩的“3C”理论是基于这样一个假设:激励员工的关键是激励他们做事情的动机,你不可能直接激励员工,你只能影响他们做某事的动机。

①针对协作需求的动机。经理应着手建立自己与员工之间的

---

① 王焕宁.中国经营报,2003年9月30日

绩效合作伙伴关系，与员工成为工作上的盟友，而非权威的领导者，与员工共进共退，与员工站在同一条船上，让员工感觉到经理不仅是他们的上司更是他们的老师和朋友。

②针对满意需求的动机。经理的工作主要是将员工的工作表现反馈给员工，及时对员工的工作给予正面表扬和评价，让员工感觉到被尊重、被赏识，持续强化正面的行为，使之带来的影响产生倍数效应，不断挖掘员工的潜能。

③针对抉择需求的动机。经理就是要做好授权的工作。一定意义上，授权也是对员工信任的表现。经理展开工作必须建立在对员工信任的基础上，做到用人不疑，经理对员工任何的不放心与怀疑都会影响到授权的技巧和效果。所以，授权就是要放手让员工发挥，不能畏首畏尾、瞻前顾后。

3.5.2 案例及评析

案例1 上海富士施乐复印机有限公司——引进、管理、激励、创新[①]

上海富士施乐复印机有限公司(简称“富士施乐公司”)是中美合资企业。公司在引进先进的产品和技术的同时，吸收了跨国公司的优秀管理思想和管理方法，在人力资源管理方面形成了一个以激励为主导，以员工职位称职能力评估为中心的人事管理模式。

富士施乐公司在业务发展过程中，员工也始终处于优胜劣汰的竞争中，公司每年人员流动率在6%～8%，其中有个人原因申请离职的，有经考核低于岗位要求被公司辞退的，因机构调整被精简的……但在控制员工人数的同时，公司注重引进企业业务发展

① http://www.hr.com.cn

急需的高层次人才和注重现有员工队伍的培训提高。

富士施乐公司把员工个人技能培训和个人发展作为一种激励，贯穿在对员工的“培训—考核—评估—再培训”的循环之中。公司为员工提供内部提高技能的发展晋级机会，公司制定了空缺岗位内部应聘程序，鼓励员工向更高一级岗位发展；公司的员工培训计划则为每个员工个人发展提供了在岗位技能、管理知识等方面得到提升的支持。

公司每年的培训计划依据业务经营发展规划和目标以及员工个人年终考评中对个人技能的评估与个人职业生涯发展方向的需求而制定。在实施培训计划时，会根据实际情况和变化来修订计划。公司内部的培训内容一般按计划有3个大类：一是引进员工的导向性培训；二是岗位技能提高和员工发展培训；三是管理层管理能力的培训。另外，公司会根据经营业务的需要开发一些专题培训或讲座，如从美国施乐引进的TTM(time to marketing)课程，为新产品开发举行的“数码技术讲座”以及其他一些专题讲座，为公司业务发展和个人技能的全方位提高起到了积极的作用。

公司还为个人成长发展提供条件与机遇，每年选派人员赴美国公司培训，把新产品开发和项目管理的重任委任给年轻的工程技术人员，充分调动和发挥个人的才能，这也是对员工个人价值的认可和最好的激励。

富士施乐公司建立了一套较为理想的绩效评估系统，使公司的目标管理和员工工作绩效考核以及如何评估员工岗位称职能力、改进员工技能、合理实施奖励有了一套科学的方法。

建立一个岗位职务描述和目标管理体系，使每个员工明白自己的职位应承担的职责、工作目标和应达到的工作要求和标准。对工作目标和员工绩效评估的同时，对员工个人技能和管理，工作能力做一个详细的评估，并指出影响其绩效的主要障碍和改进的方向。正确、公正地评估员工的工作业绩，是对员工个人的认可，是对员工工作成绩的赞同，是对个人最好的激励。这也是尽量利用好绩效评估的结果，如作为年终奖金分配、薪资调整的依据，作为公司内部提升晋级的参考,对于考评结果低于岗位目标要求者,也可作为劳动合同按期终止或解除的依据。

富士施乐公司每年举行一次员工满意度调查(公司内称为EMSS,即雇员激励及满意度问卷调查),这是富士施乐公司在管理上的一个特点。员工满意度调查问卷的内容可以包括对管理层的决策、执行、沟通,管理层对下属的交流与反馈、尊重与信任、公平与合作以及对员工激励、培训、发展、薪酬、团队合作等方面。每年度员工满意度调查工作主要有以下几个过程:年初公开年度EMSS目标,每年11月份实施调查——公布调查结果——进行根源分析——提出改进计划——实施改进和向员工反馈改进的结果情况。

富士施乐公司在实践中感到,员工满意度调查结果出来后所采取的一系列活动是体现调查效果的关键,是达到调查的目的、找出根源、提出措施、实施改进、提高员工参与积极性的重要环节。

评 析

富士施乐公司的激励管理可以给我们如下的一些启示:

(1)注重员工的发展可以提高员工的积极性

英国技术专家詹姆斯·马丁测算:19世纪人类知识每50年翻一番,到了20世纪70年代每5年翻一番,到了20世纪80年代每3年翻一番。美国人统计,现在美国大学生毕业4年以后,课堂的知识就有50%陈旧,需要更新;8年以后课堂知识几乎全部报废,需要彻底更新。由于知识更新速度的加快,就会刺激员工新的需求——不断地发展自己。因此,有远见的管理者,总是不断地培养人才,为企业的发展提供持续的动力。同时,也可以通过各方面的培训来激励人才。在这方面,富士施乐公司做得比较好,通过绩效考核来进行"优胜劣汰",通过绩效考核和培训的循环操作来提升员工的能力和工作的积极性,从而达到激励的效果,在一定程度上能够充分地调动员工的积极性。

(2)注重员工的工作满意度能够起到积极的激励作用

富士施乐公司注重员工的工作满意度调查,并通过一些方法和措施来满足员工的工作满意度,这方面的举措有利于员工工作积极性的提高。当然,关于员工满意度提高的方法和措施很多,包括管理层对下属的交流与反馈、尊重与信任、公平与合作以及对员工激励、培训、发展、薪酬、团队合作等方面。其中,比较重要的还有创设良好的人际关系氛围,进行情绪激励等。

亲密、融洽、协调的内部关系可以使工作效率倍增,怨愤、紧张的内部关系则必然使工作受阻乃至中断。情绪激励就是通过建立良好的内部关系,来提高士气,使工作效率得到较大的提高。有效的情绪激励包括:管理者必须具有体察人心的能力,能够及时感受到下属人员的思想变化和情绪变化,并根据这些变化采取相应的措施;保持经常的意见交流和相互交往,这是达到相互了解的最重要的渠道;相互信任,这是实现有效交往,保持良好的内部关系,达到情绪激励目的最重要的前提和保证。信任可以使人精神振奋,猜忌则必使人心灰意冷。达到相互信任的关键在于管理者而不在于下属。领导者应当首先大胆信任下属,才能赢得下属的信任,达到相互信任的基本条件是待人以诚并始终如一。

案例2 家族企业人力资源管理——“方太”的激励方案[①]

浙江“方太”厨具有限公司,仅6年时间,就从无到有,由200多家吸油烟机厂的最后一名做成中国厨具行业的第二大品牌。除了其二次创业转型成功、父子顺利交接班以外,在人力资源开发方面,“方太”也有独到之处。以下是“方太”在人力资源激励方面的一些“镜头”:

如何管好董事长、总经理“身边的人”?“方太”的做法是,太

① 应焕红.中国人力资源开发,2002(8)

太如果没有能力管理企业，还是尽量不要让她参与。女儿也要求其另搞企业当总经理。身边的其他人，比如小车司机、秘书，虽然没有职位，但别人会对他另眼相看。还有办公室主任，他掌握的事特别多，其一言一行，均会影响企业形象。这些“身边的人”往往因自己特殊的身份而产生优越感，进而忽视纪律约束。“方太”对这些“身边的人”，一是经常教育，要求他们带头遵守厂纪厂规，做工作的模范；二是一旦他们违反厂纪厂规，则坚决处理，绝不护短。

董事长A身边的一个工作人员将调任另一部门做他想做的事。此人与A之间合作得很好。在其写调职申请时，有很多人持担心态度，A也有顾虑，再招一个新手会不会马上适应？尽管这会给A的工作带来很大不便，但最后A还是尊重他的选择。临走的时候，他对A说：“董事长，谢谢您！您是我职业生涯中最好的老师。”

“方太”针对人才跳槽的问题，试验了内部人才流动的办法，效果很好。

“方太”根据公司的实际情况，搞了车间承包责任制，把生产部门分成4个车间，把主要模具工提拔为车间主任，让他们独立承包，并授予一定的权力，如招工权、酬劳分配权等。

“方太”文化最具特色的是市场文化和品牌文化。“方太”的企业价值观是“让家的感觉更好”。在品牌文化上，他们提出产品、厂品、人品“三品合一”、“文化兴牌”的战略，着力提高“方太”的文化品位。他们非常重视党建工作，成立了慈溪市第一家乡镇企业党校，职工文化也开展得有声有色。

评 析

员工的各种行为都有一定的动机，而动机又产生于员工本身内在的、强烈要求满足的需要。如何满足需要、激发动机、鼓励行为、形成动力，这是激励管理所要履行的职责。激励管理的一项重要工作，就是运用激励方法，促使员工的动机更加强烈，释放潜在的内驱力，为实现组织目标和个人目标而努力。浙江“方太”的一些激励方法为其他家族企业的发展提供了典范作用，具体表现为以下几方面：

(1)奖惩约束激励

奖惩约束管理是企业管理的重要方式，一个对员工的业绩赏不清、功不彰的组织，必定是贤愚不分、是非不明、优劣不辨的组织。在这样的组织中，员工的荣誉心理和精神动力可能会逐渐丧失。因此，及时而科学地表彰先进、激励优秀，关系到组织活力环境的营造。

作为家族企业，缠绕着家族亲情与经营理性之间的矛盾。企业是基于理性和功能性运行，它更多的是依据客观的、普遍的规律运作；而家族却是诉诸辈分和感情，更多地体现为主观的、个性的色彩。要使企业正常发展，必须使企业规则占据主流，家族规则“淡漠”化。当然这种“淡漠”并非冷酷无情，而是要理性地看待亲情关系，将家族感情与企业原则分离，妥善处理“亲情与经营”的矛盾。

浙江“方太”在约束激励方面做得很好。该企业能管好“身边的人”，一方面使他们给其他员工做好榜样，另一方面也绝不手下留情，对于违纪违规的，坚决处理。对于这些“身边的人”，这是一种约束，但同时何尝不是对他们工作的一种激励和鞭策呢？

(2)发展激励

在知识经济时代，一个公司就应该是这样一个集合体，其个体成员的希望与梦想都被融入到组织的目标之中，员工们贡献智力投身于这个目标，既使自己发展又使团体获得成功。这种发展激励机制创造了一种信任的气氛，公司提供给员工发展个人愿景的空间，提供让他们脱颖而出的机会，这能使其创造力、自我实现的奉献精神处于最佳状态。在浙江“方太”，员工可以根据个人的发展选择自己的方向，并能得到企业管理者的重视，在一定程度上确实能提高人工作的积极性。

(3)工作丰富化激励

工作丰富化激励是一种在工作中增加激励因素,改进工作组织,以调动员工工作积极性的激励方法。工作丰富化这种激励方法是以赫茨伯格的理论为依据的,是通过把对员工成长和提升有更多机会的工作加到工作中去,这样做可以减少员工工作的单调性,增加工作的责任感,使工作本身成为激励因素。员工跳槽的主要原因是,他们所在的部门不适合他们的发展,或者其所在岗位的工作不适合其专长。如果给他们换个部门或岗位,他们就会发现自己的工作是多么美好。日本著名企业家稻山嘉宽在回答"工作的报酬是什么"时指出:"工作的报酬就是工作本身!",他深刻地指出了工作丰富化这种内在激励的无比重要性。当前很多员工更加关注工作本身是否有吸引力——工作内容是否丰富多彩、引人入胜,工作是否具有创造性、挑战性,在工作中能否满足员工求知、求美的欲望等。

浙江"方太"能够通过内部人才流动的方法来促进员工的工作丰富化,在一定程度上也可以起到积极的激励作用。

(4)授权激励

在工作中,其实每个人都想实现自我价值,授权激励就是对下属的一种信任。被授权者会认识到上司对自己的信赖,就会大大激发工作的创造性、主动性。授权激励能够提高员工的自觉性及工作热情。授权的结果,自然是士气的提高;由于士气高昂,绩效就会提升;由于绩效的不凡,企业利润就会增加,公司就会满意,就可能对其范围给予更广的授权,以后被授权者又会更加努力地工作。这样就会形成"激励—努力—绩效提高—满意—再激励"的良性循环。

(5)文化激励

推动企业文化建设是提高家族企业整体素质和市场竞争力的手段之一。对一个高素质的企业来说,塑造独特的企业文化是一项不容忽视的重要工程。如果没有一个高素质的决策管理层与职工队伍,没有一个健康的企业文化氛围,没有一个正确的经营理念,在经营中不讲信誉、不守信用,就难以在风云变幻的市场竞争中站稳脚跟。

"方太"十分重视企业文化建设，他们在确定经营理念、制定方针策略、塑造企业精神、完善管理制度、加强组织建设等方面取得了显著成绩。"方太"的企业价值观是"让家的感觉更好"，话语虽然朴素，却蕴涵着深刻的内容。"方太"人从这个理念出发去进行所有经营活动，包括产品设计与服务，使消费者一想到"方太"，就有亲切的感觉。"方太"依靠丰富多彩的职工文化活动，使"方太"的理念渗透到每个员工的心灵，给他们以激励和鼓舞。从某种程度上说，正是"方太"文化，给"方太"的高速经济增长提供了强力支撑。

案例3　微软激励体制大变局[1]

在美国时间2003年7月8日下午1:30举行的电话新闻发布会上，微软总裁巴尔默向新闻界宣布取消微软已经实施了17年的股票期权制度，代以实施限制性股票奖励为主的长期激励方式，所奖励的股票的所有权将在5年后转交到员工手中。

同时进行的重大变革还有公司高层管理者的绩效考核体系，客户满意度被列为重点考核指标，并在全球公司设立了专门负责客户及合作伙伴满意度管理的总监级负责人。自此，微软全球薪酬体系变革掀开了帷幕。

早在2002年三四月份，由微软全球公司人力资源部负责执行的一项针对微软薪酬体系的调查就已经在进行之中。微软之前的员工薪酬结构主要包括基本工资、奖金、年度分红、员工股票购买计划、福利补偿、健康、医疗、人寿、工残保险等其他福利内容。自1982年在纳斯达克上市以来，微软就是实行以期权为主的长期激励方式的公司之一，在20世纪90年代，期权已经让近千名微软员工成为百万富翁甚至是千万富翁。

---

① http://www.beidabiz.com

在2001年修改的微软公司股票计划中,已经将股票奖励作为一种激励方式单列出来,但此前它只是针对全球公司副总裁以上职位的高级管理人员发放的“贵族式”激励方式。在经过一年多的调查和论证之后,微软正式痛下决心,封杀期权,将股票奖励平民化。

由于高科技股泡沫潮的出现,纳斯达克的持续下滑使得一夜之间,微软的市值从6 000多亿缩水至3 000多亿,期权的弊端也就陡然显现。原本可以将员工和公司利益紧密联系在一起的期权制度也受到了挑战,许多在最近几年加入微软的员工所持股权的执行价格高于微软目前的股价,期权也就成了空头支票,激励作用随之丧失。

对于像微软这样的知识型公司来说,员工的创造性和敬业度是公司赖以持续发展的动力所在。

荣正咨询的郑培敏认为,安然事件暴露出来的高层管理人员不惜弄虚作假,刺激股市对公司股票的预期以实现行权也是股票期权制弊端的体现,此事对微软做出放弃股票期权的决定有很大影响。

如果说股票期权制转为股票激励制只是解决了薪酬体系中的长期激励方式的话,那么,绩效考核体系的变革则决定了支付的标准。

在宣布实施股票激励制度的同时,微软高管薪酬考核体系也进行了调整,主要考核指标为业绩考核和客户满意度。

在此之前,微软绩效考核所设置的近20个主要指标都集中在业绩方面,而在2003年7月份之后,对全球600位高层管理者的绩效考核中,50%为业绩考核,50%为客户满意度考核。而且,对客户满意度考核实行一票否决制。所谓的“一票否决制”意思就是,如果客户满意度考核不过关的话,那么,该季度的整体绩效考核就被确定为不过关,业绩考核成绩再好也无济于事。

这样,在微软就形成了两套绩效考核体系,一是公司原有的业绩考核,由部门负责人和人力资源部负责;另一条线则是由全球公司客户和合作伙伴满意度管理部门委托第三方机构进行的客户满意度调查。公司管理层这两方面的考核得分来自所管辖部门所有员工业绩和客户满意度得分的累计。

"微软此次对薪酬体系改革的根本目的是希望微软能够以最合理的支付成本将微软打造为人才磁场,更好地吸引和留住员工",微软全球公司的一位负责人称,"我们通过给予员工真正的股票并保持长期的经济刺激,让员工以主人翁身份参与公司的发展,让高层管理团队的所得能够和主要客户的满意度成正比,这是很好的做法。"

评 析

在本案例中,微软的一个重要激励体制的变革就是把"股票期权"的奖励制度转变为"限制性股票"奖励为主的长期激励方式。该方式可以用前面介绍的EVA激励方式来进行分析。

通过EVA激励计划建立经营者和股东的利益纽带,能使经营者和股东二者关系进一步合理协调,促使经营者以与股东一样的心态去经营管理。另外,通过导入EVA激励计划,能确保经营者在追求自身利益的同时实现股东财富最大化,建立一种股东控制经营者行为的机制。正像思腾思特公司的高级合伙人贝内特·斯图尔特所说的,"EVA可以让经营者富有,但条件是他们使得股东更加富有"。这样的运营机制使经营者、股东保持同一立场,从而在思维、行动和利益上保持一致,增强了委托者和代理者的信任关系,真正协调了经营者与股东的关系。

EVA建立了独具特色的上不封顶的奖励计划。这种没有上限的激励使管理人员去发现并成功实施可以使股东财富增值的行为。同时,EVA奖励计划实施红利银行制度。在该制度中,奖金计酬和奖金支付是分开的,经营者奖金计入奖金银行中,每年实际支付给经营者的红利则基于更新的奖金库账户余额(由期初余额加本年的奖金组成)的一定比例。在奖金库制度下,一部分额外的奖金将被保存起来,以备以后业绩下降时补偿损失,从而防止经营者为了短期目标而牺牲长期目标的企图,同时激励经营者增加工作时间,减少企业不景气时的损失。让红利银行的奖金处于变动的状态,使经营者在行为和思考方式上趋于股东利益,使他们从公司的长期发展出发规划企业的发展,并不断追求持续和长期的改进。

通过 EVA 激励计划把奖励与年度预算分离开了,奖励的基础从达到预算目标变成了分享经济的增加值。这样,经营者和股东有了共同的利益纽带,管理者也从试图降低股东的期望目标转向了努力提高业绩。同时,"积极的策略驱动了积极的预算而不是温和的预算驱动温和的策略"。

而最终,通过 EVA 薪酬机制可以营造出一种创造财富和价值的企业文化。

案例4 安利(中国)制胜的另类法宝——人性化的激励制度①

作为国内惟一一家经国家三部委批准的直销公司,安利(中国)有着先进的销售人员激励制度,由此产生的销售人员忠诚度使安利的全球化市场战略的宏伟目标得以实现。

安利销售人员的嘉奖制度,是对优秀员工激励制度的完美诠释。帮助销售人员相信自我、挑战自我和成就自我,使得安利的骨干销售队伍固若金汤,并由此提升了顾客满意度和忠诚度,从而使员工更加明白努力工作是为了什么。

无论是享有"购物天堂"美称的香港,还是"欧洲之花"的巴塞罗那,都可以看见不同肤色安利销售人员的身影,这就是安利施行的"旅游研讨会"激励法。别小瞧这种境外旅游"贿赂",它吸引了很多销售人员为之全身心投入工作。旅游形式的产品、销售技能

① http://e.chinabyte.com

研讨会既丰富了知识,增加了阅历,又陶冶了情操,放松了身心。而在安利团队旅游中享受的那份尊荣,有着独自旅游无法体验的快乐。每个参加过这种活动的销售人员,回来后无不更加勤勉地工作。

安利公司的专业知识培训很有特色,并富有成效。它是根据中国市场销售代表的薄弱点来制定的。首先,它要求每个安利产品的营业代表要有展示自我的勇气,并熟悉产品的性能、性价比演示及其独有的销售主张(USP)。安利的培训不仅仅是聆听,更多的是销售人员的自我展示,是销售人员锲而不舍的精神和良好的心理承受能力。安利为每一位即将成为产品销售代表的培训对象,对在将来的具体工作中会遇到的一些问题,做了预见性分析,并为他们提供了客观的解决、借鉴方法,免除了他们在解答客户咨询时难以周全的尴尬。同时通过这种不间断的延续型培训,无形中增加了整个销售团队的凝聚力。

安利公司认为,在产品质量优越的前提下,顾客的忠诚度来源于顾客对企业提供的产品或服务的满意度,而顾客第一次亲密接触企业产品或服务载体的就是企业销售人员,而并非广告。销售代表的精神面貌是企业的一面镜子,销售代表的销售技巧和热情从很大程度上决定了产品的市场占有率,尤其在一般日用消费品市场上表现得更为突出。在这个过程中,销售人员应该能看到自己的明显进步,激发他们不断完善自我的决心和信心。

ERG 理论正受到安利公司的关注,根据中国的实际情况,安利将销售代表的需求分为3类:生存需求,即生理及安全方面的物质需求;关系需求,即人际关系及与社会结构有关的方面;成长需求,即与个人进步及成长有关的方面。这些需求能否得到满足,将影响到销售代表的忠诚度。

安利公司给予销售代表的不仅仅是他们对于物质上的渴望,更给了他们事业和精神上的追求。安利公司对于销售代表忠诚度的维护,不只是单纯依赖加薪和升职,更通过公司独有的凝聚力及人文气息感染他们,让他们觉得公司不再是为了薪金和职位而拼杀的战场,更是关怀他们成长的“家庭”。

评 析

该案例给我们最大的启发是,激励时不仅要注重物质激励,更要注重精神激励,特别是要注重员工自我价值实现的激励。

激励的目的是追求利润的最大化和建立一个具有凝聚力的团队以吸引并留住优秀的人才。高工资、高奖金、晋升机会、培训、优厚的福利等方法只是满足人性最初期、最原始的本性。能唤起人最光辉、最有价值、最宝贵的忠诚与创新还是包容与信任,这是不能被冷落更不能放弃的最好的绿色激励。

人的激励机制可分为3个层次:物资激励、荣誉激励、个人价值激励。物资激励,也就是较为直观的工资、奖金、福利,它讲究的是价值的对等。荣誉激励包括授予称号、发证书及奖状等。客观地讲,榜样的力量并非是“无穷”的,至于有一部分人的付出是冲着称号、证书、奖状而进行的,这里暂不加评论。因此,荣誉激励最理想的是用在宏观舆论的导向与宣传上,最见效的还是孩提时代的诸如戴上一朵大红花、发一张奖状等,而在组织或企业就大打折扣了。个人价值激励则是人的最高追求,也是最成熟的境界。这种激励就是信任和包容。通俗地讲,信任就是把人当做人看;包容即是体谅、理解和唤醒人内心良知的工具及过程。

人最重要的不是他是什么,而是你把他当做什么。你给他多少信任,他就会给你多少回报。信任必须与包容形影相随,否则,信任就缺乏根基。世界上还有什么比被人理解、得到人的宽容和尊重更能唤起人的热情,唤起人的自尊,更加让人难忘呢?

当然,给人以信任,不是无原则的不管,信任不是放任,有问题不能视而不见,不是盲目的理解与认可。这也就是目前最时髦的讲法,授权不等于放权,放权不等于弃权,要敢于看到问题,并准确判断其本质,然后,不要大惊小怪,恰到好处地予以扭转和斧正,多一些理解,再多一些理解,才能取得好的效果。

信任他人,不仅能有效地激励人,更重要的是能塑造人。在人与人之间相互信任的氛围中,彼此无忧无虑,无牵无挂,思维空前地放松与活跃,尽情发挥自己的聪明才智。在这样的境界里,人性的本能驱使自己要维护这方相互信任的净土,让每一个不光明的念头出现时,都会让人觉得格格不入、自惭形秽。这种境界是物资激励无法达到的。要承认,物资收入是重要的,但不是最重要的。

案例5 IBM公司——非同一般的激励

美国IBM公司是世界上最大的计算机制造公司,该公司为了激励科技人员的创新欲望,促进创新成功的进程,在公司内部采取了一系列别出心裁的激励创新人员的制度。该制度规定:对有创新成功经历者,不仅授予"IBM会员资格",而且对获得这种资格的人,还给予5年的时间和提供必要的物质支持,从而使其有足够的时间和资金进行创新活动。

评 析

IBM公司的这种激励是一种非同一般的激励,它对于那些优秀的创新者不仅是一种有效的报酬,一种强有力的促进剂,也是一种最经济的创新投资手段,它使创新者获取了实物形式的自主权。这种自主权主要表现在:

1)有选择自己所追求的设想的权利。一个人如果没有充分的时间和资金去追求自己的设想,他就不能自由地选择怎样行动,必须等待公司批准。

2)有犯错误的权利。没有自己的资金,一个人就要为自己的错误向别人负责;有了自己的资金,他就只需向自己负责。

3)有把由成功带来的财富向未来投资的权利。

4)有通过自己的勤奋获得利益的权利。

IBM公司的精明之处在于,采用这种奖励一举数得。它既令创新者追求成功的心理得到满足,也是一种经济奖励,可以以此留住人才，并促使他们为公司的投资能得到偿还而更加努力地去进行新的创新。

3.6 理财的艺术

3.6.1 理论精要

(1)理财的涵义

假设你决定开办一家服装厂，那你应雇一名经理负责购买原材料（布料），并招募一些生产工人和销售员工。用理财学的语言来说，你就是在存货、机器、厂房和劳动力方面进行投资。你投入这些资产的现金就是你筹集的资金。当你开始销售服装的时候，你的工厂就开始获得利润。每个过程都包含有理财的方法，公司的正常运作离不开理财。

理财，已成为现代企业管理中最热门的话题之一。理财即通常说的财务管理，英文为“financing”或“financial management”。企业理财是企业管理的重要组成部分，它是各企业增强竞争力，在激烈的市场竞争中获取企业价值最大化，实现财务管理良性循环的重要手段。理财不能简简单单地认为是赚钱，它应该是在充分收集企业需求信息的条件下，以稳健为主，兼顾企业资金的流动性、风险性和赢利性，制定出的一份具有合理性和可操作性的条理清晰的综合性规划。它是根据经济法规、理财原则和公司财务活动来处理公司与各方面财务关系的各项工作的总称。

理财主要包括筹资管理、投资管理、营运资金管理、利润及其分配管理等。

(2)理财的目标

近几年,美国许多公司出现了财务丑闻,虽然从表面上看被认为是制度漏洞造成的,其实从理财的角度看,这些财务丑闻背后是企业管理层的财务管理机制问题。企业正确的系统目标是企业良性循环的前提条件,企业的理财目标对企业财务管理系统的运行也具有同样的意义。

公司管理者要做好理财工作,应首先明确理财的目标,在这个总体目标下再结合财务管理基本原则确定理财工作的各项基本任务。

对于理财的目标,国内外财务学者一直争论不止。理论界和实务界有许多不同的观点,其中最主要的观点有以下3种:

1)利润最大化。西方经济学家都是用利润最大化这一概念来分析和评价企业的行为和业绩。从传统的经济观点来看,利润大小是衡量一个企业工作效益的公认指标。因此,把利润最大化作为企业理财的目标是有一定的合理性的。现代企业的主要组织形式是经营权和所有权的分离,即由业主(股东)投资,而由职业经理集团来控制和管理,另外还有一些与企业有关的利益集团,如各种债权人、消费者、雇员、政府以及社会组织等。职业经理必须协调好与企业相关的各方面的利益,不能只顾利润最大化。此外,利润最大化还有以下缺点:

①概念不明确。利润是指短期的还是长期的?税前的还是税后的?经营所得的还是支付给股东的?利润最大化的理财目标没有明确。

②没有考虑资金的时间价值。比如,一个每年获利8 000元的项目与一个两年后获利15 000元的项目,哪个好?利润最大化的理财目标没有加以区分。

③没有考虑风险因素。利润越大,风险越大。追求利润最大化有时会不顾风险而导致失败。

④不能解决长远发展与短期利润的矛盾,从而有可能造成短

期内利润最大化了，但使得企业的发展能力削弱了，不利于企业的持续性发展。

总之，利润最大化的目标已不能适用于现代企业的财务管理。

2）企业价值最大化。企业价值最大化是指在充分考虑资金的时间价值和风险价值以及利润的情况下，保证企业在可持续发展的基础上，通过企业合理经营，采用最优的财务策略，使企业总价值达到最高。这被现代西方财务管理理论普遍认为是合理的理财目标和衡量企业财务行为和决策的合理标准。

资金市场的作用是把资金所有者的资金集中起来，按照一定的经济标准进行分配，再将资金集中到资金使用者手中。在资金市场上，预期报酬和预期风险之间的关系决定着资金的流向，引导着每个资金所有者（潜在股东）将资金投向报酬高、风险小的资金使用者手中，从而使资金所有者获得最大财富。同时，社会财富也会最大限度地增加。

把企业价值最大化作为公司理财的目标，有以下优点：

①它考虑了货币的时间因素，并运用货币时间价值原理进行计量。

②它克服了追求利润最大化上的短期行为，考虑到未来企业的长远发展。

③有利于社会财富的增长。

④它考虑到风险和利润的关系，能有效地控制理财人员片面追求利润的倾向。

3）股东财富最大化。在股份制经济条件下，作为企业权益资本的所有者——股东，他们投资的目的是使投入的资本获得尽可能多的增值。而股东的财富体现在股票这种虚拟资本上，当股票的市场价值最高时，股东的财富也随之达到最大，同时企业价值也达到最大化，所以股东财富最大化与企业价值最大化在本质上是一致的。股东财富最大化就是要最大限度地提高股票的价格。

与“利润最大化”相比，股东财富最大化考虑到了企业经营的风险因素和货币的时间性，但其不能很好地保护小股东的利益；同时由于片面强调股东财富的增长,不利于企业的经济资源的优化配置以及可持续发展。

(3)理财的方法

理财的方法是指为了实现理财目标,完成理财任务,在理财活动中所采取的各种技术和手段的总称。理财方法按照不同的标准有不同的划分:

①按理财的内容来分,可以分为:筹资管理方法、投资管理方法、利润及其分配管理方法。

②按理财环节来分,可以分为:财务预测方法、财务决策方法、财务计划方法、财务控制方法、财务分析方法。

③按理财方法的性质来分,可以分为定性和定量的理财方法。

这里从理财的内容方面对理财方法进行论述。

1)筹资管理方法。企业筹资是企业根据其生产经营、资金运用情况以及调整资本结构的需要,通过金融市场向企业的投资者和债权人筹集和集中资本的理财活动。对于新建的企业来说,可以筹集资金来建设厂房、购买原材料和设备等生产要素;对于已经建立的企业,可以筹集资金来扩大生产规模和进行技术更新。如何才能最大限度地运用筹资方式来获取最大的经济效益?这主要包括以下步骤:

①确定资金需要量,确保资金的使用效率。确定合理的资本需要量,是企业合理筹资的前提条件。资金不足会影响生产经营的运行,资金过剩会降低资金的使用效率。这就要求企业应根据其内外信息确定一个合理的资金需要量。预测资金需要量的常用方法有销售百分比法和线性回归分析法。

销售百分比法是根据销售与资产负债表和利润项目之间的比例关系,在已知项目与销售的比率固定不变的前提下,预测未来一定销售额下各项目短期资本需要量的方法。

线性回归分析法是假定资本需要量与业务量之间存在线性关系并建立数学模型,然后根据有关历史资料,用回归直线方程确定参数预测资本需要量的方法。

②选择资金来源,力求降低资本成本。资本成本是企业筹集资金时必须付出的代价,包括筹资费用和使用费用。不同的筹资方式和渠道各有其正负一面,企业在进行筹资时应根据企业的目标及资本结构的要求,综合考虑各种渠道的优缺点、资本成本、财务风险、收益等多方面因素,达到最优筹资组合。

2)投资管理方法。企业投资是企业将资金投入在将来获得赢利和竞争优势的生产经营中去的理财活动。企业只能投资于那些能产生高于最低可接受收益率的项目。企业在这个原则下应做到以下几点:

第一,分析投资的收益和风险关系。

第二,明确企业的发展需要。

第三,分析投资项目市场前景。

一般而言,投资管理方法主要有以下几种:

①SWOT分析法。即是指在正确认识企业经营状况的条件下,充分发挥自身优势,克服劣势,抓住外部机会,避免或克服外部威胁的方法。

②波士顿矩阵法。即是指把企业按其所处的产品市场情况,分为若干个与规划目的相关联的实体,再根据相对市场占有率和行业增长率对经营单位运用一个二维矩阵进行评价,以判断其竞争力和发展前景,从中选择最佳投资方案的方法。

③通用电气经营矩阵分析法。这与波士顿矩阵法相似,只是该方法是从行业吸引水平和经营单位在该行业中的竞争力这两方面来评价。

④生命周期矩阵分析法。这是根据企业产品的市场生命周期和市场竞争力来确定企业投资的方法。

3)利润及其分配管理方法。利润是企业在一定时间内从事一定经营活动所获得的净收益,具体包括营业利润、投资收益和营业外收支。利润的实现既是上一次生产经营活动的终点,又是下一次生产经营活动的起点,它在企业的财务管理中起着关键的纽带作用。利润及其分配管理方法包括对资金的有效回收及税后利润的合理分配。

要对资金有效回收,就要求对资金的回收进行科学的预测,即利润的预测。下面以营业利润的预测方法来加以说明:

①目标利润预测法。包括全部成本法预测(按照产品的全部成本计算销售利润)和变动成本法预测(按产品成本对产销量的依存关系把产品成本分为变动成本和固定成本,再确定销售利润)两种。

②营业杠杆系数预测法。就是根据企业息税前利润变动率同销售额变动率之间的比率来预测企业的营业利润。

③因素分析法。即指在基期销售利润水平的基础上,考虑计划期影响销售利润增减变动的各项因素,预测企业计划期产品销售利润数额的方法。

税后利润的分配根据企业的经营组织方式不同而有所不同,但都必须兼顾公司所有者、经营者和职工三者之间的利益关系,正确处理积累与消费的关系。国有企业税后利润分配顺序为:弥补亏损→提取法定盈余公积金→提取公益金→向投资者分配利润。而股份有限公司的税后利润分配顺序的前4项和国有企业一样,还添加有:支付优先股股利、提取任意盈余公积金、支付普通股股利。

(4)对理财者的要求

现代企业制度把企业理财推到了企业管理的中心位置,“抓效益必须抓管理,抓管理必须理财”。这对企业理财者提出了很高的要求,怎样才能做好一个适合时代要求的理财者呢?企业理财者只有彻底摆脱计划经济体制下形成的传统理论观念的束缚,牢固树立企业理财以市场为基础的新观念,才能充分发挥现代企业理财的职能作用。具体而言,企业理财者应具有以下一些观念:

1)竞争观念。市场经济本身就意味着竞争,任何企业都不能回避。这就要求企业理财者在激烈的市场竞争中,通过趋利避害,扬长避短，促进企业财务管理的良性循环。

2）风险观念。在市场经济条件下，任何经营活动面临着许多不确定因素，存在着蒙受经济损失的可能。因此，现代企业理财者必须树立正确的风险观，充分掌握企业与市场需求信息，按照“风险与收益平衡”原则，对各种不确定性因素进行科学预测，有预见性地采取各种防范措施，使可能遭受的风险损失尽可能降到最低限度。

3）货币时间价值观念。货币时间价值是决定企业筹资的成本和使用成本多少的一个重要因素，又是研究资金流出量和资金流入量的基础。因此，企业理财者应牢固掌握货币时间价值观念，认真研究货币时间价值及其在财务决策和资金运筹等方面的应用，使企业获得最佳收益。

4）信息观念。信息正在成为市场经济活动的重要媒介。因此，现代企业理财者必须牢固树立信息观念，全面、准确、迅速地收集、分析信息，进行财务决策和资金运筹，并自如地运用信息，使信息资源作为一种动力，促进企业适应市场经济的新形势。

3.6.2 案例及评析

案例1 企业理财——筹资策略[①]

东方制造公司是一个多种经济成分并存，具有法人资格的大型企业集团。公司现有58个生产厂家，还有物资、销售、进出口、汽车配件等4个专业公司以及一个轻型汽车研究所和一所汽车工业学校。公司现在急需1亿元的资金用于“七五”技术改造项目。为此总经理召开了一个专家研讨会，讨论公司筹资问题。下面是他们的发言和有关资料。

① 汤谷良主编.企业财务管理.北京：经济科学出版社，2000.246～247页

总经理首先发言，他说："公司的'七五'技术改造项目经专家、学者的反复讨论，已被国务院于1987年正式批准。这个项目的投资额预计为4亿元，生产能力为年产4万辆。项目改造完成后，公司的两个系列产品的各项性能可达到20世纪80年代国际先进水平。现在项目正在积极实施中，但目前资金不足，准备在1988年7月筹措1亿元资金，请大家讨论如何筹措这笔资金。"

生产副总经理说："目前筹集的1亿元资金主要用于投资少、效益高的技术改造项目。这些项目在两年内，均能完成建设并正式投产，到时将大大提高公司的生产能力和产品质量，估计这笔投资在投产后3年内可完全收回。所以应发行5年期的债券来筹集资金。"

财务副总经理甲提出不同意见，他说："目前公司全部资金总额为10亿元，其中自有资金4亿元，借入资金6亿元，自有资金比率为40%，借入资金比率为60%。这种负债比率在我国处于中等水平，与世界发达国家如美国、英国等相比，负债比率已经比较高了。如果再利用债券筹资1亿元资金，负债比率将达到64%，显然负债比率过高，财务风险太大。所以不能利用债券筹资，只能靠发行普通股股票或优先股股票筹集资金。"

一位金融专家却认为：目前我国金融市场还不完善，一级市场刚刚建立，二级市场尚在萌芽阶段，投资者对股票的认识尚有一个过程。因此，在目前条件下要发行1亿元普通股股票十分困难。发行优先股还可以考虑，但根据目前的利率水平和市场状况，发行年股息率不能低于16.5%，否则无法发行。如果发行债券，估计以12%的利息率便可顺利发行。

来自某研究中心的吴教授认为：目前我国经济正处在繁荣时期，但党和政府已发现经济"过热"所造成的一系列弊端，正准备采取措施治理经济环境秩序。到时汽车行业可能会受到冲击，销售量可能会下降。在进行筹资和投资时应考虑这一因素，不能盲目上马，否则后果将是十分严重的。

公司的销售副总经理认为：治理整顿不会影响该公司的销售

量。这是因为该公司生产的轻型货车和旅行车,几年来销售情况一直很好,畅销全国29个省、市、自治区,市场上较长时间供不应求。1986年全国汽车滞销,但本公司的销售状况仍创历史最高水平,居全国领先地位。在近几年全国汽车行业质量评比中,轻型客车连续夺魁,轻型货车有两年获第一名,一年获第二名。他还认为,治理整顿可能会引起汽车滞销,但这只可能限于质次价高的非名牌产品,该公司的几种名牌汽车仍会畅销不衰。

财务副总经理乙补充说:"本公司属于股份制试点企业,执行特殊政策,所得税税率为35%,税后资金利润为15%,准备上马的这项技术改造项目,由于采用了先进设备,投产预计税后资金利润率将达到18%左右。"

来自某大学的郑教授听了大家的发言后指出:以16.5%的股息率发行优先股不可行,因为发行优先股所花费的筹资费用较多,把筹资费用加上去以后,预计利用优先股筹资的资金成本将达到19%,这已高出公司税后资金利润率,所以不可行。但若发行债券,由于利息可在税前支付,实际成本大约在9%左右。他还认为,目前我国正处在通货膨胀时期,利息率比较高,这时不宜发行较长时期的具有固定负担的债券或优先股股票,因为这样做会长期负担较高的利息或股息。所以,郑教授认为,应先向银行筹集1亿元的技术改造贷款,期限为1年,1年以后,再以较低的股息率发行优先股股票来替换技术改造贷款。

财务副总经理乙听了郑教授的分析后,也认为按16.5%发行优先股,的确会给公司造成沉重的财务负担。但他不同意郑教授的建议,认为在目前条件下向银行贷款筹集1亿元几乎不可能;另外,通货膨胀在近1年内不会消除,要想消除通货膨胀,利息率有所下降,至少需要两年时间。那位金融专家也同意乙的看法,他认为1年以后,利息率可能还要上升,两年后利息率才会保持稳定或略有下降。

评 析

企业通过一定的方式筹集资金来确保企业经营活动的正常进行,是企业财务管理中的一项重要内容。企业在筹集资金决策前,应先对企业资金的需要量进行科学的预测,过少影响企业的生产经营,过多影响资金的使用效率。在确定好一个科学的资金需要量后,再结合当时的经济环境对资金的筹集渠道和方式进行选择。

本案例对企业资金的需要量已有了明确的结果,只是对资金的筹集方式不能做出决策。企业理财人员应该对不同种类的筹资的优缺点有一个全面的认识,这样才能做出好的筹资决策。资金的筹集按照时间期限分为长期筹资和短期筹资。本案例根据生产副总经理的推断这笔投资在投产后3年内可完全收回。而发行长期债券筹资有这些优点:利率和发行费都低于股票,利息税前支付从而降低资金成本,而且企业赢利率较高的话,可得到较高的收益。结合企业的销售副总经理所说,企业产品的销售是可观的。那么企业就该向他所说发行5年期债券吗?这还不能肯定。在这个案例中,正如财务副总经理甲指出的那样:“如果再利用债券筹资1亿元资金,负债比率将达到64%,显然负债比率过高,财务风险太大。”不仅如此,在如此高的负债比率下,筹资会使企业筹资弹性降低,来源不稳定;还势必造成企业再次筹资时,必须得给予投资者更高的利益,这就使得企业资金成本增高。如果到时不能还债,将使企业面临严重的财务压力。

在这种情况下,财务副总经理乙提出了以发行股票的方式来筹资。这得到了多数人的赞同,而争论的焦点集中在股票发行的时间上。根据股东的权益可以把股票分为优先股和普通股。优先股与普通股的差别主要表现在优先股在股利支付和公司破产清偿时的财产索取这两方面具有优先权,但优先股没有表决权。优先股和普通股筹集的都是长期权益资金,没有归还期限,但两者的发行费用较债券高,股利都是税后支付,与债券相比不合算。

比较这几种筹资方式的优劣，我们结合案例中专家们提供的当时的经济环境，对该企业的筹资方案进行整体探讨。根据财务副总经理乙的分析，此时正处在通货膨胀时期，并且将持续1～2年，只靠发行股票肯定不行，原因有三：其一，发行股票所花费的筹资费用较多，把筹资费用加上去以后，预计利用股票筹资的资金成本将增加；其二，由于处在通货膨胀时期，银行利率将上升，股利肯定也随之上升，这也将增加股票筹资的资金成本；其三，通货膨胀势必会使货币贬值，此时运用筹得的资金，势必会因通货膨胀而贬值造成损失。如果完全靠发行债券和向银行贷款可以避免通货膨胀造成的货币贬值的损失，但不能一时募集这么多的资金；由于企业负债比率已较高，投资者也不可能贷出这么多资金。同时随着负债比率的提高，将会出现先前谈论过的问题。所以采用两者皆用的方法，先依靠发行债券和银行贷款的方式筹集6 000万元，期限5年，利率根据银行利率而定。这样在保持原有负债比率不增加的基础上，筹得最大资金。另外一部分由发行股票来筹集，由于该企业属于股份制试点企业，在发行股票上面会得到一些国家优惠政策。同时考虑到这时企业处于一个更新期，企业的控制权应相对集中好些，所以在发行股票时，应以优先股为主，避免分化控制权；同时也可以产生杠杆作用，利用当时经营的良好环境为普通股的赢利创造空间。

案例2　赢利分配案例——IBM为何调整股利政策[①]

1989年以前，IBM公司的股利每年以7%的速度增长。从1989—1991年，IBM公司的每股股利稳定在4.89美元/年，即平均每季度1.21美元/股。1992年1月26日上午9时2分，《财务新闻直线》公布了IBM公司新的股利政策，季度每股股利从1.21

① 汤谷良主编. 企业财务管理学. 北京：经济科学出版社，2000

美元调整为0.54美元，下降超过50%。维持多年的稳定的股利政策终于发生了变化。

IBM公司董事会指出：这个决定是在认真慎重考虑IBM的赢利和未来公司的长期发展的基础上做出的，同时也考虑到了给广大股东一个合适的回报率。这是一个为了维护股东和公司未来最好的长期利益，维持公司稳健的财务状况，综合考虑多种影响因素之后做出的决定。

1993年，IBM的问题累积成堆，股利不得不从2.16美元再次削减到1.00美元。

在此之前，许多投资者和分析人士已经预计到IBM将削减其股利，因为它没有充分估计到微型计算机的巨大市场，没有尽快从大型计算机市场转向微型计算机市场，IBM的大量资源被套在销路不好的产品上。同时，在20世纪80年代，IBM将一些有利可图的项目，如软件开发、芯片等拱手让给微软和英特尔，使得它们后来获得丰厚的、创记录的利润。结局是：IBM公司在1992年创造了美国企业历史上最大的年度亏损，股票价格下跌60%，股利削减53%。

面对IBM的问题，老的管理层不得不辞职。到了1994年，新的管理层推行的改革开始奏效，公司从1993年的亏损转为赢利，1994年的每股利润达到4.92美元，1995年每股利润则高达11美元。因为IBM公司恢复了赢利，股利政策又重新提到议事日程上来……

最后，IBM董事会批准了一个庞大的股票回购计划——回购50亿美元，使得股东的股利达到1.4美元/股。1993年是IBM股价最为低迷的时候，最低价格是40.75美元/股；最高价格是1987年，176美元/股。股利政策调整后，IBM的股价上升到每股128美元。

价值线（value line）预测：1999年IBM公司的每股利润将达到15.5美元，股利将达到3美元/股，股票价格将达到200美元/股。结局如何，投资者拭目以待！

评 析

股利策略是企业就股利分配所采取的策略,比如说怎样设计股利支付率,怎样支付股利等问题。由于“股利 = 留存收益 - 税后利润”,这就使得企业对股利的问题不好把握。如果企业设计的股利多,那么企业的股票势必在股票交易市场上有较高的吸引力,从而使得企业可以筹集到更多的所需资金。但这样一来,留存收益势必就会减少,这就会加重企业的财务负担和货币资金周转的压力。所以具体地说,股利政策就是探讨股利与留存收益这两者之间的关系。

在这里,将结合本案例对股利策略进行探讨。

1)为什么 IBM 早期的董事会没有实行削减股利或取消股利的政策?我们按照股利发放的稳定程度把股利政策分为定期股利政策、在较低的正常股利上再加额外股利的股利政策、梯度上升的股利政策、规则股利政策、剩余股利政策。一开始 IBM 实行的是梯度上升股利政策,这是一种股利逐年上升的政策。在当时(1989 年以前)IBM 公司作为世界上为数不多的 IT 公司,其占据着世界绝大部分市场份额,这就使得 IBM 公司有较多的、不断增加的赢利,从而使得 IBM 公司可以稳定地发展,也就能保证可以满足股利逐年上升的要求。采用这种政策可以给人企业稳定发展的感觉,吸引更多投资者的目光,企业股票市价也稳步上升。而在1989—1991 年间,随着 IT 产业的迅猛发展,许多 IT 公司蜂拥而起,IBM 公司的发展受到一定的冲击,市场收益不能得到很好的保证,所以采用了这种较保险、稳妥的股利政策。

2)IBM 是否应该调整其股利政策?为什么?股利政策的调整受到法律规定、控制权的大小约束、筹资能力和偿债需要、公司资产的流动性、投资机会等多方面因素的影响。此刻的 IBM 公司董事会认为:这个决定(调整其股利政策)是在认真慎重考虑 IBM 的赢利和未来公司的长期发展的基础上做出的,同时也考虑到了给广大股东一个合适的回报率。这是为了维护股东和公司未来最好的长期利益,维持公司稳健的财务状况。从中可以看出IBM公司的财务管理出现了问题,公司的赢利不能保证,而在股利不变的情况下,就使得公司的留存收益减少,加重了公司的财务负担和货币资金周转的压力。这样势必会造成公司不能良好地发展,所以其董事会决定降低股利。股利调整后有好处,公司留存收益增加,缓解了公司资金周转上的压力。挑战中也存在机遇,IT产业的发展,给IBM公司带来了挑战,同时也带来许多机遇。这样IBM公司也就有更多的投资机会,这需要大量的资金,留存收益增加正好可以满足这方面的需求。而这样做的负面影响最大的就是股价下跌,降低股利,投资者就会认为公司的运作和财务效益出现了问题,投资风险增大,导致股票价格下降,这样做也会使企业的名誉受损。当第二次降低股利时,IBM公司完全处于被动的状态。首先投资方向出现问题,"没有充分估计到微型计算机的巨大市场",而自己的优势又没能充分发挥,所以IBM公司在1992年创造了美国企业历史上最大的年度亏损。在这样的处境下,IBM不得不再次降低股利,提高公司留存收益。

3)股票回购,是指上市公司从股票市场上购回该公司一定数量的外在股票。当IBM公司开始运作良好的时候,其董事会实行战略回购,回购50亿美元的外在股票,在短时间内对公司资本结构进行实质性重整。另外,这也对公司股价上升产生巨大推动。公司股价太低,对企业经营无疑造成严重影响。公司回购股票,外在股票数就相应减少,每股收益就会增加,这样企业股票市价就会上升。而随着股价上升,就会引来投资者的关注,消费者对公司的信任也会增加,这样公司形象也得到改善。

案例3　多元化经营的陷阱——巨人集团失败的财务分析

1989年8月，在深圳大学软件科学管理系硕士毕业的史先生和3个伙伴，承包了天津大学深圳科技工贸发展公司电脑部，并用手头仅有的4 000元钱在《计算机世界》利用先打广告后付款的方式做了8 400元的广告，将其开发的M-6401桌面排版印刷系统推向市场。广告打出后13天，史先生的银行账户第一次收到3笔汇款共15 820元。巨人事业由此起步。到1989年9月下旬，史先生将收到的款项全部再次投入广告。4个月后，M-6401的销售额一举突破100万大关，从而奠定了巨人集团创业的基石。

1991年4月，珠海巨人新技术公司注册成立，公司共15人，注册资金200万元，史先生任总经理。1991年8月，史先生投资80万元，组织10多个专家开发出M-6401汉卡上市。1991年11月，公司员工增加到30人，M-6401汉卡销售量跃居全国同类产品之首，获纯利达1 000万元。

1992年7月，巨人公司实行战略转移，将管理机构和开发基地由深圳迁往珠海。1992年9月，巨人公司升为珠海巨人高科技集团公司，注册资金1.19亿元。史先生任总裁，公司员工发展到100人。1992年12月底，巨人集团主推的M-6401汉卡年销售量2.8万套，销售产值共1.6亿元，实现纯利3 500万元，年发展速度达500%。

1993年1月，巨人集团在北京、深圳、上海、成都、西安、武汉、沈阳、香港成立了8家全资子公司，员工增至190人。1993年12月，巨人集团发展到290人，在全国各地成立了38家全资子公司。集团在1年之内推出中文手写电脑、中文笔记本电脑、巨人传真卡、巨人中文电子收款机、巨人钻石财务软件、巨人防病毒卡、巨人加密卡等产品。同年，巨人实现销售额300亿元，利税4 600万元，成为中国极具实力的计算机企业。

由于国际电脑公司的进入，电脑业于1993年步入低谷，巨人集团也受到重创。1993年和1994年，全国兴起房地产和生物保健品热，为寻找新的产业支柱，巨人集团开始迈向多元化经营之路——计算机、生物工程和房地产。在1993年开始的生物工程刚刚打开局面但尚未巩固的情况下，巨人集团毅然向房地产这一完全陌生的领域发起了进军。欲想在房地产业中大展宏图的巨人集团一改初衷，拟建的巨人科技大厦设计一变再变，楼层节节拔高，从最初的18层一直涨到70层，投资也从2亿元涨到12亿元，1994年2月破土动工，气魄越来越大。对于当时仅有1亿元资产规模的巨人集团来说，单凭巨人集团的实力，根本无法承受这项浩大的工程。对此，史先生的想法是：1/3靠卖楼花，1/3靠贷款，1/3靠自有资金。但令人惊奇的是，大厦从1994年2月破土动工到1996年7月巨人集团未申请过一分钱的银行贷款，全凭自有资金和卖楼花的钱支撑。1994年3月，巨人集团推行体制改革，公司实行总裁负责制，而史先生出任集团董事长。1994年8月，史先生突然召开全体员工大会，提出“巨人集团第二次创业的总体构想”。其总目标是：跳出电脑产业，走产业多元化的扩张之路，以发展寻求解决矛盾的出路。1995年2月，巨人集团隆重召开表彰大会，对在巨人脑黄金战役第一阶段做出重大贡献的一批“销售功臣”予以重奖。1995年5月18日，巨人集团在全国发动促销电脑、保健品、药品的“三大战役”，以集中轰炸的方式，一次性推出电脑、保健品、药品3大系列的30个产品。巨人产品广告同时以整版篇幅跃然于全国各大报。不到半年，巨人集团的子公司就从38个发展到228个，人员也从200人发展到2 000人。

多元化的快速发展使得巨人集团自身的弊端一下子暴露无遗。1995年7月11日，史先生在提出第二次创业的一年后，不得不再次宣布进行整顿，在集团内部进行了一次干部大换血。1995年8月，集团向各大销售区派驻财务和监察审计总监，财务和监察审计总监直接对总部负责，同时，两者又各自独立，相互监控。但是，整顿并没有从根本上扭转局面。1995年9月，巨人的发展形势急转直下，步入低潮。伴随着10月发动的“秋季战役”的黯然落幕，1995年底，巨人集团面临着前所未有的严峻形势，财务状况进一步恶化。

1996年初，史先生为挽回局面，将公司重点转向减肥食品“巨不肥”，同年3月份，“巨不肥”营销计划顺利展开，销售大幅度上升，公司情况有所好转。可是，一种产品销售得不错并不代表公司整体状况好转，公司旧的制度弊端、管理缺陷并没有得到解决。相反，“巨不肥”带来的利润还被一些人私分了。集团公司内各种违规违纪、挪用贪污事件层出不穷。其属下的全资子公司B公司，由于公司财务管理混乱，集团公司也未派出财务总监对其进行监督，导致B公司浪费严重，债台高筑。至1996年底，B公司累计债务已达1亿元，且大量债务存在水分，相当一部分是由公司内部人员侵吞造成的，公司的资产流失严重。而此时更让史先生焦急的是预计投资12亿元的巨人大厦。他决定将生物工程的流动资金抽出投入大厦的建设，而不是停工。进入1996年7月份，全国保健品市场普遍下滑，巨人保健品的销量也急剧下滑，维持生物工程正常运作的基本费用和广告费用不足，生物产业的发展受到了极大的影响。

按原合同，大厦施工3年盖到20层，1996年底兑现，但由于施工不顺利而没有完工。大厦动工时为了筹措资金巨人集团在香港卖楼花拿到了6 000万港币，国内卖了4 000万元人民币。其中在国内签订的楼花买卖协议规定，3年大楼一期工程(盖20层)完工后履约，如未能如期完工，应退还定金并给予经济补偿。而当1996年底大楼一期工程未能完成时，建大厦时卖给国内的4 000万元楼花就成了导致巨人集团财务危机的导火索。巨人集团终因财务状况不良而陷入了破产的危机之中。

评 析

近年来，我国不少企业追求多元化经营模式，试图通过多元化经营减轻企业经营风险，使企业走上健康稳定发展的道路。然而，现实却让人们看到多元化经营使许多企业走上了加速陷入财务危机甚至破产危机之路。下面以巨人集团的兴衰为例,从理财的角度对此问题做些分析。

(1)经营方式的协调

企业采取多元化还是专业化的经营方式是每个企业管理层应慎重考虑的问题。一般来讲,在企业组建发展初期,采用专业化的经营方式是最为有效、风险最低的经营策略。这是由于专业化经营可以集中企业的生产、经营优势以及资金,并将其充分发挥,这样就有利于建立公司的市场地位。巨人集团在其发展前期也是采用专业化经营这种方式,把其开发的产品作为公司经营的主要方向,经营实在而有效。

当企业发展得比较成熟时,巨人集团开始向多元化经营发展,大举向电脑领域的其他产业进军,由于先前在该领域内占有的市场优势,巨人集团迅猛发展。巨人集团采用的这种多元化经营只是在电脑行业中,这就使得其以前在该领域的优势可以继续发挥,形成了明显的组织协同效果,不仅节约了再次市场开发的费用,同时可以使集团内部各部门之间建立起稳定的资金拆借、融通关系,从而提高了企业的资金使用效率。随着经营规模和范围的扩大,增强了巨人集团在电脑及其附属产业的市场竞争力和市场控制力,集团的核心产业随之逐渐形成。企业一时的成功并不表明企业已经拥有了核心产业。企业核心能力要靠企业的长期培植,这在巨人集团中也得到了证实。巨人集团没能在现有的主业的基础上,有效运用企业理财策略延伸企业生命周期曲线,巩固和发展集团的核心产业,就盲目进入一个自己完全陌生的行业(地产和生物保健),从而使企业的竞争优势无法得以持续存在。尽管这种外延式的扩张道路暂时掩盖了各种矛盾,但因没有继续培植企业的核心竞争产业,或许说后来企业的核心产业不明确,因而为企业埋下了致命的隐患。

由此,企业应该根据其所拥有的核心能力和竞争优势做出是否采取多元化经营的策略。要采用多元化经营方式,应当把多元化发展的方向与企业的核心产业紧密联系起来,在核心产业为中心的基础上,发展其他产业,这样才能在保持企业优势的情况下,又能多方面开花结果,保证企业的可持续良性发展。

(2)企业的投资策略

企业进行投资的根本目的是想获取更多的利润,但这也意味着会冒一定的风险。所以在投资的过程中,企业集团应该对投资风险与收益这两方面进行充分的评估。巨人集团没能很好地把握这两方面的关系,“贸然”地进入一个自己并不熟悉的领域(房地产)。人们按照投资对象的存在形式把投资分为实物资产投资和金融投资。金融投资具有可分割性、流动性和相容性等特点。因此,在进行金融资产投资时,应考虑各金融资产之间的相关性、风险、报酬及其相互关系问题,并依据风险—收益的选择,实现金融投资的优化选择。而实物资产投资则具有整体性、时间约束性和互斥性等特点。因此,进行实物资产投资时,不仅要考虑投资的规模和资金的时间因素,更要考虑在资金约束条件下各项目的比较选优问题。房地产属于实物资产投资,资金周转周期长、投入大。巨人集团就这样以超过其资金实力十几倍的规模投资于一个自己生疏而资金周转周期长的房地产行业,并且在资金不足的情况下,巨人集团接连改变原始计划,“从最初的 18 层一直涨到 70 层,投资也从 2 亿元涨到 12 亿元”,这对当时的“巨人”来说,也是完全不能承担的。而在这种情况下,巨人集团却妄想仅凭一己之力来完成这个浩大工程,大厦从 1994 年 2 月破土动工到 1996 年 7 月巨人集团未申请过一分钱的银行贷款,全凭自有资金和卖楼花的钱支撑。这样就使得公司的资金大量被冻结,从而对企业资产的赢利和流通造成巨大影响。同时浪费了合理利用财务杠杆作用从而给企业带来效益的可能机会,而且也使企业因放弃举债而承担了高额的资本成本。最后,使得“巨人”不得不倒在财务危机中。

(3)企业集团理财中的财务管理

当企业集团专业化发展达到一定阶段的时候,企业集团势必向多元化发展。这就意味着企业集团面临更高的来自市场和管理上的风险。市场上的风险是不能躲避的，而管理上的风险如果管理得当是可以降低甚至避免的。

现代企业集团财务控制体制按照管理权限的集中程度分成两种：集权型和分权型。简单点说，就是管理权限的归属以及权利的上收或下放及下放的程度。企业集团按照公司内部组织形态可分为3类：U形组织结构（直线职能制）、H形组织结构（控股公司制）和M形组织结构（事业部制）。其中U形组织结构是一种管理高度集中的中央集权式组织结构，公司每个部门（或子公司）只有很小的独立性，其经营和管理完全受上级领导的支配。H形组织结构是一种分权式组织结构，子公司有较强的独立性，在经营和管理上独立于母公司的其他部门（子公司），母公司只是对各个子公司的资源进行合理调配。M形组织结构是对集权和分权管理的一种综合运用。它把公司分成3个层次：决策层、管理层、经营层。M形组织结构集权度较高，却不失内部各部门的交易协调能力。巨人集团采用的是控股型组织结构形式，各下属单位（子公司）保持较大独立性，但没有相应的财务控制制度，从而造成公司违规违纪、挪用贪污事件层出不穷，在一定程度上加速了巨人集团陷入财务困境的步伐。企业集团要想控制好其内部各部门（子公司）的财务，首先应对集团内部的治理结构进行合理规划，严格控制下级部门（子公司）的经济活动，如筹资、投资等，派遣财务总监监督其财务运作。

案例4　从泸天化的"十个统一"探讨财务管理体制[①]

泸天化（集团）有限责任公司是我国特大型化工企业，年销售额近20亿元，利税2亿元左右，是中国500家最大工业企业和最佳经济效益企业之一。集团公司形成了以"十个统一"为内容的财务管理机制和会计核算体系。

---

① 中国会计年鉴编辑委员会，1998中国会计年鉴．北京：中国财经杂志社，1998

1)统一资产管理。集团公司拥有的资产由公司统一管理,各单位受托经营本单位资产,受托经营限额以内的部分资产处置权必须报集团公司批准并备案,集团公司内任何单位和个人不具备资产处置权。

2)统一资金管理。集团公司财务部成立了资金结算中心,取消了二级财务机构在各专业银行的账户,1997 年度财务费用比上年同期减少了 1 500 多万元。具体措施主要有:

①集团公司内所有资金应由公司集中统一管理,通过资金结算中心对内部各单位统一结算和收付。

②各二级单位在资金结算中心开立内部结算账户,并执行资金的有偿占用。

③统一包括附营业务收入在内的所有财务收支,各单位通过资金结算中心统一结算。

3)统一银行账户管理。各二级单位开立的账户均予以注销,二级单位确因生产经营、科研开发、基本建设等需要,在各专业银行或非银行金融机构开立账户时,需报经集团公司批准。集团公司有权调用各单位的结余,并实行有偿占用。

4)统一信贷管理。集团公司作为一级法人,统一向各专业银行、非银行金融机构和有关单位办理各种资金信贷事项,各二级单位向集团公司申请内部贷款,有偿使用。

5)统一税费征纳管理。

6)统一物资采购管理。集团公司内主要原材料、燃料、设备、备品备件、辅助材料由公司统一采购,各项物资采购必须编制采购计划,严格物资进出库的计量和检验制度。集团公司内有部分采购权的二级单位,其采购业务在供应部门指导下进行,并优先使用公司内各级库存物资。

7)统一财务收入管理。集团公司各种主营业务收入和附营业务收入都归口为财务部门管理,各单位和部门的非财务机构不得截留公司的各项收入。各单位财务部门必须将所实现的收入通过资金结算中心的内部结算制度集中统一到集团公司。

8)统一发票管理。集团公司实施了由财务部统一购领发票、统一解缴税金等一系列发货票管理制度。

9)统一会计核算和管理。

①各单位财务负责人对所设会计科目和会计账簿的真实性和准确性负责,并全面及时地反映资产、负债、权益的财务状况和收入、成本(费用)、利润及其分配的经营成果,各内部报表编制单位必须及时、定期向集团公司财务部报送内部报表。

②集团公司各单位必须建立财产清查制度,保证公司财产物资的账实、账账和账证相符。

③各单位审核报销各种费用,必须按照集团公司的有关规定执行。

④集团公司内各财务部门应当建立健全稽核制度,严格执行出纳人员不得兼管稽核、会计档案保管和有关收入、费用、债权债务等账务的登录。坚持出纳和会计核算岗位分开的内控原则。

10)统一财会人员管理。集团公司财务实行月度例会制,由财务部负责人主持,负责总结和布置集团公司财务工作。集团公司会计人员的业务接受财务部监督和指导。集团公司逐步实施对二级单位的会计主管和会计人员的集中管理。另外,集团公司实施了基本建设三项管理制度——投资计划管理制度、项目在建管理制度、工程预决算管理制度。

评析

中国的大型企业集团公司随着业务的增加,各地分支机构快速建立,企业内出现资金余缺不均、资金成本高、资源浪费等现象。针对这种情况,企业集团都加强了对资金流的控制,而这些控制都涉及企业绝大多数经营活动。由于企业缺乏必要的手段对企业资金进行控制,造成“一管就死,一放就乱”的现象时有发生。企业集团对资金合理管理的意义,不仅在于大幅度提高资金的使用效率,降低成本,而且,通过财务手段,使集团内部的生产、营销、采购、投资等各方面都得到有效的规范、控制。

我国众多集团公司财权分散,财务失控,导致部分下属企业重指标、轻监管,弱化财务管理,甚至有指挥不力、调度不灵、有令不行、有禁不止的倾向。具体表现为:一些下属企业依靠集团的“温床”,只管生产加工,忽视了销售市场的开拓,片面追求利润指标,成本控制不力,存货超储严重,造成资金闲置浪费、周转不畅、效率低下,竞争力急剧下降而陷入困境。“泸天化”把自己的财务控制体制定位于集权式。所谓集权和分权,主要是上级决策部门对企业资金的筹集、运用、收益、分配方面的控制程度。“泸天化”集团公司建立了以“十个统一”为内容的财务管理机制和会计核算体系。其基本思想是:统一管理,分级实施。具体说来,集团公司应坚持“以制度理财,用统管聚财,抓龙头控财,用指标管财”的基本原则。每个集团公司必须要有合理的企业组织结构和资本结构,通过聚合产生较好的经济利益,获得最佳结构效益。通过“泸天化”的例子,可以得到一些启示:

1)强化资金统一管理职能,确立全方位、多层次、灵活高效的资金管理机制。本案例中,对各个环节现金流的监督与控制以及一些重大的财务权,如投资权、资产处置权、资金调度权、收益分配权和财务人员的任免权等,收归集团总部,只给各二级公司留下经营权,统筹使用资金,量化开支标准,实现由分权型管理向集权型管理的根本转变。

2)建立资金结构管理机制,狠抓资金流程管理。本案例中,“泸天化”设立内部结算中心统一集团资金、信贷、收入、银行账户及税费征纳管理。具体表现在以下几方面:第一,在营销环节中,资金的监控实行分级管理,提高资金的周转效率;第二,在采购环节中,全集团主要原材料、燃料、设备、备品备件、辅助材料统一实行招投标制,降低成本;第三,在投资方面,集团公司实行集中的对外投资管理,但子公司可以根据需要,提出投资项目的可行性分析报告及资金使用计划,上报集团决策部门,经集团公司决策后,子公司负责具体投资方案的实施管理。

3)建立有效的预算控制系统。对生产部门编制弹性预算,在不同产量下确定成本目标;而对销售部门,其销售预算可设置为一个范围，以降低市场不稳定性给预算编制带来的不确定性。

4）优化财务管理制度，财权上收，财务高度集中。对财务人员进行统一集中管理，统一发货票管理制度。

3.7 会议的艺术

3.7.1 理论精要

群体沟通是团体协作中必要的组成部分，一般指一对多、多对多的沟通方式。会议组织是群体沟通中最常用的具体形式，也是最符合人类本来沟通方式的形式。

据统计，绝大多数公司大约有15%的时间（人力）花在会议上，会议控制和引导的技巧和能力显然有助于管理效率的提高。而如何有效地召开会议并取得预期的成果正是本章的主题。

(1)会议概述

1）会议的定义与种类。一般地，会议是指在3个以上（含3个）参与者的参加下为了达成某种目标而进行的群体沟通。

会议可以按照人数、开会方式和开会目的等进行分类（见表3.1），每一种分类都从一个方面反映了会议的作用，每一种分类都与人们的实际需要、社会的不断发展密切相关。下面仅对电话会议这种类型进行简略介绍。

随着科学技术的进步和发展，会议的形式也多样化了，电话会议被越来越多的跨国大型企业所应用。电话会议解决了由于地域或时间等因素的限制很难做到所有与会者在同一时间、同一地点出席某一会议的问题。电话会议主要是电话会议系统设备的引进和控制。在控制过程中要注意管理级权限，就是指电话会议管理

表 3.1 会议的种类

按人数分类	按类型分类	按开会方式分类	按开会目的分类
小型会议 中型会议 大型会议 研讨会 报告会	团体会议 一对一会议 一对多会议	面对面会议 电话会议 视频会议 网络会议(通过电子邮件、新闻组等方式)	分享信息、交流观点的会议 说服和推荐行动的会议 临时处理突发事件的会议 固定的团队会议 制定和推广决策的会议

人员拥有的权限,这属于最高级权限。管理人员拥有开通、结束电话会议权限,也有增加、减少会议最大参与人数的权利,也有实时加入、删除会议参与人等权利。每个电话会议只有一个管理者,这样才能保证电话会议的有序进行。当然,会议管理者必须熟练掌握电话会议系统操作技术,接受过专门的培训。

总之,无论会议采取何种形式,会议的作用尤其是在人与人的密切交流与沟通中所起到的作用,是不可否认的。正如福特公司的对话原则中所说的,"公开交流可能出现无序,但它有着在条件迅速改变的时候觉察到新趋势的潜力",会议也是如此。

2)会议的目的和任务。会议的主要目的是解决问题,一般有:开展有效沟通,传达资讯,监督员工、协调矛盾,达成协议、解决问题,资源共享,开发创意,激励士气及巩固主管地位等 8 大目的。

会议的任务一般包括:信息分享、观点交流,行动方针的交流和探讨,创意产生和问题解决,决策、方案选择和行动计划等 4 类。

3)会议的意义。低效率的会议浪费时间、缺乏行动指向等问题深为人们所忌,并使许多人对会议十分反感。而有效率的会议是有很积极的意义的,具体表现为以下几点:

首先,会议是沟通团体的载体,是一个集思广益的平台。通过会议促使不同的人、不同的想法汇聚在一起相互激荡，更有利于高水准的创意出现。

其次，会议显示一个组织或一个部门的存在。组织或部门人员的聚集和沟通能充分显示其存在价值。没有沟通的组织或部门，其存在意义会受到质疑，而会议正是最常见的沟通方式。

再次，会议是一种群体沟通的方式。会议是最直接、最直观的，这种方式也更加符合人类原本的沟通习惯。随着科技的发展，即使能够通过电子邮件、新闻组、视频等方式进行沟通，但会议这种方式是任何其他沟通方式都难以替代的。

高效率的民主会议有两大基本原则：尊重与沟通。不论参与者的地位、职务如何，与会者应互相尊重，不仅是对与会者互相的态度和表现还是对他人观点，都应保持一种尊重而认真的态度。沟通则是会议的主要手段和达成的方式，如果没有充分的沟通和交流，对会议目的的完成是十分不利的。

(2)会议的组织和管理

在简要了解会议后，接着来讨论如何组织和管理会议，以期高效地达到预期目的，取得相应成果。

高效的会议管理者在筹备和组织会议时一般会考虑4个步骤，即目的、与会者、计划和进程。会议的目的是会议组织者要明确的首要问题，然后根据会议的目的确定相应的与会人员。会议参加人员可分为：会议主持、一般与会者、相关工作人员，并明确这3类角色在会议进行过程中的职责。第三步是制定会议计划，确保会议在有计划、有准备的状态下进行。第四步是实施会议议程，保证整个会议的进行。

1)明确会议目的。会议的目的就是会议召开的理由，在这里即指通过会议可以更好地解决问题，甚至是必须通过会议才能解决问题的情况。若信息可以通过其他方式传达，或会议成本超过可能的潜在收益等情况下，会议的召开就是不明智的。

在以下情况发生时召开会议比较合适：直接信息共享，广泛动员激励,信息传播,问题解决和决策制定。

2)明确与会者。与会者指应邀参加会议的个人。在有效会议管理中,决定与会者的规模和构成是非常重要的。适宜的规模主要取决于会议的目的。

会议的参与者除根据会议目的来选定外,还可具体参考其构成要素,即:同质性和相异性的平衡、竞争性和合作性的平衡、任务导向和过程导向的平衡。

首先从同质性和相异性平衡的角度看,一个团队如果内部成员之间具有很强的同质性,成员之间具有相似的背景、观点、知识和认同,那么成员之间就会较少出现分歧,会议成果也许会平淡,缺乏想像力,难以出现新观点。相反,如果团队成员之间具有很大的相异性,会议期间可能会出现各种冲突和争论,使会议目的无法圆满达成。

其次从竞争性和合作性平衡的角度看,过强的竞争性可能会导致会议难以形成统一的结论,且会导致比较低的满意度。

再次从任务导向和过程导向平衡的角度看,任务导向者更关注任务的达成和结果;而过程导向者更关注会议的过程,并追求更高的气氛满意度,甚至会为了达到更高的满意度而在讨论中让步。在会议人员的选择上,这一点尤其是在决策型的会议中是必须考虑到的。

至于与会者的职责,请参阅表3.2。

3)制定会议计划。在明确会议目的和与会人员后,应就目的和具体的情况制定议程以确保会议的顺利实行。具体在制定时应考虑3个方面的情况:

①时间控制。首先是保持时间的完整性,遵守会议的时间表;其次要注意安排某种议程该何时被涉及,考虑内容的顺序性。

②讯息控制。包括会议的早期组织、系列会议召开的时间间隔及会议相关材料的准备和分发。还应当注意议程上的所有项目均要论及,而没有安排的论题一般不予考虑。

表3.2　与会者的职责

会议之前	会议期间	会议之后
主持		
①提出拟处理的业务项目； ②批准议程草案； ③确认会议安排	①准时开始； ②清楚地介绍主题； ③获得有力的发言； ④维持秩序； ⑤有效决策	①核准秘书或记录员准备的备忘；录草稿； ②监控进展； ③获得反馈
秘书*或记录员		
①收集资料； ②起草会议议程，有逻辑性的主次顺序安排； ③发送会议通知和议程	①提前到达并准备妥善； ②提供所有必要文件； ③进程记录； ④协助主持避免进行不明确的讨论或通过含糊不清的决策	①起草备忘录； ②会议备忘录的存档和发送
其他与会成员		
①充分了解会议通知； ②准备自己的相关文件； ③向秘书说明需要纠正的论点	①准时出席； ②积极参与到会议中； ③记录会议决定及需要采取的行动	①阅读、审核备忘录； ②执行行动计划，必要时汇报情况； ③提出反馈意见

* 如果没有秘书，主持要确保有人承担秘书所应做的工作

③环境控制。在会议的前期，环境设定和考虑是十分重要的。而会议的后期重点是会议记录。一份会议记录应具备3个特征：信息关联性（记录的信息与议程事项相关）、内容关联性（记录按照议程的形式书写，便于更快地找到切题的信息）和突出决策（记录的中心是反映决议、结果和最终方案，而非决议达成的过程）。

4）会议议程的制定。会议的议程应与需要讨论的事项顺序相符，并能正确评价在有限的时间内目标的完成度。下面简要介

绍一下会议议程的制定。

①议程的主要步骤。议程是会议的实质性进程管理和会议有效进行的保障。一般的议程主要包括:回顾、介绍、规则制定、报告、演示、参与和总结7个步骤。

②议程准备和支持文件。议程的准备一般包括以下几个方面:议程次序,支持性文件的准备,具体议题安排和后期计划安排等。

在议程准备时须以开放和公正的态度,尽力从多方位考虑,并注意讨论的气氛和技术安排。

5)会议备忘录。会议备忘录能有效地提供有关群体工作历史的有价值的参考,减少具体细节上的分歧并明确和监督责任人的工作实行情况。尤其是对连续性的会议更应制作并保存备忘录。

3.7.2 案例评析

案例1 福特汽车公司重振雄风①

福特汽车公司是全球著名的老牌汽车制造商。从发展初期的发明领导到现在的管理领导,福特也走过了自己的艰辛之路。

老亨利·福特一手创办了福特汽车公司。在以严格管理和精确的时间计算控制了福特后,他对工人的效率和怠工现象越发不满了,抱怨说:"为什么当我只想要一双手时,我总是得到整个人?""二战"后的福特汽车面临了很大的挑战。20世纪70—90年代,日本汽车大举打入美国市场,势如破竹。1978—1982年,福特汽车销量每年下降47%,1980年出现了34年来的第一次亏损。这也是当年美国企业史上最大的亏损。1980—1982年,3年亏损

① 魏江.管理沟通——理念与技能.北京:科学出版社,2001.114~446页

总额达33亿美元。与此同时，工会也是福特公司面临的一大难题，曾经工会工人举行了一次罢工，使当时的生产完全陷入瘫痪状态。面对这两大压力，福特公司却在5年内扭转了局势。从1982年开始，福特公司在管理层大量裁员，并且在生产、工程、设备及产品设计等几个方面都做了突破性改革，即加强内部的合作性和投入感。

继任的亨利·福特二世对于职工问题十分重视。他启用贝克任总经理，力图改变他在接替老亨利时公司职员消极怠工的局面。首先贝克以友好的态度与职工建立联系，使他们消除了怕被“炒鱿鱼”的顾虑，也善意批评他们不应该消极怠工，互相扯皮。鉴于福特员工一向与管理层处于对立状态，对管理层极为不信任，因而公司管理层把努力团结工会作为主要目标，经过数年努力，化敌为友，终于使福特有了大转机。福特的新领导集团召开了不同层次和规模的会议，并结合其他沟通方式虚心地听取工人们的意见，积极、耐心地着手解决存在的问题。在会议沟通的基础上，贝克和工会主席一道制定了一项《雇员参与计划》，在各车间成立由工人组成的“解决问题小组”。

工人们有了发言权，不但解决了他们生活方面的问题，更重要的是对工厂的整个生产起到了积极的推动作用。兰吉尔载重汽车和布朗Ⅱ型轿车的空前成功就是其中突出的例子。投产前，公司大胆打破了那种“工人只能按图施工”的常规，而是把设计方案摆出来，请工人们“评头论足”，提出意见。工人们提出的各种合理化建议共达749项，经研究，采纳了其中542项，其中有2项意见的效果非常显著。在以前装配车架和车身时，工人得站在一个槽沟里，手拿沉重的扳手，低着头将螺母按上螺栓。由于工作十分吃力，因而往往干得马马虎虎，影响了汽车质量，工人格莱姆说：“为什么不能把螺栓先装在车架上，让工人站在地面上就能拧螺母呢?”这个建议被采纳，既减轻了劳动强度，又使质量和效率大为提高。

另一位工人建议，在把车身放到底盘上去时，可使装配线先暂停片刻，这样既可以使车身和底盘两部分的工作容易做好，又能避免发生意外伤害。此建议被采纳后果然达到了预期效果。正因为如此，他们自豪地说："我们的兰吉尔载重汽车和布朗Ⅱ型轿车的质量可以和日本任何一种汽车一比高低了！"

为了把《雇员参与计划》辐射开来，福特还经常组织由工人和管理人员组成的代表团到世界各地的协作工厂访问并传经送宝。这充分体现了员工参与决策的重要性。

经过艰苦的改造和努力，员工投入感、合作性不断提高，福特一辆车的生产成本减少了195美元，大大缩短了与日本的差距。而这一切的改变就在于公司上下能够相互沟通，内部管理层、工人和职员改变了过去相互敌对的态度。领导者关心职工，也因此引发了职工对企业的"知遇之恩"，从而努力工作促进企业发展。

评 析

本案例主要用于对会议召开的选择及其方式的理解与讨论。

案例中介绍了福特汽车公司的重整，强调了人的特质和正确的用人之道。福特二世曾经在大会上发表了有关此项内容的讲演："我们应该像过去重视机械要素取得成功那样，重视人性要素，这样才能解决战后的工业问题。而且，劳工契约要像两家公司签订商业合同那样，进行有效率、有良好作风的协商。"正是遵循这一点，福特公司改变了用人的观念，改进了管理制度并获得了成功。

在面临危机时，公司总经理贝克灵活地运用了沟通的艺术，广泛地收集信息，采纳建议并积极推行。在确立以人为本思想的基础上，积极进行沟通，尊重员工并愿意接纳他们的意见。在实际的进程中，面向不同的对象召开了不同规模和形式的会议。确立了解决问题、挽救危机的总目标后，福特的领导层分3个层次进行了不同的会议组织。

首先是原管理层。由于预先的决策，对原管理人员的大幅度削减是不可避免的。这一层面上的主要问题是宣传既定方针，并争取员工的支持和理解。集中性的会议传达在福特的解雇潮中成功地明晰了新的理念，并留下了人才。

其次是工会。为了争取工会的支持，小范围的磋商和交流是必要的。工会是工人的集中代表，频繁而热诚的会商催生出《雇员参与计划》，并使双方充分理解，达成合作。

最后的也是最重要的是工人。一方面通过工会施加影响和宣传；另一方面，管理层与工人广泛而直接的交流更有利于沟通。大规模的会议、讨论会及其他方式使管理层更有效地倾听到工人的声音，同时让每个工人都参与到公司的建设和管理中来，又充分调动了员工的积极性和自主性。

基于对人的尊重和倾听，采用了合理的沟通手段，使福特的管理和业绩都走上了一个新的台阶。

能否采用正确的用人之道是一个企业成败的关键所在。管理不善是企业最大的浪费，即使拥有最先进的科学技术，也不能发挥作用，所以必须从人力资本的观点看问题，组织和管理好人才。只有这样，才能使企业更进一步。

案例2　CCW 集团的思维激荡[①]

2001 年 4 月 6 日，一个周末的黄昏，CCW 媒体集团（即中国计算机世界出版服务公司）的全体大员来到了北京东郊的月亮河度假村。一行人行色匆匆，到饭店房间稍事休整，便直奔会议室。

被通知参会的包括 CCW 旗下《计算机世界》、《网络世界》和《IT 经理世界》等 6 大子报子刊的 20 余名高层主管。这是 CCW 集团的“总编辑联席扩大会议”。

月亮河听起来是一个浪漫的地方，但此刻这种浪漫与会议的气氛不相协调。红色的窗幔低垂着，房间里四处弥漫着火药味。

① 王凤彬，张玉利. 中国人民大学工商管理案例（管理学卷）. 北京：中国人民大学出版社，1999. 37～43 页

该次会议的主题是研讨如何应对竞争对手十分凶悍的新一轮攻势。

与会者大多表情严肃,很少有人留意到,会议室此刻多出了两位摆弄话筒和摄像机的陌生人。

作为这群人的首脑,CCW 集团的石总挑选了一个不太起眼的位置。按照会议既定的安排,他今天需扮演一名听众的角色。

“大家知道,朗讯这些日子很困难。朗讯在大家心目中曾经是一家什么样的公司?他们的贝尔实验室曾经出了好几届诺贝尔奖得主!他们曾经是美国电信市场上最富于竞争力的新锐公司。有贝尔实验室的公司管理不行,也照样不行!千万不要以为我们的优势很大。我们有贝尔实验室吗?我们没有!我们有哪个东西拿出来是别人无法提供的吗?我们有吗?我认为我们没有”,一位年轻的男性主管言语中颇带几分意气。

“我们已经失去了曾经拥有的国际品牌、先进的国际资讯渠道甚至在资本金方面的优势。以前,IT 行业的人若不看《计算机世界》就没有办法工作。我们曾经是惟一一家能够把国际最先进的 IT 技术和市场资讯最快捷提供到国内的媒体。可是,这种状况早在 1993 年就已经被改变了!美国著名的《InforWorld》品牌给了《中国计算机报》,《NetworkWorld》品牌给了《互联网世界》,IDG 慷慨地将其爱心平分给了国内 20 多家——我们的竞争对手。还有 ZD 带来的《PCWeek》、《PCMagazine》等等。”一名老资格主管话音不高,却饱含忧戚。

会议的气氛越来越热烈,甚至一度有些失控,每个人的情绪都逐渐受到了强烈的感染。人人意识到自己肩头的责任和某种使命,深感有许多重要的意见需要立即拿出来与大家分享、沟通。石总必须全神贯注,才能勉强听清所有人发言的大意。好在办公室秘书在一旁飞快地笔录着。

由于 IDG 和 ZD 等国际传媒大亨或明或暗早已介入中国的 IT 传媒市场,这个领域的媒体的确已演变成市场运作方式最为前卫,也最为西化,公司化程度最为彻底,“传媒大战”最惨烈也最具先锋意义的一块阵地。

“千万不要以老大自居；不要以为我们资格最老，可以吃‘老本’。在美国，《计算机世界》也是（现存）最老的IT媒体，20世纪70年代，它也曾威风一时。可是，从20世纪80年代开始，它不仅逐渐被IDG家族内部自己的‘小兄弟’《InforWorld》，《PCWorld》等所超越，而且还很快被ZD所属的《PCMagazine》，《PCWeek》以及CMP旗下的《InformationWeek》等等后起之秀们的光辉所遮掩。1999年，它甚至已被挤出了全美前十大IT媒体的行列。虽然，最近2年它的情况已出现好转。但我想说的是，在IT这个行业，‘老，是优势吗？’我看恰恰相反，这是我们最大的劣势！”

“去年，和我们针锋相对的竞争对手在国内A股市场上‘借壳上市’成功，这使他们由此吸引到了公众舆论大量的聚光灯，这甚至成了他们进行公关‘炒作’的题材。一份IDG的研究报告表明，从银行的贷款再加上证券市场上的融资，他们现在已经握有好几个亿的资本金。不管这些研究报告所提供的数据是否准确，至少有一点是可以得到证实的，竞争对手近来的一系列动作已清楚表明，他们很可能已经渡过了前两年传说中的因主营业务亏损而导致的‘资本危机’。与之相比，我们不仅在国际品牌、国际资讯渠道方面早就毫无优势可言，甚至，就连我们曾经怀有的在资本金方面巨大的优越感，现在也被对手以一种意想不到的方式扯平了！”

“5年以前，我们就开始很前卫地探讨‘借壳上市’的问题，可到了今天，这个问题已不再前卫，我们却还在原地踏步！我们的行动为何如此地迟缓？”

CCW大员们的发言越来越尖锐，也越来越富于针对性。对会议中所提的大多数意见，石总不以为忤，反以为喜，觉得此次会议基本达到了预期的目的。

评 析

本案例中介绍的中国计算机世界出版服务公司是目前国内最

好的 IT 资讯提供商和门户网站的拥有者。2000 年,无论《计算机世界》本身还是 CCW 整个公司,基本已成为中国 IT 传媒市场上惟一保持蓬勃增长态势的报纸及传媒集团,营业规模约为其对手的双倍,领先上亿元。这一成就的取得与公司领导层的激荡思想式会议不无关联。

会议本身就是一种沟通和交流。除了传达决策、共享信息,会议更可以是思想的激荡和观念的碰撞。该案例的结果告诉我们,基于充分的沟通之后,员工的自我管理能力、创新能力、信息共享度、参与度和工作绩效均有很大的进步,并更有利于新思想和新创意的出现。

美国沟通专家 Maier 认为,群体沟通合作比单人工作的优越处在于:其一,可以产生更多的新观点,获取更多的新信息,在管理决策和问题解决时更为全面,质量也更高;其二,提高团队成员之间的理解,关系更为融洽;其三,由于"社会促进效应",成员个体会更有干劲和活力,从而提高团队的动力和业绩水平;其四,消除影响问题分析和解决效率的个人偏差和盲点;其五,更易采用"风险转化",倾向于选择更冒险的方案和更有创意的行动。

而英国沟通专家 Nicky Stanton 认为群体沟通有两大优势,一是可产生更多的承诺。当人们参与决策过程时,对决策会承担更多的义务,因为群体参与决策过程可使成员更好地了解政策的具体情况,且自身的参与和力量贡献也使人们更容易采用赞成态度。二是能产生更优的决策。其原因有四:第一,可提供更多的可利用信息,如本案例中的月亮河会议,头脑风暴法也是基于此提出的;第二,可产生更多更好的决策;第三,可产生更大胆的决策;第四,能产生更高的生产率,员工在工作时会为了获得社会认同而更加尽力。

但是我们还应该看到以会议形式体现的群体沟通方式的局限。团队合作与沟通固然可能成为提高绩效的法宝,但它并不是"1+1=2"的铁定律。其缺陷主要表现在以下方面:

(1)时间与效率。过程相对较长,团体集体思考可能会减低行动的效率,在意见不一致时容易延误决策的制定。有种说法称:会议的长度是参加人数的平方。

(2)群体压力。在团队会议时可能由于从众和服从心理而导致不佳的决策。

(3)领导(专家)压力。在群体沟通过程中,若专家或领导不是以平等的团队成员身份参与讨论,或其他成员无法适应民主的沟通氛围,就会阻碍双向沟通的充分实现。更为不利的是,若与会的专家或领导以压迫的、否定的态度参会,这样不但无利于问题的解决,反而会破坏群体成员之间的关系。

(4)不付诸行动。由于责任分散和信息量巨大,成员可能不愿积极地将问题解决转化为实际行动。

在这个案例里,会议的召开和方式的选择是十分重要的。面对高级管理层,CCW 的领导右总采用了思维激荡式会议,他并没有直接出来领导会议——会议的全程是与会者的自发领导和协调(秘书协助控制),从而形成开放的讨论氛围和自由发言的气氛。

在 CCW,像月亮河这样充满了激烈批评和争论的会议其实也是经营者向各部门高层主管施压的一种方式。在石总看来,这种"无障碍的沟通"还可以极好地促进管理者与各部门主管之间的互动。大家在媒体经营、管理理念等方面的碰撞,主管们在媒体运营方面的创意以及那些富于新意与价值的火花,便常常产生于这样的时刻。

案例3 会议的具体安排——投资公司财务经理成都培训会接待方案

(1)方案总览

企业培训中,组织工作的优劣直接关系到培训是否能够达到预期效果。

投资公司财务经理培训是2001年度公司培训计划的一个重要部分,以提高与会人员的专业技能为直接目标;同时市场情况的急剧变化也对这次培训的产生提出紧迫要求。所以会议的组织必须按照团结、有序、高效的要求进行。

本方案即是为此而提供的会议接待方案,并以达到上述目的为目标。

(2)会址选择:国际大酒店

1)基本情况。

开业时间:2000年。

星级:四星。

位置:成都市武侯区三环西二段42号。

2)会议服务情况。

3F大会议室:容量180人,面积800 m^2。

3F小会议室:容量30人,面积40 m^2。

3)可提供会议设施:空调、屏幕、麦克风、投影仪、电脑、写字板、讲台、幻灯机、VCD、电视机等。

4)曾接待过的会议:飞利浦公司、TCL公司、托普集团等十几家公司的商务、培训会;是西部开发论坛等各大型活动的主要举办酒店之一。

5)客房服务:单人间16间;标准间197间;豪华套房、总统套房、欧式套房、日式套房15间。

6)餐饮服务:餐厅可容纳300人同时就餐,夜总会可容纳300人。

7)其他设施:咖啡厅、茶楼、歌舞厅、健身房、桑拿室、KTV、名酒廊、游泳池、乒乓室、台球室、商场及商务中心(可提供复印、打印、传真、收发邮件、网络接入等服务)。

(3)行程安排

6月15日:代表自行抵达/专人接机,入住国际大酒店。

6月16~18日:酒店会议。

6月19日:早晨8:30赴峨眉山国家风景旅游区,游览世界自然和文化遗产——佛家灵地峨眉山,游报国寺、一线天、万年寺、玉佛寺及金顶等;住佛光宾馆。

6月20日：游三江汇流、郭沫若纪念堂、乐山大佛风景区；住国际大酒店。

6月21日：早餐后送代表赴机场。

(4)项目可行性分析

①选址可行。针对企业培训会议选址，选址地成都市具有良好的文化背景与社会环境，会议酒店拥有丰富的接待经验和良好设施。

②行程可行。培训与奖励旅游结合进行，专业会议接待与专业旅游服务相辅相成。前3天紧张培训提高员工专业技能，最后两天集体活动增进团队友谊，加强企业团队建设，增强员工荣誉感。

③价值可行。整体安排目标明确，功能突出，能全面达成预期效果。

④经济可行。凭借本公司所拥有的资源优势，提供的酒店费用、交通费用等大大低于市场价格，同时专业的接待水准与丰富的会务经验能为各方省心、省时、省力，真正做到物超所值。

(5)财务计划（按人民币标准核算）

标准间房价：国际大酒店优惠价320元/(间·天)。

自助早餐标准：20元/人。

中式午餐标准：40元/人。

中式晚餐标准(每围10人)：50元/人。

会议室租金(每围10人)：1 800元/天。

租车费用：全程总费用8 500元。

其他费用：峨眉门票、万年索道、金顶索道294元/人，保险费20元/人。

付款方式：贵公司应在确认时预付总费用10%的定金，代表抵达时按总费用的80%汇入我公司账户，余款于会议结束前一并结清。

(6)其他服务附送

①所有成员均自动成为我公司所属"成都导游网"商务会员，

终身享受后续消费价格优惠。

②附送纪念影集,全程记录此次活动。

③可获得维金商务资讯网络管理资讯培训机会。

其中第3项服务为本公司合作伙伴所提供。

评 析

本案例详细地介绍了一个会议接待方案,从目标的定位到具体细节的实施都明确而详尽。一个有效的会议是否需要预先的安排?是否要结合环境和目的来综合考虑?这个案例是一个有价值的范例。

会议的艺术不仅是在会议期间的操作上,前期的规划布置与后期的安排也是必不可少的。明确会议的目的、与会人员后,首要考虑的是议程的安排和前期规划。细到会议场地的选择和各与会者位置的安排,都是要以实现更高的会议艺术而需考虑的。如一个讨论型的激荡思维类会议,会场当选在什么地方?各成员的位置该如何安排?会议的时间当定为何时?这些细节亦是成功的会议艺术不可忽视的方面。

一般而言,会议的场地布置应与会议的目的紧密联系。可考虑以下几个方面:

1)自由探讨型。会议场地空间一般比较开放,成员位置比较紧密,也有安排得比较散置以达到更好的沟通效果的。主持者的位置一般不突出,甚至是比较偏的,以倾听为主。

2)启发引导型。在大致方向确定的情况下集思广益的会议形式,一般布置在规范化的会议室,主持者位置突出,占引导位置。

3)传达沟通型。这是为了传达已成熟的决策和方针所采取的方式。一般参与者很多,主持者突出,空间一般较开阔。

4)密切交流型。成员之间关系比较密切,气氛融洽——这时可以考虑在一般场所进行,不一定要在会议场所。

另外,在经理的办公室开会是否合适呢?这要看会议的具体属性,如果不是以内容传达为主而是以讨论沟通为主的话,封闭而熟悉的空间也许会妨碍与会者的参与积极性。当然,在小环境的选择上也要考虑大环境的安排。若是在嘈杂喧闹的环境中,会议的效率怕要大打折扣。

我们再来看看会议的时间安排。会议安排在抵达后的第二天,这样是否合适呢?这是投资公司财务经理的研讨会,实质上是行业的交流会议。安排在游乐之前是否合适?会影响与会者参与的状态吗?这一点还请读者自己分析。

结合本节案例2中的月亮河会议,可不可以这样认为,合适的环境安排在会议的目标达成方面很有作用呢?假设月亮河会议是在石总裁的办公室或是在公司的专门会议室中召开的,能达到那么热烈的讨论氛围吗?

要提醒大家注意的是,有些会议是必须有"前曲"才能更有效地进行的。如果这里的会议目的是对峨眉山自然旅游资源进行进一步的开发和保护,在会议召开前让与会者亲身体验是否更有利于会议目的的达成呢?

在这里,会议的成本和时间效率的考虑也是很重要的方面,必须协调兼顾。会议成本分为时间成本、直接会议成本和效率损失成本3种。会议成本是非常可观的一笔数目,它关系到一家公司的得失成败,因此万万不可等闲视之。

针对不同的会议目的和与会人员,采用不同的会议策划是必要的。在本案例中详细的前期策划有效地保证了良好的会议环境,但就具体会议中的操作还需要大家多加学习并加以实践。

案例4 失败的团体会议运作①

罗某是斯瑞公司(中美合资企业,地区性的玻璃制造公司)的副总经理,管理着一个由各部门专家组成的高阶团队。在他领导

① 本案例根据美国《哈佛商业评论》(1994,11~12)中的案例"The Team That Wasn't"改编。

下组建的这个新团队好像并不怎么顺畅，数次会议都无法达成有效共识。

斯瑞公司主要生产高脚杯、啤酒杯、烟灰缸和其他玻璃小制品。作为一个高质量、高价格商品的生产商，公司有比较固定的消费群，效益一向十分可观。然而这一局面在过去的18个月内大大转变了。过去国内的大型玻璃制品公司仅涉足成批的生产，随着玻璃制造工艺中新设备的采用，有些公司可以有效地实施短期的小批生产，而这正是斯瑞公司早期的优势所在。凭借雄厚的技术和丰富的资源，新加入这一生产领域的大公司给斯瑞带来了很大的冲击。在此危机之时，罗某受命对斯瑞进行经营调整，并整合一个团队来进行战略决策。

罗副总知道成功的团队是艺术和科学的结合，他也相信团队的每个成员都很努力。在他的战略团队中包括了公司各部门的精英人物，最突出的是生产部的甲、设计部的乙和深受公司总裁器重的丙。

讨论费用削减计划的会议不久召开了。团队的成员聚在一起，最初还是很顺利的。

甲在会议上第一个发言，建议斯瑞缩短10%的物料流通时间，减少5%的原材料费用，以使公司在价格竞争上处于有利地位。“我知道我不像诸位一样拥有丰富的书本知识”，他说道：“但不管怎样我还是要讲一下。”在陈述过程中甲几次停下来回答其他与会者的问题。“这并不很糟！”讲完后他笑着对罗副总说：“也许我们能把这条旧船翻过来。”

乙同意甲的意见，并赞扬了他的评论。她还谈到斯瑞公司需要在新的艺术家身上投资，以使产品有较好的设计、产品的形式多样化，从而取得竞争优势。其他的成员都点头鼓励她的发言，然而丙却无动于衷。

该供销部的马某发言时，房间里的气氛已经比较活跃了。马某6个月前刚加入斯瑞公司，稳重而细心的他边走动边陈述自己的观点。他认为斯瑞公司应在服务上加强力量，重建运货系统以加快交货速度。他描述了以前在制陶工厂任职时他采用了一项类似措施后效果十分显著。正当马某要详细叙述那些成效时，丙发出一声大吼，他讥笑说："你们都在随随便便地设计工作。你们怎么不重新设计厨房的排水池呢？"这一打断使马某迅速回到自己的座位上，简单地结束了发言。至此，会议不欢而散。

第二次会议在几天后举行。当罗副总走进房间时却发现丙还没有到。

在尴尬的琐碎谈话中，10 min过去了，罗副总可以在每个人脸上看出担忧，他觉得是必须公开讨论丙的态度的时候了。正当他准备开始时，迟到的丙端着一杯咖啡进来了。

"丙，很高兴你来了。"罗副总开始说，"因为我觉得今天我们应该开始讨论团队本身。"丙讥笑着打断了罗副总，"我早知道这要发生的。"

看着丙那满不在乎的态度，罗副总愤怒地说道："你并不在乎，对吗？正好相反——我非常关心。"丙轻松地答道："我只是认为这里不应发生变化，高明的观点从不会出自会议，高明的观点出自高明的个人，然后这个人促使组织中的其他人来执行。"

这时甲愤怒地说："你这头驴，你只是想独霸成功的荣誉，而根本不想让任何人分享。"乙也插进来，"好像你并不在乎与我们一起讨论。我们不能单独找到解决办法，我们需要互相理解、互相信任，你难道看不出来吗？"

房间里一片寂静，罗副总突然觉得，虽然他很想得到也很需要得到丙的帮助，但也许丙的性格和过去的经历只会使他不能参与团队进程，无法参与到他们的会议中来，因为开诚布公的交流需要放弃自我。

丙持续地对抗着，罗副总正准备说出自己的看法，这时甲站了起来，"忘记它吧，这永远不会起作用，这只是浪费我们每个人的时间。"他说，"除非每个人都努力加入这项工作，否则毫无意义。"说完甲便离开了。在罗副总还没来得及阻止前，又有两人离开了会议室。

评析

本案例可用于考察团队建设、群体沟通等方面知识的运用和分析能力。

在看完案例后想必大家都对丙这样难对付的人有点发毛，也对罗副总失败的会议管理很是失望。那么从这个案例我们可以学到什么呢？

(1)对领导人的启示

一般都认为，领导人的工作就是在会议中组织、激发和引导会议的思考和进程。在某些方面，相当一部分会议都把最大的责任放在会议主持人肩上。由于讨论的质量取决于与会者态度的相互影响，所以会议领导人必须既敏感又灵活，必须能适应所讨论问题多变的要求以及各人的性格。虽然没有可以作为模式的实际做法，领导讨论的能力一般可以应用以下原则和技巧得到改进：

1)做好准备。会议主持人应对讨论主题的背景有充分的了解。

2)事先思考，以便发现常见的可能出现的问题和反对者可能采取的论点。

3)通过事先计划来防止干扰。假如打进来的电话必须接，就要考虑在另外的地方开会；要检查材料和视听设备，以保证一切顺利进行。

4)评估与会者。不可低估他们的才智，也不可高估他们知识的丰富程度。

5)了解与会者中的每一个人，充分考虑与每个具有特殊个性的与会者的交流方式。

6)为了让与会者感觉轻松，会议主持应表现为小组的一员，而不是做有威胁性的局外人。

7)和与会者一起平等合作，避免操纵他人。

8)用一般的语言讲话，不要总想表现得高人一等。

9)明确会议的目的。假如宗旨是解决问题,则用简洁而精确的话陈述问题,以使与会者确切了解会议内容。要正视和处理争论的焦点,避免争论白热化,个个面红耳赤。

10)引导会议按规定的议程进行,始终要围绕中心议题展开。

11)要遏制操纵会议的任何倾向。实际经验表明,任何人谈话超过时间的20%,就意味着失效。

12)避免材料不足。如果缺少的资料对讨论本身确实是必不可少的,在紧急情况下,可以考虑暂时休会。

13)不断核对回馈的信息。要问一下:“这些有道理吗?”要确知与会者正以和你相同的目的行动。

14)既讲述又表演,选用直观器材。如用黑板记录小组成员的论点,这样可以避免离题,也可以帮助会议主持归纳和做出结论。

15)鼓励小组的全体成员参加讨论。

16)鼓励在友好协作的基础上进行生气勃勃的讨论。

17)扮演公平的调解人来缓和激烈的争论,或引导其他与会者介入讨论,以使争论主角冷静下来,或者宣布极短暂的休息,要创造性地利用不同意见。

18)在还有其他观点需要聆听时,要限制某一个观点的发表时间。

19)随时提防注意力的分散,保持会议活跃。假如与会者开始烦躁不安,要设法让他们参加讨论。

20)要有节制地使用直接问句。这种问句会产生一种学校教室的气氛,而阻碍自由表达的气氛。但直接问句可用以介绍一个特殊观点,中止离开正题的讨论,使漫不经心或腼腆的人介入讨论,缩短冗长独白。领导人意识到有某些意见与已经发表的观点相反的时候,应设法激发辩论。

21)要有耐心,要记住交流意见是需要时间的。当想法新奇或是有许多言外之意有待探索时,尤为如此。

22)要预先考虑到对与会者可能提出的意见的抵制。

23)在任何会议闭幕以前,要做出总结,归纳会议成果或着手行动。

(2)一个优秀的会议领导应避免的问题

当会议不能实现与会者的期望时,指责通常指向会议的领导。常见的情况是领导方式不妥,如领导人垄断会议或其他原因。领导人如果能学会如下的避免事项,可以更有效地领导:

1)避免使与会者为难。领导人也许想责备某一个人,但是这种行动会使所有的与会者产生自卫态度。

2)避免代替小组思考。有些领导人往往想走在小组的前头,做总结或回答问题,而不是鼓励讨论。

3)避免以错误的方式叙述事情。小组的对立很容易由领导人粗心大意或添加色彩的陈述造成;而平淡地陈述意见容易抑制讨论。

4)避免透露领导人认为能接受的答案或解决办法。

5)避免把讨论从中心目的引发离题议论。要委婉地要求小组成员井井有条地走向会议的目的。当人员从事细节性讨论时,最好用提问把他们引回到正题。

6)避免傲慢地对待关键问题或与会者。

7)避免尚未得出结论或者尚未开始积极行动就休会。

(3)一个优秀的会议领导应具备的应对艺术

结合本案例应当如何对付像丙这样难缠的参与者呢?下面是应付他们的一些建议:

1)对付万事通的人,鼓励其他与会者附和他们自己的见解,使小组成员降低对他们的议论。

2)从容地应付好辩的与会者,并保持冷静。利用提问让他们把话说出来,然后把他们交给小组去对付。同时强调大多数的意见,并且不使与会者的发言涉及个人。

3)容易怀恨的人可能觉得尊严受到了伤害,因为他认为有人正教训他怎样做工作。会议领导要向他保证,他的经验可以对其他与会者有价值,而且交流思想对会议目的是重要的。

4)要得到多嘴的与会者的支持,需要老练的领导能力。抓住他们的某个观点,征求其他人的意见,并在小组内传递这个问题。

5)犹豫不决的与会者可能积极性不高,会议领导可以提一个他们很可能回答好的或很容易回答的问题,点他们的名,让他们回答。

6)为使没有兴趣的人参与,设法提出涉及其工作内容的问题,以便引起他们参加讨论的兴趣。

7)假如一个捣乱的人,只是想“出风头”得到大家注意,就设法绕过他,让那些有更重要的话要说的人发言。假如这个捣乱者故意出难题,要避免对他直接批评、讥讽或嘲笑,而要重申他的反对或批评意见,并把问题交给小组处理。必要时可以和他单独谈话。

8)对于“应声虫”这类人,他们向领导者反馈的信息是虚假的。在小组集中讨论专门议题时,最好回避这类人,而集中注意力于那些具有客观见解的人。

参考文献

1 [美]彼得·圣吉著,郭进隆译. 第五项修炼——学习型组织的艺术与实务. 上海:上海三联书店,2002

2 张声雄,姚国侃主编. 第五项修炼——实践案例. 上海:上海三联书店,2002

3 黄永良主编. 管理学. 北京:石油工业出版社,2002

4 李树林主编. 中国企业管理科学案例库教程. 北京:光明日报出版社,2001

5 孙成志主编. 管理学. 大连:东北财经大学出版社,2001

6 周三多主编. 管理学——原理与方法. 上海:复旦大学出版社,1999

7 王凤彬,朱克强主编. 管理学——教学案例精选. 上海:复旦大学出版社,1998

8 王薄,柏群主编. 现代企业管理原理概论. 重庆:西南师范大学出版社,1997

9 王定富主编. 都江堰与李冰. 成都:巴蜀书社,1994

10 黄津孚主编. 现代企业组织与人力资源管理. 北京:人民日报出版社,1994

11 余凯成主编. 中国企业管理案例. 北京:中国经济出版社,1993

12 余凯成主编. 中国企业管理案例使用说明. 北京:中国经济出版社,1993

13 王玉著. 企业战略管理教程. 上海:上海财经大学出版社,2000

14 焦小谋主编. 企业人力资源管理:理论与案例. 北京:北京科学

技术出版社,1997
15 [美]迈克尔·D·波顿著. 大话管理100年. 北京:中国纺织出版社,2003
16 邓胜梁,许绍宇,张庚淼著. 市场营销管理理论与策略. 上海:上海人民出版社,2000
17 傅尔基,王芬编著. 现代市场营销学——理论与案例. 北京:中国轻工业出版社,2000
18 傅慧芬编. 当代营销学案例集. 北京:对外经济贸易大学出版社,2001
19 郭中庆,刘凤军,王晓东著. 市场营销理论. 北京:中国人民大学出版社,1999
20 乔娟. 市场营销学. 北京:中国农业大学出版社,2000
21 宋小敏,宋先道. 市场营销学. 武汉:武汉工业大学出版社,1999
22 陈忠卫等编著. 企业战略管理. 北京:中国统计出版社,2001
23 孟昭宇主编. 中外企业人力资源管理案例精选. 北京:经济管理出版社,2003
24 陈莞,倪德玲主编. 最成功的管理模式. 北京:经济科学出版社,2003
25 芮明杰主编. 管理学. 上海:上海人民出版社,1999
26 刘总明,张华天. 管理八维. 太原:山西经济出版社,1999
27 兰邦华编著. 人本管理:以人为本的管理艺术. 广州:广东经济出版社,2000
28 赵曙明著. 人力资源管理研究. 北京:中国人民大学出版社,2001
29 任素琴著. 实用现代管理艺术. 北京:中国发展出版社,1999
30 戴良铁,伍爱. 人力资源管理学. 广州:暨南大学出版社,1999
31 王培志. 市场营销学案例教程. 北京:经济科学出版社,2002
32 吴源鸿. 营销案例基础教程. 广州:中山大学出版社,1998
33 黄雁芳,宋克勤主编. 管理学教程案例集. 上海:上海财经大学

出版社,2000

34 罗崇敏著. 论企业创新. 北京:经济日报出版社,2000

35 刘光明编著. 中外企业文化案例. 北京:经济管理出版社,2000

36 [美]克雷曼著,孙非等译. 人力资源管理:获取竞争优势的工具. 北京:北京机械工业出版社,1999

37 程杰元,谷振红,张海燕主编. MBA 教程案例系列:人力资源管理案例. 奎屯:伊犁人民出版社,2000

38 王诗华编著. 中外领导艺术. 武汉:湖北科学技术出版社,1993

39 [美]琼·玛格丽塔,南·斯通著,李钊平译. 什么是管理. 北京:电子工业出版社,1990

40 黄达强,许文蕙主编. 中外行政管理案例选. 北京:中国人民大学出版社,1988

41 李少宇等主编. 追求活的管理艺术. 成都:四川省社会科学院出版社,1987

42 杨勇华,张永进. 企业质量管理及实施 ISO 9000 标准务实. 广州:海天出版社,1999

43 林荣瑞. 品质管理. 厦门:厦门大学出版社,2000

44 龚益鸣主编. 现代质量管理学. 北京:清华大学出版社,2003

45 韩展初编著. 现代管理务实. 厦门:厦门大学出版社,2002

46 任新编. 张瑞敏谈海尔模式. 北京:线装书局,2003

47 李广龙. 现代企业管理快易通. 北京:企业管理出版社,2003

48 曹刚,李桂陵,王德发. 国内外市场营销案例集. 武汉:武汉大学出版社,2002

49 [美]比斯盖特·舒尔茨著,赵丁译. 顶尖管理思想:全球最伟大管理者的 14 种管理思想. 北京:地震出版社,2002

50 白马编著. 跟财富精英学决策. 北京:海洋出版社,2003

51 吴照云等编著. 管理学. 北京:经济管理出版社,2000

52 张淑敏主编. 领导权变用人艺术. 北京:中国时代经济出版社,2002

53 王元主编. 企业万有文库:公司管理卷. 北京:中国经济出版

社,1996
54 李啸尘著. 新人力资源管理. 北京:石油工业出版社,2000
55 童忆主编. 企业用人方略. 北京:经济管理出版社,2002
56 陆沪根. 现代人事心理学. 武汉:华东师范大学出版社,1997
57 屠春友. 现代领导心理学. 北京:中共中央党校出版社,2001
58 刘毅. 管理心理学. 成都:四川大学出版社,2003
59 汤谷良等主编. 企业财务管理学. 北京:经济科学出版社,2000
60 陈瑛瑛,林金敖. 公司理财. 南昌:江西高校出版社,1995
61 何志勇等主编. 公司理财. 成都:西南财经大学出版社,1998
62 [美]Stephen A. Ross, Randolph W. Westerfield, Jeffrey F. Jaffe 著,吴世农,沈艺峰等译. 公司理财. 第5版. 北京:机械工业出版社,2000
63 栾庆伟,迟国泰编. 财务管理. 大连:大连理工大学出版社,1998
64 竺素娥主编. 新编财务管理学. 上海:立信会计出版社,2002
65 张兆国主编. 高级财务管理. 武汉:武汉大学出版社,2002
66 罗锐韧. 哈佛管理全集. 北京:企业管理出版社,1997
67 王凤彬,张玉利. 中国人民大学工商管理案例管理学卷. 北京:中国人民大学出版社,1999
68 蒋青. 新媒体争战. 北京:中信出版社,2003
69 魏江. 管理沟通——理念与技能. 北京:科学出版社,2001
70 苏勇,罗殿军. 管理沟通. 上海:复旦大学出版社,1999
71 代凯军编著. 管理案例博士点评:中外企业管理案例比较分析. 北京:中华工商联合出版社,2000
72 迈克尔·E·哈特斯利,林达·麦克詹妮特. 管理沟通:原理与实践. 英文版. 北京:机械工业出版社,1998
73 余凯成编著. 管理案例学. 成都:四川人民出版社,1987
74 世界著名企业研究组编著. 世界著名企业管理模式——组织决策. 珠海:珠海出版社,2002
75 [美]列恩著,郄少剑等译. 公共管理案例教学指南. 北京:中

国人民大学出版社,2001
76 李文涛,苏琳.制度创新理论研究述评.经济纵横,2001,11
77 匡竹平,尤建新.论全面质量管理与企业管理创新——以上海大众汽车有限公司为例.同济大学学报(社会科学版),2000,11(1)
78 刘莉.高奏质量主旋律——中国石油第二建设总公司实施全面质量管理纪实.质量指南,2003(3)
79 李军.全面质量管理实施的步骤.企业改革与管理,2003(4)
80 杨加陆,方青云.管理创新.上海:复旦大学出版社,2003
81 张建申,安立仁.企业技术创新理论研究的现状及其概念分析.科学技术与辩证法,1994,4(2)
82 孔晓莎.创新理论及研究介绍.云南科技管理,1994(2)
83 吴贵成.浅谈全面质量管理中的5MIN因素.辽宁林业科技,1994(2)
84 李为,樊治平.企业过程创新的理论与方法.企业创新,1998(3)
85 应焕红.家族企业人力资源管理——"方太"的激励方案.中国人力资源开发,2002(8)
86 李正全.从全面质量管理到全面质量创新——论21世纪质量管理特征.质量管理,2000(1)
87 李相国,雷平.论知识经济时代的公司理财目标.科技与管理,2003(1)
88 赵旭亮,李金香.关于企业制度创新理论的探讨.山西财经学院学报.1995(1)
89 张胜纪."创新"理论:涵义与特点.中华工商时报,1994,6
90 Nicky Stanton. Mastering Communication. MacMillan Press Ltd, 1996
91 Katty O. Locker. Business and Administrative Communication. China Machine press, 2000
92 Bingguang Li, Michael W Rile. Integrating the Managerial Appli-

cations of Total Quality Management and Business Process Reengineering. 武汉理工大学学报(信息与管理工程版)，2003，25(1)

93 Arthur Andersen. The Learning Organization. The Economist Intelligence Unit Published，1997

94 Errin Laszlo，Christopher Laszlo. The Insight Edge · Quorum Books，1997

